वे इन्क़लाबी दिन

वीरेन्द्र

ISBN : 9789350640968

VE INQALABI DIN (Memoirs) by Virendra

राजपाल एण्ड सन्ज़

1590, मदरसा रोड, कश्मीरी गेट, दिल्ली-110006

फोन : 011-23869812, 23865483, 23867791

website : www.rajpalpublishing.com

e-mail : sales@rajpalpublishing.com

www.facebook.com/rajpalandsons

क्रम

भूमिका

25 जून, 1975 को जब देश में आपातकालीन स्थिति की घोषणा हुई और समाचारपत्रों पर सैंसर बिठा दिया गया, तो मैंने अपने दैनिक पत्रों-दैनिक प्रताप और दैनिक वीर-प्रताप-के लिए सम्पादकीय लिखना छोड़ दिया था। मैं अपने सम्पादकीय किसी से सैंसर कराने को तैयार न था। 6-7 मास मैंने कुछ भी न लिखा। कुछ मित्रों ने परामर्श दिया कि आपातकालीन स्थिति न जाने कब तक रहे, इसलिए कुछ भी न लिखना उचित न होगा। किसी न किसा रूप में मेरे विचार पाठकों के सामने आने चाहिए। परन्तु देश की उस समय की परिस्थितियों में मैं अपने सम्पादकीय सैंसर कराए बिना लिख न सकता था और सैंसर कराने के लिए मैं तैयार न था, इसलिए मैंने 'कुछ आप बीती-कुछ जग बीती' नाम से एक नई लेखमाला प्रारम्भ कर दी। इसमें पंजाब के पिछले 40-45 वर्ष के इतिहास की कुछ वह घटनाएं भी थीं, जिनका सम्बन्ध यद्यपि मेरे अपने जीवन से था, परन्तु उनका कुछ राजनैतिक महत्व भी था। इस समय तक उन पर पर्दा पड़ रहा है। मैंने उसे उठाने का प्रयास किया और इतिहास की एक झलक अपने देशवासियों के सामने प्रस्तुत की है।

इस लेखमाला का पहले लेख 29 फरवरी, 1975 को प्रकाशित हुआ था। इस प्रकार के 160 लेख मैंने लिखे थे। मुझे इस बात का सन्तोष है कि इस लेखमाला को अत्यधिक पसन्द किया गया। अगणित पत्र आए कि इसे पुस्तक के रूप में प्रकाशित किया जाए। 1947 से पूर्व कई लोगों ने अपनी आंखों से बहुत कुछ देखा था और कानों से सुना भी था, किन्तु आज कई नवयुवक ऐसे हैं, जिन्हें देश के स्वतन्त्रता संग्राम के विषय में कुछ भी पता नहीं है। इन लेखों से उन्हें कुछ अनुमान लग सकेगा कि हमने आजादी कैसे प्राप्त की थी। यह पुस्तक मेरी आत्मकथा नहीं है और न इस देश का इतिहास है - हां, पिछले पचास वर्ष के इतिहास की कुछ उल्लेखनीय घटनाओं का एक संग्रह अवश्य है।

जिन बहनों और भाईयों ने इसे पसन्द किया और मेरा उत्साह बढ़ाया, उनका धन्यवाद करते हुए, इस पुस्तक को इन शब्दों के साथ उन्हें भेंट करता हूं-

याद मेरी तुम्हें रहे न रहे,
ज़िकर मेरा कोई करे न करे,
मरसिया मैं ही अपना लिख जाऊं,
कौन जाने कोई लिखे न लिखे।

—वीरेन्द्र

जेल से बाहर आने के बाद वीरेन्द्र जी का स्वागत करते हुए
उनके पिता महाशय कृष्ण तथा माता श्रीमती चन्नन एवं अन्य लोग

जेल से रिहाई के बाद वीरेन्द्र जी और
प्रसिद्ध क्रान्तिकारी बटुकेश्वर दत्त

लाहौर जेल में वीरेन्द्र जी का
लिया गया एक दुर्लभ चित्र

चर्खा कातते हुए पण्डित जवाहर लाल नेहरू, साथ में वीरेन्द्र जी
तथा पंजाब के प्रथम मुख्यमन्त्री श्री गोपीचन्द भार्गव

लाहौर में निस्बत रोड़ पर वीरेन्द्र जी के निवास स्थान पर पत्रकार सम्मेलन
को सम्बोधित करते हुए पण्डित जवाहर लाल नेहरू

1. आरम्भ

अप्रैल 1927 की बात है। मैने जीवन का एक पड़ाव लांघ कर दूसरे की ओर कदम बढ़ाने शुरू किए थे।

डी.ए.वी. हाईस्कूल लाहौर से मैट्रिक परीक्षा पास करके लाहौर के फार्मन क्रिश्चियन कालेज में प्रविष्ट हुआ था। स्कूल के वातावरण के बाद कालेज के वातावरण में अपने आपको ढालने के लिए कुछ समय की ज़रूरत थी। मैं अभी हाथ-पांव मार ही रहा था कि कालेज के हालात ने मुझे तीन धाराओं के एक संगम के बीच ला खड़ा किया। ये तीन धाराएं इस कालेज में पढ़ने वाले तीन नौजवान थे, जिन्होंने आगे चलकर मेरे जीवन का कांटा ही बदल दिया।

इनका और मेरा सम्बन्ध किस तरह शुरू हुआ, यह सब विस्तार सहित मुझे आज स्मरण नहीं है। इतना अवश्य याद है कि ये तीनों उस समय एफ.सी. कालेज में राष्ट्रवादी तत्वों के नेता समझे जाते थे। देश की राजनीति में कुछ गर्मी पैदा हो रही थी। ब्रिटिश सरकार ने हमारे देश के भाग्य का फैसला करने के लिए साइमन कमीशन के नाम से एक आयोग नियुक्त कर दिया था। चूंकि इसमें एक भी हिन्दुस्तानी शामिल न किया गया था, इसलिए इसके विरुद्ध सारे देश में आक्रोश की एक लहर दौड़ गई थी।

कांग्रेस ने देश के लिए इस कमीशन को एक चुनौती समझा था और गांधी जी के आदेश पर यह फैसला लिया गया था कि जब यह आयोग इस देश में आए इसका बहिष्कार किया जाए। जगह-जगह इसके विरुद्ध प्रदर्शन किए जाएं। सबसे बड़ी आपत्ति इसके विरुद्ध यह थी कि इस देश के 35 करोड लोगों के भाग्य का फैसला करने के लिए यह आयोग बनाया गया था और ब्रिटिश सरकार ने एक भी भारतीय को इस योग्य नहीं समझा कि इसमें शामिल किया जा सके। इस आयोग से न्याय की क्या आशा की जा सकती थी।

आयोग के विरुद्ध लोगों की भावना कितनी तीव्र थी इसका अनुमान हम इससे भी लगा सकते हैं कि उस समय के इस देश के तीन विख्यात नेताओं, पंडित मोतीलाल नेहरू, पंडित मदनमोहन मालवीय और लाला लाजपत राय ने भी अपने सारे राजनैतिक

मतभेद एक तरफ रखकर महात्मा गांधी के नेतृत्व में इस आयोग के विरुद्ध एक संयुक्त मोर्चा बना लिया था। इसका यह परिणाम हुआ कि देश की राजनीति में एक नई गर्मी और ताजगी पैदा हो गई। चारों ओर एक नए जीवन के आसार नज़र आने लगे थे।

ऐसे हालात में यह असम्भव था कि देश का नौजवान अपने चारों तरफ के वातावरण से प्रभावित न होता। नौजवानों में भी एक बहस चल पड़ी कि देश की स्वतन्त्रता की लड़ाई में वे क्या भूमिका निभा सकते हैं? क्या एक ओर खड़े तमाशा देखते रहें या रूस, चीन, आयरलैंड और फ्रांस के युवकों की तरह वे भी अपने देश के स्वतन्त्रता संग्राम में यदि अपना खून नहीं बहा सकते तो क्या पसीना बहाने को तैयार हैं या नहीं? देश के हालात ने नौजवानों के दिलों में एक खलबली पैदा कर दी थी। क्या करें? किधर जाएं? उनका नेता कौन हो? उनका लक्ष्य क्या हो? यह और इस प्रकार के कई प्रश्न भारत के नौजवानों को झिंझोड़ रहे थे।

पहली बार परिस्थितियों की गम्भीरता का वास्तविक चित्र उनके सामने आया था और यह वह ज़माना था जब भारत के राजनैतिक आकाश पर एक ही साथ दो सितारे चमकने लगे थे। उनकी रोशनी भी ज्यादा न थी; किन्तु दुनिया देख रही थी कि नीलाकाश पर दो टिमटिमाते सितारे दिखाई दे रहे हैं। वे थे जवाहर लाल नेहरू और सुभाष चन्द्र बोस।

अभी वे सामने आने ही शुरू हुए थे। उनकी पीठ पर किसी सरकार का संरक्षण न था। उन दिनों न तो रेडियो का वह जोर था, जो आज है। न टैलीविजन हुआ करता था, न समाचार पत्रों के माध्यम से उतना प्रचार होता था जितना कि आज होता है।

उस समय नेता बनने के लिए बलिदान देना पड़ता था। जनता पर नेतागीरी ठोंसने का प्रयास न होता था बल्कि नेतृत्व तप, त्याग और बलिदान से मिलता था।

जवाहरलाल नेहरू को बपौती में बहुत कुछ मिला था। दौलत मिली थी, एक बहुत बड़ा परिवार मिला था, उच्च शिक्षा मिली थी, आमोद-प्रमोद प्राप्त थे। यही स्थिति सुभाष चन्द्र बोस की थी। उस युग में आई.सी.एस. की परीक्षा इस देश की सबसे बड़ी परीक्षा समझी जाती थी। हर मां-बाप की यह इच्छा होती थी, विशेषतः समृद्ध परिवारों की, कि उनका एक लड़का तो आई.सी.एस. ज़रूर बन जाए और हर नौजवान लड़की की यह तमन्ना होती थी कि काश! उसे आई.सी.एस. पति मिल सके।

आई.सी.एस बनकर दौलत भी मिलती थी, हकूमत भी और ख्याति भी। सुभाष चन्द्र बोस के पिता ने उन्हें आई.सी.एस. बनने के लिए ब्रिटेन भेजा था। वे बन भी सकते थे, योग्यता की दृष्टि से कम न थे। यदि बन जाते तो इस देश पर शासन कर सकते थे। किन्तु जवाहर लाल नेहरू और सुभाष चन्द्र बोस दोनों ने अपने लिए वह मार्ग अपनाया, जिसका निर्दिष्ट स्थान तो उन्हें मालूम था किन्तु यह आशा न थी कि

अपने जीवन में वे वहां तक पहुंच सकेंगे। दोनों ने आमोद-प्रमोद के जीवन को ठुकरा कर कांटों भरे मार्ग पर पग रखने का फैसला किया था। इसी के साथ वह राजनैतिक आकाश पर सितारों की तरह चमकने लगे।

नौजवान भारत को एक नये नेतृत्व की ज़रूरत थी। गांधी जी की अहिंसा नौजवानों को अपील नहीं कर रही थी। विश्व का इतिहास उनके सामने था। फ्रांस की क्रान्ति, रूस की क्रान्ति, चीन की क्रान्ति, अमेरिका का स्वतन्त्रता संग्राम और इस प्रकार की दूसरी घटनाएं युवकों को परेशान कर रही थीं। वे समझते थे कि खद्दर पहन कर और जेल जाकर हम अंग्रेजों को इस देश से नहीं निकाल सकेंगे। इसलिए वे किसी नयी रोशना की तलाश में थे।

जवाहरलाल नेहरू और सुभाषचन्द्र बोस के रूप में रोशनी उन्हें नज़र ज़रूर आने लगी थी किन्तु वह स्पष्ट न थी। ऐसा मालूम होता था कि इन दोनों को भी मालूम न था कि ठीक रास्ता कौन सा है। वे भी अन्धेरे में हाथ-पांव मार रहे थे। गांधी जी को समझना भी इनके लिए कठिन हो रहा था। किन्तु गांधी जी को छोड़ना या उनके विरुद्ध विद्रोह करना तो उनके लिए सर्वथा असंभव ही था।

ये वे हालात थे जब 1927 में मैं एफ.सी. कालेज लाहौर में दाखिल हुआ। मैंने ऊपर लिखा है कि कुछ समय बाद मैं तीन नौजवानों के संगम के बीच जा खड़ा हुआ और उस संगम ने मेरे जीवन की दिशा ही बदल दी।

अप्रैल, 1927 में एफ.सी. कालेज लाहौर में प्रविष्ट हुआ। उन दिनों देश में एक नये तूफान के आसार पैदा हो रहे थे। कांग्रेस की बागडोर उस समय महात्मा गांधी के हाथ में आ चुकी थी। पंडित मोतीलाल नेहरू उस समय उनके सबसे निकटवर्ती साथी थे।

लाला लाजपत राय और मदनमोहन मालवीय कांग्रेस से नाराज़ होकर एक ओर बैठ गए थे। जब भी केन्द्रीय विधानसभा या राज्य विधान परिषदों के चुनाव होते वे कांग्रेस के मुकाबले पर अपना उम्मीदवार खड़ा कर देते। कांग्रेस के विरुद्ध उनकी सबसे बड़ी शिकायत यह थी कि वे मुसलमानों को आवश्यकता से अधिक सिर पर उठाती है। ब्रिटिश सरकार भी उन्हें सिर चढ़ा रही है। इस तरह देश में साम्प्रदायिकता को हवा मिल रही है। इसलिए वे कांग्रेस से अलग हो गए और उन्होंने नैशनलिस्ट पार्टी के नाम से अपनी एक अलग पार्टी बना ली।

इन्हीं दिनों अंग्रेजों ने भी एक बहुत बड़ी मूर्खता की। भारत को राजनैतिक अधिकार दिए जाएं या नहीं, और यदि दिए जाएं तो किस हद तक, इस पर विचार करने के लिए साइमन कमीशन के नाम से एक आयोग नियुक्त कर दिया। इसमें केवल अंग्रेज ही शामिल किए गए। किसी भी भारतीय को शामिल न किया गया। इससे

सारे देश में आक्रोश और क्षोभ की लहर दौड़ गई। इसके कारण लाला लाजपत राय और पंडित मदनमोहन मालवीय फिर कांग्रेस के निकट आ गए।

गांधी जी उस समय भी देश के प्रमाणित नेता थे। इसलिए पंडित मोती लाल नेहरू, लाला लाजपत राय, पंडित मदन मोहन मालवीय, डा॰ अन्सारी और अन्य कांग्रेसी नेता उनके गिर्द जमा हो गए। सबने मिलकर साइमन कमीशन का बहिष्कार करने का फैसला किया। साथ ही यह कि वह जहां-जहां जाए उसके विरुद्ध प्रदर्शन किए जाएं।

कांग्रेस के इस फैसले ने देश की राजनीति में गर्मी पैदा कर दी। नौजवानों में भी एक नया जोश ठाठें मारने लगा। जगह-जगह सभाएं होने लगीं। वे सोचने लगे कि देश में जो हालात पैदा हो रहे हैं, उनमें उन्हें क्या करना चाहिए। इस समय मुझे एफ.सी. कालेज के तीन नौजवानों से मिलने का अवसर मिला। वे थे - अविनाश चन्द्र बाली, दुर्गादास खन्ना और हंसराज वोहरा।

मैं उन्हें कब और कैसे मिला, यह तो मुझे ठीक याद नहीं किन्तु यह ज़रूर याद है कि ये तीनों उस समय एफ.सी. कालेज में राष्ट्र-भक्त छात्रों के नेता समझे जाते थे। इनके गिर्द छात्रों की टोलियां जमा हो जातीं थी। ये उनके साथ देश की राजनैतिक स्थिति के विषय में बातचीत भी करते और कालेज छात्रों का नेतृत्व भी करते कि उन्हें नये हालात में क्या करना चाहिए।

मैं इससे पहले तीनों को एक संगम का नाम दे चुका हूं। इसका कारण यह है कि यद्यपि इन तीनों का सोचने का ढंग एक दूसरे से कुछ भिन्न था। किन्तु सोचने और आपस में विचार करने के बाद ये तीनों कालेज के अन्दर एक ही राह पर चलते थे। इनमें अविनाश चन्द्र बाली गांधीवादी थे, दुर्गादास और हंसराज वोहरा क्रान्तिकारी।

ये दोनों समझते थे कि गांधी जी के कहने के अनुसार केवल चर्खा कात कर और खद्दर पहन कर अंग्रेजों को इस देश से निकाला नहीं जा सकता। ये दोनों उस विचारधारा के प्रबल समर्थक थे जिसकी व्याख्या आगे चल कर सरदार भगत सिंह ने केन्द्रीय विधान सभा में बम फैंकने के बाद अदालत में की थी। उस समय भी ये दोनों उस क्रांतिकारी पार्टी के सदस्य थे जिसमें भगत सिंह और चन्द्र शेखर आज़ाद जैसे देश के मतवाले नौजवान शामिल थे और जो हिन्दुस्तान सोशलिस्ट रिपब्लिकन पार्टी के नाम से देश में एक क्रान्ति लाने का प्रयास कर रही थी।

चूंकि यह एक गुप्त संस्था थी और आम लोगों से इस बारे में चर्चा नहीं हो सकती थी इसलिए दुर्गादास खन्ना और हंसराज वोहरा, अविनाश चन्द्र बाली से मिलकर नौजवानों में राष्ट्र भक्ति की भावना पैदा करने का प्रयास कर रहे थे।

अंग्रेजों से घृणा, देश को आज़ाद करने की कामना और इसके लिए बड़े से बड़े

बलिदान के लिए अपने आपको तैयार करना, ये इन तीनों के संयुक्त उद्‌देश्य थे।

दुर्गादास खन्ना और हंसराज वोहरा एक गुप्त क्रान्तिकारी पार्टी के भी सदस्य थे। वे जनता के सामने अधिक नहीं आते थे यह कार्य उन्होंने अविनाश चन्द्र बाली को सौंप रखा था। वे भाषण भी जोशीला देते थे और बहुत अधिक मिलनसार थे इसलिए हर समय कालेज के बहुत-से छात्र उनके गिर्द जमा रहते। दुर्गादास खन्ना और हंसराज वोहरा भी बाली जी के दाएं और बाएं रहते और इस ताक में रहते कि बाली जी के निकट कौन-सा लड़का ऐसा आया है जिसे वे अपनी क्रांतिकारी पार्टी की ओर खींच सकते हैं। ज्यों ही उनकी नज़र किसी पर पड़ती और यह विश्वास हो जाता कि वह उनके काम आ सकता है तो छाया की तरह वे उनके पीछे लग जाते। कभी उसे पढ़ने के लिए पुस्तकें देते जो प्राय: आयरलैंड के स्वतन्त्रता संग्राम तथा रूस और फ्रांस की क्रांति के इतिहास से सम्बद्ध होतीं। धीरे-धीरे वे उससे मित्रता बढ़ाते जाते और फिरउसे अपने क्षेत्र में ले आते।

मैं भी इसी तरह इनके क्षेत्र में आ गया। कुछ तो मेरा अपना पालन पोषण ही ऐसे वातावरण में हुआ था और दूसरे इन तीनों ने भी समझ लिया कि एक अखबार के मालिक का बेटा है क्यों न इसे काबू किया जाए। इन तीनों का व्यवहार मेरे साथ अत्यन्त सहृदयता पूर्ण और मित्रता का होता गया था। श्री अविनाश चन्द्र बाली और श्री दुर्गादास खन्ना के साथ मेरे सम्बन्ध इस कदर गहरे हो गए थे कि सगे भाइयों के परस्पर सम्बन्ध भी ऐसे न होंगे।

दुर्गादास खन्ना और मेरा सम्बन्ध शुरू में दो साधारण साथियों का था किन्तु ज्यों-ज्यों मैं उनके निकट आता गया, उनका ठीक रूप मेरे सामने आता गया। यद्यपि आज हम दोनों एक और ही रिश्ते में बन्ध गए हैं किन्तु उनके और मेरे सम्बन्ध अब लगभग 50 वर्ष के होने लगे हैं। हम दोनों हर प्रकार के हालात से गुजरे हैं, अच्छे भी और बुरे भी। हम जेल में भी इकट्‌ठे रहे हैं और बाहर भी। 50 वर्ष के अनुभव के आधार पर कह सकता हूं कि सच्ची वफादारी, नैतिकता, शिष्टता और मानवता की सजीव मूर्ति किसी ने देखनी हो तो वह दुर्गादास खन्ना को देख ले।

मैंने उनके जीवन का वह दौर भी देखा है जब बड़े बड़ों के हौंसले पस्त हो जाते हैं और वे हिम्मत हार बैठते हैं। अपने विवाह के केवल 3 वर्ष बाद एक डेढ़ वर्ष के और दूसरे 3 महीने के बच्चे को छोड़कर फांसी की कोठरी में जाने वाले और मौत को सामने खड़ी देखकर भी जिसके पांव में तनिक भी लड़खड़ाहट न आई हो वे हैं दुर्गादास खन्ना।

हंसराज वोहरा के विषय में क्या लिखूं। शुरू में हमने उनसे बहुत आशाएं बांधी थीं। एक सुन्दर और बुद्धिमान युवक जो उस समय अपने देश के लिए घरबार छोड़ने

को भी तैयार हो गया, अन्ततः एक लड़की के प्रेमपाश में फंस कर वायदा माफ़ गवाह बन गया। उनकी गवाही भगत सिंह की फांसी के लिए जिम्मेदार थी। वह कई बार कहा करता था —

राहरवे-राहे-मुहब्बत
रह न जाना राह में।
लज्जते-सेहरा-नवर्दी
दूरि-ए-मंजिल में है।

किन्तु अन्ततः वह स्वयं ही राह से भटक गया और एक ऐसे जघन्य कर्म का दोषी बना जिस के लिए इतिहासकार कभी उसे क्षमा न करेंगे।

1926-27 में पंजाब के नौजवानों में दो संस्थाएं काम कर रही थी। एक नौजवान भारत सभा, दूसरी पंजाब स्टूडेंटस यूनियन, दोनों का उद्देश्य एक ही था और दोनों के पीछे एक ही प्रकार के दिमाग काम कर रहे थे। नौजवान भारत सभा आम नौजवानों का संगठन था और स्टूडेंटस यूनियन (छात्र संघ) कालेज छात्रों में देशभक्ति की भावना पैदा करके उन्हें आज़ादी की लड़ाई के लिए तैयार कर रही थी।

दोनों के पीछे एक ही प्रकार के लोग काम कर रहे थे। वे थे सरदार भगत सिंह, श्री भगवतीचरण, श्री धनवन्तरी और उनके कुछ साथी। भगत सिंह, भगवतीचरण और धनवन्तरी का उस समय की क्रान्तिकारी पार्टी से भी सम्बन्ध था। उन्हें अपनी पार्टी के लिए ऐसे नौजवानों की ज़रूरत थी जो अपना घर-बार छोड़कर तन, मन और धन देश के लिए कुर्बान करने को तैयार हों।

इस प्रकार के नौजवान उन्हें छात्रों में आसानी से मिल सकते थे। इसके लिए उन्होंने छात्रसंघ के संगठन का फैसला लिया। यह काम उन्होंने दुर्गादास खन्ना और हंसराज वोहरा को सौंप दिया। उन्होंने कुछ दूसरे कालेजों के लड़कों से सम्पर्क कायम किया और छात्रसंघ खड़ा कर दिया। दुर्गादास और हंसराज उस समय मौन रह कर काम करना चाहते थे ताकि पुलिस की नज़रों में न आ जाएं।

दिसम्बर, 1927 में पहली बार मैंने छात्रसंघ की गतिविधियों में सक्रिय रूप से भाग लेना शुरू कर दिया। 19 दिसम्बर, 1927 के लगभग काकोरी षड्यन्त्र के मुकद्दमों के अभियुक्त राम प्रसाद बिस्मिल, अश्फाक उल्लाखां, राजेन्द्र सिंह और रोशन सिंह को फांसी दी गई। इस घटना से सारे देश में बेचैनी पैदा हो गई। देश का नौजवान तड़प उठा और शहीदों के खून का बदला लेने की भावना नौजवानों में बल पकड़ने लगी।

20 दिसम्बर के लगभग लाहौर के ब्रेडला हाल में पंजाब छात्र संघ के आयोजनाधीन एक बहुत बड़ी सभा हुई, जहां इन चारों शहीदों को श्रद्धांजलि अर्पित

की गई। मैं भी इस सभा में शामिल हुआ।

उस दिन पहली बार मुझे इस देश में चल रहे क्रांतिकारी आंदोलन के विषय में कुछ पता चला। दुर्गादास खन्ना, हंसराज वोहरा कुछ सहम सहम कर मुझसे बात करते थे। उन्हें अभी मालूम न था कि मैं अन्त में उस कसौटी पर पूरा उतरूंगा या नहीं जो उन्होंने एक क्रांतिकारी के लिए कायम कर रखी थी। इस सभा में मुझे पहली बार रणबीर ऑफ 'मिलाप' से मिलने का अवसर मिला; वे भी छात्र संघ में कुछ दिलचस्पी ले रहे थे। आगे चलकर मुझे मालूम हुआ कि उनका भी क्रान्तिकारियों से कुछ सम्बन्ध है।

किन्तु वे डी.ए.वी. कालेज में थे; मैं, हंसराज वोहरा, दुर्गादास खन्ना और अविनाश चन्द्र बाली एफ.सी. कालेज में। इसलिए हमें आपस में मिलने और विचार विमर्श करने का अधिक अवसर मिल जाता था। एफ.सी. कालेज उन दिनों राष्ट्रवादी छात्रों का सबसे बड़ा केन्द्र समझा जाता था। चूंकि उसे एक अमरीकी संस्था चला रही थी इसीलिए उसके प्राध्यापक और प्रिंसीपल बहुत अधिक आज़ाद ख्याल थे। वे न केवल राष्ट्रभक्त छात्रों को सहन करते थे प्रत्युत उनका उत्साह भी बढ़ाते थे। कालेज के प्रिंसीपल डॉ. ल्यूकस हर उस छात्र का उत्साह बढ़ाते जिसके विषय में उन्हें यह ख्याल होता कि इसके दिल में देश की स्वतन्त्रता के लिए तनिक भी तड़प है।

उनके इस रवैये से सरकार बहुत परेशान थी; किन्तु कुछ न कर सकती थी। हां, कालेज के बाहर सी.आई.डी. के सिपाही हर समय छावनी डाले पड़े रहते थे।

यद्यपि मेरे सम्बन्ध अविनाश चन्द्र बाली, दुर्गादास खन्ना और हंसराज वोहरा के साथ एक जैसे थे; किन्तु मुझे एक नया रंगरूट समझकर ये तीनों मुझे अपनी ओर खींचने का प्रयास करते। अविनाश चन्द्र बाली गांधीवादी थे, दुर्गादास खन्ना और हंसराज वोहरा क्रांतिकारी। इन दोनों को गांधी जी की अहिंसा और अवज्ञा आंदोलन में कोई विश्वास न था। इन दोनों का स्वाध्याय भी बाली जी की अपेक्षा बहुत अधिक था। दोनों को पढ़ने की लगन थी विशेषत: उन्हें जिन्हें वे अपनी पार्टी में शामिल करना चाहते थे।

कुछ पुस्तकों के नाम जो उन्होंने मुझे उस समय पढ़ने को दी थीं आज भी याद हैं। इनमें एक थी : 'My fight for Irish freedom' यह पुस्तक उस समय के क्रांतिकारियों में बहुत लोकप्रिय थी। दूसरी पुस्तक थी प्रसिद्ध रूसी उपन्यासकार गोर्की का नावल 'Mother'। तीसरी पुस्तक का नाम था 'Cry for justice' इसमें दुनिया भर के क्रांतिकारी नेताओं के भाषणों और लेखों के अंश उद्धृत किए गए थे, तथा एक और उपन्यास था 'Vera' यह भी रूसी क्रांति की एक कहानी थी।

इस प्रकार की और भी पुस्तकें वे मुझे देते रहे। जब मैं उन्हें पढ़ लेता तो वे

दोनों मेरे साथ इनके विषय में बहस करते और मेरी आशंकाएं दूर करने का प्रयास करते। उन दिनों रूस और चीन से कुछ गुप्त साहित्य भी हमारे देश में आया करता था। दुर्गादास खन्ना न जाने कहां से वह ले आते; एक अखबार में लपेट कर मुझे पढ़ने को दे जाते। साथ ही यह आदेश भी कि मैं किसी अन्य को यह पुस्तक न दिखाऊं और पढ़ने के बाद उन्हें वापस कर दूं।

उनके इस प्रकार के आदेशों ने मेरा चाव और भी अधिक कर दिया। मैं न केवल यह साहित्य अधिक पढ़ने लग गया, प्रत्युत स्वयं ही क्रांतिकारी आंदोलन का हिस्सा बन गया।

2. आजादी की तरफ एक कदम

1926–27 में देश की राजनीति में एक नई गर्मी पैदा हो रही थी। साइमन कमीशन की नियुक्ति, काकोरी षड्यन्त्र कांड और उसके बाद चार नवयुवकों को फांसी पर चढ़ा देने से अंग्रेजी शासन के विरुद्ध देश में जबरदस्त रोष की लहर पैदा हो गई थी। काकोरी कांड के अभियुक्त जब अदालत में आते तो वे अपना वह प्रसिद्ध गीत गाया करते थे जो आगे चलकर इस देश के क्रांतिकारी युवकों का राष्ट्रीय गीत बन गया। वह था—

सर .फ़रोशी की तमन्ना अब हमारे दिल में है।
देखना है ज़ोर कितना बाज़ु-ए कातिल में है।

राम प्रसाद बिस्मिल और अश्फाकउल्ला खां दोनों को शायरी का बड़ा शौक था। बिस्मिल के नाम से कई गीत प्रसिद्ध हुए। उनमें से एक था-

नौजवानो! जो तबीयत में
तुम्हारी खटके,
याद कर लेना कभी हमको भी
भूले भटके।

इनकी एक और कविता भी उन दिनों बड़ी प्रसिद्ध हुई थी जिसके कुछ पद्य इस प्रकार हैं -

दिल फ़िदा करते हैं
क़ुर्बान जिगर करते हैं
पास जो कुछ है वो
माता की नज़र करते हैं
खाना वीरान कहां
देखिए घर करते हैं
ख़ुश रहो अहल-ए-वतन
हम तो सफ़र करते हैं

अश्फाक उल्ला को फैजाबाद जेल में फांसी दी गई थी। फांसी से कुछ दिन पूर्व

उन्होंने लिखा था—

तंग आकर जालमों के
जुल्मों इस्तबदाद से,
चल दिए सूए वतन
ज़िन्दान-ए फैजाबाद से।

परन्तु जिस कविता ने सारे देश को हिला दिया उसका एक पद्य जो प्रत्येक की जुबान पर चढ़ गया वह था —

कुछ आरजू नहीं है,
है आरजू तो यह है
रख दे कोई ज़रा सी
खाक-ए वतन कफन में।

अश्फाक उल्ला मुसलमान थे। रामप्रसाद बिस्मिल कट्टर आर्यसमाजी। परन्तु दोनों अन्त में अपने देश के लिए बलिदान हो गए।

इससे पूर्व भी हमारे देश में कई नवयुवक देशप्रेम के अपराध में फांसी पर चढ़ चुके थे। पंजाब और बंगाल में तो विशेष रूप में इनकी एक लम्बी सूची थी; परन्तु 1914-15 के बाद क्रान्तिकारी आंदोलन देश में लगभग समाप्त हो गया था। काकोरी कांड और इसके बाद काकोरी के शहीदों के अद्वितीय बलिदान से देश में नई लहर पैदा हो गई थी। पंजाब पर इसका विशेष प्रभाव था। नवयुवक वर्ग कुछ करने के लिए अधीर हो रहा था। नौजवान भारत सभा और पंजाब स्टुडेंटस यूनियन इन दो संस्थाओं ने नवयुवकों में एक नई जागृति पैदा कर दी थी। कांग्रेस बड़े धीरे-धीरे चल रही थी। गांधी जी समझते थे कि शायद अंग्रेज इन्हें कोई संघर्ष करने पर विवश न करें। पंडित मोती लाल नेहरू का भी उन पर बड़ा प्रभाव था और पण्डित जी कोई गम्भीर पग उठाने को तैयार न थे परन्तु उनका सुपुत्र जवाहर लाल और बंगाल का युवक सिंह सुभाषचन्द्र अपने नेताओं की ढीली नीति से क्षुब्ध थे और समय-समय पर अपने विचार भी प्रकट करते थे।

इन्हीं दिनों एक दिन मैं, अविनाश चन्द्र बाली, दुर्गादास खन्ना और हंसराज वोहरा लाला लाजपतराय से मिलने उनकी कोठी पर गए। यह प्रथम अवसर था कि मैंने उनके दर्शन किए थे। उन दिनों लाला जी का उर्दु पत्र **बन्दे मातरम** और अंग्रेजी दैनिक **दि पीपल्ज** भी प्रकाशित होता था। लाला जी के लेख भी इनमें प्रकाशित होते थे। कई बार मेरे पिता जी और लाला जी के मध्य कई प्रश्नों पर बहस भी छिड़ जाती थी। पिता जी **प्रताप** में लिखते और लाला जी **बन्दे मातरम** में। जब एक बार पंडित मोतीलाल नेहरू और लाला लाजपतराय के मध्य जोरदार मतभेद पैदा हो गए और कौंसिल तथा

विधानसभा के चुनाव में दोनों में एक ऐसा संघर्ष हुआ जो दो हाथियों में होता है तो पिता जी ने उस समय पंडित मोतीलाल नेहरू का साथ दिया; इसलिए लाला जी उनसे बड़े नाराज थे। जब मैं उनसे मिलने गया तो मुझे डर था कि कहीं वे मेरे साथ उदासीनता का व्यवहार न करें; परन्तु जब उन्हें पता चला कि मैं महाशय-कृष्ण का बेटा हूं तो उन्होंने मुझे प्यार से अपने पास बैठा लिया और पिताजी के बारे पूछते रहे।

उस समय तक पिता जी के बारे उनका क्रोध शान्त हो चुका था। अत: उन्होंने एक बुजुर्ग जैसा व्यवहार किया।

जब हम चारों लाला जी के पास पहुंचे तो वे अपनी कोठी के बाहर बगीचे में बैठे कुछ सोच रहे थे। हम चारों को देखकर कहने लगे - 'आओ भाई नौजवान भारत आज कैसे आया है?' हमने उनसे प्रार्थना की कि वे स्टूडेंट्स यूनियन की एक सभा में देश की स्थिति पर भाषण दें। यह सुनते ही वे जरा मुस्कराय और कहने लगे कि मैं तो बूढ़ा हो गया हूं; किसी नवयुवक की तलाश करो। हमने कहा कि आप कौन से किसी नवयुवक से कम हैं।

मैं तो लाला जी से पहली बार मिला था मगर बाली जी उनसे प्राय: मिलते रहते थे; इसलिए वह उनके स्वभाव से पूरी तरह परिचित थे। उन्होंने कुछ अपने ही ढंग से लाला जी से अनुरोध किया और वे मान गए।

यह स्टूडेंटस यूनियन का पहला जलसा था, जो हमने लाहौर के ब्रेडला हाल में किया। सारा हाल खचाखच भरा हुआ था। लाला जी भी उपस्थिति को देखकर बड़े प्रसन्न हुए; बड़ी देर के बार उन्होंने नवयुवकों को सम्बोधित किया था।

इसके बाद हमारा लाला जी के यहाँ आना-जाना बढ़ गया। उन्होंने द्वारकादास लायब्रेरी के नाम से एक लायब्रेरी खोल दी थी। अपनी सभी पुस्तकें जिनमें कुछ बड़ी पुरानी मूल्यवान पुस्तकें भी थीं उन्होंने इस लायब्रेरी को दे दी थीं। इस पुस्तकालय में क्रान्तिकारी साहित्य भी बहुत था। इसलिए दुर्गादास खन्ना और हंसराज वोहरा उस लायब्रेरी में बहुत आया करते थे। बाद में मुझे भी वहां ले जाने लगे। चूंकी हमारे कालेज के गिर्द सी.आई.डी. की निगरानी बढ़ती जा रही थी अत: हम प्राय: द्वारकादास लायब्रेरी में बैठकर घण्टों बातें किया करते थे। अपने सामने दो-चार किताबें खोलकर रख लेते ताकि हमें देखने वाले समझें कि हम इन पुस्तकों के बारे में बहस कर रहे हैं। परन्तु वस्तुत: विषय होता था रूसी या फ्रांसीसी क्रान्ति अथवा राष्ट्रीय परिस्थितियां।

हम तीनों में दुर्गादास खन्ना को पढ़ने का अधिक शौक था। वह कुछ न कुछ पढ़ आते और हमें आकर सुना देते। एक दृष्टि से साहित्य के अध्ययन का काम उनके जिम्में था। सुनने का मेरे और हंसराज वोहरा के जिम्मे। अविनाश चन्द्र बाली को क्रांतिकारी साहित्य में कोई रुचि न थी, इसलिए द्वारकादास लायब्रेरी में तो उनका आना-

जाना अधिक न था। परन्तु लालाजी के साथ उनके सम्बन्ध हमसे कहीं अधिक घनिष्ठ होते जा रहे थे। अन्त में एक समय वह भी आया जब बाली जी दिन में एक चक्कर लाला जी की कोठी अवश्य लगाते।

कुछ समय बाद वह लाला जी के उर्दू दैनिक '**बन्दे मातरम**' में भी काम करने लग गए। उन्हीं दिनों मुझे दो तीन ऐसे नवयुवकों से मिलने का अवसर मिला जिन्होंने आगे चल कर क्रान्ति आंदोलन में एक महत्वपूर्ण भूमिका निभाई। वे थे भगवतीचरण, धनवन्तरी और सुखदेव राज। पंजाब में नवयुवकों की दोनों संस्थाओं अर्थात् नौजवान भारत सभा और स्टूडेंट्स यूनियन के पीछे इन तीनों का मस्तिष्क था; विशेष कर भगवतीचरण का। इस देश के क्रान्ति आंदोलन की सबसे बड़ी ट्रेजडी भगवतीचरण थे। उन्होंने क्रान्ति आंदोलन को सफल बनाने के लिए अपना सर्वस्व बलिदान कर दिया। अपना घरबार, अपनी सम्पत्ति, अपनी पत्नी और अन्त में अपने प्राण भी परन्तु उनकी ही पार्टी के कुछ लोग उन्हें सी.आई.डी. का एजेण्ट समझते रहे।

सी.आई.डी. जानती थी कि पंजाब में यही व्यक्ति क्रान्ति आन्दोलन को चला रहा है; परन्तु क्रान्ति पार्टी के कुछ लोग समझते थे कि वह सी.आई.डी. का एजेण्ट है। वह राष्ट्र का प्रेमी, बलिदानी यह कहता हुआ इस संसार से चला गया—

'दोस्तों' से हमने वह
सदमें उठाए जान पर,
दुश्मनों की दुश्मनी का
सब गिला जाता रहा,

3. जब लाला जी पर लाठियां बरसाई गईं

1927 में जब मैं एफ.सी. कालेज में दाखिल हुआ तो देश का राजनैतिक वातावरण कुछ गर्म हो रहा था। पहले काकोरी षडयन्त्र कांड के कारण, बाद में काकोरी के शहीदों की फांसी के कारण और फिर साइमन आयोग की नियुक्ति के कारण चारों ओर बेचैनी पैदा हो रही थी।

निस्संकोच कहा जा सकता है कि उस समय भारत की 98 प्रतिशत जनता एक तरफ थी और केवल दो प्रतिशत अंग्रेजों के साथ। हिन्दू और मुसलमान का भेद उस समय समाप्त हो गया था। यद्यपि कांग्रेस और मुस्लिम लीग में खाई पहले की तरह ही मौजूद थी; फिर भी इस प्रश्न पर ये पार्टियां इकट्ठी हो गई थीं।

पंडित मोतीलाल नेहरू, लाला लाजपतराय और पंडित मदन मोहन मालवीय ने इस प्रश्न पर एक संयुक्त मोर्चा बना लिया था। तीनों ही उस समय की केन्द्रीय विधानसभा के सदस्य थे। जब ये तीनों बोलते थे तो ऐसा मालूम होता था कि ब्रिटिश सरकार की नींव हिल रही है। पंडित मोतीलाल नेहरू अपने समय के शिखर के वकील थे इसलिए जब भाषण देते तो उनके तर्कों के सामने अंग्रेज के लिए खड़ा होना कठिन हो जाता।

लाला लाजपतराय तो शेर की तरह दहाड़ा करते थे। उनके भाषण के समय ऐसा मालूम होता था कि दीवारें हिल रही हैं। पंडित मदन मोहन मालवीय को जहां हिन्दी और संस्कृत पर पार प्राप्त था वहां वे अंग्रेजी के भी उच्चकोटि के वक्ता थे और घण्टों बोल सकते थे। उन्होंने एक बार विधानसभा में 7 घण्टे बोलने का रिकार्ड कायम किया था।

इन सब का यह सौभाग्य था कि सरकार वल्लभ भाई पटेल के बड़े भाई विट्ठल भाई पटेल उन दिनों विधानसभा के अध्यक्ष हुआ करते थे। उन जैसा निडर, निर्भीक और तटस्थ अध्यक्ष न फिर कोई बना है न शायद कभी बने। बड़े-से-बड़े अंग्रेज की भी वे चलने न देते थे और अंग्रेज की भी यह खूबी थी कि वह उनके हर फैसला के आगे सिर झुका देता था।

ऐसे हालात में यह घोषणा की गई कि 30 अक्तूबर, 1928 में साइमन कमीशन

लाहौर जाएगा। लाला लाजपतराय ने इसे अपने लिए एक चुनौती समझा। इससे पहले वह जहां भी गया उसका बहिष्कार हुआ था और उसके विरुद्ध प्रदर्शन हुए थे। लाला जी ने सोचा यदि लाहौर में कुछ न हुआ तो इससे उनकी बदनामी होगी।

उन्होंने सबसे पहले सारे कांग्रेसियों को अपनी कोठी पर बुलाया। साथ ही छात्र संघ और नौजवान भारत सभा के कार्यकर्ताओं को भी। डाक्टर सत्यपाल के साथ उनकी नहीं बनती थी। डाक्टर साहिब पंडित मोतीलाल नेहरू की पार्टी के समझे जाते थे और डाक्टर गोपीचन्द लाला जी की पार्टी के।

इस बैठक में लाला जी ने दोनों को बुलाया और दोनों आ गए। उनके अतिरिक्त लाहौर के और भी कई प्रतिष्ठित जनों को बुलाया गया, जिनमें मजलिसे अहरार और अकाली दल के नेता भी शामिल थे।

लाला जी ने सारी स्थिति उनके आगे रखी और उन्हें कहा कि साइमन आयोग का जिस तरह का 'स्वागत' दूसरे शहरों में हुआ है लाहौर में उससे कुछ अधिक ही होना चाहिए; कम नहीं। लाला जी ने यह भी कहा कि यद्यपि उनकी सेहत अनुमति नहीं देती किन्तु उस दिन जो जलूस निकलेगा वह उसका नेतृत्व करेंगे।

लाला जी की इस घोषणा से वहां आए लोगों में नया जोश पैदा हो गया और 30 अक्तूबर को प्रदर्शन की तैयारियां शुरू हो गईं।

30 अक्तूबर को जो जलूस निकाला वह भी शान का एक निराला जलूस था। आगे-आगे लाला जी चल रहे थे। उनके साथ-साथ पंडित मदन मोहन मालवीय, डा० सत्यपाल, डाक्टर गोपीचन्द, लाला दुनीचन्द बैरिस्टर, डॉक्टर शेख मुहम्मद आलम, मुहम्मद जफर अली खां, बाबा खड़क सिंह और अन्य कई नेता थे; और पीछे-पीछे नौजवान जोर-शोर से नारे लगा रहे थे।

यह जलूस शहर के विभिन्न बाजारों से होता हुआ लाहौर के रेलवे स्टेशन पर पहुंचा। उस दिन मैंने पहली बार भगत सिंह को देखा। वह भी इस जलूस में शामिल था। अभी केश सिर पर सजे हुए थे, पगड़ी बांध रखी थी, कोट तथा पायजामा पहना हुआ था। वह जलूस के साथ-साथ चल रहा था। दुर्गादास खन्ना ने मेरा उनके साथ परिचय कराया।

कुछ देर हम बातें करते हुए साथ-साथ चलते गए किन्तु फिर पता न चला कि वह अकस्मात कहां गुम हो गया। सी.आई.डी. उन दिनों भी उसका पीछा किया करती थी इसलिए कई बार वह सी.आई.डी. को तंग करने के लिए उन्हें चकमा दे कर इधर-उधर गायब हो जाता था। वे उसे घंटों ढूंढते रहते। कई तो इस कारण अपनी नौकरी से भी हाथ धो बैठे थे क्योंकि वह भगतसिंह का पीछा न कर सकते थे।

इस तरह शहर के विभिन्न बाजारों से होता हुआ जुलूस जब रेलवे स्टेशन पर

पहुंचा तो स्टेशन से दो-तीन फर्लांग के फासले पर ही पुलिस ने आगे जाने के सब रास्ते बन्द कर रखे थे। चारों तरफ कांटेदार तारें लगी हुई थीं और घुड़सवार पुलिस सैंकड़ों की संख्या में खड़ी थीं।

लाला जी और दूसरे नेता उन कांटेदार तारों के निकट खड़े हो गए। धूप तेज थी, कुछ नौजवानों ने लालाजी के सिर पर उन्हें धूप से बचाने के लिए छाता तान दिया। वहां खड़े लोग 'साइमन कमीशन गो बैक' 'साइमन कमीशन हाय हाय' के नारे लगा रहे थे।

कुछ देर बाद वह गाड़ी प्लेटफार्म पर पहुंची जिसमें कि आयोग के सदस्यों ने आना था। दूर से इस गाड़ी का केवल इंजन नज़र आ सकता था और कुछ नहीं। जब लोगों ने उसे देखा तो नारेबाजी और तेज हो गई किन्तु कुछ देर के बाद आयोग के सदस्यों को मोटर गाड़ी में बैठा कर सरकार के अधिकारी वहां से ले गए। जितनी ऊंची आवाज से वे नारे लगे रहे थे निश्चय ही उनकी आवाज आयोग के कानों तक भी पहुंची होगी।

कमीशन का वहां से जाना था कि पुलिस खुल कर खेली। इसके बाद उसे किसी प्रकार की कार्यवाही की जरूरत न थी। यदि वह तनिक सहन शक्ति से काम लेती तो लोग स्वयं वापस चले जाते; किन्तु न जाने क्यों उसने लाठीचार्ज शुरू कर दिया। पुलिस और जनता के बीच कांटेदार तारों का जंगला बना हुआ था फिर भी पुलिस ने अपनी लाठी चला दी और वे लाठियां लाला जी पर, डाक्टर सत्यपाल और कुछ अन्य नेताओं पर भी आ पड़ी।

कुछ लोग तो भाग खड़े हुए; किन्तु लाला जी वहीं खड़े रहे और उन्होंने कड़क कर उस पुलिस अधिकारी से जो उसके सामने खड़ा था कहा कि यदि उनमें साहस है तो अपना नाम उन्हें बताए किन्तु नाम किसने बताना था। उस समय तो पुलिस पागल हो रही थी। अंग्रेज अधिकारी तो विशेष रूप से आपे से बाहर हो रहे थे। यदि उनके और लाला जी के बीच तार का जंगला न होता तो शायद वे लाला जी पर और भी लाठियां बरसाते।

यह सब कुछ उस समय के लाहौर के पुलिस कप्तान स्कॉट की निगरानी में हो रहा था और उसके अधीन काम करने वाला पुलिस अधिकारी सम्भवतः साण्डर्स था।

उस दिन लाहौर में हड़ताल रही। लाला जी पर जो लाठी बरसाई गई उसने लोगों में आतंक पैदा कर दिया। सारे देश में एक तहलका मच गया कि देश के एक इतने बड़े नेता के साथ यह व्यवहार किया गया है। इस एक घटना ने हमारे देश के इतिहास का रुख बदल दिया।

4. खून का बदला खून

30 अक्तूबर 1928 को पुलिस ने लाला लाजपतराय पर लाठियां बरसाईं थीं। 17 नवम्बर 1928 को लाला जी का देहावसान हो गया। इसके साथ ही देश में एक नया तूफान उठ खड़ा हुआ। ऐसा मालूम होने लगा कि भारत की सोई आत्मा जाग उठी है। सारे देश में हाहाकार मच गया। देश का इतना बड़ा नेता और पुलिस की लाठियों का शिकार हो जाए, यह असहनीय था।

वस्तुतः जिस दिन उन पर लाठी बरसाई गई थीं, एक तहलका मच गया था। लाला जी पर लाठीचार्ज का समाचार अखबारों में छपा तो गांधी जी ने उन्हें तार दिया—

''Hearty Congratulation'' (हार्दिक बधाई)

पंडित मोतीलाल नेहरू ने अपने देशवासियों के नाम एक सन्देश में कहा — Follow Lahore यानि लाहौर का अनुसरण करो। सुभाष चन्द्र बोस ने तार दिया— Bengal Congratulates you on the success of the demonstration 'बंगाल इस प्रदर्शन की सफलता पर आपको बधाई पेश करता है।'

सरदार बल्लभ भाई पटेल ने कहा — Respectful congratulations on examplary discipline 'इस शानदार अनुशासन के प्रदर्शन पर बड़े आदर और सम्मान से बधाई पेश करता हूं'।

लाला जी पहले से ही देश के पहली पंक्ति के नेता थे। इससे पूर्व वे कई बार गिरफ्तार भी हो चुके थे। उन्हें देश-निकाला भी दिया जा चुका था। अपने समय के उत्तोत्तम वक्ता और लेखक थे इसलिए शिखर के नेताओं में गिने जाते थे। लाहौर की इस घटना ने उनकी ख्याति को चार चांद लगा दिए। सारा संसार एक बार हिल गया।

ब्रिटिश संसद में भी प्रश्न किए गए। लन्दन के पत्रों ने भी लालाजी पर लाठीचार्ज का उल्लेख किया और यह घटना सारे संसार में बहस का विषय बन गई, किन्तु यही उनके लिए प्राणलेवा भी सिद्ध हुई। लाला जी को जो घाव लगे थे उनके कारण उन को शारीरिक कष्ट तो था ही इससे भी अधिक मानसिक कष्ट था। उन्हें अपने आप की शायद अधिक चिन्ता न थी किन्तु यह जरूर थी कि इस देश में किसी बड़े से बड़े नेता की इज्जत भी सुरक्षित नहीं।

एक मामूली पुलिस अफसर यदि देश के इतने बड़े नेता पर लाठी चला सकता है तो आम लोग उसकी लाठी से कैसे बच सकते हैं? यह ख्याल अन्दर ही अन्दर लाला जी को घुण की तरह खाए जा रहा था। वे किसी से कुछ कहते नहीं थे किन्तु उनके निकट रहने वाले लोग देख रहे थे कि कुछ उदास रहने लगे हैं। उत्तरोत्तर उनके चेहरे का रंग पीला पड़ता जा रहा था। वे दौर्बल्य अनुभव कर रहे थे।

अन्ततः 17 नवम्बर 1928 को वह मनहूस दिन आ गया जिस दिन वे अकस्मात अपने देशवासियों को रोता-बिलखता छोड़ गए। लाला जी की मृत्यु का समाचार सारे शहर में दावानल की तरह फैल गया। लोग कोर्ट स्ट्रीट स्थित उनकी कोठी लाजपत भवन के बाहर जमा होने शुरू हो गए। प्रातः 10 बजे के लगभग हजारों लोग वहां जमा हो गए। सारे देश में शोक की घटाएं छा गईं। गांधी जी ने अपने साप्ताहिक 'यंग इंडिया' में लिखा "Lala Ji Dead - Long Live Lala Ji" पं. मदनमोहन मालवीय और दूसरे नेताओं ने लाला जी की मृत्यु पर गम के आंसू बहाए।

सारे देश में हड़ताल कर दी गई, कारोबार बन्द हो गया। अंग्रेजों के लिए घर से निकलना भी कठिन हो गया और तो और ब्रिटेन और अमेरिका के पत्रों ने भी ब्रिटिश सरकार को आड़े हाथों लिया। लगभग सबने एक आवाज में 30 अक्तूबर के लाठीचार्ज को लाला जी की मौत के लिए जिम्मेदार ठहराया।

लाला जी के देहावसान के बाद सबसे पहला प्रश्न यह पैदा हुआ कि उनका अन्तिम संस्कार कहां किया जाए? लाहौर की श्मशान भूमि तो इसके लिए बहुत छोटी थी। उनकी अर्थी के साथ जाने वालों की संख्या तो शायद लाखों तक जा पहुंचे इसलिए फैसला किया गया कि रावी तट पर ही उनकी अत्येष्टि की जाए।

दोपहर पश्चात् उनकी अर्थी उठाई गई। सारा पंजाब ही इसमें शामिल हुआ था। चूंकि उन दिनों साइमन आयोग के बहिष्कार ने साम्प्रदायिक एकता का एक शानदार वातावरण पैदा कर दिया था; अतः उनकी अर्थी के साथ हिन्दू, मुसलमान, सिक्ख सब चल रहे थे।

चार बजे के लगभग यह जलूस रावी तट पर पहुंचा। चन्दन की चिता बनाई गई। चारों ओर अगणित जन-समूह खड़ा था। ज्यों ही चिता से शोले उठने शुरू हुआ "लाला लाजपतराय अमर रहें" के नारों से आकाश गूंज उठा।

चिता रात गए तक जलती रही और उस अन्धकार में जब सब लोग चले गए तो कुछ नौजवान इसके गिर्द खड़े उसके उठते हुए शोलों को देखते रहे। यह चिता केवल देश के एक महान नेता की न थी, देश के सम्मान और उसकी प्रतिष्ठा की चिता थी। उससे उठते हुए शोले इन नौजवानों में स्वात्माभिमान और देशभक्ति की एक नयी भावना पैदा कर रहे थे। अन्ततः इनमें से एक ने कहा—

"इस खून का बदला खून से लिया जाएगा"

यह भगतसिंह था।

दूसरे दिन कलकत्ता में बैठी देशबन्धु चितरंजनदास की पत्नी श्रीमती बसन्ती देवी ने जब लाला जी की मृत्यु का समाचार पढ़ा तो उसने एक बयान दिया। लाला जी पर किए गए लाठीचार्ज की निन्दा करते हुए और उनकी मृत्यु पर खेद व्यक्त करते हुए उसने कहा —

"Does the youth and manhood of the country still exist? I, a woman of the land demand a clear answer."

"क्या इस देश की जवानी और पुरुषत्व अभी जीवित है? मैं, इस देश की एक महिला इसका स्पष्ट उत्तर मांगती हूं।"

चन्द्रशेखर आज़ाद और भगत सिंह ने यह बयान पढ़ा। आज़ाद ने भगतसिंह से पूछा इसका उत्तर दोगे? उसने कहा जरूर देंगे। दोनों ने संकल्प लिया —देश के उस नेता के खून का बदला खून से लिया जाएगा।

कहते हैं कि इतिहास कई बार अपने आपको दोहराता है। जो कुछ लाला जी पर लाठी बरसाने के बाद हुआ उसने अढाई हजार पूर्व की एक घटना की याद ताजा कर दी।

यूनान के प्रसिद्ध दार्शनिक सुकरात को जब विषपान का आदेश दिया गया, उसने सहर्ष स्वीकार कर लिया। विष का प्याला अपने हाथ में पकड़ कर उसने कहा —

'आप लोगों ने मुझे मृत्यु दण्ड दिया है। मैं एक भविष्य वाणी करता हूं। मेरी मृत्यु बहुत निकट है और मृत्यु के निकट पहुंचने वालों की भविष्य वाणी कई बार सच्ची प्रमाणित हो जाती है। मेरी मृत्यु के बाद मेरी मृत्यु से कहीं भयानक दण्ड आपकी प्रतीक्षा कर रहा है।'

'आप लोगों को अपराधी ठहराने वालों की संख्या कही अधिक होगी। जिन लोगों को मैंने अब तक रोके रखा है वे आपको अपराधी ठहरायेंगे। नौजवान होने के कारण वे आपके प्रति कहीं अधिक निर्दयी होंगे। वे आपको कभी क्षमा नहीं करेंगे।'

और कुछ इस प्रकार की ही भविष्य वाणी लाला जी ने की थी। जब 30 अक्तूबर की शाम को भाषण देते हुए उन्होंने कहा था —

'हम पर चलाई कई एक-एक लाठी ब्रिटिश साम्राज्य के कफन में एक-एक कील सिद्ध होगी।'

इतिहास साक्षी है कि उनकी मृत्यु ने हमारे देश की राजनीति की धारा बदल दी। बहुत देर बाद हिंसा ने फिर से अपना रूप दिखाना शुरू कर दिया। देश के नौजवानों ने फैसला कर लिया कि खून का बदला खून से लिया जाएगा।

"खून का बदला खून।"

यह नारा था और यह ख्याल था जो लाला जी के देहावसान के बाद धीरे-धीरे सारे देश में फैलता जा रहा था। लाहौर में लाला जी का मातम करने के लिए ब्रेडला हाल में स्टूडेण्टस यूनियन की एक सभा हुई। अविनाश चन्द्र बाली ने एक जोश और आक्रोश भरे भाषण में कह दिया, 'इस खून का बदला खून से लिया जाएगा।'

एक ऐसे व्यक्ति के मुंह से ये शब्द निकल रहे थे जो गांधीवादी होने का दावा करता था। जिन्होंने कभी भी और किसी भी स्थिति में हिंसा का समर्थन नहीं किया था। किन्तु लाला जी की मृत्यु ने उन्हें भी एक बार झिंझोड़ कर रख दिया और अब वे भाषण करने उठे तो उन्होंने भी यह कह दिया कि 'इस खून का बदला खून से लिया जाएगा।'

उधर मैं, दुर्गादास खन्ना और हंसराज वोहरा हर रोज कालेज में मिलते और जो स्थिति पैदा हो गई थी उसके विषय में विचार-विमर्श करते रहते।

दुर्गादास खन्ना और हंसराज वोहरा दोनों को मालूम था कि क्रान्तिकारी पार्टियाँ लाला जी की मृत्यु का बदला लेने की तैयारियां कर रही हैं। मुझे ये दोनों स्पष्ट रूप से तो न बताते थे किन्तु हंसराज वोहरा कई बार ऐसे संकेत कर देता था जिससे मैं अनुमान लगा सकता था कि कुछ होने वाला है।

कई बार उसने मुझसे सीधा प्रश्न किया कि मेरी क्या राय है? यदि लाला जी की मौत का बदला लेने के लिए किसी पुलिस अफसर को गोली से उड़ा दिया जाए तो कैसा रहेगा? एक बार कहने लगे कि यदि लाला जी की मौत का बदला न लिया गया तो इस देश के नौजवानों की नाक कट जाएगी।

जिस दिन देशबन्धु चिरंजन दास की धर्मपत्नी का संदेश समाचार पत्रों में छपा वह समाचार पत्रों को साथ उठाए फिरता था और कालेज में छात्रों को पढ़ाता था। किन्तु इस कम्बख्त का बात करने का ढंग कुछ ऐसा होता कि उसने जो कुछ कहना होता कह भी जाता और अन्त में सब कुछ मजाक में खत्म हो जाता। शक्ल सूरत से वह आकर्षक था इसलिए लड़के उसकी बात सुनने को भी तैयार हो जाते।

किन्तु किसी को यह पता न चलता कि जो कुछ यह कह रहा है इसमें गंभीरता कितनी है? हां! जिस लड़के को उसने अपनी पार्टी के लिए तैयार करना होता उससे जरूर वह बड़ी तसल्ली से बात करता और हर चीज उसे समझाने का प्रयास करता।

निष्कर्ष यह कि लाला जी की मृत्यु ने जो हालात पैदा कर दिए थे उनके आधार पर कुछ नौजवान एक धमाका जरूर करना चाहते थे; जिससे सारे संसार को पता चल जाए कि लाला लाजपतराय की मौत व्यर्थ नहीं गई।

हमारे देश में उस समय दो लहरें चल रही थीं। एक गांधी जी के नेतृत्व में कांग्रेस

की लहर दूसरी चन्द्रशेखर आजाद के नेतृत्व में क्रान्तिकारी पार्टी की लहर। लाला जी की मौत ने दोनों में एक नयी गर्मी पैदा कर दी। कांग्रेस अधिवेशन इस वर्ष पं. मोती लाल नेहरू की अध्यक्षता में कलकत्ता में हो रहा था। लाला जी की मौत ने कांग्रेस के नौजवान वर्ग में भी एक नया जोश पैदा कर दिया। वे मांग करने लग गए कि अब पूर्ण स्वतन्त्रता की घोषणा कर देनी चाहिए और इसके लिए संघर्ष भी शुरू कर देना चाहिए।

जवाहर लाल नेहरू और सुभाषचन्द्र बोस कांग्रेस के इस नौजवान वर्ग के नेता थे। दूसरी ओर पंडित मोतीलाल नेहरू और महात्मा गांधी दोनों समझते थे कि पूर्ण स्वतन्त्रता की मांग करने का अवसर अभी नहीं आया। पहले उपनिवेश का दर्जा प्राप्त करने के लिए कोशिश करनी चाहिए। यदि ब्रिटिश सरकार इसके लिए तैयार न हो तो फिर पूर्ण स्वतन्त्रता के लिए लड़ाई शुरू करनी चाहिए। गांधी जी विशेष रूप से कोई ऐसा पग उठाना नहीं चाहते थे जो उन्हें बाद में वापस लेना पड़े।

किन्तु जवाहरलाल नेहरू और सुभाष चन्द्र बोस उनकी कोई बात सुनने को तैयार न थे। देश की राजनीति में एक अत्यन्त दिलचस्प स्थिति पैदा हो रही थी जब कि पिता और पुत्र में सीधी टक्कर होने वाली थी।

जवाहरलाल नेहरू नौजवानों के उस वर्ग का नेतृत्व कर रहे थे जो अंग्रेज को किसी भी स्थिति में सहन करने को तैयार न था और जो पूर्ण स्वतन्त्रता की घोषणा करना चाहता था।

पंडित मोतीलाल नेहरू उस वर्ग के नेता थे जो यह समझता था कि देश अभी तक इतनी बड़ी लड़ाई के लिए तैयार नहीं है यदि यह शुरू की गई तो अंग्रेज अपनी पुलिस और फौज की सहायता से इसे दबा देगा। इसके बाद लोगों का मनोबल और भी ढह जाएगा। गांधी जी बहुत कुछ पंडित मोतीलाल नेहरू से सहमत थे किन्तु वह युवक वर्ग को भी रुष्ट नहीं करना चाहते थे। उन्हें डर था कि यदि जवाहरलाल और सुभाषचन्द्र कांग्रेस से निराश हो गए तो कांग्रेस को छोड़ न जायें। वे यह भी समझते थे कि यदि कांग्रेस ने कुछ न किया तो देश का वह नौजवान वर्ग जो हिंसा पर विश्वास रखता है बम और पिस्तौल का सहारा लेने पर विवश हो जाएगा। इसलिए वे बाप और बेटे के मध्य कोई ऐसा रास्ता निकालना चाहते थे जिससे कांग्रेस की इज्जत भी रह जाए और अंग्रेज भी समझ लें कि अब भारतीय जनता की भावनाओं को दबाया नहीं जा सकता।

पंडित मोतीलाल और पंडित जवाहर लाल की अनुपम देशभक्ति और उच्च नैतिकता का प्रदर्शन उस समय भी हुआ जब कलकत्ता कांग्रेस में पंडित मोतीलाल अपने इस दृष्टिकोण की व्याख्या कर रहे थे कि अभी हमें उपनिवेश का दर्जा ही मांगना

चाहिए। पूर्ण आजादी की मांग करने का अवसर नहीं आया। मंच पर बैठे लोगों में से एक नौजवान ने ऊंची आवाज में कहा 'चुनौति' यानि आपके इस ख्याल से सहमति नहीं है। जब लोगों ने उस बोलने वाले नौजवान को देखा तो वे पंडित जवाहर लाल नेहरू थे। पंडित मोतीलाल अपने बेटे की इस शोखी को देख कर मुस्करा दिए। किन्तु इसका उन्होंने कोई उत्तर नहीं दिया।

कांग्रेस के मोर्चे पर जब यह सब कुछ हो रहा था तो एक दूसरा मोर्चा भी गर्म हो रहा था, वह था क्रान्ति मोर्चा। चन्द्र शेखर आजाद के नेतृत्व में सारे देश में एक नयी पार्टी का गठन किया जा रहा था। यह चरखा कातने और खद्दर पहनने में विश्वास नहीं रखती थी। न यह समझती थी कि अंग्रेज को अहिंसा के माध्यम से इस देश से निकाला जा सकता है।

जो नौजवान इस पार्टी में शामिल होते थे वे पढ़े लिखे थे। उनके सामने विश्व का इतिहास था। उन्होंने आयरलैंड के स्वतन्त्रता संग्राम का इतिहास पढ़ा था। रूस और फ्रांस की क्रान्ति की कहानियां पढ़ी थीं। जारशाही के विरुद्ध रूस की जनता के संघर्ष का अध्ययन किया था। वे इस परिणाम पर पहुंचे थे कि जिस रास्ते पर गांधी जी देश को ले जाना चाहते है उस पर चलते हुए तो सौ वर्ष तक भी देश आजाद नहीं हो सकता।

वे ऐसे हालात पैदा करना चाहते थे जिसमें कोई भी अंग्रेज अपने आप को इस देश में सुरक्षित न समझे। जो लोग सात समुद्र पार से चल कर हम पर शासन करने आए हैं उन्हें भी पता हो कि यह शासन उन्हें महंगा पड़ सकता है। इसके लिए वे बम और पिस्तौल का प्रयोग करना चाहते थे; किन्तु इससे पूर्व इनमें से हरेक को अपने सिर पर कफन बांध कर घर से निकलना होता था।

जो लोग खून का बदला खून से लेना चाहते थे उन्हें पहले अपना खून देने के लिए तैयार होना पड़ता था।

इस प्रकार से कुछ सरफरोश नौजवान चन्द्रशेखर आज़ाद के गिर्द जमा होने शुरू हो गए। लाला लाजपतराय की मृत्यु ने उन्हें परीक्षा का पहला अवसर उपलब्ध करा दिया। उनके संगठन की नींव रखी जा चुकी थी। अब उस पर उन्होंने एक भवन का निर्माण करना था। यह ईंट और पत्थर का निर्माण न था बल्कि अपने खून से अपनी हड्डियों पर आज़ाद भारत का निर्माण करना था।

17 दिसम्बर 1928 लाला लाजपतराय का देहांत हुआ पूरा एक माह हो गया था। मैं उस दिन इम्तहान का पर्चा देने के लिए एक बजे के करीब कालेज पहुंचा। शाम के पांच बजे तक वहीं रहा। हंसराज वोहरा उस दिन कालेज नहीं आया था। दुर्गादास खन्ना जरूर कुछ समय के लिए आया लेकिन लाइब्रेरी से कुछ किताबें ले कर चला

गया। चूंकि इन दिनों हमारी परीक्षाएं हो रही थीं अत: मैं भी राजनैतिक गतिविधियों में अधिक हिस्सा नहीं ले रहा था। पांच बजे के करीब मैं घर वापस लौट आया और कोई आधे घंटे के बाद एक व्यक्ति भागा-भागा मेरे पिता जी के पास आया और उसने बताया कि डी.ए.वी. कालेज के सामने कुछ नौजवानों ने एक पुलिस अफसर को गोली से उड़ा दिया है।

वह व्यक्ति इतना कह कर चला गया लेकिन मेरा माथा ठनक गया। हंसराज वोहरा व दुर्गादास खन्ना मेरे साथ जो बातचीत किया करते थे वह सब मेरे दिमाग में घूमने लगी। मैं उन बातों और आज की घटना को जोड़ने लगा। आखिर खून का बदला खून से ले लिया गया। लेकिन यह किया किसने और वह अब है कहां? मैं यह सब सोच ही रहा था कि पुलिस ने बाजारों में गश्त लगानी शुरू कर दी। धीरे-धीरे सारा शहर पुलिस की छावनी में बदल गया। इस एक घटना से सरकार के पांव तले से जमीन निकल गई। पुलिस के दफ्तर के ठीक सामने एक अंग्रेज अफसर का दिन-दिहाड़े कत्ल कर दिया जाए और कत्ल करने वाले भाग निकलें यह उस समय पुलिस के लिए डूब मरने के बराबर था।

जब साण्डर्स अपने दफ्तर से निकल कर घर जाने लगा तो वह इन क्रान्तिकारी नौजवानों का शिकार हो गया और वहीं ढेर हो गया। इस सारे कांड का विवरण एक ऐसे व्यक्ति की जुबानी खुला जो उस टोली में शामिल था जो स्कॉट का कत्ल करने के लिए गया था। इनका नाम था श्री भगवानदास मौहर जो प्रसिद्ध क्रान्तिकारी और भगत सिंह के निकटतम साथियों में से एक थे। बाद में जब श्री भगवानदास एक और मुकद्दमे में गिरफ्तार हुए तो उन्होंने अदालत में ही उस वायदा मुआफ गवाह पर गोली चला दी जिसने भगत सिंह के खिलाफ बयान दिया था।

साण्डर्स कत्ल का विवरण देते हुए श्री भगवान दास लिखते हैं:

''भगत सिंह ने प्रस्ताव रखा कि लाला लाजपतराय की पुलिस की लाठियों से मौत और इससे राष्ट्र का जो अपमान हुआ है इसका बदला लिया जाए और इस तरह देश में क्रान्तिकारियों के सक्रिय अस्तित्व का परिचय जनता को दिया जाए। इस पर सबसे पहले राजगुरू तैयार हुए। फैसला हुआ कि लाला जी पर लाठियां चलाने के जिम्मेदार पुलिस कप्तान को गोली से उड़ा दिया जाए। राजगुरू ने जिद्द पकड़ ली, 'मारूंगा मैं'। भगत सिंह ने कहा कि पकड़े जाने पर मुकद्दमा चलने पर एक अच्छा बयान देने और लोगों पर अच्छा असर डालने के लिए और फांसी के समय एक अच्छा व्यवहार अपनाने की सबसे बड़ी जरूरत है ताकि लोगों के दिलों में क्रान्तिकारियों के लिए इज्जत पैदा हो सके और वह हमारे काम को केवल जोश और पागलपन का नतीजा ही न समझें बल्कि उससे पढ़े लिखे नौजवानों को बलिदान के लिए प्रेरणा मिल सके।''

''आखिर में फैसला हुआ कि लाहौर के पुलिस कप्तान को गोली मार दी जाए और इसके लिए राजगुरू, भगतसिंह और चन्द्रशेखर आजाद स्वयं जाएं। जयगोपाल के जिम्में मौका देखने, स्कॉट को पहचानने और उसके आगमन की खबर देने का काम सौंपा गया। (यही जयगोपाल बाद में लाहौर साजिश केस में वायदा मुआफ गवाह बना था)।''

''4 दिन तक यह टोली अपने काम पर जाती रही लेकिन स्कॉट पुलिस दफ्तर से एक बार भी न निकला। आखिर बेकरार हो कर राजगुरु ने आजाद से कहा, अन्दर जा कर ही ठोक कर आता हूं। आजाद ने उसे डांट दिया— उसने सारे काम को करने के लिए एक योजना बना रखी थी। इसके अनुसार ही वे काम करना चाहते थे। आजाद अनुशासन के मामले में बड़े कट्टर थे।''

''स्कॉट को गोली मारने के लिए आजाद, भगतसिंह, राजगुरु को तैनात किया गया था जो निश्चित स्थान पर मोर्चाबन्दी किए खड़े थे। जयगोपाल भी वहां स्काट को पहचानने व इन लोगों को संकेत देने के लिए खड़ा था। यदि पुलिस के साथ लड़ाई हो जाती तो इसका मुकाबला करने के लिए सुखदेव, विजय कुमार सिन्हा और कुछ शस्त्रबद्ध नौजवान एक तरफ खड़े थे।''

''हम लोगों ने देखा कि कोई पुलिस अफसर दफ्तर से बाहर निकला है। जयगोपाल ने संकेत दिया कि वह शायद आया है। भगत सिंह ने संकेत दिया कि यह वही व्यक्ति मालूम नहीं होता। राजगुरू ने समझा कि भगतसिंह शायद कह रहा है कि अभी मत मारो इसे जरा आगे आने दो। लेकिन राजगुरू और प्रतीक्षा करने को तैयार नहीं था। वह अफसर मोटर साईकिल पर पैर रखने ही वाला था कि राजगुरू के रिवाल्वर की गोली इसके सिर को चीरती हुई निकल गई और वह वहीं ढेर हो गया। भगत सिंह ने अपनी आटोमैटिक पिस्तौल से पुलिस अफसर की लाश को माल रोड पर जड़ दिया।''

''पुलिस अफसर मर गया और पुलिस के दफ्तर में खलबली मच गई। बहुत से लोग बाहर निकल आए। फर्नस नाम के एक गोरे को बहादुरी सूझी। वह राजगुरू की तरफ उसे पकड़ने के लिए दौड़ा। राजगुरू ने अपना रिवाल्वर उसकी तरफ सीधा करके उसका घोड़ा दबा दिया मगर गोली न चली और उसने अपना रिवाल्वर कोटी की जेब में डाल दिया और आगे बढ़ कर फर्नस से भिड़ गया और उसे माल रोड की जमीन पर ऐसे पछाड़ा कि वह उठ न सका। इतने में राजगुरू ने देखा कि भगतसिंह ने पिस्तौल की खाली मैगज़ीन जमीन पर गिरा दी। वह दफ्तर की तरफ भागा और वह मैगजीन उठा लिया। आजाद देखते ही रह गए कि यह मरने के लिए उधर क्यों भागा जा रहा है। जब राजगुरू ने उन्हें खाली मैगजीन जेब से निकाल कर पेश की

तो आजाद ने मन ही मन उसकी बहादुरी पर शाबाशी दी लेकिन साथ ही डांटा भी कि उसे इस चीज के लिए इस कदर दुस्साहस करने की जरूरत नहीं थी। इस लड़ाई में साण्डर्स का एक मुन्शी चनन सिंह भी मारा गया। चननसिंह ने इन्हें पकड़ने के लिए पीछा किया था लेकिन आजाद ने अपनी पिस्तौल से एक गोली उसके पैर में मारी जब वह फिर भी बाज न आया तो दूसरी गोली चला दी जो उसके सीने को चीर गई और उसके बाद आजाद, भगत सिंह और राजगुरू वहां से सही सलामत भाग गए।''

उसके पश्चात् क्रान्तिकारी पार्टी के लिए यह प्रश्न पैदा हुआ कि अब भगत सिंह को कैसे बचाया जाए। साण्डर्स को गोली मारने के बाद तो वह निकल आया था किन्तु उसे लाहौर से निकलना कठिन हो रहा था। सारी सड़कों और रेलवे स्टेशन पर पुलिस का पहरा था। एक-एक व्यक्ति की कड़ी निगरानी की जा रही थी। ऐसे अवसर पर वह वीर महिला जिसका नाम दुर्गादेवी था क्रान्तिकारी दल की सहायता को आई और उसने भगत सिंह को लाहौर से निकालने में जो महत्वपूर्ण भूमिका निभाई वह भगतसिंह के अपने एक साथी सुखदेव राज के शब्दों में पढ़िए। इस सारी घटना का उल्लेख करते हुए वे लिखते हैं —

''एक दिन भगतसिंह सुखदेव को ले कर अकस्मात भगवतीचरण के मकान पर पहुंचे। इसमें उन्हें और कोई क्या पहचानता स्वयं भाभी भी नहीं पहचान सकीं। उनके सिर पर अब न तो केश ही थे, न जाटों वाले कपड़े जो वे प्राय: पहना करते थे। अब तो वे अपटूडेट सूटधारी युवक नजर आ रहे थे।''

''उनके सिर पर अब पगड़ी नहीं हैट थी। यहां यह उल्लेखनीय है कि साण्डर्स की हत्या से दो दिन पूर्व जब वे मुझसे मिले थे तो उन्होंने वे ही जाटों वाले कपड़े पहने हुए थे। अब यह नया बाना उन्होंने पुलिस की आंखों में धूल झोंकने के लिए पहना लिया था। अस्तु।''

''जिस समय भगतसिंह और सुखदेव भगवतीचरण के घर आए उस समय वे वहां न थे कलकत्ता गए थे। उन दिनों मेरठ षड्यन्त्र केस के विषय में पुलिस बहुत अधिक सक्रिय थी। साथ ही जब्त साहित्य की तलाश में छापे मारे जा रहे थे। भगवतीचरण के घर में भी काफी जब्त और बाहर से आया हुआ साहित्य मौजूद था। इसलिए लाहौर में रहना उचित न समझ कर वे कलकत्ता चले गए थे।''

''भगतसिंह और सुखदेव ने सारी घटना भाभी को सुनाई। साथ ही यह भी कहा कि लाहौर से भाग निकलने के लिए भगतसिंह का केवल भेष बदलना ही काफी नहीं है। उसके साथ एक महिला का होना भी जरूरी है ताकि पुलिस उसे कोई पारिवारिक व्यक्ति समझकर उस पर सन्देह न करे।''

''सारा हाल सुनने के बाद भाभी ने भगत सिंह को रूपया भी दिया और उसके

साथ लाहौर से निकल भागने की योजना को मूर्त रूप देने के लिए भी तैयारी हो गई है। इसके लिए पहली श्रेणी का एक डिब्बा रिजर्व कराया गया और लाहौर स्टेशन पर एक सुन्दर ऊंचा लम्बा गौर वर्ण, व्यक्ति कोट-पैंट पहने और सिर पर हैट लगाए स्टेशन पर आया। कड़ाके की सर्दी से बचने के लिए उस युवक ने अपना ओवरकोट अपने चेहरे पर ओढ़ रखा था।''

''उसकी गोद में एक छोटा सा बालक था। आने जाने वालों को इस नौजवान का चेहरा अच्छी तरह नजर नहीं आ रहा था। उसके पीछे-पीछे एक महिला थी। उसने चुस्त साड़ी पहन रखी थी और ऊपर एक शाल ले रखी थी। नौजवान ने इधर-उधर देखा और फिर फर्स्ट क्लास के डिब्बे में बैठ गया। उसके साथ एक नौकर भी था। कुछ सामान उसके हाथ में भी था।''

''वह सेवक इस नौजवान को फर्स्ट क्लास में बैठा कर स्वयं तीसरे दर्जे के डिब्बे में बैठ गया। यह और कोई नहीं था राजगुरू ही था। इस तरह भगतसिंह पुलिस की आंखों में धूल झोंक कर दुर्गा भाभी और उनके तीन वर्ष के बच्चे शचि को साथ ले कर कलकत्ता के लिए रवाना हो गए।''

''दूसरी ओर चन्द्रशेखर आजाद कृष्ण-कीर्तन मण्डली में शामिल हो गए और देवकीनन्दन राधेश्याम, जय रघुनन्दन जय घनश्याम गाते हुए पुलिस की आंखों में मिट्टी डालते हुए लाहौर से निकल गए तथा मथुरा होते हुए आगरा जा पहुंचे।''

''यह है कहानी दुर्गा भाभी की। किन्तु यह तो उनके जीवन की एक ही घटना है जो मैंने बयान की है। आगे चल कर और भी कई घटनाएं पाठकों को पढ़ने को मिलेंगी।''

इस घटना का उल्लेख मैने इसलिए किया क्योंकि इसका सम्बन्ध साण्डर्स की हत्या के साथ था और उस हत्या के साथ ही मेरे जीवन का एक नया अध्याय शुरू हुआ था : साण्डर्स की हत्या के साथ मेरी पहली गिरफ्तारी हुई थी।

5. मेरी पहली गिरफ्तारी

साण्डर्स की हत्या के बाद भगतसिंह, चन्द्रशेखर आजाद और राजगुरू तो पुलिस की आंखों में धूल झोंक कर बच निकले; किन्तु इसके बाद पुलिस ने सारे शहर को घेर लिया। जगह-जगह पुलिस खड़ी कर दी गई। लाहौर से बाहर जाने वाले सभी रास्ते बन्द कर दिए गए। सड़कों पर, बाजारों में, गलियों में, सब जगह पुलिस ही पुलिस नजर आती थी। ऐसा प्रतीत होता था कि लाहौर शहर को एक छावनी का रूप दे दिया गया है।

कोई चार बजे के लगभग साण्डर्स की हत्या हुई और सात बजे के लगभग मैं अपने घर से बाहर खड़ा था कि पुलिस की भरी दो लारियां हमारे घर के बाहर आ खड़ी हुईं। कुछ ही क्षणों में सशस्त्र पुलिस के सिपाही इनमें से बाहर आने लग गए। उन्होंने हमारे घर को घेर लिया। मैं भागा-भागा अंदर गया। पिता जी को बताया कि पुलिस आ गई है। उन्हें भी कुछ आश्चर्य हुआ कि हमारे घर पुलिस क्यों आई है; किन्तु मैं समझ गया कि मामला क्या है।

एफ.सी. कालेज में पढ़ते हुए स्टूडेंटस यूनियन के माध्यम से मैं राजनैतिक गतिविधियों में जो भाग ले रहा था यह उसी का परिणाम था। पहले तो एक क्षण के लिए मेरे दिल में ख्याल आया था कि पिछले दरवाजे से भाग जाऊं किन्तु पुलिस ने तो मकान को सब ओर से घेर रखा था। बाहर सड़क पर लोग जमा होने शुरू हो गए थे। चार घण्टे पहले एक अंग्रेज की दिन-दिहाड़े हत्या हुई थी और पुलिस ने आकर हमारे घर का घेराव कर लिया था। इसलिए लोगों को भी कुछ आश्चर्य हो रहा था कि यह मामला क्या है। पुलिस का भारी जमाव देख कर वे भी जमा होने शुरू हो गए।

जब मैंने ऊपर जाकर पिताजी को बताया कि पुलिस ने हमारा मकान घेर लिया है तो वह नीचे आए। नीचे एक बरामदा हुआ करता था जो सड़क पर खुलता था। जब पिता जी वहां पहुंचे तो पुलिस का एक अंग्रेज अफसर जिसका नाम जेन्किंस था कुछ सिपाहियों के साथ वहां खड़ा था। उसने पिता जी से पूछा कि क्या महाशय कृष्ण आपका ही नाम है? जब पिता जी ने कहा कि हां मैं ही महाशय कृष्ण हूं तो उसने

कहा कि आपका लड़का वीरेन्द्र कहां है? इतने में मैं भी वहां पहुंच गया। उसके साथ जो दूसरे पुलिस अफसर थे उनसे उसने कहा कि इसे गिरफ्तार कर लो।

दो सिपाहियों ने मुझे दोनों बाजुओं से पकड़ लिया और कुछ मिनट बाद दोनों हाथों को हथकड़ियों से बांध दिया गया। पिताजी यह सब कुछ सामने खड़े देख रहे थे। न वे कुछ बोल सकते थे न मैं बोल सकता था। उनके लिए भी यह आश्चर्य था और मेरे लिए भी , कि यह क्या हो रहा है। पिता जी भी जानते थे और मैं भी कि साण्डर्स की हत्या मैने नहीं की थी। जिस समय उसकी हत्या की गई मैं कालेज में बैठा परीक्षा दे रहा था। इसलिए मेरी गिरफ्तारी समझ से बाहर की चीज थी।

किन्तु इसका भेद बाद में खुल गया। प्रताप के स्टाफ में उस समय सहसम्पादक के रूप में एक व्यक्ति काम करता था जो सी.आई.डी. का आदमी था। वह मेरे विषय में बेसिर पैर की खबरे सी.आई.डी. को दिया करता था। एक रिपोर्ट उसने यह भी दी कि मैं दोपहर के तीन बजे से पांच बजे तक कहीं गायब रहा हूं यद्यपि उस समय मैं अपने कालेज में बैठा था।

रिपोर्ट उसने इस ढंग से दी कि जैसे इस हत्या में मेरा भी हाथ था। यदि मैं घटनास्थल पर मौजूद था तो कम से कम मुझे यह जरूर मालूम था कि हत्या किसने की है। चूंकि पुलिस उस रात पागल हो कर अंधेरे में हाथ-पांव मार रही थी इसलिए उसने कई नौजवानों को गिरफ्तार कर लिया।

मुझे हथकड़ी लगाने के बाद घर की तलाशी ली गई। यह दो घण्टे जारी रही। हमारे लिए यह पहला अनुभव था। इससे पहले हमारे परिवार में गिरफ्तारी तो हो चुकी थी जब पिता जी और चाचा जी गिरफ्तार किए गए थे किन्तु घर की तलाशी पुलिस ने न ली थी। "वह भी देखा, यह भी देख"—के अनुसार गिरफ्तारी के बाद अब तलाशी भी देखनी पड़ी और पहली बार हथकड़ी भी लग गई।

संगीनों के पहरे में दो घण्टे तलाशी होती रही। पुलिस ने हमारे घर का कोना-कोना छान मारा। मेरी माता जी ने बड़ी तसल्ली से स्टोर में सामान रखा हुआ था, एक-एक बक्स खोला गया। एक-एक चादर, एक-एक धोती, एक-एक कुर्ता, हर चीज बाहर निकाली गई। पुलिस उसे देखती थी और जमीन पर फैंकती थी। वह हथियार तलाश कर रही थी कि शायद मैंने कहीं पिस्तौल या रिवाल्वर छिपा रखा हो; किन्तु दो घण्टे की तलाशी के बाद भी उसे कुछ न मिला और कोई दस बजे रात वह अपनी बन्द गाड़ी में बैठा कर मुझे ले गए।

यदि मैं कहुं कि उस समय मैं घबराया न था तो यह गलत होगा। मेरी आयु अट्ठारह वर्ष के लगभग थी। दिसम्बर का महीना था। रात के दस बजे थे। पुलिस की गाड़ी में मेरे दोनों ओर सशस्त्र सिपाही बैठे थे। सामने की सीट पर जेन्किन्स बैठा

था। गाड़ी में बैठने से पूर्व मैंने एक बार घर की ओर देखा। बरामदे के बाहर पिता जी खड़े थे और ऊपर के बरामदे में माता जी खड़ी अपने आंसू पोंछ रही थीं। घर के बाहर लोगों का एक बहुत बड़ा समूह खड़ा था। इस तरह मेरी पहली गिरफ्तारी हुई और उसने मेरे जीवन की धारा बदल दी।

गिरफ्तार करने के बाद पुलिस मुझे कोई आधा घण्टा इधर-उधर घुमाती रही। रात का समय था। कुछ अनुमान नहीं लग रहा था कि ये कहां ले जा रहे हैं किन्तु मन और मस्तिष्क पर बेहद खौफ था। पहली बार गिरफ्तार हुआ था। वह भी हत्या के आरोप में। हथकड़ी लगी हुई थी। दोनों ओर संगीनें ताने पुलिस के सिपाही बैठे थे और यह समझ नहीं आ रहा था कि कहां ले जा रहे हैं?

जिस लारी में हम बैठे थे वह चक्कर काटती जा रही थी और कहीं खड़े होने में न आती थी। मैं किसी से पूछ भी नहीं सकता था कि वे मुझे कहां ले जा रहे हैं? क्योंकि सामने वाली सीट पर बस-चालक के साथ पुलिस अफ्सर जेन्किंस बैठा था। उसकी उपस्थिति में कोई सिपाही मुझसे बात करने का साहस कैसे कर सकता था?

अन्ततः यह लारी एक दफ्तर के बाहर आ कर रुकी। वहां अगणित पुलिस थी। बाद में मुझे पता चला कि यह वही स्थान है जहां कुछ घण्टे पूर्व साण्डर्स की हत्या की गई थी। लारी का दरवाजा खुला और मुझे बाहर निकलने के लिए कहा गया। बाहर निकला तो देखा कि एक ओर जमीन पर कुछ रंगदार-सा पड़ा है और उसके चारों ओर पुलिस के चार सिपाही संगीनें ताने खड़े हैं। सम्भवतः यह वही स्थान था जहां साण्डर्स गिरा था और वहां उसका खून अभी तक पड़ा था।

लारी से उतार पर मुझे अन्दर कमरे में ले गए। वहां पहुंचा तो देखा, बाली जी वहां पहले ही मौजूद हैं इतने में अहसान इलाही भी आ गए। थोड़ी देर बाद पुलिस दो-तीन और नौजवानों को वहां ले आई। हमारी हथकड़ियां उतार दी गईं और हमें छोटे से कमरे में एक बैंच पर बैठा दिया गया।

दिसम्बर के महीने में लाहौर में किस प्रकार सर्दी हुआ करती थी, यह उन लोगों को याद होगा जिन्होंने अपना कुछ जीवन 1947 से पूर्व लाहौर में गुजारा है। रात को कई बार लोग दो-दो रजाइयां ले कर भी सोते थे। इतनी सर्दी में कुछ नौजवानों को इस पुलिस कार्यालय में बैठा दिया गया था। साथ के कमरे में अंगीठियां जल रही थीं किन्तु वे हमें प्राप्त न थीं। डर के मारे हम एक दूसरे से बात भी नहीं कर सकते थे। एक-एक गर्म कोट हमने पहन रखा था किन्तु इस सर्दी में काफी न था। हम किसी से कह भी तो नहीं सकते थे कि हमें सर्दी लग रही है।

हमारी हालत तो यह थी कि—

न तड़पने की इजाजत है न फरियाद की,
घुट के मर जाऊं यह मर्जी मेरे सैयाद की।

इस तरह रात के दो बज गए। कुछ देर बाद हम में से एक-एक को वहां से किसी दूसरे कमरे में लाया जाता किन्तु जो जाता वह वापस न आता। इसलिए हमें यह पता न चलता था कि वहां क्या हो रहा है। अन्ततः दो बजे के लगभग मेरी बारी भी आ गई। मुझे भी दूसरे कमरे में लाया गया।

वहां एक मेज के आस-पास छह पुलिस अधिकारी बैठे हुए थे। इनमें से दो भारतीय थे, एक का नाम राय बहादुर भगवान दास था, दूसरे का सरदार बहादुर सुक्खा सिंह। शेष चारों अंग्रेज पुलिस के बड़े अधिकारी थे। जेन्किन्स जो मुझे गिरफ्तार करके लाया था वह भी वहां खड़ा था। शेष सभी कुर्सियों पर बैठे थे और जेन्किन्स मेरे पास खड़ा मुझे बुरी तरह घूर रहा था।

पहले मुझे राय बहादुर भगवान दास ने गीता का उदाहरण देते हुए एक लम्बा चौड़ा उपदेश दिया कि मनुष्य को झूठ नहीं बोलना चाहिए चाहे उसके प्राण भी चले जाएं। मैं उसका उपदेश सुनता रहा। रात के तीन बजने वाले थे। मुझे नींद आ रही थी। आंखें बन्द होती जा रही थीं। केवल इतनी ही बचाव था कि वहां सर्दी नहीं थी। तीन-चार अंगीठियां इस कमरे में जल रही थीं। राय बहादुर भगवान दास के बाद सरदार बहादुर सुक्खा सिंह ने उपदेश देना शुरू किया। उनकी बातों में कुछ धमकी भी थी भय भी था और संकेत भी कि जो कुछ वे मुझसे पूछना चाहते हैं यदि मैंने न बताया तो जीवित वापस नहीं जा सकूंगा। एक दो बार उन्होंने मुझे प्यार से समझाने का प्रयत्न भी किया और कहा कि 'तू अभी बच्चा है, यदि कहीं फंस गया तो सारा जीवन नष्ट हो जाएगा।' फिर सीधा प्रश्न किया कि 'जिस पिस्तौल से तुमने साण्डर्स को मौत के घाट उतारा, वह कहां से ली थी और जिस समय हत्या की गई थी तुम्हारे साथ और कौन-कौन था?'

जब मैंने कहा कि मैंने हत्या नहीं की और मैं उस समय अपने कालेज में परीक्षा दे रहा था और इस सम्बन्ध में वह मेरे कालेज से पता कर सकते हैं कि उस समय मैं कहां था?

इस पर उन्होंने कहा कि उनके पास इस बात का प्रमाण है कि मैं हत्या करने वालों में शामिल था और मैं परीक्षा देने के बाद हत्या करने आया था। जब मैंने इसको गलत बताया तो राय बहादुर भगवान दास ने अंग्रेजी में कहा —

"He will not speak out in this way"

अर्थात् "यह इस प्रकार नहीं बताएगा।" इस पर उसने धमकीपूर्ण आवाज में मुझसे पूछा कि मेरे साथ कौन-कौन था? मैंने फिर कहा कि मुझे कुछ पता नहीं कि

हत्या किसने की है। इस पर जेन्किन्स ने जो मेरे ही पास खड़ा था जोर से एक थप्पड़ मेरे मुंह पर जड़ दिया। इसके साथ ही मुझे भी ज्ञात हो गया कि मैं कहां खड़ा हूं और मेरा क्या अंजाम हो सकता है? इसके बाद मुझ पर प्रश्नों की बौछार शुरू हो गई। जेन्किन्स ने जो कुछ किया था वह एक प्रकार से दूसरे अधिकारियों को भी संकेत था कि यह इस प्रकार नहीं बोलेगा। इसके साथ किसी और ढंग से पेश आना पड़ेगा। इसलिए सबका रवैया कुछ सख्त हो गया और उन्होंने कई विचित्र प्रकार के प्रश्न करने शुरू कर दिए।

जैसा कि मैं पहले भी लिख चुका हूं कि प्रताप के स्टाफ में उस समय शिवनाथ राय नामक एक व्यक्ति काम करता था जो कि सी.आई.डी. का एजेंट था। उसने यह रिपोर्ट कर रखी थी कि साण्डर्स की हत्या में वीरेन्द्र का भी हाथ है और ये पुलिस अधिकारी इस रिपोर्ट के आधार पर मुझसे पूछ-ताछ कर रहे थे। मेरी कठिनाई यह थी कि मुझे यह तो पता था कि किसके द्वारा पुलिस को इस हत्या का पता चल सकता है, परन्तु यह पता नहीं था कि हत्या वास्तव में किसने की है। मैं यह तो जानता था कि कुछ होने वाला है, परन्तु मुझे यह पता नहीं था कि क्या होने वाला है और कौन करने वाला है। मैं इस समय चाहता था तो दुर्गादास खन्ना और हंसराज वोहरा के नाम बता सकता था। इन दोनों ने बातों ही बातों में कई बार संकेत दिया था कि लाला जी के खून का बदला लिया जाएगा। परन्तु क्रान्तिकारी दल में शामिल होने वालों को प्रथम आदेश यही मिलता था कि जितनी बात उन्हें बताई जाए वे सुन लें, इससे अधिक पूछने का प्रयत्न न करें। प्रत्येक व्यक्ति को उतना ही पता होना चाहिए जितनी कि उन्हें आवश्यकता है। इससे अधिक पता हो और यदि उनमें किसी समय दुर्बलता आ जाए तो वह खतरनाक सिद्ध हो सकती है। इसलिए मैंने भी इससे अधिक पता करने का प्रयत्न नहीं किया।

जब इन पुलिस अधिकारियों ने कुछ और प्रश्न किए तो मेरा यही उत्तर होता मुझे पता नही है तो जेन्किन्स ने जो मेरे पास खड़ा था 'you Bloody' कहते हुएअपने फौजी बूट की नोक से मेरी दाईं टांग की हड्डी पर इतनी जोर से मारा जैसे वह फुटबाल खेल रहा हो। इसके साथ ही मेरी चीख निकल गई। वह इतने जोर से लगी कि मैं सहन नहीं कर सका। मैं अपनी टांग को दबाने के लिए तनिक झुका कि जेन्किन्स ने मुझे बालों से पकड़ कर सीधा कर दिया और फिर पूछा कि वह पिस्तौल कहां है, जिससे साण्डर्स की हत्या की गई है। मैंने फिर उत्तर दिया कि मुझे पता नहीं। तो जेन्किन्स ने एक ओर तेज तमाचा मेरे मुँह पर जड़ दिया। वह तो एक जल्लाद की तरह मेरे पास खड़ा था। शेष पुलिस अधिकारी सामने मेज के आस-पास कुर्सियों पर बैठे थे। जिनमें यह दो भारतीय अधिकारी भी शामिल थे।

जो व्यवहार इस समय वहां मेरे साथ किया गया विशेष कर मेरी टांग की हड्डी पर जेन्किन्स ने जो चोट मारी उसने मुझे निढाल कर दिया। मेरे लिए खड़ा होना दुष्कर हो गया। इन पुलिस अधिकारियों ने भी यह सोचा कि आज इतना ही पर्याप्त है, शेष फिर देखेंगे। कोई तीन बजे के लगभग इनमें से एक ने कहा- 'Take him Away' —इसे यहां से ले जाओ। यह कहने वाला सम्भवतः स्कॉट ही था जिसकी चन्द्रशेखर, भगतसिंह और राजगुरु हत्या करना चाहते थे पर जिसके स्थान पर एक नवयुवक पुलिस अधिकारी साण्डर्स की हत्या हो गई थी।

मुझे फिर हथकड़ी लगा दी गई और पुलिस की लारी में बैठा दिया गया। लारी ने फिर शहर का चक्कर काटना शुरू किया। पता नहीं इसमें उनका क्या उद्देश्य था। जब कहीं मुझे ले जाना होता पुलिस की लारी 10 मिनट का रास्ता 20-25 मिनट में पूरा करती। अकारण ही वह इधर-उधर चक्कर काटती रहती। अन्तः में प्रायः चार बजे के लगभग मुझे पुलिस लाईन में पहुंचा दिया गया। भूमि पर सोने के लिए एक मोटे टाट की चटाई और ऊपर लेने के लिए दो कम्बल दिए गए। सारी रात मैं एक मिनट भी नहीं सो पाया था। टांग बुरी तरह दर्द कर रही थी। भूमि पर लेटते ही नींद आ गई और 11 बजे दोपहर तक सोया ही रहा।

11 बजे के लगभग किसी व्यक्ति ने बालों से पकड़ कर मुझे झिंझोड़ा। मैनें आँख खोली तो देखा सामने वही यमदूत जेन्किन्स खड़ा था। उसने मुझे एकदम सीधा खड़ा होने के लिए विवश कर दिया। मैने उसके साथ आँख मिलाने का प्रयास नहीं किया। मैं तो इस प्रतीक्षा में था कि वह फिर मुझे दो-चार तमाचे लगाएगा किन्तु उसे बालों से पकड़ कर झिंझोड़ने का अधिक शौक था। पुलिस कार्यालय में भी उसने ऐसा ही किया था जब उसने अपने बूट की नोक से मेरी टांग पर चोट मारी थी। मैं उसे दबाने के लिए जरा झुका तो उसने मुझे बालों से पकड़ कर खड़ा कर दिया था।

और जबकि अब मैं गहरी नींद सो रहा था उसने फिर मुझे बालों से पकड़ कर झिंझोड़ा। एक व्यक्ति जब सारी रात जगने के बाद जब गहरी नींद सो रहा हो और अकस्मात् उसे बालों से पकड़ कर खड़ा कर दिया जाए तो उसकी हालत क्या हो सकती है इसका अनुमान लगाना पाठकों के लिए कठिन न होगा।

दो-चार मिनट मेरी तरफ देखने के बाद उसने कहा—

'Would you like to go home?' क्या तुम अपने घर जाना चाहोगे। ' अंधे को क्या चाहिए? दो आँखे। परन्तु मैंने सिर हिला दिया। उसने कहा कि—

'We will take you home' तुम्हे घर ले चलेंगे।

मैंने समझा मेरी रिहाई होने लगी है। इतने में उसने संकेत किया और दो सिपाही

अन्दर आ गए। उन्होंने फिर से मुझे हथकड़ी लगा दी और हवालात से बाहर ले गए।

मुझे पुलिस की लारी में बैठा दिया गया और यह चल पड़ी, मुझे कुछ मालूम न था कि ये लोग मुझे कहाँ ले जा रहे हैं। हथकड़ी लगाने के बाद घर जाने का ख्याल दिमाग से निकल गया था। मैंने समझा जेन्किन्स मुझसे मजाक कर रहा है। पूर्वतः लारी ने फिर से सड़कों चक्कर लगाने शुरू कर दिए और आधा घण्टा चक्कर लगाने के बाद हमारे घर के सामने आ कर खड़ी हो गई।

जेन्किन्स लारी से बाहर निकला और हमारे घर में दाखिल हो गया। मैंने इस लारी की जाली के पीछे से देखा कि हमारे घर के सामने बहुत सी गाड़ियां और बहुत से लोग खड़े थे। मेरी गिरफ्तारी का समाचार उस दिन प्रातः पत्रों में छप गया था। इसलिए पंजाब भर में पिताजा के कई मित्र लाहौर पहुंच गए थे। लाहौर वाले तो प्रातः ही आने शुरू हो गए थे।

जिस समय हम वहां पहुचें वहां खासी भीड़ थी। मेरी गिरफ्तारी कोई भाषण देने या लेख लिखने के कारण तो नहीं हुई थी बल्कि एक अंग्रेज पुलिस अफसर के हत्या के आरोप में हुई थी। इसका दण्ड फांसी भी हो सकती थी। इसलिए लोग हैरान और परेशान थे कि यह क्या हुआ है? मुझे गिरफ्तार क्यों किया गया है?

कुछ लोग मेरे पिता जी से बड़ी गम्भीरता से पूछते क्या उन्हें ठीक ही कुछ मालूम नहीं है कि मुझे गिरफ्तार क्यों किया गया है? निष्कर्ष यह कि हमारे घर के अन्दर और बाहर आने-जाने वालों की भीड़-सी लगी हुई थी।

ऐसे अवसर पर यह कमबख्त जेकिन्स यहां पहुंच गया है। पिताजी को पता चला तो वह बाहर आ गए। जेन्किन्स ने उनसे कहा कि वह एक बार फिर मकान की तलाशी लेना चाहता है। उसे रोक कौन सकता था। इस पर मुझे लारी से उतार कर अन्दर ले जाया गया लोगों ने मेरी शक्ल देखी जो रात भर जागने के बाद बन गई थी। पिता जी ने मेरी पीठ पर हाथ रख कर कहा 'कोई बात नहीं, घबराना नहीं सब ठीक हो जाएगा'।

उनकी इस थपकी से मेरी आँख में आँसू आ गए; किन्तु शीघ्र ही मैंने अपने आप को संभाल लिया।

मैं जेन्किन्स पर यह प्रभाव नहीं छोड़ना चाहता था कि मेरे अन्दर कुछ कमजोरी आ गई है। उसने हमारी निचली मंजिल की तलाशी जो कि मेरी अल्मारी जिसमें मेरी किताबों और मेरे पहनने के कपड़ों के सिवा कुछ भी न मिला; किन्तु इस कमरे की तलाशी में उसे डेढ घण्टा लग गया। उसके बाद वह ऊपर की मंजिल में जा पहुंचा।

हम ऊपर पहुंचे तो मैंने देखा कि मेरी माता जी एक चारपाई पर बैठी हैं। उनके आस-पास बहुत सी महिलाएं जमा हैं, जो मेरी गिरफ्तारी की खबर सुन कर आईं थीं।

मुझे हथकड़ी लग और संगीनों के पहरे में देखा तो माता जी चीख उठी और बेहोश हो गई। अब उन्हें यह विश्वास हो गया था कि मैं बच कर वापस नहीं आ सकता।

इतने में पुलिस मुझे दूसरे कमरे में ले गई और मकान की तलाशी लेती रही। रात की तलाशी के बाद जो सामान बिखर गया था, वह अभी वैसे का वैसा ही पड़ा था। प्रातः ही लोग आने शुरू हो गए इसलिए घर को ठीक करने की किसी को सुध न रही। जेन्किन्स ने फिर खड़े हो कर घर की तलाशी कराई। एक-एक चीज को निकालता और देखता जाता; किन्तु उसके हाथ कुछ न आया।

दो अढाई घण्टे वहां नष्ट करने के बाद वह वहां से चला गया। इस बार चलते हुए उसने हमारे घर का एक नौकर भी अपने साथ ले लिया और हम दोनों को अपनी लारी में बैठा कर फिर जिला पुलिस कार्यालय की ओर रवाना हो गया। इस बार भी लारी ने वैसा ही चक्कर काटा जैसे पहले काटा था।

हवालात से चलने से पहले जेन्किन्स ने मुझे कहा था चलो तुम्हें घर ले चलूं। वह ले भी गया किन्तु अब उसने मुझे वहां पहुंचा दिया जो आगामी एक महीने तक मेरा घर था। हवालात की एक छोटी सी कोठरी। जमीन पर मोटे टाट की एक चटाई और दो कम्बल मुझे दे दिए गए। एक तरफ किनारे पर पेशाब के लिए एक बर्तन पड़ा था। इस कोठरी की एक खिड़की साथ वाले एक कमरे में खुलती थी उसमें सलाखें लगी हुई थीं। मैं तो उनसे बाहर न जा सकता था। एक ओर सीखचों का भारी भरकम दरवाजा और दूसरी तरफ यह खिड़की। किसी तरफ से हवा अन्दर न आ सकती थी। न रोशनी ही आ सकती थी।

किन्तु रोशनी के लिए बिजली का एक बल्ब लगा हुआ था जो सारी रात जलता रहता था।

पहली रात मैं सोया नहीं था, दूसरे दिन 11 बजे जेन्किन्स मुझे उठा कर फिर ले गया था और कोई 4 बजे के लगभग मुझे वापस छोड़ गया। मैं फिर सो गया। 8 बजे के लगभग मुझे फिर जगाया गया। हवालात के पास ही एक तन्दूर था वहां से मेरे लिए खाना मंगवाया गया। कुछ क्षणों के लिए दरवाजा खोला गया। खाना और पानी का गिलास मुझे दे दिया गया और फिर ताला लगा दिया। यह क्रम एक महीने तक रहा।

इस मध्य न मुझे नहाने की अनुमति दी गई न सिर पर तेल लगाने या कंघा करने की। मेरे पास कुछ था भी नहीं। घर से दो तीन बार धुले हुए कपड़े आ गए थे वे मैंने जरूर बदल लिए। एक माह में केवल तीन बार ही कपड़े बदल सका। घर से एक कम्बल भी आ गया था; किन्तु नीचे बिछाने को केवल वह चटाई ही थी। इस तरह एक महीना गुजर गया।

मेरी हालत उस पंछी जैसी थी जो घूमघाम कर फिर अपने पिंजरे में वापस आ जाए। पंछी तो कई बार आदत से मजबूर हो कर स्वत: अपने पिंजरे में वापस आता है मगर मुझे जबरदस्ती वापस लाया गया था। जब जेन्किन्स ने मुझे कहा था कि —

'We will take you home' अर्थात् हम तुम्हें घर ले चलेंगे तो एक साथ कई तरह के विचार मन में पैदा हुए थे और आशा की एक बाढ़ उमड़ आई। जिस अंधकार में मैं फंस गया था उसमें प्रकाश की एक किरण दिखाई देने लगी। मौत के बाद जीवन के चिह्न दिखाई देने लगे।

परन्तु वह सब फिर एक बार निराशा में बदल गया। मौत की छाया फिर सिर पर मंडराने लगी। मैं यह तो जानता था कि हत्या मैंने नहीं की परन्तु यह भी जानता था कि एक पुलिस अफसर की हत्या हुई। ब्रिटिश सरकार ने इसे अपनी प्रतिष्ठा का प्रश्न बना लिया है। इसलिए वह किसी-न-किसी को अवश्य फांसी पर लटकाएगी और फांसी की रस्सी मेरे गले में भी पड़ सकती थी।

विचारों की इस उधेड़बुन में उस छोटी-सी हवालात में मेरे दिन गुजरने लगे। रात गुजारनी कठिन हो जाती। इस हवालात की एक खिड़की साथ वाले कमरे में खुलती थी। जिसमें पुलिस के कुछ सिपाही रहते थे। दिन के समय उनकी नजर हर समय मुझ पर रहती थी और रात को इनमें से दो तीन बारी-बारी उस खिड़की के पास आ कर एक चारपाई पर बैठ जाते थे। जिस चारपाई पर मैं सोया करता था वह भी उस खिड़की के निकट ही मुझे बिछानी पड़ती थी। मैंने एक-दो बार सामने की दीवार के पास बिछाने का प्रयास किया तो मुझे आदेश हुआ कि मैं उस खिड़की के पास ही उसे बिछाऊं।

जब मैं सो जाता तो यह सिपाही खिड़की के पास आ कर चारपाई पर बैठ जाते। उनके हाथ में एक छड़ी होती। वो मुझे चुभो कर जगाते रहते। रात में वे मुझे तीन-चार बार अवश्य जगाते और फिर कहते - 'बाबू, तेरे साथ हमें प्रेम हो गया है। हम चाहते हैं कि तू हमारे साथ बातें करता रहे। अच्छा यह बता कि पिस्तौल चलाना तूने कहां से सीखा। गजब का निशाना था। पहली गोली से साहब को उड़ा दिया।' मैं उनकी बातों को समझता था। थोड़ी देर उनसे बात करके सो जाता। इनकी ड्यूटी चार-चार घण्टे के बाद बदल जाती थी। जो नए ड्यूटी पर आते वे फिर मुझे जगा देते और फिर मेरे साथ बातें करने लग जाते और यह क्रम लगभग एक मास तक चलता रहा।

इसी मध्य एक दिन दोपहर को मैं अपने कमरे में सो रहा था कि दरवाजा खुला। मेरी भी नींद खुल गई। देखा तो वह यमदूत जेन्किन्स फिर अन्दर दाखिल हो रहा था। परन्तु इस बार मैंने उसे बालों से पकड़ने का अवसर नहीं दिया। मैं स्वयं खड़ा हो गया।

उसने मुझसे पूछा — How are you? तुम कैसे हो ? और फिर खुद ही कहने लगा —feeling fine— खुश हो न। मैंने उसकी किसी बात का उत्तर नहीं दिया।

इस पर उसने कहा आओ तुम्हें सैर करवा लाएं। हवालात का दरवाजा खुला। जेन्किन्स आगे-आग और मैं पीछे-पीछे। इस बार हथकड़ी नहीं लगाई गई। सशस्त्र सिपाही आगे-पीछे अवश्य थे। जेन्किन्स मुझे थोड़ी दूर एक और बड़े हाल में ले गए। जहां कुछ और भी लोग खड़े थे। मुझे उनके साथ एक लाइन में खड़ा कर दिया गया। मेरी शिनाख्त परेड होनी थी। इतने में दो तीन व्यक्ति बाहर से आए। वे हममें से एक-एक को देखते हुए चले गए। वे किसी को भी न पहचान सके। जेन्किन्स को बड़ी निराशा हुई। वह समझ रहा था कि मुझे कोई न कोई तो पहचान लेगा और इसके बाद मेरे विरुद्ध पुलिस का केस पूर्ण हो जाएगा। परन्तु इस शिनाख्त परेड ने उसकी सारी योजनाओं पर पानी फेर दिया और मेरी जिन्दगी मुझे वापस मिल गई। मैं पुलिस के कोप का शिकार हुआ इस हवालात में अपने दिन काट रहा था। इसके बाद जेन्किन्स की मनहूस सूरत मैनें नहीं देखी।

एक दिन रात को मुझे उस हवालात से निकाल पर पुलिस की लारी में बैठा कर कहीं ले गए। मुझे कुछ पता न था कि कहां ले जा रहे हैं। आखिर रेलवे स्टेशन के पास एक हवालात के सामने हमारी लारी खड़ी हो गई। मुझे निकाल कर उस हवालात में ले गए। वहां जा कर देखा तो श्री अविनाश चन्द्र बाली वहीं पृथ्वी पर लेटे हुए थे। हम दोनों एक-दूसरे को देख कर कुछ हैरान भी हुए और कुछ परेशान भी। बहुत रात तक हम बातें करते रहे। प्रातः होते ही पुलिस मुझे फिर मेरी पहली हवालात में ले आई।

एक रात के लिए वहां क्यों ले जाया गया यह समझ नहीं आया। परन्तु इस हवालात की दीवारों में कुछ सुराख थे। बाद में पता चला कि इसकी दूसरी ओर पुलिस वाले सारी रात बैठे हमारी बातें सुनते रहे। उन्होंने हम दोनों को इकट्ठा किया था कि शायद हम दोनों आपस में कोई रहस्य की बात करेंगे। पुलिस उसे सुन लेगी और इसे केस तैयार करने में सहायता मिलेगी। मगर उसकी वह आशा पूरी नहीं हुई और वह मुझे वापस मेरी हवालात में छोड़ गई।

बाहर की दुनिया का हमें कुछ पता न था कि क्या हो रहा है। जिस दिन से मैं गिरफ्तार हुआ था घर से कोई मिलने न आया था। बाद में पता चला कि डॉ. गोकल चन्द नारंग ने मेरे वकील की हैसियत से मुझसे मिलने का आवेदन किया था परन्तु वह अस्वीकार कर दिया गया था। इस पर पिता जी ने हाई कोर्ट में मेरी जमानत के लिए दर्खास्त दे दी। हाई कोर्ट में यह मामला पेश हुआ तो उस समय के डी.आई.जी. मि० सेलटरी ने बाइबल पर हाथ रख कर कहा कि उनके पास इस बात का प्रमाण मौजूद

है कि साण्डर्स की हत्या में वीरेन्द्र का हाथ है। इस पर डॉ॰ गोकलचन्द नांरग जो मेरी ओर से पेश हुए थे कहा कि यदि पुलिस एक भी प्रमाण पेश कर दे तो वह जमानत की दर्खास्त वापस ले लेंगे। उनकी इस पेशकश ने पुलिस को कठिनाई में डाल दिया।

वह किसी भी स्थिति में उस व्यक्ति का नाम नहीं ले सकती थी जो हमारे दफ्तर में काम करता था और उसने मेरे विरुद्ध रिपोर्ट की थी। इसलिए हाईकोर्ट ने मुझे 50 हजार रुपये की जमानत में रिहा कर दिया और मैं एक मास के बाद घर लौट आया।

इस एक मास में मुझ पर जो गुजरी सो गुजरी, मेरे माता-पिता पर मुझसे भी बड़ी बुरी गुजरी। वह समझ बैठे थे कि उनका जवान बेटा उनके हाथ से गया। पुलिस किसी न किसी तरह से फंसा कर उसे फांसी पर लटका देगी। मुझे बाद में पिता जी के मित्रों ने बताया कि वे कई रात सो न सके थे। उन्हें एक और डर भी खाए जा रहा था। उन्होंने अपने मित्र से एक बार कहा भी कि शायद अब वीरेन्द्र वापस कभी न आए। यदि पुलिस अपने उद्देश्य में सफल हो गई तो मुझे बहुत आघात लगेगा मगर इससे भी अधिक आघात उस स्थिति में होगा यदि वह कोई बयान दे कर वायदा माफ गवाह बन गया।

अभी वह बहुत छोटा है । पहली बार गिरफ्तार हुआ है। पुलिस उसे तंग करेगी। उससे एक झूठे बयान पर हस्ताक्षर करवा सकती है। इस स्थिति में क्या होगा। हम कहीं भी मुंह दिखाने के योग्य नहीं रहेंगे। प्रताप के नाम को बट्टा लग जाएगा। यदि उसके भाग्य में फांसी ही लिखी है तो इतिहास में उसका नाम रोशन हो जाएगा।

इस परेशानी की हालत में उन्होंने एक मास गुजार दिया और जब मैं रिहा हो कर घर वापस आया तो मेरी ऐसी सूरत थी कि कोई मुझे पहचान भी नहीं सकता था। परन्तु ईश्वर का लाख-लाख शुक्र है कि उस पहली परीक्षा में हम सब सुर्खरू हो कर निकले।

साण्डर्स की हत्या के बाद भगतसिंह, राजगुरु, और चन्द्रशेखर आजाद लाहौर से निकल गए। इनका कुछ उल्लेख पाठक इससे पूर्व पढ़ चुके हैं। परन्तु मैं उन्हें पुन: वापस 17 दिसम्बर की ओर ले जाना चाहता हूँ ताकि उन्हें कुछ अनुमान हो सके कि उसके बाद क्या हुआ।

6. भगत सिंह आजाद और राजगुरु लाहौर से कैसे निकले

17 दिसम्बर 1928 को साण्डर्स की हत्या ने हमारे स्वतन्त्रता संग्राम को एक नया मोड़ दे दिया। उस समय तक समझा था कि कांग्रेस के माध्यम से कुछ आन्दोलन करके या विधान मण्डलों में अंग्रजों के विरुद्ध अपनी आवाज उठा कर हम कुछ न कुछ प्राप्त कर सकेंगे।

किन्तु इस हत्या ने पहली बार एक ओर कांग्रेस के नेताओं को तो दूसरी ओर अंग्रेज सरकार को यह अनुभव करा दिया कि एक और शक्ति उभर रही है। यदि कुछ न किया गया तो गांधी का चरखा न कांग्रेस के काम आएगा न अंग्रेज के और उनका स्थान बम और पिस्तौल ले लेंगे। इसका वही परिणाम होगा जो दूसरे देशों में क्रांतिकारी आन्दोलन चलने से हो चुका है। इस दृष्टि से साण्डर्स की हत्या ने अंग्रेज सरकार और कंाग्रेस के नेताओं को झिंझोड़ कर रख दिया।

दूसरी ओर साण्डर्स की हत्या के बाद भगत सिंह चन्द्र शेखर आजाद और राजगुरु तीनों भाग कर डी.ए.वी. कालेज में घुस गए। एक और अंग्रेज ऑफीसर ने उनका पीछा करने का प्रयास किया किन्तु उस पर भी गोली चलाई गई जो उसकी टांग में लगी और वह वहीं बैठ गया। हैड कांस्टेबल चननसिंह ने भी उनका पीछा किया। आजाद ने उस पर भी गोली चलाई और उसे वहीं पर ढेर कर दिया।

इसके बाद किसी और को उनका पीछा करने का साहस नहीं हुआ। डी.ए.वी. कालेज के प्रांगण से होते हुए वे होस्टल पहुंचे वहां उन्होंने अपनी तीन साईकलें रखी हुई थीं। उन पर सवार हो कर बड़े आराम से मुजंग में अपने निवास स्थान पर पहुंच गए। पुलिस ने उन्हें सारे शहर में तालाश करना शुरू कर दिया किन्तु वे कहीं न मिले। इसी रात जबकि चप्पा चप्पा पर पुलिस तैनात थी और सारे शहर की एक तरह से तालाशी हो रही थी, लाहौर की दीवारों पर अंग्रेजी के पोस्टर लगा दिए जिनमें लिखा था– 'Saunders is dead- Lalaji is avenged' ।

'साण्डर्स मर चुका है और लाला जी की मौत का बदला ले लिया गया है'।

ये पोस्टर पुलिस के मुंह पर एक और चपत थी, अभी वह साण्डर्स के हत्यारों को गिरफ्तार न कर सकी और ये पोस्टर लग गए थे। केवल दिवारों में ही नहीं लगे, लोगों के घरों और सरकारी दफ्तरों में भी पड़े हुए मिले।

तथ्य तो यह है कि केवल लाहौर में ही नहीं, सारे संसार में यह खबर पहुंच गई कि कुछ नौजवानों ने उस पुलिस अफसर को गोली से उड़ा दिया जिसने लाला लाजपतराय पर लाठियां चलाई थी।

एक काम तो हो गया, अब दूसरा काम उससे भी अधिक कठिन था। वह था भगत सिंह आजाद और राजगुरु को लाहौर से बाहर निकालना। हत्या के बाद ये तीन दिन लाहौर में रहे। इसके बाद भगत सिंह भगवतीचरण की पत्नी दुर्गा देवी और उसके तीन वर्ष के बच्चे शचि को ले कर लाहौर से निकल गए और कलकत्ता जा पहुंचे। उस समय उनकी शक्ल-सूरत बदल चुकी थी। केश कटवा दिए थे। दाढ़ी मूछ साफ करवा दी थी। सूटबूट पहने हुए सिर पर हैट लगाए वे आसानी से पहचाने न जाते थे।

जब कलकत्ता जाने के लिए वह लाहौर स्टेशन पर पहुंचे तो पुलिस वहां भी उपस्थित थी और आने-जाने वालों को देख रही थी। भगत सिंह ने ओवर कोट पहन रखा था। उसने कालर से मुंह छुपाया हुआ था। भगवती चरण के बच्चे को वे इस ढंग से उठाए हुए थे कि उनका चेहरा दिखाई न देता था, किन्तु उनकी ओवर कोट की दोनों जेब में दो भरे हुए पिस्तौल थे। यदि किसी समय पुलिस उन्हें गिरफ्तार करने की कोशिश करती तो वे पुलिस पर गोली चलाने में संकोच न करते। सम्भव है दो चार पुलिस जनों को मौत के घाट उतार देते।

राजगुरु उनके नौकर के रूप में उनका सामान उठाए उनके पीछे चल रहे थे। जन्म के मराठा थे। धोती भी कुछ विचित्र ढंग से पहनते थे। इसलिए पुलिस का उनकी ओर एक क्षण भी ध्यान न गया।

अपने साहब का सामान फर्स्ट क्लास में रख कर वे स्वयं आराम से तीसरी श्रेणी में जा बैठे। वहां भीड़ भी काफी थी। वे एक कोने में बैठे रहे। किसी को सन्देह न हुआ कि यह व्यक्ति भी साण्डर्स का हत्यारा हो सकता है।

उसी दिन उसी गाड़ी से एक कीर्तन मंडली जा रही थी। वे गाते जा रहे थे 'जय रघुनन्दन—जय घनश्याम—देवकी नन्दन राधे श्याम। श्री चन्द्रशेखर आजाद भी इस मंडली में शामिल हो गए और गाते-गाते गाड़ी में जा बैठे। इस तरह ये तीनों ही पुलिस की आँखों में धूल झोंक कर लाहौर से निकल गए।

लाहौर से निकलने के बाद भगत सिंह कलकत्ता पहुंचे। भगवतीचरण भी उन दिनों वहीं थे किन्तु उन्हें ठौर दी एक देवी ने जिसका नाम था सुशीला देवी। जो आगे जा कर क्रान्तिकारी क्षेत्रों में सुशीला दीदी के नाम से विख्यात हुई।

उन दिनों कलकत्ता कांग्रेस का वार्षिक अधिवेशन भी चल रहा था। देश भर के नेता वहां जमा हो रहे थे इसलिए पुलिस और सी॰ आई॰ डी॰ भी सारे देश से वहां पहुंची हुई थी। हर प्रांत के सी॰ आई॰ डी॰ के उच्चाधिकारी भी उन दिनों वहाँ गए हुए थे। ऐसे अवसर पर भगत सिंह का वहां जाना खतरे से खाली न था।

किन्तु पुलिस की एक ही कठिनाई थी कि भगत सिंह को किसी ने इस नये रूप में नहीं देखा था। पुलिस और सी॰आई॰डी॰ के कई ऐसे लोग मिल सकते थे जिन्होंने उन्हें पगड़ी बांधे केश रखे तो देखा था किन्तु इस नये रूप में नहीं देखा था। भगतसिंह जितने दिन कलकत्ता रहे वे घर से बाहर नहीं जाते थे। जब कहीं जाना होता रात के समय ही जाते किन्तु उन्हें अपने पास रखने के लिए भी अत्यधिक वीरता और साहस की आवश्यकता थी। इस दृष्टि से सुशीला देवी ने कमाल कर दिखाया। उन्होंने यह जानते हुए कि भगत सिंह को पुलिस तलाश रही है यदि वे पकड़े गए तो वह भी उनके साथ धरी जाएगी उन्होंने भगत सिंह को अपने पास रखा।

कोई उनसे पूछता कि यह कौन है वह कहती यह उनका भानजा है। एक दो बार भगत सिंह को बिमार बना कर लिटा दिया और दवाई की शीशी उनके पास रख दी ताकि यदि कोई घर में आए तो यह समझे कि कोई बीमार सोया पड़ा है।

भगतसिंह कोई पन्द्रह दिन सुशीला दीदी के पास रहे। इससे पूर्व भी वे कलकत्ता में एक बार रह चुके थे। तब कई सप्ताह वे आर्य समाज कलकत्ता में रहे। इस समाज का पुरोहित आज भी उन बर्तनों को सम्भाले रखे हुए है जिनमें वे खाना खाया करते थे और कोई भी वहां जाता है उसे वह दिखाता है।

सुशीला दीदी के एक भाई मेरे साथ स्कूल में पढ़ा करते थे इसलिए सुशीला जी को निकट से देखने और समझने का मौका मिल गया। पंजाब के क्रान्तिकारी आन्दोलन में इस वीर बाला ने जो महत्वपूर्ण भूमिका निभाई उसे याद करके आदर से सिर अपने आप झुक जाता है।

7. भगवती भाई और दुर्गा भाभी

भगवती चरण से मेरी पहली भेंट स्टूडैंट्स यूनियन की उस बैठक में हुई जिसमें लाला जी भाषण देने आए थे। उन दिनों लाला लाजपतराय और पंडित मोतीलाल नेहरू के बीच एक बहस चल रही थी जिसने सारे देश की राजनीति को दो भागों में फाड़ दिया था। नौजवानों का एक धड़ा पंडित मोती लाल नेहरू के साथ था और दूसरा लाला लाजपत राय के साथ।

भगवती चरण और शहीद भगत सिंह मोतीलाल के विचारों के थे इसलिए जब लाला जी सभा में भाषण देने आए तो उनके विरुद्ध कुछ साहित्य बांटा गया। मैंने इससे पहले भगवती चरण को देखा हुआ जरूर था। ये भी गवाल मंडी के अमृतधारा के निकट रहते थे और मैं भी गवाल मंडी में रहता था किन्तु मेरा उनका परिचय नहीं था।

उस दिन पहली बार मेरी उनकी बातचीत हुई जब मैंने उनसे कहा कि वे लाला जी के विरुद्ध ये पर्चे क्यों बांट रहे हैं? उन्होंने मुझे समझाने का प्रयास किया किन्तु उनकी बात मेरी समझ में नहीं आई। हम दोनों उस समय तो एक-दूसरे से अलग हो गए किन्तु भगवती चरण ने उसके बाद मेरा पीछा न छोड़ा।

वे मुझसे मिलते रहे। शाम के समय, वे और उनकी धर्मपत्नी श्रीमती दुर्गा देवी जो आगे चल कर क्रान्ति आन्दोलन की एक बहुत बड़ी नेता बन गई और दुर्गा भाभी के नाम से विख्यात हो गई। कई बार सैर के लिए निकल पड़ते तो रास्ते में मिल जाते और फिर देश की राजनैतिक स्थिति के बारे में बातचीत शुरू हो जाती। इस तरह मेरा और उनका सम्बन्ध बढ़ता गया और मैं उनके निकट होता गया।

भगवती चरण और दुर्गा भाभी की जोड़ी एक प्रकार से राम-सीता की जोड़ी थी। यह मैं इसलिए कहता हूं जिस तरह सीता जी ने अपने पति की भावनाओं का आदर करते हुए अपना नामो निशान मिटा दिया उसी तरह दुर्गा भाभी भी अपने पति के बताए हुए मार्ग पर चलते हुए अपने आप को कड़ी से कड़ी परीक्षा में डालने को तैयार हो जाती थी। एक समय वह भी आया जब सारे देश की पुलिस इस वीर बाला की तलाश कर रही थी क्योंकि इसने भगत सिंह की फांसी का बदला चुकाने के लिए बम्बई में कुछ गोरे पुलिस अधिकारियों को अपनी गोली से उड़ाने का प्रयास किया था।

दुर्गा भाभी की भी अपनी एक अलग कहानी है। इसे मैं आगे चल कर पाठकों की सेवा में पेश करूंगा। आज तो केवल भगवती चरण के विषय में ही कुछ कहना चाहता हूं। यह हमारा अत्यन्त दुर्भाग्य है कि जिन लोगों ने भारत की स्वतन्त्रता के लिए अपना खून दिया और अपना सर्वस्व, घर-बार, पत्नी बच्चे देश के लिए कुर्बान कर दिए उनका कोई स्मारक कायम नहीं किया गया।

भगत सिंह का नाम हम क्रान्तिकारी शहीदों में सबसे अधिक सुनते हैं। कई जगह उनके नाम पर कुछ संस्थाएं भी कायम की गई हैं किन्तु एक इतने बड़े शहीद की जैसी यादगार कायम होनी चाहिए वह आज तक नहीं हुई। भगत सिंह केवल एक आतंकवादी न थे वे एक क्रान्तिकारी थे। आतंकवाद उनकी नजर में एक साधन था देश में क्रान्ति लाने का। उस समय के हालात में उनके लिए इसके सिवा और कोई चारा भी न था।

किन्तु भगत सिंह जो कुछ भी थे उन्हें बनाने में भगवती चरण का सबसे बड़ा हाथ था। भगत सिंह और भगवती चरण दोनों के सगे भाईयों से भी अधिक गहरे सम्बन्ध थे और दुर्गा भाभी भी भगत सिंह के लिए अपना सब कुछ न्योछावर करने के लिए तैयार थीं। यही कारण था कि जब दिसम्बर 1928 में भगत सिंह ने चन्द्र शेखर आजाद और राजगुरु के साथ मिल कर लाहौर में साण्डर्स की हत्या की उसके बाद दुर्गा भाभी ने ही उन्हें अपने घर में पनाह दी थी। वे ही उन्हें साथ ले कर कलकत्ता गई और उन्हें सुरक्षित स्थान पर पहुंचा दिया।

अन्त में जब मौत की तलवार भगत सिंह पर मंडरा रही थी, उस समय उन्हें जेल से छुड़ाने की योजना बनाई गई उसमें भी भगवती चरण ही सबसे आगे थे। वे एक बम का परीक्षण कर रहे थे कि बम उनके हाथ में ही फट गया और उसके बाद उनकी मौत हो गई।

यह था वह व्यक्ति जो शुद्ध स्वर्ण था और हर परीक्षा में कुन्दन बन कर निकलता था किन्तु चिरकाल तक कई प्रकार की भ्रान्तियों का शिकार रहा। हां! उसने अन्त में इन सब भ्रान्तियों को अपने खून से धो दिया।

8. दो नये युवक नेता-जवाहर और सुभाष

1928 इस देश के इतिहास में हमेशा ही एक नया मोड़ सिद्ध होगा। इस वर्ष कई ऐसी घटनाएं हुईं जिन्होंने हमारे देश की राजनीति में काफी गर्मागर्मी पैदा कर दी। साइमन कमीशन का आगमन। लाहौर में लाला लाजपत राय पर पुलिस का लाठीचार्ज, लखनऊ में पं. जवाहर लाल पर पुलिस की लाठी से हमला, लाला जी की मौत, उनके खून का बदला लेने के लिए एक अंग्रेज अफसर की हत्या आदि।

इन घटनाओं ने देश में एक हलचल पैदा कर दी। साइमन कमीशन जहां भी जाता उसके विरुद्ध प्रदर्शन होता। पुलिस लाठी चलाती, लोग घायल होते और इस तरह ब्रिटिश सरकार के विरुद्ध जनता का आक्रोश बढ़ता गया। जहां तक क्रान्तिकारी युवकों का सम्बन्ध था उन्होंने तो साण्डर्स की हत्या करके और उसके बाद परचे बांट कर यह सिद्ध कर दिया था कि वे अब और अधिक समय तक प्रतीक्षा न करेंगे। परन्तु जो नवयुवक कांग्रेस के अन्दर रह कर काम करना चाहते थे वे भी अधीर हो रहे थे। उन्हें अपने बुजुर्गों की नीति पसंद न थी। पं. जवाहर लाल नेहरू और श्री सुभाषचंद्र बोस युवकों के इस वर्ग का नेतृत्व कर रहे थे।

ऐसी स्थिति में दिसंबर 1928 में कलकत्ता में कांग्रेस का वार्षिक अधिवेशन हुआ। पंडित मोतीलाल नेहरू ने उसकी अध्यक्षता की। अपने अध्यक्षीय भाषण में उन्होंने यह मांग की कि ब्रिटिश सरकार भारत को उपनिवेश अधिकार तुरन्त दे। यदि वह इसके लिए तैयार न हो तो कांग्रेस अपनी भावी कार्यपद्धति का निर्णय करे।

महात्मा गांधी भी इसी विचार के थे। परन्तु पंडित जवाहर लाल नेहरू और श्री सुभाषचन्द्र बोस की यह मांग थी कि समय आ गया है, अब कांग्रेस को पूर्ण स्वतन्त्रता की घोषणा कर देनी चाहिए और उसके लिए संघर्ष करना चाहिए।

जब कांग्रेस का अधिवेशन शुरू हुआ तो दोनों धड़ों में जोरदार संघर्ष हुआ। परन्तु इसका सबसे उज्ज्वल पक्ष यह था कि पिता और पुत्र विभिन्न दृष्टिकोणों का प्रतिनिधित्व कर रहे थे फिर भी उनके व्यक्तिगत संबंधों में कोई अन्तर न आया था। श्री सुभाषचन्द्र बोस कांग्रेस सेवादल के सेनापति थे। इसलिए युवक वर्ग का पूरा समर्थन उन दोनों को अर्थात् श्री जवाहरलाल नेहरू और सुभाषचन्द्र बोस को मिल रहा था।

साण्डर्स की हत्या ने पहली बार कांग्रेस के नेताओं को यह आभास कराया कि यदि उन्होंने युवकों को शांत करने का प्रयास न किया तो क्रांतिकारी बल पकड़ जाएंगे और युवकवर्ग कांग्रेस के हाथ से निकल जाएगा। इसलिए महात्मा गांधी ने बीच का मार्ग ढूंढने का प्रयास कर दिया। अंत में उन्होंने यह समझौते का प्रस्ताव पेश कर दिया कि यदि ब्रिटिश सरकार ने एक वर्ष के अन्दर भारत को उपनिवेश का दर्जा न दिया तो कांग्रेस का जो अधिवेशन एक वर्ष बाद होगा उसमें कांग्रेस न केवल पूर्ण आजादी को अपना मुख्य लक्ष्य घोषित करेगी अपितु इसके लिए आन्दोलन भी छेड़ेगी।

पंडित जवाहर लाल और श्री सुभाषचन्द्र बोस को यह प्रस्ताव स्वीकार न था। वह ब्रिटिश सरकार को अब और कोई समय देना न चाहते थे परन्तु गांधी जी का प्रस्ताव भारी बहुमत से पास हो गया।

इस प्रस्ताव के स्वीकार हो जाने से ब्रिटिश सरकार का व्यवहार और भी कड़ा हो गया। उसे यह आभास होने लगा कि देश की जनता कांग्रेस के साथ है, विशेष कर गांधी जी के साथ। इसलिए आने वाली परिस्थितियों का सामना करने के लिए उसने पब्लिक सेफ्टी एक्ट के नाम से एक कानून तैयार किया। जब वह विधानसभा में पेश हुआ तो पंडित मोतीलाल नेहरू ने इसे काला कानून का नाम दिया जिसमें न कोई अपील काम कर सकती थी न कोई दलील और न ही कोई वकील। इस बिल का इतना विरोध हुआ कि सभी पार्टियों न इसे अस्वीकार घोषित कर दिया और इसे रद्द कर दिया। इस तरह जो टक्कर विधानसभा से बाहर कांग्रेस और सरकार के बीच अभी एक वर्ष बाद शुरू होनी थी, वह विधानसभा के अन्दर ही शुरू हो गई और अंत में सभी विपक्षी दलों ने निर्णय किया कि सरकार की ओर से पेश किए गए किसी भी ऐसे बिल को स्वीकार न किया जाए जो लोगों की नागरिक एवं व्यक्तिगत स्वतन्त्रता पर पाबंदी लगाता हो। इसमें कांग्रेस और मुस्लिम लीग एक मंच पर इकट्ठी हो गई।

उन दिनों जिन दो व्यक्तियों ने विधानसभा में विशेष नाम पैदा किया था इनमें एक पंजाब के दीवान चमनलाल थे और दूसरे मद्रास के श्री सत्यमूर्ति। दोनों को अंग्रेजी भाषा पर पूर्ण अधिकार प्राप्त था। वे धुआंधार भाषण दे सकते थे। दीवान चमन लाल पंडित मोती लाल के दायां हाथ थे। पंडित जी चूंकि अपनी पार्टी के नेता थे इसलिए जब भाषण देते वह तर्कपूर्ण तो होता ही परन्तु वे नैतिकता और शिष्टाचार को किसी समय भी हाथ से जाने न देते। इसलिए अंग्रेज भी उनकी प्रशंसा करता। मगर जब उन्होंने किसी की पगड़ी उतरवानी होती तो दीवान चमन लाल को खड़ा कर देते और वे सरकार की धज्जियां उड़ा कर रख देते।

दूसरी ओर जब प्रश्न पूछने का अवसर आता तो श्री सत्यमूर्ति को खड़ा कर दिया जाता। जब वे खड़े होते तो सरकारी बैंच सहम जाते और वे प्रश्न पर प्रश्न पूछते

जाते। इन सबका सौभाग्य यह था कि विधानसभा के प्रधान उन दिनों सरदार वल्लभ भाई पटेल के बड़े भाई श्री विट्ठल भाई पटेल थे। उनके बारे में कहा जाता था कि ये अपना त्यागपत्र सदैव अपनी जेब में रखते थे। उन्हें इस बात की कोई परवाह न थी कि अंग्रेज क्या कहते हैं वे अत्यन्त निर्भयता के साथ अपने निर्णय सुनाते। उस समय की अंग्रेज सरकार उनसे बड़ी परेशान थी परन्तु उनका कुछ बिगाड़ न सकती थी। वे न तो किसी के प्रभाव में आते और न किसी से भयभीत होते। हृदय से वे अत्यन्त राष्ट्रवादी थे इसलिए उनके निर्णय प्रायः अंग्रेज सरकार के विरुद्ध होते थे। सरकार ने उनके विरुद्ध अविश्वास प्रस्ताव पेश करके उन्हें हटाने का प्रयास किया परन्तु इसमें भी वह सफल न हुई। परन्तु सरकार अपने काले कानून को लागू करने पर डटी हुई थी और उसने यह घोषणा कर दी थी कि यदि विधानसभा ने इस कानून को स्वीकृति न दी तो वायसराय इसे अपने विशेष अधिकार से स्वीकृति दे देंगे।

इस घोषणा ने सारे देश में एक नई गर्मी पैदा कर दी। कांग्रेस के अन्दर पंडित जवाहर लाल नेहरू और श्री सुभाषचन्द्र बोस जैसे नवयुवकों का जो गर्म दल था वह तो पहले ही कहता था कि अंग्रेजों के साथ कोई समझौता सम्भव नहीं। महात्मा गांधी और पंडित मोती लाल नेहरू भी यही समझने लगे थे कि ब्रिटिश सरकार के साथ टक्कर अनिवार्य है। इसके बिना पूर्ण स्वतंत्रता तो क्या उपनिवेश का दर्जा भी न मिल सकेगा। इसलिए उनका मस्तिष्क भी अब एक नए संघर्ष की बात सोचने लगा था।

दूसरी ओर देश के क्रान्तिकारी नवयुवक यह अनुभव कर रहे थे कि कांग्रेसी नेताओं की नर्म नीति के कारण अंग्रेज कोई उचित बात सुनने को तैयार नहीं है। लाहौर में साण्डर्स की हत्या करके और लाला लाजपतराय के खून का बदला ले कर उन्होंने एक ऐसा कारनामा कर दिखाया था जिसके कारण युवकों का ध्यान भी अब कांग्रेस से हट कर क्रातिकारियों की ओर जा रहा था। परन्तु कोई क्रान्तिकारी आन्दोलन कभी सार्वजनिक आन्दोलन नहीं बन सकता। यदि वह कुछ लोगों तक सीमित रहे तो यह सफल हो सकता है पर आवश्यकता से अधिक लोगों में इसकी चर्चा शुरू हो जाए तो इसके रहस्य खुलने लगते हैं फिर वह असफल हो जाता है। इसलिए क्रान्तिकारी आन्दोलन इस समय भी कुछ नवयुवकों तक ही सीमित था। यद्यपि उनका जाल पंजाब, उत्तरप्रदेश और बंगाल में फैला हुआ था। चंद्रशेखर आजाद उनके नेता थे। भगतसिंह इस सेना के उपसेनापति थे। दोनों मिल कर कई निर्णय करते थे। 1929 में देश में जो परिस्थितियां पैदा हो रही थीं उनके विषय में भी उन्होंने अपनी एक योजना बनाई और उसे क्रियान्वित करने का प्रयास प्रारम्भ कर दिया।

9. केन्द्रीय एसैम्बली में बम का विस्फोट

भारत की केन्द्रीय विधानसभा में उस दिन दो घटनाएं होने वाली थी। जिसे हम लोग आजकल लोकसभा कहते हैं उन दिनों इसका नाम केन्द्रीय विधानसभा था और जहां आज हमारे निर्वाचित मंत्री बैठते हैं उन दिनों अंग्रेज सरकार के मनोनीत मंत्री बैठा करते थे जो अधिकतर अंग्रेज ही हुआ करते थे। इनके अतिरिक्त कई और भी ऐसे भारतीय होते थे जिन्हें सरकार मनोनीत करती थी। वे भी प्राय: सरकार का ही साथ दिया करते थे। परन्तु इस विधानसभा की सबसे बड़ी विशेषता यह थी कि इसकी अध्यक्षता श्री विट्ठल भाई पटेल किया करते थे। उन जैसा निर्भीक और नि:स्वार्थ विधानसभा-अध्यक्ष पुन: कोई देखने को नहीं मिला। अंग्रेज सरकार भी उनसे थर-थर कांपती थी और वह भी निर्भय हो कर बिना किसी का लिहाज किए अपने निर्णय किया करते थे।

उन दिनों मेरठ में एक मुकद्दमा चल रहा था। देश के बहुत से राष्ट्रीय युवकों को गिरफ्तार करके उन पर सरकार का तख्ता उलटने के आरोप में षडयन्त्र का एक मुकद्दमा बनाया गया था। दूसरी ओर सरकार ने विधानसभा में 'पब्लिक सेफ्टी' बिल नाम से एक काला कानून पेश कर दिया जिसके पास हो जाने पर वह जिसे चाहे गिरफ्तार करके जेल में डाल सकती थी।

इस कानून के बनने से न कोई अपील, न कोई वकील और न कोई दलील काम आ सकती थी।

जब यह बिल पेश हुआ तो कांग्रेस पार्टी की ओर से आपत्ति की गई कि यदि वह पास हो गया तो उसका प्रभाव मेरठ षडयन्त्र काण्ड पर पड़ेगा। इसलिए या तो इसे उस समय तक स्थगित रखा जाए जब तक मुकद्दमा खत्म नहीं हो जाता या मुकद्दमा वापस ले लिया जाए और फिर उसे पेश किया जाए।

दो-तीन दिन इस पर खूब बहस होती रही। परन्तु सरकार कोई उचित बात सुनने को तैयार न हुई और बावजूद इसके जनता के प्रतिनिधियों ने इस बिल को अस्वीकार कर दिया। वायसराय ने अपने विशेष अधिकारों से इसकी स्वीकृति देने का निर्णय कर लिया और इसके लिए 8 अप्रैल, 1929 का दिन नियत किया गया जिस दिन कि उसकी

विधानसभा में घोषणा होनी थी।

दूसरी ओर श्री विट्ठल भाई पटेल भी इस बात का निश्चय किए हुए थे कि यदि सरकार ने जनता की भावनाओं को पांव तले रोंदने का प्रयास किया तो वे भी अपने विशेष अधिकारों से सरकार को विधानसभा में यह घोषणा करने की अनुमति न देंगे अर्थात् उस दिन विधानसभा में एक बहुत बड़ी टक्कर होने की सम्भावना थी।

दूसरी ओर क्रान्तिकारी पार्टी भी यह निर्णय कर चुकी थी कि सरकार जो धांधली मचा रही है, इसका कुछ न कुछ उत्तर तो देना चाहिए। इसके लिए उसने भगतसिंह और बटुकेश्वर दत्त को निर्वाचित किया और उनके जिम्में यह काम लगाया कि वह विधान सभा में जा कर उस समय बम फैंके जब सरकार यह घोषणा करने लगे कि वायसराय ने अपने विशेष अधिकारों से पब्लिक सेफ्टी एक्ट की स्वीकृति दे दी है। साथ ही उन्हें कुछ छपे हुए पर्चे भी दिए गए जो उन्होंने वहां फेंकने थे। उनमें उनकी इस कार्रवाई का उद्देश्य बताया गया था।

10 बजे के लगभग भगत सिंह और दत्त दोनों विधान सभा की विजिटर गैलरी में जा कर बैठ गए। दोनों ने निक्करें पहन रखी थीं। भगतसिंह के सिर पर हैट थी और दत्त नंगे सिर थे। भगतसिंह अपने केस और दाढ़ी तो साण्डर्स की हत्या के बाद ही मुंडवा चुके थे। इसलिए जिसने उन्हें पहले न देखा था वह उन्हें पहचान न सकता था। संतोष के साथ बैठने के बाद उन्होंने विधानसभा भवन को ध्यान से देखना शुरू कर दिया। उन्हें चिन्ता थी तो एक बात की कि जब उनका बम फटे तो किसी भारतीय को चोट न आए। विशेष कर वे विधानसभा के अध्यक्ष श्री विट्ठल भाई पटेल के बारे में बड़े चिन्तित थे कि कहीं बम का टुकड़ा उड़ कर उनकी ओर न चला जाए। पंडित मोतीलाल नेहरू भी वहीं बैठे थे। देश के और भी कई नेता उस समय वहां उपस्थित थे। चूंकि उस दिन सरकार की ओर से विशेष घोषणा होने वाली थी और यह भी आशा की जा रही थी कि विधानसभा के अध्यक्ष श्री विट्ठल भाई पटेल भी अपना निर्णय सुनाएंगे इसलिए दर्शकों की भी उस दिन काफी भीड़ थी और उनमें लार्ड साइमन भी बैठे थे जिनके साइमन कमीशन का बहिष्कार सारे देश में हो रहा था।

11 बजे के करीब सरकारी दल के नेता सर जार्ज शुस्टर यह घोषणा करने के लिए उठे कि जो कानून विधानसभा ने अस्वीकार कर दिए हैं उन्हें वायसराय ने अपने विशेष अधिकारों से स्वीकार कर लिया है। ज्यों ही वे खड़े हुए भगत सिंह भी अपने स्थान पर खड़ा हो गया और उसने एक बम सर जार्ज शुस्टर के पीछे दीवार पर फेंका। 2 मिनट बाद बटुकेश्वर दत्त उठे, उन्होंने दूसरा बम फेंका और सारे हाल में भगदड़ मच गई। कुछ लोग कुर्सियों के नीचे छिप गए। भगत सिंह ने उन पर दो गोलियां चलाईं परन्तु वे बच गए। इस भगदड़ में जब लोग अपने अपने बचाव का

प्रयास कर रहे थे, कोई किधर भाग रहा था और कोई किधर, तो भगत सिंह और दत्त अपनी जगह खड़े जोर-जोर से नारे लगा रहे थे—

"इन्कलाब जिन्दाबाद
साम्राज्यवाद का नाश हो।"

ये नारे वास्तव में उन्होंने अग्रेजी में लगाए थे "Long Live Revolution" और "Down with Imperialism."

यह पहला अवसर था कि भारत में इन्कलाब जिन्दाबाद का नारा लगाया था। इससे पूर्व तो भारत माता की जय या वन्देमातरम् का नारा ही लगाया जाता था। भगतसिंह और दत्त ने देश के नवयुवकों को एक नया नारा दिया 'इन्कलाब जिन्दाबाद' और इसके बाद उन्होंने अपनी गैलरी से वे छपे हुए पर्चे नीचे फेंकने शुरू कर दिए जो वे अपने साथ लाए थे। इसका आरम्भ एक फ्रांसीसी आतंकवादी के इन शब्दों से होता था।

'बहरे कानों को सुनाने के लिए बहुत ऊंची आवाज की जरूरत होती है।'

बम क्यों फेंका गया? इसका उत्तर देते हुए उन्होंने इस पर्चे में लिखा था— 'हम मानव जीवन को पवित्र मानते हैं और अपने उज्ज्वल भविष्य में विश्वास रखते हैं जिसमें प्रत्येक व्यक्ति को पूरी स्वतन्त्रता और शान्ति मिल सके। हमें इस बात का खेद है कि कभी-कभी हमें मनुष्य का रक्त बहाना पड़ता है परन्तु एक क्रान्ति द्वारा सभी को समान स्वाधीनता उपलब्ध कराने और मनुष्य द्वारा मनुष्य पर हो रहे अत्याचारों को रोकने के लिए क्रान्ति के समय कुछ खून बहाना अपरिहार्य हुआ करता है।'

ये पर्चे फेंकने के बाद भगत सिंह और दत्त वहीं खड़े रहे। सारे हाल में भगदड़ मची हुई थी और किसी को उनके निकट जाने का साहस न होता था। पुलिस को भी ज्ञात था कि उनके पास बम भी हैं और पिस्तौल भी इसलिए उन्हें गिरफ्तार करने के लिए कोई आगे न बढ़ा। परन्तु यह क्रम कब तक चल सकता था। अन्त में एक अंग्रेज इस्पैक्टर ने पीछे से आ कर उन्हें पकड़ लिया। इस पर भगतसिंह ने कहा कि घबराने की कोई बात नहीं। न वे भाग रहे हैं और न इसके बाद किसी पर हमला करने वाले हैं। दोनों ने जो कुछ करना था कर दिया। यह सब कुछ क्यों किया इसके बारे में अपना विस्तृत बयान वे अदालत में देंगे इसके अतिरिक्त अब वह और कुछ नहीं कहना चाहते। इस पर उस पुलिस अफसर की जान में जान आई। उसने कुछ और सिपाही भी बुला लिए और उन दोनों को गिरफ्तार कर लिया गया।

साण्डर्स की हत्या ने सारे देश में धमाका किया था परन्तु जो कुछ भगतसिंह और दत्त ने उस दिन विधान सभा में किया उसने विश्वभर में तहलका मचा दिया।

भारत की केन्द्रीय विधानसभा के हाल में जहां ब्रिटिश सरकार के प्रतिनिधि बैठे थे दो नौजवानों ने अत्यन्त निर्भयता से न केवल बम फैंके अपितु 'इन्कलाब जिन्दाबाद'

का नारा लगा कर आने वाली क्रान्ति का सन्देश सारी दुनिया को पहुंचा दिया। उस दिन मित्र और शत्रु सबको पता चला कि अब भारत अंग्रेजों का गुलाम नहीं रह सकता।

उस दिन परिस्थितियों ने क्या रूप धारण कर लिया था, इसका अनुमान पाठक उन शब्दों से लगा सकते हैं जो एक व्यक्ति ने बटुकेश्वर दत्त को उस समय कहे जब वे दिल्ली की पार्लियामैंट स्ट्रीट की हवालात में टहल रहे थे। उनसे बात करने की किसी को अनुमति न थी। परन्तु एक व्यक्ति सूट-बूट पहने उनके सामने से गुजर गया और जाता हुआ कहा गया 'Young man, you have today made history' अर्थात् 'नवयुवक आज तुमने इतिहास बना दिया है', और निश्चय ही भगतसिंह और दत्त ने उस दिन अपने बलिदान से एक नया इतिहास लिखा था।

10. भगतसिंह और दत्त का ऐतिहासिक बयान

8 अप्रैल 1929 को उन दोनों ने विधानसभा में बम फैंके। 4 जून से 12 जून तक उनके विरुद्ध सैशन अदालत में मुकद्दमा चलाया गया। 12 जून को दोनों को उम्र कैद की सजा दी गई। इस मुकद्दमे में उन्होंने क्या बयान दिया इस बारे में लिखने से पूर्व मैं पाठकों का ध्यान भगत सिंह और दत्त की इस कुर्बानी के एक ओर पक्ष की ओर दिलाना चाहता हूं। भगत सिंह से पूर्व और इसके बाद कई और भी क्रान्तिकारी हुए जो फांसी पर लटका दिए गए। पुलिस और सेना के साथ लड़ते हुए शहीद हो गए। परन्तु भगत सिंह एकमात्र उदाहरण है जब कोई नवयुवक जानबूझ कर मौत के मुंह में स्वयं गया हो।

साण्डर्स की हत्या के बाद उसने अपना कर्त्तव्य पूरा कर दिया था। उसके कई साथी चाहते थे कि उसे किसी तरह देश से बाहर निकाल दिया जाए। वे जानते थे कि वह पकड़ा गया तो निश्चय ही फांसी पर लटका दिया जाएगा। भगतसिंह स्वयं भी यह जानता था कि जिस दिन वह पकड़ा गया वह बच कर वापस न आ सकेगा। साण्डर्स की हत्या के बाद वह किसी न किसी तरह बच कर निकल चुका था परन्तु यदि वह अब कहीं पकड़ा गया तो फिर नहीं निकल सकेगा।

इस पर भी उसने स्वयं विधानसभा में जा कर बम फेंकने का हठ किया। उसका मुख्य कारण उसका यह समझना था कि केवल किसी की हत्या करना या बम फेंक देना ही पर्याप्त नहीं। देश में ऐसा वातावरण पैदा करना चाहिए कि जनता भी क्रान्तिकारी ढंग से सोचने लग और जिस दिन लोगों की मनोवृत्ति क्रान्ति पूर्ण हो जाएगी उस दिन क्रान्ति हमारे दरवाजे पर आ कर दस्तक देने लगेगी।

जनता के मस्तिष्क में क्रान्ति पैदा करने के लिए दो बातों की आवश्यकता है—एक बलिदान की और दूसरी क्रान्ति की भावना का स्पष्टीकरण इस ढंग से किया जाए कि लोग उसे समझ सकें। किसी न किसी कारण भगतसिंह समझता था कि ये दोनों काम वह बहुत अच्छी तरह कर सकता है। केवल वही नहीं उसके साथी भी यही समझते थे। यही कारण है कि सुखदेव ने उसे विवश किया कि किसी और को विधानसभा में बम फेंकने के लिए भेजने की बजाय वह स्वयं जाए और वह गया।

भगतसिंह और दत्त ने अदालत में जो बयान दिया वह ऐतिहासिक महत्व रखता है। काश कि उसे इस देश के नवयुवकों को पढ़ाया जाता। हर बच्चे के लिए इसका अध्ययन आवश्यक होता ताकि हमारी वर्तमान पीढ़ी भी समझ सकती कि देश के लिए अपना जीवन बलिदान करने का क्या अर्थ है। यह सारा बयान तो यहां नकल करना सम्भव नहीं; किन्तु पाठकों की रुचि के लिए इसका आवश्यक भाग नीचे दर्ज करता हूं— ''बम फेंकने के बाद हमने अपने आपको अपने किए की सजा भुगतने के लिए पेश कर दिया ताकि साम्राज्यवाद के अनुयाइयों को ज्ञात हो सके कि कुछ व्यक्तियों को कुचलने से सारे देश की भावनाएं कुचली नहीं जा सकती। हम दो तुच्छ व्यक्तियों, भगतसिंह और दत्त को कुचलने से राष्ट्र को कुचला नहीं जा सकता। इतिहास साक्षी है कि निकृष्टतम अत्याचार फ्रांस में क्रान्ति आन्दोलन को दबा न सके। फांसी का फंदा और साईबेरिया में निष्कासन रूस में क्रान्ति को रोक न सका। इस तरह काले कानून और सेफ्टी बिल भारत में स्वतन्त्रता की लपटों को बुझा न सकेंगे। षड्यन्त्र के बड़े-बड़े मुकद्दमें चलाने या प्रगतिशील विचारों के नवयुवकों को जेलों में बंद करने से क्रान्ति रुक नहीं सकती।''

अधीनस्थ अदालत ने भगतसिंह से पूछा था कि उसके विचार में क्रान्ति की परिभाषा क्या है? इसके उत्तर में भगतसिंह का बयान था कि —

''हम बता देना चाहते हैं कि क्रान्ति में व्यक्तिगत हत्या की गुंजायश नहीं, न ही इसे रक्तपात से सम्बद्ध करना जरूरी है। क्रान्ति से हमारा उद्‌देश्य यह है कि अन्याय पर आधारित वर्तमान व्यवस्था बदली जाए। मजदूर और किसान समाज के आवश्यक अंग हैं। परन्तु वर्तमान व्यवस्था उनके परिश्रम के फल और मूल अधिकारों से उन्हें वंचित कर रही है। हर ऐसे व्यक्ति को जिसे इन बातों का आभास हो समाजवाद की आवश्यकता को स्वीकार करना चाहिए। जब तक ऐसा समाज कायम न किया जाएगा, मनुष्य के हाथों दूसरे मनुष्य को और एक राष्ट्र के हाथों दूसरे राष्ट्र की लूटखसूट खत्म न होगी। हमारे समाज में यही वे त्रुटियां हैं जो साम्राज्यवाद को पनपने का अवसर दे रही हैं। इन्हें समाप्त करना हर व्यक्ति का कर्त्तव्य है।

क्रान्ति का अर्थ एक ऐसे समाज की स्थापना है जो इन त्रुटियों से मुक्त हो। एक ऐसा समाज जिसमें एक व्यक्ति किसी दूसरे व्यक्ति को और एक राष्ट्र किसी दूसरे राष्ट्र को लूट का शिकार न बना सके। हमारा विश्वास है कि केवल ऐसा समाज ही मानवता को पूंजी की पराधीनता और युद्धों से मुक्ति दिला सकता है। हमारा मुख्य उद्‌देश्य यही है और हमने इसकी व्याख्या कर दी है।

इसके साथ हमने एक चेतावनी भी दी है यदि उसकी उपेक्षा करके वर्तमान शासन पद्धति को न बदला गया तो अन्ततः क्रान्ति अपना मार्ग प्रशस्त करेगी।

क्रान्ति मानव जाति का स्वाभाविक अधिकार है

समाज के वास्तविक मुक्तिदाता मजदूर और किसान हैं।

लोकतन्त्र का शासन जनता का अन्तिम चाराकार है।

हम इस उद्देश्य और इस क्रान्ति के लिए हर मुसीबत का स्वागत करेंगे और बड़े से बड़ा बलिदान देने को तैयार हैं।

हम क्रान्ति की बलिवेदी पर अपना यौवन भेंट चढ़ाने के लिए लाए हैं और कोई बलिदान इस महान उद्देश्य के उपयुक्त नहीं है।

इन्क़लाब-जिन्दाबाद।''

इस ऐतिहासिक बयान ने सारे देश में एक हंगामा पैदा कर दिया। इससे पूर्व जितने भी क्रान्किारी हुए हैं किसी ने भी इस ढंग से अपने उद्देश्य की व्याख्या नहीं की थी। ऐसे तो कई हो चुके थे जिन्होंने अपने अपराध स्वीकार किए हों मगर जिस क्रान्ति के लिए यह सब कुछ किया जा रहा है उसका वास्तविक अर्थ क्या है यह इससे पूर्व किसी ने बयान न किया था? इसका यह परिणाम हुआ कि भगतसिंह और दत्त का नाम देश के बच्चे-बच्चे की जबान पर चढ़ गया। नवयुवक उसकी पूजा करने लगे। सारा देश भगतसिंह जिन्दाबाद और श्री बी॰ के॰ दत्त जिन्दाबाद के नारों से गूंज उठा। जो कुछ वे चाहते थे वही अन्त में हो गया। लोगों के मन मस्तिष्क पर इसका बहुत गहरा प्रभाव था, इसका अनुमान इस बात से लगा सकते हैं कि लाहौर की एक सार्वजनिक सभा में भाषण देते हुए जमींदार के सम्पादक मौहम्मद जफ्फर अली खां ने भगतसिंह और दत्त पर अपनी एक कविता पढ़ कर सुनाई।

इस कविता का अन्तिम शेर था—

शहीदाने वतन के ख़ूने नाहक का जो सत निकले।
तो उसके जर्रा जर्रा से भगत सिंह और दत्त निकले॥

इन दोनों को उम्र कैद की सज़ा हुई और यह 20-20 वर्ष के लिए जेल में बन्द कर दिए गए, परन्तु उन्होंने जो कुछ किया था उसका प्रभाव देश की सारी राजनीति पर पड़ना शुरू हो गया था। कांग्रेस के नेता भी यह अनुभव करने लगे थे कि उन्हें भी अपनी गति कुछ तेज करनी पड़ेगी वरना परिस्थितियाँ उनके काबू से बाहर हो जाएंगी।

कांग्रेस का आगामी वार्षिक अधिवेशन लाहौर में होना था, इसलिए पंजाब की राजनीति में भी एक नई रस्साकशी शुरू हो गई थी। मैं यद्यपि अभी कालेज में शिक्षा पा रहा था परन्तु मैंने भी यह अनुभव किया कि कांग्रेस के अधिवेशन में मुझे भी कुछ न कुछ भूमिका निभानी चाहिए।

इसलिए मैं कांग्रेस सेवा दल में भर्ती हो गया। विचार था कि इस तरह देश के

नेताओं के दर्शन भी हो जाएंगे काग्रेंस का अधिवेशन भी देख लूँगा और कुछ सेवा भी हो जाएगी। परन्तु सरकार को कुछ और स्वीकार था। सारा देश लाहौर में कांग्रेस का अधिवेशन देखने के लिए आ रहा था और हम एक बार फिर हथकड़ियों में जकड़े हुए जेल की ओर मार्च कर रहे थे। लाहौर में रहते हुए भी लाहौर का कांग्रेस अधिवेशन न देख सके।

11. फिर जेल में—स्वाधीनता का नया स्वप्न

लाहौर में रावी के किनारे लाला लाजपतराय नगर के एक कोने में कांग्रेस सेवा दल का कैम्प लगा हुआ था।

अत: 23 दिसम्बर की रात को 2 बजे हम सब वहीं प्रबन्ध करते रहे और कोई अढ़ाई बजे के लगभग आ कर सो गए।

दूसरे दिन प्रात: 6 बजे होगें। जिन लोगों ने 1947 से पूर्व अपने दिन लाहौर में गुजारे हैं वे जानते हैं कि वहां दिसम्बर में कितनी सर्दी पड़ा करती थी और रावी के किनारे एक छौलदारी के किनारे में तो सर्दी और भी अधिक अनुभव होती थी। इसलिए मैं रजाई लपेटे आराम से सो रहा था कि 6 बजे के लगभग डाक्टर गोपीचन्द भार्गव और श्री मंगल सिंह दोनों हमारे कैम्प में आए। हमारी छौलदारी में आ कर उन्होंने मुझे आवाज़ दी कि मैं उठूँ और तैयारी करूं। मैं अपनी रजाई में मजे से लेटा था। रात को देर से सोया था। आखों में नींद भरी थी। मैंने उत्तर दिया कि पंडित जवाहरलाल का जलूस तो अभी निकलना है। आज कौन-सी ऐसी मुसीबत आ गई जो डा॰ साहिब आज प्रात: ही उठा रहे हैं। इस पर डा॰ साहिब ने बड़े प्यार से कहा—''उठो भाई! जवाहरलाल का जलूस तो कल निकलेगा, तुम्हारा तो अभी निकलना है।''

मैं डा॰ साहिब की बात को समझ न सका। इसलिए यह सोचकर कि वे तो मज़ाक करते रहते हैं, अपना सिर रजाई में ढांप कर लेट गया।

इस पर डा॰ साहिब ने कहा— ''नहीं भाई, उठो। अपना सामान बांधो। पुलिस तुम्हें और किरण चन्द्र को गिरफ्तार करने आई है। मैंने उनसे आधे घण्टे की अवधि मांगी है। इसके बाद तुम्हें पुलिस के हवाले कर दिया जाएगा।''

डा॰ साहिब के ये शब्द सुन कर मेरी नींद काफूर की तरह उड़ गई। मैं उठ खड़ा हुआ और डा॰ भार्गव से पूछा कि ये मामला क्या है? उन्होंने कहा कि कल दिल्ली में वायसराय की गाड़ी को उड़ाने का जो प्रयास किया था, उस विषय में पुलिस तुम्हें और जितेन्द्र नाथ दास के भाई किरण चन्द्र दास को गिरफ्तार करने आई है। वे भी उस समय लाला लाजपतराय नगर में ठहरे थे। मैंने कहा —

''मैं तो कल लाहौर में था। आप ही के पास था। वायसराय की गाड़ी को दिल्ली

में उड़ाने का प्रयास किया गया। मेरा इससे क्या सम्बन्ध?''

डा॰ साहिब ने कहा— ''भाई, बद से बदनाम बुरा। किसी न किसी कारण अब तुम पुलिस की नज़र में अपराधी हो गए हो। इसलिए जहां कोई घटना होती है वह तुम्हें गिरफ्तार कर लेती है। वे तुम्हें यहां आ कर गिरफ्तार करना चाहते थे मगर हमने उन्हें कहा है कि आधे घण्टे के बाद हम तुम्हें उनके हवाले कर देंगे इसलिए अब तुम तैयारी करो।''

मैंने कहा यदि मैं न जाऊं और चुपके से कहीं और चला जाऊं तो क्या होगा?

डा॰ साहिब कहने लगे—''इसमें कोई बुद्धिमत्ता नहीं। पुलिस ने सारे लाजपत नगर को घेर रखा है। इस समय तुम्हारे लिए यहां से निकलना आसान न होगा और हम फिर वायदा कर चुके हैं कि हम तुम्हें पुलिस के हवाले कर देंगे। यदि हम ऐसा न कर पाए तो हमारे लिए कठिनाइयां उठ खड़ी होंगी और फिर मालूम नहीं कि हम यहां काग्रेंस अधिवेशन कर भी सकें या नहीं। गांधी जी तथा दूसरे नेता भी इसे पसंद नहीं करेंगे कि हमने एक वायदा किया और उसे भी पूरा न किया।''

मैंने डा॰ भार्गव की बात मान ली और तैयारी शुरू कर दी। मैंने कहा मेरे घरवालों को तो सूचना दे दी जाए। डाक्टर साहब ने कहा कि वे मेरे पिता जी को बुलाने के लिए पहले ही एक व्यक्ति को भेज चुके हैं और कुछ ही देर में मेरे पिता जी और मेरी बहन भी वहां आ गए।

मेरी और किरण चन्द्र दास की गिरफ्तारी की खबर आग की तरह फैल गई और लोग हमारे कैम्प में जमा होने शुरू हो गए। सेवादल के स्वयं सेवक इस बात पर हठ कर रहे थे कि हमें एक जलूस के रूप में लाजपतराय नगर के गेट तक ले जाया जाए और वहां हमें पुलिस के हवाले किया जाए।

डा॰ भार्गव और सरदार मंगल सिंह पहले तो इसके लिए तैयार न हुए परन्तु बाद में मान गए। हमारा काफिला अपनी नई मंजिल की ओर चल पड़ा। सेवादल के कोई दो हजार स्वयंसेवकों ने हमें घेर रखा था। गीत गाते नारे लगाते हम दोनों पर फूलों की वर्षा करते हुए वे लाजपत नगर के गेट तक ले गए। मेरे पिता जी और मेरी बहन भी मेरे साथ थे। गेट पर पहुंचने के बाद सेवादल की लड़कियों ने हमें तिलक किया। डा॰ भार्गव और स॰ मंगल सिंह ने हम दोनों को ले जा कर दूसरी ओर खड़ी पुलिस की गाड़ी में बैठने को कहा। मैंने डा॰ भार्गव को हथकड़ियों से जकड़े हाथों से नमस्कार किया परन्तु उनकी आँखों में आँसू झलक रहे थे।

फिर सशस्त्र पुलिस की पहरे में हमारी गाड़ी चल पड़ी। मैं लाजपतराय नगर की ओर देख रहा था। उसके गेट के बाहर मेरे पिता जी और मेरी बहन बेबसी की हालत में यह सब देख रहे थे। वे वहीं खड़े रहे और मैं चला गया। कुछ ज्ञात न था

कि हम किधर जा रहे हैं। पुलिस की लारी ने फिर से शहर के चक्कर काटने शुरू कर दिए। एक वर्ष पूर्व भी मेरे साथ मेरे ऐसा ही हुआ था। इतिहास अपने आप को पुनः दोहरा रहा था। केवल इस अन्तर के साथ कि गत वर्ष मुझे पुलिस की हवालात के दर्शन करने पड़े थे। इस बार हमारी गाड़ी शहर के चक्कर काटती हुई बोरस्टल जेल के आगे आ कर खड़ी हो गई । ऐसा लगने लगा था कि पुलिस की नज़र में मेरा दर्जा कुछ बढ़ गया है। पिछले वर्ष मुझे हवालात में रखा गया था इस बार मुझे जेल में भेज दिया गया। इस दृष्टि से यह मेरी दूसरी गिरफ्तारी थी परन्तु पहली जेल यात्रा थी।

लारी से उतार कर हमें जेल के अन्दर ले गए। हमारी हथकड़ी उतार दी गई और जेल के दफ्तर में एक बेंच पर एक ओर बैठा दिया गया। थोड़ी देर के बाद वहां अहसान अली भी आ गए। फिर पुलिस धनवन्तरी को भी ले आई। सुखदेव राज भी वहां पहुंच गए। उन दिनों का० रामकृष्ण नाम के एक प्रसिद्ध कम्युनिस्ट वर्कर हुआ करते थे जिनका बाद में रूस जाते हुए देहान्त हो गया था। पुलिस उन्हें भी वहाँ ले आई। इस तरह धीरे-धीरे रौनक बढ़ने लगी। एक कवि के शब्दों में—

मैं अकेला ही चला था
जानबे मंजिल मगर।
लोग साथ आते गए और
कारवां बनता गया।

गत वर्ष मैंने अपनी गिरफ्तारी के दिन हवालात में अकेले ही काटे थे। इस बार अपने बहुत से साथियों को वहां देख कर मैंने सोचा—

खूब गुजरेगी जो
मिल बैठेंगे दीवाने दो।

जब हम जेल पहुंचे तो सबसे प्रथम प्रश्न हमारे समक्ष था कि हमें अलग-अलग कोठड़ियों में रखा जाएगा या एक ही बैरक में एक साथ। हम सभी एक साथ रहना चाहते थे। इन दिनों लाहौर का एक प्रसिद्ध षड्यंत्र केस भी चल रहा था जिसमें सरदार भगत सिंह, श्री बटुकेश्वर दत्त आदि भी अभियुक्त थे।

भगत सिंह और बटुकेश्वर दत्त को केन्द्रीय विधान सभा (असैंबली) में बम फैंकने के मामले में आजीवन कैद का दण्ड मिल चुका था इसलिए इन्हें सैन्ट्रल जेल में रखा गया था। परन्तु इनके शेष साथियों को बोर्स्टल जेल में ही रखा गया था। हमने पहले यह मांग की कि क्योंकि हम राजनैतिक बंदी हैं इसलिए हमें भी लाहौर षड्यंत्र केस के अभियुक्तों को साथ रखा जाए परन्तु जेल अधिकारी इसके लिए तैयार न हुए। इस पर हमने यह मांग की कि हमें एक ही बैरक में इकट्ठे रखा जाए परन्तु हमारी

यह मांग भी अस्वीकार कर दी गई और हमें अलग-अलग कोठड़ियों में बंद कर दिया गया। कोठड़ियों भी ऐसी थी जिनमें एक कब्र की तरह एक चबूतरा बना हुआ था जिस पर हम सो सकते थे। हमें मोटे टाट की एक चटाई और दो-दो कम्बल दे दिए गए जिनसे दुर्गन्ध आती थी और रात को सोना भी दुष्कर होता था। इसी के साथ एक लोहे की बाटी थी जिस में हम पानी पी सकते थे। कोने में टीन का एक बर्तन पड़ा था जो रात में आवश्यकता पड़ने पर आवश्यक कार्य के लिए प्रयोग हो सकता था। परन्तु जहां तक वस्त्रों की कठिनाई थी वह दो दिन के बाद हल हो गई। हमें घर से वस्त्र मंगवाने की अनुमति दे दी गई।

परन्तु फिर भी अलग-अलग कोठरियों में ही बंद थे। बंद होने से पहले हमने आपस में फैसला कर लिया था कि यदि हमें इकट्ठा न रखा गया तो हम भूख हड़ताल कर देंगे। हमने 24 घण्टे प्रतीक्षा की और इसके बाद खाना खाने से इन्कार कर दिया। हममें से कुछ के घरवालों ने खाने का सामान भेजा था जब वह लौटा दिया गया तो समाचार पत्रों में प्रकाशित हुआ कि जो नवयुवक 24 दिसम्बर को गिरफ्तार किए गए हैं उन्होंने भूखहड़ताल शुरू कर दी है। कांग्रेस के नेता लाहौर में एकत्र हो रहे थे। सरकार ने समझा कि कहीं कोई नई समस्या खड़ी न हो जाए उसने हमारी मांग स्वीकार कर ली और हमें एक बैरक में इकट्ठा कर दिया गया।

इसके बाद दिन मजे से बीतने लगे। सारा दिन सोने या गप लगाने, या कभी-कभी कोई पुस्तक पढ़ने के इलावा और कोई काम नहीं था। दिसम्बर का महीना था। बाहर धूप में कम्बल बिछा कर सो जाते थे। बैरक में सोने के लिए हमें चारपाईयां मिली हुई थी इन्हें एक दूसरे के साथ जंजीरों से बांधा हुआ था। जेल वालों को भय था कि कहीं कोई दीवार के साथ चारपाई रख कर बाहर भाग न जाए इसलिए चारपाईयों को एक दूसरे से बांध कर रख दिया करते थे।

हमें एक दिन पता चला कि 31 दिसम्बर को पंडित जवाहर लाल नेहरू रावी नदी के तट पर स्वतन्त्रता का ध्वज लहराएंगे और इसके साथ ही भारत के लिए पूर्ण स्वतन्त्रता की मांग भी करेगें। हमने सोचा यद्यपि हम जेल में हैं फिर भी हमें कुछ न कुछ अवश्य करना चाहिए।

जेल की एक अन्य बैरक में लाहौर षड्यंत्र केस में विचाराधीन कैदी बंद थे। हमने उन्हें एक कैदी के द्वारा संदेश भेजा कि 31 दिसम्बर की रात को 12 बजे स्वतन्त्रता उत्सव मनाना चाहते हैं। वे भी उस समय तैयार रहें। इधर से हम नारे लगाएंगे उधर वो नारे लगाएंगे और साथ ही, 'सर फरोशी की तमन्ना अब हमारे दिल में है' -यह गीत गाना शुरू कर देंगे।

उनका उत्तर हमें मिल गया कि वे तैयार हैं।

31 दिसम्बर का दिन आ गया। हम रात को 12 बजे की प्रतीक्षा करने लगे। सारा दिन हम यही सोचते रहे कि आज रात को रावी नदी के तट पर क्या होगा? मन में कई प्रकार के विचार उठते थे परन्तु हम कुछ न कर सकते थे।

जेल के घड़ियाल ने 12 बजाए। किरणचन्द्र दास ने वन्दे मातरम् का गीत गाना शुरू कर दिया। एक बंगाली के स्वर में बड़ा ही प्यारा लग रहा था। इसके बाद हम सबने मिल कर गाना शुरू कर दिया—

मेरा रंग दे बसन्ती चोला
इसी रंग में रंग के शिवा ने
मां का बन्धन खोला।
मेरा रंग दे बसंती चोला॥

यह गीत समाप्त हुआ तो हमने इन्कलाब जिन्दाबाद के नारे लगाने शुरू कर दिए। इसके बाद—

सर फरोशी की तमन्ना अब हमारे दिल में है
देखना है जोर कितना बाजुए कातिल में है।

इधर से हमने गाना शुरू किया उधर से लाहौर षड्यन्त्र केस के अभियुक्तों ने गाना शुरू कर दिया। इस पर सारी जेल जाग उठी। जेल के अफसर भागे-भागे आए कि यह क्या हो गया है। जेल के दारोगा साहब, जिनका नाम सम्भवत: खैरुद्दीन था, पहले तो बहुत अकड़ा करता था परन्तु उस समय हमारे सामने हाथ जोड़ने लगे कि हम क्या कर रहे हैं। सरकार को पता चलेगा तो उसकी नौकरी जाती रहेगी परन्तु उस समय हम उनकी कोई बात सुनने को तैयार नहीं थे। अन्त में उन्होंने धमकी दी कि हम सब को फिर अलग-अलग कोठरियों में बंद कर दिया जाएगा परन्तु हम सभी एक-दूसरे की बाहों में बाहें डाल कर बैठ गए और गीत गाते रहे। 'सर फरोशी की तमन्ना' का गीत समाप्त हुआ, तो हमने गाना शुरू कर दिया—

फ़कीर कौम के हैं,
धूनियां रमाएंगे।

और यह क्रम रात के तीन बजे तक चलता रहा। बाहर रावी के किनारे लोगों ने स्वतन्त्रता की घोषणा किस ढंग से की हमें इसका पता नहीं। किन्तु हम जो जेल में थे अपने इस स्वतन्त्रता समारोह को अन्त में इस गीत के साथ समाप्त किया।

बागवां ने यह अनोखा
सितम ईजाद किया।
आशिया फूंक के पानी
को बहुत याद किया।

दरे जिन्दा पे लिखा है,
किसी दीवाने ने
नहीं आजाद है जिस ने
उसे आज़ाद किया ॥

इस प्रकार हमने अपनी जेल के इस जीवन के तीन सप्ताह काट दिए। दिल्ली में जो बम फटा था उसके सम्बन्ध में पुलिस ने स्थान-स्थान पर गिरफ्तारियां तो की थी, परन्तु वास्तविक अभियुक्त उसके हाथ नहीं आ रहे थे। जेल में पुलिस के कुछ अधिकारी हम से एक दो बार मिलने भी आए। हमसे प्रश्न भी किए। परन्तु उनके पल्ले कुछ भी नहीं पड़ा और अन्त में हमें तीन सप्ताह बाद जमानतों पर रिहा कर दिया गया।

12. बलिदान और संघर्ष का प्रतीक - जितेन्द्रनाथ दास

1928 से ले कर 1932 तक इस देश में जो क्रान्तिकारी नवयुवक सामने आए और जिन्होंने स्वतन्त्रता के इतिहास को लिखने में कुछ भूमिका निभाई। वे केवल जुबानी जमाखर्च करना न जानते थे, एक-एक ने स्वाधीनता का इतिहास अपने खून से लिखा था। किसी ने फांसी पर चढ़कर किसी ने पुलिस या सेना की गोली खा कर और किसी ने भूख हड़ताल द्वारा अपनी जान दे कर।

बंगाल के एक महान सपूत जितेन्द्रनाथ दास उनमें से एक थे। उनके साथी प्यार से उन्हें जितेन दा या जितेन दास कहकर पुकारा करते थे। उनके छोटे भाई किरणचन्द्र दास और मैं दोनों 23 दिसम्बर को लाहौर में इकट्ठे ही गिरफ्तार हुए थे परन्तु इससे पूर्व वे कई मास तक पंजाब में रहे। इसलिए लाहौर उनका दूसरा घर बन गया था। लाहौर के लोग उनसे प्यार करते थे और वे लाहौर वालों से।

भगत सिंह और बी. के. दत्त को जब विधान सभा में बम फैंकने के आरोप में उम्र कैद की सजा दी गई तो उन्हें दिल्ली से मियांवाली और लाहौर की सैन्ट्रल जेलों में स्थानान्तरित कर दिया गया। उन्होंने देखा कि जेलों में राजनैतिक बन्दियों के साथ अत्यन्त पाशविक व्यवहार किया जाता है। उन्होंने इसके विरुद्ध अनशन कर दिया और कहा कि जब तक सरकार यह वायदा नहीं करती कि वह राजनैतिक कैदियों के साथ बेहतर व्यवहार करेगी और साधारण अपराधी समझ कर उनसे वह व्यवहार नहीं करेगी जो वह चोरों और डाकुओं के साथ करती है उस समय तक वे अपनी भूख हड़ताल समाप्त नहीं करेंगे।

अभी उनका अनशन चल रहा था कि लाहौर में षडयन्त्र कांड का मुकद्दमा शुरू हो गया जिसमें देश भर में कोई 15 नवयुवक सरकार के विरुद्ध षडयंत्र करने के आरोप में गिरफ्तार कर लिए गए। भगत सिंह और बी. के दत्त को भी इसमें शामिल कर लिया गया। भगत सिंह अनशन की हालत में ही मिंयावाली जेल से लाहौर सेन्ट्रल जेल में लाए गए। लाहौर षडयंत्र कांड 10 जुलाई 1929 को शुरू हुआ। उस समय

भगत सिंह और बी. के.दत्त भूख हड़ताल पर थे। जब सरकार उनकी कोई भी मांग स्वीकार करने को तैयार न हुई तो 13 जुलाई 1929 को षडयन्त्र कांड के सभी बन्दियों ने अनशन की घोषणा कर दी। जितेन्द्र नाथ दास भी उनमें से एक थे। धीरे-धीरे यह लहर सारे देश में फैलने लगी। जहां जहां भी राजनीतिक बन्दी कैद थे उन्होंने भूखहड़ताल शुरू कर दी।

जिन दिनों कांग्रेस का अधिवेशन लाहौर में हो रहा था पं मोतीलाल नेहरू और जवाहरलाल नेहरू दोनों इन भूखहड़ताली नवयुवकों से मिलने के लिए अदालत में गए। उन्होंने इनकी मागों को समझने का प्रयास किया और बाद में कांग्रेस ने समर्थन में प्रस्ताव भी स्वीकार कर लिया।

भूख हड़तालियों की स्थिति दिन प्रतिदिन बिगड़ने लगी। ये नवयुवक समझते थे कि इन्होंने मरना तो है ही, फांसी पर चढ़ कर न मरे तो भूखहड़ताल करके मर गए। यदि अपनी भूख हड़ताल के द्वारा वे राजनैतिक बन्दियों के साथ जेलों में बेहतर व्यवहार का वायदा सरकार से ले सके तो स्वतन्त्रता की लड़ाई और भी सरल हो जाएगी।

अन्ततः सरकार को झुकना पड़ा और उसने 9 अगस्त, 1929 को घोषणा की कि वह इस सारे प्रश्न पर विचार करने के लिए एक समिति नियुक्त कर रही है, इसकी जो भी सिफारिशें होंगी उन्हें लागू कर दिया जाएगा। इस समिति में उन्होंने पंजाब विधानसभा के दो कांग्रसी सदस्यों को भी रखा। कुछ दिन बाद इस समिति के कुछ सदस्य जेल में उन नवयुवकों से मिले और उन्हें कम से कम उस समय तक अनशन स्थगित करने को तैयार कर लिया जब तक कि कमेटी अपनी रिपोर्ट नहीं देती। उन्होंने कहा कि यदि कमेटी की रिपोर्ट उनकी इच्छा के अनुसार न हुई तो वे पुनः अनशन शुरू कर सकते हैं।

2 सितम्बर को सब बन्दियों ने अपनी भूखहड़ताल छोड़ दी परन्तु जितेन्द्र नाथ दास इसके लिए तैयार न हुए। उनकी हालत उस समय काफी बिगड़ चुकी थी। कई डाक्टरों का यह कहना था कि अगर वे भूखहड़ताल छोड़ दें तो भी नहीं बच सकेंगे। अन्त में एक दिन भगत सिंह को तैयार किया गया कि वे जितेन्द्र नाथ दास को जा कर समझाएं। भगत सिंह गए और उनके पास जा कर खामोशी से खड़े हो गए। जितेन्द्र दास उस समय अर्द्ध मूर्छित अवस्था में थे। भगतसिंह काफी देर सोचते रहे कि वे जितेन दा से कहें या न कहें।

एक और अपने साथी के प्राण बचाने का प्रश्न था, दूसरी ओर अपने साथी के संकल्प बचाने का। जीवन के लिए न भगत सिंह के मन में कोई आकर्षण था और न ही जितेन्द्र दास के मन में । दोनों ही इस जीवन को देश के लिए बलिदान करना चाहते थे। वहां खड़े भगत सिंह देखते रहे कि उसका साथी तो जा रहा है अब इसे

बचाना शायद आसान न होगा। फिर भी वे कुछ साहस बटोर कर जितेन दा के पास बैठ गए और बड़े प्यार से कहने लगे—''मरना तो हम सब ने है— इस तरह लड़ने की बजाए क्यों न लड़ते-लड़ते मरें। जब तक जीवित रहेंगे कुछ न कुछ तो करते ही रहेंगे इसलिए सोचने की जरूरत है कि भूखहड़ताल के द्वारा मरना है या फिर और काम करते हुए।''

भगत सिंह के तर्क का जितेन्द्र दास पर कोई प्रभाव न हुआ। उनके कहने पर वे केवल अनीमा लेने को तैयार हुए, परन्तु भूखहड़ताल छोड़ने को तैयार न हुए और उसके बाद उसके किसी भी साथी ने उन्हें भूखहड़ताल छोड़ने को नहीं कहा।

डॉ॰ गोपीचन्द भार्गव, लाला दूनीचन्द अम्बालवी और कुछ अन्य कांग्रेसी नेता मिल कर उन्हें अनुरोध करते रहे कि वे अनशन छोड़ दें। विशेष कर जब सरकार ने उनकी मांग पर विचार करने के लिए कमेटी बना दी है परन्तु वे तैयार न हुए।

इसी बीच सरकार ने समझा कि अब जितेन्द्र नाथ दास का अन्तिम समय निकट आ रहा है इसलिए उसे जेल में मरने नहीं देना चाहिए। इनके छोटे भाई किरणचन्द्र को बुला कर कहा गया कि सरकार इनको जमानत पर रिहा करने को तैयार है। इसके प्रबन्ध करे, परन्तु वे इसके लिए तैयार न हुए। उन्होंने कहा कि अगर सरकार उनके भाई को बिना शर्त रिहा कर दे तो कर दे, वरना उसे जेल में ही मरने दें। जितेन्द्र दास ने भी अपने भाई को बुला कर कह दिया कि उसे जमानत पर रिहा न करवाया जाए। जितेन दास के पिता ने कलकत्ता से संदेश भेजा कि किसी भी हालत में जितेन को रिहा न कराया जाए।

जब सरकार ने देखा कि किरणदास अपने भाई को रिहा करने को तैयार नहीं तो उसने दो ऐसे व्यक्ति तैयार कर लिए जो जितेन की जमानत देने को राजी हो गए। परन्तु जब किरणचन्द्र को पता चला तो उन्होंने इसका ज़ोरदार विरोध किया और कहा कि इस तरह से उसका भाई जेल से बाहर नहीं जाएगा। यदि उसे रिहा करने की कोशिश की गई तो वह प्रतिरोध करेगा और यदि इस प्रयास में उसके प्राण चले गए तो वह इसके लिए सरकार को उत्तरदायी ठहरायगा। इस पर सरकार घबरा गई और उसे समझ नहीं आ रहा था कि क्या करे। उसने पहले जितेन दास की भूखहड़ताल खत्म कराने का भारी प्रयास किया। जब इसमें सफल न हुई तो जमानत पर रिहा करना चाहा ताकि जेल में उसकी मौत की बदनामी न झेलनी पड़े। परन्तु अन्त में इसमें भी सफल न हुई और जितेन्द्र दास नाथ 68 दिन तक भूखहड़ताल पर रहने के बाद 13 सितम्बर 1929 को इस संसार से विदा हो गए। एक शानदार जीवन का एक अत्यन्त शानदार अन्त था।

जीवन और मृत्यु के बीच 68 दिन तक जो संघर्ष होता रहा उसमें अन्त में मृत्यु

प्रभावी हो गई। परन्तु जीवन में अपने साहस और वीरता का जो प्रर्दशन किया उसका उदाहरण इस देश में और कोई न मिला था। मौत जितेन्द्र दास नाथ के शरीर को नकारा करनें में तो सफल हो गई परन्तु उनके आत्मबल को किसी भी तरह कमजोर करने में सफल न हो सकी। इतना बड़ा बलिदान व्यर्थ न जा सकता था। जितेन दास की मौत की खबर सारे देश में जंगल में आग की तरह फैल गई।

13. पुलिस के साथ आंखमिचौली

13 सितम्बर 1929 को जब जितेन दास की मौत हुई, उस दिन मैं शिमला में था। दिल्ली के एक प्रसिद्ध पत्रकार, राजनैतिक नेता श्री चमनलाल जी जो चमन लाल भिक्षु के नाम से पुकारे जाते रहे, शिमला में ही थे। जितेन दास की हालत के बारे में शिमला में जो समाचार पहुंच रहे थे उनसे काफी चिन्ता उत्पन्न हो रही थी। पंजाब सरकार और भारत सरकार दोनों के ही दफ्तर उन दिनों शिमला में हुआ करते थे इसलिए पंजाब के उच्चाधिकारी लाहौर के साथ फोन पर सम्पर्क कायम किए हुए थे। उन्हें एक-एक मिनट का समाचार मिल रहा था। उनसे हमें भी पता चल रहा था कि जितेन दास की हालत पहले से बड़ी खराब है।

शाम के चार बजे के लगभग मैं और चमनलाल शिमला के माल रोड पर घूम रहे थे और हम लाहौर जाने की तैयारी कर रहे थे ताकि कुछ हो जाए तो उस समय हम वहां मौजूद हों। जिस दिन से जितेन दास ने भूखहड़ताल शुरू की थी कि उस दिन से उनके भाई किरणचन्द कलकत्ता से लाहौर आ गए थे और जब जितेनदास की हालत खराब होने लगी तो सरकार ने उनके भाई को उनसे रोज मिलने की अनुमति दे दी थी। वे दोपहर के समय बोर्स्टल जेल जाते तीन चार घण्टे वहां रहते और तमाम हालत हमें बता देते। मेरी और उनकी प्रतिदिन भेंट होती थी। हम दोनों एक दूसरे के बड़े निकट आ गए थे। किरणचन्द्र भी अपने भाई की भाँति क्रान्तिकारी थे। वे देख रहे थे कि उनका भाई धीरे धीरे मौत के मुँह में जा रहा है। कई बार हमने उनसे कहा कि वे भी अन्य राजनैतिक बन्दियों की तरह अपने भाई से अनशन छोड़ने की बात करें। उन्होंने कहा कि अब जितेन दास के बचने की कोई सम्भावना नहीं है यदि उन्हें ससम्मान मौत और अपमानित जीवन के बारे में फैसला करने को कहा जाए तो वे ससम्मान मौत को प्राथमिकता देंगे और फिर एक दिन किरणदास ने कहा—''वीरेन्द्र भाई, तुम नहीं जानते ये लोग भगत सिंह, जितेन दास, चन्द्रशेखर आज़ाद और उसके साथी किस मिट्टी के बने हुए हैं। जिन्दगी की इनकी नज़रों में कोई कीमत नहीं है, यदि वह देश के काम नहीं आ सकती। यदि उन्हें जिन्दगी से तनिक भी प्रेम होता तो ये लोग मौत को क्यों दावत देते? भगतसिंह बचना चाहते तो बच सकते थे। जितेन दास को यदि जीवन से प्रेम होता तो ये भी अपनी भूखहड़ताल

समाप्त कर सकते थे। लेकिन इन सभी के सामने कुछ आदर्श हैं और उनके लिए ही जीवित हैं, उनके लिए ही मरना चाहते हैं।''

किरणदास की बातें सुन कर हम चुप हो जाया करते थे और इस प्रकार हम भी उनके प्रति निश्चिन्त हो जाते। अन्त में किरणदास से अनुमति ले कर मैं कुछ दिनों के लिए शिमला चला गया। उन दिनों पुलिस 24 घण्टे मेरे साथ रहती थी। जब मैं लाहौर से बाहर जाता तो स्टेशन पर मेरा टिकट देख कर पता कर लिया जाता कि मैं कहाँ जा रहा हूं। वहां की पुलिस को फोन के द्वारा सूचना दे दी जाती। जब मैं उस स्थान पर पहुंचता तो पुलिस पहले ही मेरा स्वागत करने के लिए वहां मौजूद होती। पुलिस का जो सिपाही मेरे साथ जाता वह मुझे स्थानीय पुलिस के हवाले करके चला जाता। स्थानीय पुलिस 24 घण्टे मेरी निगरानी शुरू कर देती।

शिमला में भी मेरी यही हालत थी। लेकिन इसका मुझे कुछ लाभ भी हो जाता। कई बार पुलिस के इन सिपाहियों से मेरी मित्रता भी हो जाती। वे माफी भी मांगने लगते और कहते क्या करें पेट की खातिर उन्हें यह नौकरी करनी पड़ती है अन्यथा वे तो एक क्षण के लिए भी नौकरी करना नहीं चाहते। मैं उन्हें कई बार झांसा दे कर गायब हो जाया करता था उस समय उनकी नौकरी खतरे में पड़ जाती थी।

इस प्रकार 13 सितम्बर, 1929 को शाम को चार बजे मैं शिमला की माल रोड पर घूम रहा था कि पुलिस का जो सिपाही पहले मेरा पीछा करने के लिए नियुक्त किया गया था उसने मेरे पास आ कर दबी आवाज में कहा कि जितेन्द्र दास की मृत्यु हो गई है। मैंने उनसे पूछा कि आपको कैसे पता चला। उसने कहा कि पुलिस कार्यालय में पुलिस के कुछ अधिकारी आपस में बातें कर रहे थे कि नगर में शीघ्र ही कुछ पुलिस गश्त के लिए भेज दीजिए ताकि लोगों को पता लगने के पूर्व ही कुछ प्रबंध कर लिए जाएं।

यह सुनते ही हमने फैसला लिया कि या तो हम लाहौर चले जाएंगे या दिल्ली ताकि जितेन्द्र दास के अन्तिम जलूस में शामिल हो सकें। हमने लाहौर के यूनाईटिड प्रैस आफ इंडिया के दफ्तर में, जो कि उस दिन फ्री प्रैस आफ इंडिया का कार्यालय था, फोन किया। किरणदास वहां रहते थे। पता चला कि वे तो बोर्स्टल जेल में हैं और अपने भाई का शव कलकत्ता ले जाने की तैयारी कर रहे हैं। यह भी पता चला कि वे शाम को किसी समय भी कलकत्ता के लिए रवाना हो जाएंगे और दिल्ली के मार्ग से कलकत्ता जाएंगे। इस पर हमने तुरन्त दिल्ली जाने का फैसला कर लिया।

दिल में गम था लेकिन सरकार के विरुद्ध आक्रोश भी। मैंने चमनलाल से कहा कि हो सकता है कि मुझे दिल्ली जाने की अनुमति न मिले। इन दिनों मुझे जहां जाना होता था पुलिस की अनुमति ले कर ही जा सकता था। इस पर मैंने फैसला लिया कि आज पुलिस को बिना बताए ही दिल्ली जाऊंगा यदि मैं गिरफ्तार भी कर लिया

जाऊं तो कोई बात नहीं। एक बार तो जितेन दा की अर्थी पर फूल अवश्य चढ़ाऊंगा। किरणदास से भी मिल लूंगा और फिर जो होगा देखा जाएगा।

मेरी सबसे बड़ी कठिनाई यही थी कि मैं उस पुलिस सिपाही को धोखा न देना चाहता था जो शिमला में मेरे साथ रहता था और जिसने मुझे आ कर बताया था कि जितेनदास ने प्राण त्याग दिए हैं। मैंने उसे बुला कर कहा कि मैं शाम की गाड़ी से कालका जा रहा हूं। वहां से लाहौर जाने का विचार है। उसे यह सुन कर कुछ धैर्य हुआ। एक तो इसलिए कि अब उसे मेरा पीछा नहीं करना पड़ेगा और दूसरा यह कि उसे धोखे में नहीं रखा गया। उसने मेरा धन्यवाद किया। वह पुलिस कार्यालय चला गया और वहां से कालका और लाहौर की पुलिस को खबर दे दी गई कि मैं शिमला से लौट रहा हूं।

हम वहां से चार बजे की गाड़ी से चल पड़े।

यह कोई आठ बजे के लगभग कालका पहुंची थी। मार्ग में भी यहां खड़ी होती पुलिस मेरी प्रतीक्षा कर रही होती। कालका पहुंचने से पहले 2 मील पर गाड़ी कुछ समय के लिए रुक गई। मैंने चमनलाल से कहा कि वह दिल्ली जाने वाली कालका मेल पर जा कर बैठ जाए। मैं भी वहां पहुंच जाऊँगा और यदि कालका स्टेशन पर न पहुंच सका तो दिल्ली में मिल लूँगा।

यह कह कर मैं अपना सूटकेस ले कर उतर गया।

उस समय चारों ओर अंधेरा था कोई मुझे देख न सकता था। मैं लाईन के साथ-साथ चलता गया और स्टेशन पर पहुंच गया। दिल्ली जाने वाली गाड़ी एक ओर खड़ी थी। मैं एक डिब्बे में जा कर ऊपर की सीट पर जा कर लेट गया। कालका पुलिस मेरा स्टेशन पर इन्तजार कर रही थी। जब लाहौर की गाड़ी का चलने का समय आया तो वे बड़े परेशान हुए। उन्हें यह सूचना तो मिल चुकी थी कि मैं शिमला से चल चुका हूं लेकिन कालका नहीं पहुंचा था। उन्होंने लाहौर जाने वाली गाड़ी छान डाली लेकिन मेरा कहीं पता न चला। जब दिल्ली जाने वाली गाड़ी प्लेटफार्म पर आ कर खड़ी हुई तो उन्होंने उसे भी देखना शुरू कर दिया पर उन्हें यह न सूझा कि मैं ऊपर की सीट पर सो सकता हूं। मैं जिस डिब्बे में था पुलिस वहां दो तीन बार आई थी लेकिन बाहर से ही झांक कर चली गई। मैंने उन्हें यह कहते सुना कि यहां पर नहीं है। उस समय मैं अपनी सांस दबाए ऊपर की सीट पर लेटा रहा और जब तक गाड़ी दिल्ली के रेलवे स्टेशन पर नहीं पहुंची मैं नीचे नहीं उतरा।

उधर लाहौर और शिमला के मध्य टेलीफोन होते रहे थे कि मैं कहां गायब हो गया हूं। अन्त में पुलिस ने मेरे पिता जी से पूछा। उस समय तक उन्हें भी पता नहीं था कि मैं कहां हूं। वे तो समझ रहे थे कि मैं शिमला में हूं। जब पुलिस ने उन्हें बताया कि मैं शिमला से रवाना हो चुका हूं तो उन्हें भी कुछ चिन्ता हुई। अन्त में उन्होंने शिमला

में फोन किया जहां मैं ठहरा हुआ था। वहां से पता किया। उन्हें बताया गया कि मैं लाहौर नहीं पहुंचा तो दिल्ली चला गया हूँगा। परन्तु पिता जी को मेरी यह हरकत पसंद न आई। उन्होंने मुझे खूब डांटा और कहा तुम लोग माता-पिता की भावनाओं को नहीं समझ सकते और फिर उन्होंने कहा —"यदि तुमने मरने का ही फैसला कर लिया है तो शान से मरो। इस प्रकार चोरों की भाँति छिप कर क्यों मरते हो?"

उनकी इस डांट ने एक बार तो मुझे झिंझोड़ कर रख दिया। और मैं कई दिनों तक सोचता रहा कि मुझे क्या करना चाहिए। लेकिन एक बात बिल्कुल स्पष्ट थी, मैं कुछ भी करूँ मेरे माता-पिता को तो मेरे गुनाहों की सजा मिल ही जाएगी। कभी-कभी तो उन्हें पता भी नहीं होता कि हम क्या कर रहे हैं लेकिन सजा उन्हें मिल जाती है।

यद्यपि मुझे समझ नहीं आ रहा था कि मैं उनसे क्या कहूं।

जब मुझे पता चला कि लाहौर आने वाली गाड़ी 6-7 घण्टे लेट है तो मैंने यह समय स्टेशन पर ही गुजारने का निर्णय लिया लेकिन कुछ समय के बाद देखा कि यहां सी॰ आई॰ डी॰ के सिपाही जमा होने शुरू हो गए। इन में दो-चार पंजाब से भी आए थे। इस पर मैं वेंटिग रूम में जा कर सो गया। प्लेटफार्म पर घूमना अपने आप को खतरे में डालना था इसलिए एक वेंटिग रूम के एक कोने में पड़ा रहा।

गाड़ी दो बजे के लगभग पहुंची थी। परन्तु 12 बजे के लगभग ही प्लेटफार्म परं काफी भीड़ हो गई थी और जब गाड़ी 2 बजे रेलवे स्टेशन पर पहुंची तो अथाह भीड़ वहां मौजूद थी। ऐसा लगता था कि सारी दिल्ली स्टेशन पर पहुंच गई है।

प्लेटफार्म 'जितेन्द्र दास जिन्दाबाद' के नारों से गूंज उठा। गाड़ी खड़ी हो गई। लोग उस डिब्बे की ओर उमड़े जिसमें जितेन्द्र दास का शव एक लकड़ी के डिब्बे में बन्द पड़ा था। किरण दास इस गाड़ी के दरवाजे पर हाथ जोड़ कर खड़े थे। मेरे लिए वहां पहुंचना कठिन हो गया। धीरे-धीरे मैं भीड़ को चीरता हुआ आगे बढ़ता गया। जब उस डिब्बे के निकट पहुंचा तो किरण दास ने मुझे देख लिया। वे गाड़ी से उतर आए। भीड़ को चीरते हुए मेरे पास पहुंच और मुझे अपने साथ उस डिब्बे में ले गए जहां उनके भाई का शव पड़ा था। सारा डिब्बा फूलों से भरा पड़ा था जो मार्ग में लोगों ने इस शहीद की लाश पर चढ़ाए थे। स॰ भगतसिंह के पिता स॰ किशन सिंह जी, श्री भगवतीचरण की धर्मपत्नी दुर्गा भाभी और श्री अविनाश चन्द्र बाली भी उस गाड़ी में बैठे थे। ये सब लोग कलकत्ता जा रहे थे। किरणदास ने मुझे कहा कि मैं इनके साथ कलकत्ता चलूं परन्तु जिन परिस्थितियों में मैं शिमला से आया था, उनके कारण मैंने कलकत्ता जाना उचित नहीं समझा।

मैंने किरणदास से कहा, "समझ नहीं आ रहा कि मैं तुम्हारे साथ संवेदना प्रकट करूँ या इस वीर शहीद का भाई होने पर तुम्हे बधाई दूं।"

किरणदास ने कहा, "आज परस्पर सहानुभूति का समय नहीं है। आज तो हमारा सिर गर्व से ऊंचा हो गया है। जितेन दास यदि चाहते तो उनके प्राण सरलता से बच सकते थे परन्तु उन्होंने तो सोच-समझ कर मौत को आमन्त्रित किया और कोई भय या लोभ उनके दृढ़ संकल्प को डिगा नहीं सका।"

कोई आधे घण्टे के लगभग दिल्ली स्टेशन पर खड़े रहने के बाद गाड़ी कलकत्ता की ओर चल पड़ी। मैंने शेष समय रेलवे स्टेशन पर ही गुजारा और रात की गाड़ी से शिमला वापस चला गया। शिमला पहुंचने पर पुलिस वाले कुछ हैरान हुए। जो सिपाही मेरा पीछा किया करता था उसने मुझसे कहा, "बाबू जी, आपने तो हमें बड़ा परेशान किया है मेरी तो नौकरी से ही छुट्टी होने लगी थी।"

"परन्तु बचाव इसी में हो गया कि मैंने कालका पुलिस को आपके आने की सूचना दे दी थी। सम्भवतः कालका के किसी न किसी पुलिस वाले को तो अवश्य झटका ही जाएगा। आप लोगों का तो शुगल रहता है, हमारा कत्ल हो जाता है।"

दिल्ली के प्रस्थान के बाद मार्ग में स्थान-स्थान पर ठहरती हुई जितेन दास की गाड़ी दूसरे दिन कलकत्ता पहुंची। पांच लाख के लगभग लोग शहीद का स्वागत करने के लिए पहुंच गए थे। इनमें जितेन दास के वृद्ध पिता भी थे। श्री सुभाषचन्द्र बोस, श्री जे. एम. सेन गुप्ता और दूसरे कई नेता भी प्रतीक्षा में खड़े थे। कलकत्ता के एक अंग्रेजी पत्र 'हिन्दुस्तान स्टैण्डर्ड' ने अपने प्रथम पृष्ठ पर जो खबर प्रकाशित की उसका शीर्षक उसने दिया—

Home They Brought Her Warrior Dead.

यह अंग्रेजी की एक कविता की पंक्ति है। शेष समाचार-पत्रों ने भी जितेन दास के शव के आगमन के इस दृश्य को बढ़िया ढंग से प्रकाशित किया। कहते हैं कि देशबन्धु चितरंजन दास की अर्थी के साथ भी शायद इतने लोग न होंगे जितने जितेन दास की अर्थी के साथ थे। देशबन्धु निश्चय ही बंगाल के बेताज बादशाह थे। वे अपने समय के बंगाल के सबसे बड़े नेता थे परन्तु उनकी मौत प्राकृतिक थी, बीमारी के बाद उनका देहान्त हुआ था।

इसके विपरीत जितेन दास ने तो एक परवाने की तरह जल कर अपने प्राण दिए थे। क्षण-क्षण कदम-कदम वे मृत्यु की ओर बढ़ रहे थे। उन्हें कई बार रोकने का प्रयास किया गया समझाने का भी प्रयास किया गया। उनके अपने प्रिय साथी स. भगत सिंह ने भी उन्हें बहुत कहा कि वे भूखहड़ताल छोड़ दें परन्तु वे उसके लिए तैयार न हुए। भूखहड़ताल शुरू करने से पहले वे कहा करते थे—

"मैं अनशन शुरू नहीं करूँगा। यदि सबने शुरू करने का निर्णय लिया और मुझे भी शुरू करना पड़ा तो मैं दो अवस्थाओं में ही इसे स्वीकार करूँगा — हमारी मांग

स्वीकार कर ली जाए या मेरी मौत हो जाए।''

जितेन ने जो कुछ कहा था कर दिखाया और एक बार फिर सिद्ध कर दिया कि इस देश के क्रान्तिकारी युवक कितने उच्च चरित्र के मालिक हुआ करते थे। जिस आदर्श के लिए वे लड़ते उसी के लिए अपना सब कुछ बलिदान कर देते थे।

जितेनदास और उसके साथियों की भूखहड़ताल का यह परिणाम हुआ कि जेलों में राजनैतिक बन्दियों के साथ पहले से बेहतर व्यवहार होने लगा। इससे पूर्व सरकार इनके साथ पशुओं जैसा व्यवहार करती थी। अब मनुष्यों जैसा व्यवहार करने लगी थी परन्तु उसे अपने कर्तव्य का आभास कराने के लिए क्रान्तिकारियों को कितना बड़ा संघर्ष करना पड़ा इसका अनुमान आप इस बात से लगा सकते हैं कि स० भगत सिंह और श्री बटुकेश्वर दत्त को 78 दिन की भूखहड़ताल करनी पड़ी।

उन दिनों जिस-जिस जेल में राजनैतिक बंदी पड़े थे उन सबने इस विषय में कोई न कोई पग अवश्य उठाया। इससे पूर्व भी लोग जेलों में जाते रहे हैं। गांधी जी ने तो 1920 में सविनय अवज्ञा आन्दोलन शुरू कर दिया था। परन्तु किसी को भी इस समय तक यह विचार न आया था कि जो लोग अपने देश की स्वतन्त्रता के लिए लड़ते हुए जेलों में जाते हैं उनके साथ चोर और डाकुओं जैसा व्यवहार नहीं होना चाहिए। इनमें से न कुछ उच्च चरित्र के होते थे अपितु उच्च शिक्षा प्राप्त भी। यह श्रेय तो भगतसिंह और दत्त को ही दिया जाता है कि उन्होंने सर्वप्रथम अपने देश वासियों का ध्यान इस समस्या की ओर दिलाया और जितेन्द्र नाथ दास ने तो अपने बलिदान से इस समस्या को हल करने में बहुत सहायता की। यदि उनकी शहादत न होती तो शायद अग्रेंज सरकार भी राजनैतिक बन्दियों के साथ बेहतर व्यवहार न करती परन्तु जब जगह-जगह भूखहड़ताल होने लगी और देश भर में उसकी चर्चा होने लगी तो सरकार को भी विवश हो कर ध्यान देना पड़ा और अन्ततः राजनैतिक बन्दियों को जेलों में कई तरह की सुविधाएं मिलने लगीं।

मैं इससे पूर्व उस बातचीत का उल्लेख कर चुका हूं जो भगत सिंह और सुखदेव के मध्य हुई थी। उस समय सुखदेव ने कहा था कि देश के लिए मरना ही पर्याप्त नहीं। मरना हो तो इस ढंग से मरना चाहिए कि जनता पर इसका कोई प्रभाव हो और वह अनुभव करे कि ये नवयुवक कितने बड़े बलिदान दे रहे हैं।

सुखदेव ने इसलिए भगतसिंह को तैयार किया था कि वह स्वयं असेम्बली में जा कर बम फैंके और एक विस्तृत स्पष्टीकरण करके बताएं कि उन्होंने यह पग क्यों उठाया। भगतसिंह ने ऐसा ही किया और भूखहड़ताल के मामले में जितेन्द्र नाथ दास ने भी सिद्ध कर दिया कि इन नवयुवकों की दृष्टि में जीवन का कोई मूल्य न था। वे इसे देश की अमानत समझते थे और अन्त में उसे ही भेंट कर देते थे।

14. वायसराय की गाड़ी को उड़ाने की योजना

कहते हैं कि इतिहास अपने आप को दोहराता है।

दिसम्बर, 1911 के दिल्ली दरबार में ब्रिटिश-सम्राट जार्ज पंचम ने बंगाल विभाजन को समाप्त करने की घोषणा की और साथ ही भारत की राजधानी कलकत्ता से दिल्ली स्थानांतरित कर दी गई। 23 दिसम्बर, 1912 को तत्कालीन वायसराय लार्ड हार्डिंग एक शाही जलूस के साथ दिल्ली में प्रविष्ट हुए। जब उनकी सवारी चांदनी चौक में पहुंची तो किसी ने उन पर बम फैंक दिया। वायसराय तो बाल-बाल बच गए परन्तु उनका हाथी बुरी तरह घायल हो गया। इस भगदड़ में रासबिहारी घोष, बसन्त विश्वास और उनके साथी वहां से निकल भागे। बाद में दिल्ली षड्यंत्र केस शुरू हुआ, जिसमें भाई बाल मुकन्द, मास्टर अमीर चन्द, अवध बिहारी और बसन्त विश्वास को फांसी हुई। रासबिहारी घोष गिरफ्तार न हो सके। उनकी गिरफ्तारी के लिए सरकार ने एक लाख रुपये की घोषणा की, परन्तु वे बच कर जापान चले गए और वापस नहीं आए। उन्होंने सुभाषचन्द्र बोस के साथ मिल कर जापान और दूसरे एशियाई देशों में आजाद हिन्द फौज खड़ी की।

अब पूरे 17 वर्ष बाद उसी दिल्ली में 23 दिसम्बर के ही दिन एक दूसरे वायसराय को बम से उड़ाने की कोशिश की गई। पहले वायसराय लार्ड हार्डिंग थे, इस बार लार्ड इरविन को निशाना बनाया गया।

लार्ड हार्डिंग भी बच गए और लार्ड इरविन भी। इस प्रकार इतिहास एक बार फिर पूरी तरह दोहराया गया।

परन्तु परिस्थितियों की बिडम्बना कहिए कि वायसराय की गाड़ी को उड़ाने की कोशिश दिल्ली में की गई और हमें लाहौर में गिरफ्तार कर लिया गया। मेरे साथ दूसरे जो नौजवान गिरफ्तार हुए थे उनके सम्बन्ध में मैं कुछ नहीं कह सकता, परन्तु अपने सम्बन्ध में मैं अवश्य दावे से कह सकता हूं कि मुझे वायसराय की ट्रेन को बम से उड़ाने की योजना के विषय में कुछ भी ज्ञात नहीं था। जो कुछ भी इस सन्दर्भ में ज्ञात हुआ, वह बाद में। लाहौर में जितने भी नौजवान गिरफ्तार हुए किसी को भी इसके विषय में कुछ भी ज्ञात न था।

वस्तुतः यह सारी योजना दो व्यक्तियों के इर्द-गिर्द घूम रही थी—एक थे भगवतीचरण और दूसरे थे यशपाल , जिन्हें आज लोग प्रसिद्ध साहित्यकार और उपन्यासकार के रूप में जानते हैं। 8 अप्रैल 1929 को जब भगत सिंह और बटुकेश्वर दत्त ने असेम्बली में बम फैंका था, उसके बाद इन्कलाबी पार्टी का संगठन कुछ बिखर गया था। श्री चन्द्र शेखर आजाद की गतिविधियां यू॰ पी॰ तक ही सीमित थी। पंजाब और दिल्ली में भगवतीचरण और यशपाल काम कर रहे थे। इन दोनों ने फैसला किया कि सरकार कांग्रेस की कोई भी मांग नहीं मान रही है और कांग्रेस के नेता भी कुछ आवश्यकता से अधिक गर्मी दिखा रहे हैं इसलिए उन्होंने एक ऐसी स्थिति उत्पन्न करने का निर्णय किया, जिसके द्वारा परिस्थितियों में कुछ उष्णता पैदा हो और हमारा स्वतन्त्रता आन्दोलन किसी निर्णायक चरण पर पहुंचे। उन्होंने कई योजनाएं बनाई, किन्तु अन्त में यही निर्णय किया कि जो कुछ भी किया जाए वह ऐसा होना चाहिए जिससे सारे देश में धमाका हो और ब्रिटिश सरकार की बुनियादें एक बार फिर हिल जाएं। इससे पहले दो बड़े धमाके हो चुके थे। एक लाहौर में जब साण्डर्स की हत्या की गई, दूसरा दिल्ली में जब असैम्बली में बम फैंका गया। इन दोनों के कारण समस्त संसार को पता चल चुका था कि भारत का नौजवान अब अधिक देर तक प्रतीक्षा नहीं करेगा। परन्तु भारत के नौजवानों के सामने कोई नया कार्यक्रम नहीं था जिस पर आचरण करते हुए वे आगे बढ़ सकें।

यू॰ पी॰ श्री चन्द्र शेखर आजाद – प्रसिद्ध कांग्रेसी नेता और कानपुर के हिन्दी दैनिक 'प्रताप' के सम्पादक श्री गणेश शंकर विद्यार्थी के प्रभावाधीन थी। विद्यार्थी इनकी आर्थिक सहायता भी करते थे और उन्हें समय-समय पर परामर्श भी दिया करते थे। उन्होंने श्री चन्द्र शेखर आजाद से कहा कि लाहौर में कांग्रेस का जो अधिवेशन होने वाला है, उसकी अध्यक्षता पंडित जवाहर लाल नेहरू करेंगे। । वे अनिवार्य रूप से देश को कोई नया रास्ता दिखाएंगे इसलिए क्रान्तिकारियों को कोई ऐसी कार्यवाही न करनी चाहिए जिससे पण्डित नेहरू के हाथ कमजोर हों। श्री चन्द्रशेखर आजाद इस बात से सहमत हो गए और उन्होंने श्री भगवती चरण तथा श्री यशपाल को परामर्श दिया कि वे कोई ऐसी कार्रवाई न करें जिससे कोई नई पेचीदगी पैदा हो और क्रान्तिकारी अपने देशवासियों की सहानुभूति खो बैठें।

पहले तो भगवतीचरण और यशपाल इसके लिए तैयार न हुए परन्तु बाद में मान गए। उनका कहना था कि जो कुछ कांग्रेस मांग रही है, अंग्रेज उसे किसी भी कीमत में देने को तैयार न होगा। ऐसी हालत में इस बात की परवाह क्यों की जाए कि कांग्रेस क्या कहती है और अंग्रेज क्या कहता है? क्रान्तिकारी पार्टी का इन दोनों में से किसी के साथ भी समझौता न हुआ इसलिए हमें अपने कार्यक्रम के अनुसार चलना चाहिए।

परन्तु श्री चन्द्रशेखर आजाद पर किसी भी तर्क का प्रभाव न हुआ वे श्री गणेशचन्द्र विद्यार्थी को रुष्ट नहीं करना चाहते थे इसलिए उन्होंने भगवतीचरण और यशपाल को विवश किया कि वे अभी कुछ समय के लिए कोई नया धमाका न करें। भगवतीचरण और यशपाल ने 22 अक्तुबर 1929 को वायसराय की गाड़ी को बम से उड़ाने की योजना बना रखी थी। इसके लिए वे कई मास से तैयारीयां कर रहे थे और जब सारी योजना पूर्ण हो गई तो पार्टी के अनुशासन को दृष्टिगत रखते हुए और चन्द्रशेखर आजाद की इच्छाओं का आदर करते हुए उन्होंने अपना इरादा स्थगित कर दिया।

परन्तु कब तक? देश के हालात बिगड़ रहे थे और उनके सुधरने की कोई सूरत नजर नहीं आ रही थी। भगवतीचरण तथा यशपाल ने फिर चन्द्रशेखर आजाद से कहा कि उन्हें अपनी योजना को कार्यरूप देने की अनुमति दी जाए। उनके लिए सबसे बड़ी कठिनाई यह पैदा हो रही थी कि उन्होंने योजना-पूर्ति के लिए जो सामान तैयार कर रखा था उसे कहां रखें विशेष कर उन बमों को, जो इस काम के लिए तैयार किए गए हैं। इसलिए उन्होंने फिर चन्द्रशेखर आजाद से कहा कि अब वे अधिक देर प्रतीक्षा नहीं कर सकते। आजाद ने उन्हें फिर रोक दिया और कहा कि अभी समय नहीं आया। भगवतीचरण आजाद की इच्छा के विपरीत कुछ भी करना नहीं चाहते थे परन्तु इस बार यशपाल हठ पर था। उसने आखिर भगवतीचरण से कहा कि उसने वायसराय की ट्रेन को बम से उड़ाने का निर्णय ले लिया है। वह अकेला ही इसके लिए जाएगा और काम पूरा करेगा। उसने कहा—

''मेरी आत्मा जब मुझे इस बात की अनुमति नहीं देती कि हम अधिक देर प्रतीक्षा करें। इसलिए पार्टी के अनुशासन और चन्द्रशेखर आजाद के आदेश का उल्लंघन करते हुए भी मैं जा रहा हूं। हो सकता है कि मैं जीवित वापस न आऊं, हो सकता है कि मैं गिरफ्तार हो जाऊं तथा मैं फांसी पर लटका दिया जाऊं। दोनों हालातों में मुझे अपने लिए दण्ड मिल जाएगा। परन्तु यदि किसी तरह मैं वापस आ गया तो अपने आप को पार्टी के हवाले कर दूंगा। वह मुझे जो भी सजा देना चाहे दे सकेगी वह मुझे स्वीकार होगी। चाहे वह गोली से उड़ाने की सज़ा ही क्यों न हो?''

भगवतीचरण ने यशपाल के ये शब्द सुन कर उसे गले से लगा लिया और दोनों ने फैसला कर लिया कि 23 दिसम्बर को वायसराय की गाड़ी को बम से उड़ाने की जो योजना बना रखी है, उसे उसी दिन कार्यरूप दे दिया जाएगा।

भगवतीचरण और यशपाल ने मिल कर इसकी योजना बनाई। सबसे बड़ी कठिनाई उनकी यह थी कि ऐसे बम कहां से प्राप्त किये जाएं जिन्हें रेल की पटरी के नीचे गाड़ दिया जाए, और जब वायसराय की गाड़ी उस रेल की पटरी से गुजरे तो वे फट जाएं। यशपाल कई मास तक रोहतक में बम परीक्षण करता रहा। इस काम में उसकी एक

अन्य नौजवान ने भी सहायता की। वह था हंसराज वायरलैस। आखिर में जो बम फटा वह किसने बनाया और किसने चलाया इस सम्बन्ध में यशपाल और हंसराज वायरलैस के बयान एक दूसरे से टकराते हैं, परन्तु इसमें शक नहीं है कि इस नाटक का वास्तविक नायक यशपाल ही था। भगवतीचरण इस नाटक का मस्तिष्क थे उन्होंने इसकी सारी योजना बनाई परन्तु इसे कार्यरूप यशपाल ने दिया। भगवतीचरण स्वयं रेलवे लाईन पर जा कर बटन दबाना चाहते थे, जिसके बाद बम फटना था परन्तु यशपाल ने उन्हें जाने न दिया। भगतसिंह की गिरफ्तारी के बाद पंजाब में भगवतीचरण के अतिरिक्त दूसरा कोई अन्य व्यक्ति न था जो पार्टी को सम्भाल सकता। इसलिए यशपाल ने उन्हें कहा कि वे पीछे रहें, ज्ञात नहीं इस कोशिश का परिणाम क्या हो। इसलिए उन्हें कोई खतरा मोल नहीं लेना चाहिए।

इस सम्बन्ध में एक अन्य व्यक्ति का भी उल्लेख कर देना चाहता हूं, वह था इन्द्रपाल । यह कुछ समय लाहौर में हमारे समाचार पत्र में खुशनसीव (कातिब) का काम भी करता रहा। यशपाल ने इसकी ड्युटी लगाई कि वह मथुरा की ओर से दिल्ली आने वाली गाड़ियों के सम्बन्ध में सभी जानकारी प्राप्त करने के लिए रेलवे लाईन के पास कहीं रहने का प्रबन्ध करे ताकि उसे पता चले कि कौन सी गाड़ी कितने बजे किधर से जाती है। अधिक जानकारी उस समय पता करने की आवश्यकता थी जब वायसराय की गाड़ी आती या जाती हो। उस समय पुलिस का क्या प्रबन्ध होता है? रेल की पटड़ी की हिफाजत के लिए क्या कुछ किया जाता है? ये सब पता लगाने की आवश्यकता थी ताकि उसकी रोशनी में सारी योजना बनाई जा सके।

इन्द्रपाल ने दिल्ली से पांच छ: मील की दूरी के पास एक पुराने टूटे हुए खोखे में अपना डेरा लगा लिया। उसने एक साधु का भेष बना लिया। चिलम हाथ में ले ली, सामने धुनी जला ली और वहां बैठ गया। अपने पास पानी का एक घड़ा रख लिया। आते जाते लोग पानी पीने के बहाने या चिलम का कश लगाने के बहाने उसके पास आ कर बैठ जाते और वह साधु जी महाराज बना उनसे आने-जाने वाली गाड़ियों के सम्बन्ध में पता करता रहा।

एक बार वायसराय की गाड़ी ने उधर से गुजरना था। पुलिस का बहुत बड़ा प्रबन्ध था। गश्त करते हुए पुलिस के सिपाही इन्द्रपाल के पास आ कर बैठ जाते, 'बाबा जी' उन्हें पानी पिलाते। कई बार अपनी चिलम भी उनके हवाले कर देते और बात ही बात में उनसे वायसराय की गाड़ी के बारे में सारी जानकारी प्राप्त कर लेते। दिन के समय तो वहां आने-जाने वालों का तांता लगा रहता। रात के समय जब सब चले जाते तो यशपाल वहां जा कर इन्द्रपाल को खाने को कुछ दे आता और यह क्रम कई दिन तक चलता रहा।

आखिर 23 दिसम्बर का दिन आ गया। उस दिन वायसराय ने अपने दौरे से दिल्ली वापस आना था। दो दिन पहले यशपाल और इन्द्रपाल कौरव-पाण्डवों के किले के निकट रेल की पटड़ी के नीचे दो बम गाड़ आए । उनके साथ एक बिजली की तार लगा दी गई, जो वहां से अढाई तीन सौ गज तक जाती थी। इस तार का एक सिरा एक बैटरी तक जोड़ना था। जब बैटरी का बटन दबाया जाता तब बम ने फटना था। अत: दो बम और अढ़ाई सौ गज की तार दो दिन पहले ही लगा दी गई थी। 23 दिसम्बर को प्रात: चार बजे के लगभग यशपाल ने उस तार के सिरे को बैटरी के साथ जोड़ दिया। उस समय उसने एक फौजी अफसर की वर्दी पहन रखी थी। मोटरसाईकल पर वह गया था। मोटरसाईकल उसने झाड़ी के नीचे छिपा दी और स्वयं भी झाड़ी के पीछे बैठ कर गाड़ी की प्रतीक्षा करने लगा। छ: बजे के लगभग गाड़ी ने वहां से गुजरना था। अभी पांच-सात मिनट शेष थे। इसके बाद क्या हुआ, यह आप यशपाल के अपने शब्दों में पढ़ें। इस घटना का उल्लेख करते हुए, वे अपनी आप बीती में लिखते हैं—

''हमारी योजना थी कि इंजन के निश्चित स्थान पर पहुंचते-पहुंचते इंजन के मुंह पर धक्के के रूप में धमाका किया जाए। इससे इंजन पटड़ी से नीचे उतर जाएगा, जैसा कि दो गाड़ियों के आमने-सामने भिड़ जाने पर होता है। मथुरा की ओर से फिर लाईन पर आवाज आई। धुन्ध में मैंने आंखे फाड़-फाड़ कर इंजन के सामने लगे लैम्प को देखा। कुछ न दिखाई दिया। अब आवाज के आधार पर ठीक समय बैटरी का बटन दबाना जरूरी था। गाड़ी की आवाज बिल्कुल निकट आ गई। मैं सांस रोके बटन पर हाथ रखे, अपना सारा ध्यान एक ओर लगाए आवाज को ठीक जगह पर पहचानने की कोशिश कर रहा था। मेरी समझ मैं वह समय आ गया था और मैंने बटन दबा दिया। इसके साथ एक जबरदस्त धमाके की आवाज आई। मैं समझ रहा था कि बम फटने के साथ गाड़ियों के आपस में भिड़ने और पटड़ी से नीचे लुढ़कने की आवाज होगी, परन्तु मेरी आशा के विपरीत गाड़ी के तेज रफतार चलने से और दिल्ली की ओर बढ़ने की आवाज मेरे कानों में पड़ती रही मैं अपनी विफलता और निराशा को दिल में लिए वहां से चल पड़ा।''

परन्तु बाद में समाचार पत्रों में इस घटना का सारा हाल प्रकाशित हुआ तो यशपाल को कुछ तसल्ली हुई क्योंकि उसमें लिखा था कि वह बम वायसराय की गाड़ी में जो खाना बनाने वाला कमरा था उसके नीचे फटा था। इस कमरे का केवल लोहे का ढांचा ही शेष रह गया था बाकी सब उड़ गया था। रेल की पटड़ी का लगभग छ: फुट का टुकड़ा भी टूट कर दूर जा पड़ा था। गाड़ी बहुत तेज चाल में होने के कारण से उस टूटी हुई जगह के ऊपर से खिसकती हुई चली गई थी। वायसराय का सचिव खाना खाने के कमरे के साथ के कमरे में था। वह धमाके से बेहोश हो गया था एक आदमी

का मुंह जल गया था। वायसराय का कमरा बम फटने की जगह से आगे निकल गया था। परन्तु धमाके के कारण वह भी अपने बिस्तर से उछल पड़ा। गाड़ी नई दिल्ली स्टेशन पर पहुंचते ही तिरपालों से ढांप दी गई थी ताकि गाड़ी टूटी हालत में देख कर जनता पर बुरा असर न पड़े।

यह है कहानी वायसराय की गाड़ी को बम से उड़ाने की। भगवतीचरण तो इस दुनिया में नहीं रहे और न ही इन्द्रपाल जीवित हैं और न यशपाल ही। परन्तु वे अपने खून से इस देश के इतिहास का एक गौरवमय अध्याय लिख गए हैं। इसके साथ 1929 की कहानी समाप्त होती है।

15. गांधी बनाम भगतसिंह

1930 में भारत की राजनीति ने एक रुचिकर रूप धारण कर लिया। एक ओर देशभक्त शक्तियां ब्रिटिश सरकार से टक्कर लेने की तैयारियां कर रही थी दूसरी तरफ वे आपस में ही उलझ पड़ी। जब लाहौर कांग्रेस में वायसराय लार्ड इरविन को बधाई-प्रस्ताव पेश किया गया था तो इसका कड़ा विरोध हुआ। गांधी जी ने इस प्रस्ताव का समर्थन करते हुए जो भाषण दिया, इसमें उन्होंने नवयुवकों की क्रान्तिकारी गतिविधियों पर आपत्ति की और कहा, ''ये नवयुवक देश के हितों से द्रोह कर रहे हैं।''

श्री सुभाषचन्द्र बोस और कुछ दूसरे नेताओं ने इस प्रस्ताव का विरोध किया। सबसे बड़ी कठिनाई पण्डित जवाहरलाल नेहरू के लिए उत्पन्न हुई जो इस अधिवेशन की अध्यक्षता कर रहे थे। वे इस प्रस्ताव से सहमत नहीं थे। परन्तु इसका विरोध करके वे गांधी जी को नाराज नहीं करना चाहते थे और किसी न किसी कारण से गांधी जी इस समय क्रान्तिकारी आन्दोलन को अपने लिए चुनौती समझ रहे थे। गलत या ठीक उनका विचार था कि वह एक परीक्षण कर रहे हैं अहिंसा के द्वारा युद्ध जीतने का । यह परीक्षण इससे पहले किसी ने नहीं किया था। गांधी जी चाहते थे कि इस परीक्षण में कोई अड़चन न पड़े इसलिए वे किसी प्रकार की हिंसा के कड़े विरोधी थे और सरकार भी नहीं चाहती थी कि हिंसा हो। इसलिए इस प्रश्न पर गांधी जी और सरकार दोनों एक स्थान पर आ कर मिल कर गए थे।

परन्तु कुछ लोगों में गांधी जी की इस नीति की कड़ी प्रतिक्रिया हो रही थी विशेष कर नवयुवकों में। श्री सुभाषचन्द्र बोस ने तो कांग्रेस से पृथक् हो कर एक नया दल बनाने की घोषणा कर दी थी और कांग्रेस के अन्य नेता भी बिगड़ रहे थे।

इन दिनों में डा॰ शेख मुहम्मद आलम नाम के एक राष्ट्रवादी मुस्लिम नेता हुआ करते थे। वे भाषण बहुत ओजस्वी दिया करते थे, इन्होंने वायसराय को मुबारकबाद के प्रस्ताव का विरोध करते हुए अपने भाषण को इन शब्दों के साथ समाप्त कर दिया— ''मैंने गांधी जी को समझने का बहुत प्रयास किया है, और इस सारे प्रयास में यदि कुछ समझ सका हूं तो यह समझ सका हूं कि कुछ भी नहीं समझ सका।''

गांधी जी इनका भाषण सुन कर मुस्करा दिए और इसका उन्होंने कोई उत्तर नहीं

दिया परन्तु डा॰ आलम बहुत लोकप्रिय हो गए और इन्हें हमने पंजाब के छात्र सम्मेलन (स्टूडैंट कान्फ्रेंस) का प्रधान बना दिया। अपने चारों तरफ नवयुवकों को देख कर वे और भी उत्साह में आ गए और अपने अध्यक्षीय भाषण में ऐसी बातें कह गए जो उन्हें नहीं कहनी चाहिए थीं।

उन दिनों हमारे नेताओं में भी एक दौड़ चल रही थी कि नवयुवकों को कौन अपनी तरफ खींच सकता है। इलाहाबाद के निकट भाषण करते हुए जवाहरलाल नेहरू ने कहा, Youth should think dangerously. अर्थात्- नवयुवकों के सोचने का ढंग अपना होना चाहिए कि वे देश की समस्याओं पर खतरनाक ढंग से भी विचार कर सकें।

इसके कुछ दिन बाद सुभाषचन्द्र बोस ने भाषण दिया और वे एक पग और आगे चले गए। इन्होंने कहा—

The Youth should not only think dangerously, they should also live dangerously. अर्थात् नवयुवक केवल खतरनाक ढंग से सोचना ही न सीखें अपितु खतरनाक ढंग से रहना भी सीखें। इसके बाद डा॰ आलम की बारी आई। पंजाब छात्र सम्मेलन की प्रधानता करते हुए उन्होंने कहा—The Youth should think dangerously, live dangerously and act dangerosly. अर्थात्— नवयुवकों को खतरनाक ढंग से सोचना चाहिए, खतरनाक ढंग से रहना चाहिए और खतरनाक ढंग से काम करना चाहिए।

डा॰ आलम ने जो कुछ कहा इसके अर्थ क्या थे? सम्भवतः ज्ञात उन्हें भी नहीं था। परन्तु उनकी स्थिति यह थी कि जितनी तालियां अधिक बजती वे उतने ही तेज होते जाते थे और कभी अपना सन्तुलन नहीं रख सकते थे। एक बार वे जेल में थे और बार-बार यह शिकायत करनी शुरू कर दी कि उनके पेट में दर्द रहता है। लाहौर के सबसे बड़े हस्पताल म्यो-हस्पताल के डाक्टरों ने इनका निरीक्षण किया और बताया कि इन्हें कोई रोग नहीं है। परन्तु डा॰ आलम कहते जा रहे थे कि उनके पेट में दर्द होता है। अन्ततः डाक्टरों ने फैसला लिया कि इनका पेट चीर कर देखा जाए कि इनको क्या रोग है। जब इन्हें आप्रेशन के लिए आप्रेशन मेज पर लिटाया गया तो डा॰ साहिब अड़ गए। कहने लगे कि जब तक गांधी जी इस आप्रेशन के लिए अनुमति नहीं देते वे आप्रेशन नहीं करवाएंगे। परन्तु गांधी जी उस समय यरवदा जेल में बंद थे, उनसे अनुमति कैसे ली जाती। अंततः सरकार ने तंग आ कर डा॰ साहब को रिहा कर दिया। यही डा॰ आलम बाद में मुस्लिम लीग में शामिल हो गए और 'लोटा डाक्टर' के नाम से विख्यात हो हुए क्योंकि इनके सम्बन्ध में समझा जाता था कि वे एक 'बे-पैंदे का लोटा' हैं।

ऐसी स्थिति में हमारे देश में दो विचारधाराओं में टक्कर हुई। एक का नेतृत्व गांधी

जी करते थे और दूसरी का भगतसिंह या चन्द्रशेखर आजाद। गांधी जी ने Cult of the bomb के शीर्षक पर एक लेख लिखा। इसमें उन्होंने अपने दृष्टिकोण का स्पष्टीकरण किया और भगतसिंह के दृष्टिकोण का स्पष्टीकरण Philosophy of the bomb लेख के द्वारा किया गया। यह चार पृष्ठों पर लाल स्याही से छपा हुआ एक पर्चा था, जो सारे देश में वितरित किया गया। इसकी कुछ प्रतियां दुर्गादास खन्ना मुझे भी दे गए।

मैंने इसे पढ़ा और रात हो जाने पर इसकी कुछ पुड़ियां बना कर आस-पास के घरों में फैंक आया। दूसरे दिन कालेज में भी चुपके-चुपके कहीं कहीं रख दिया। परन्तु मेरी यह इच्छा थी कि किसी तरह एक दो पर्चे अपने पास रख लूं। मैं जानता था कि पुलिस किसी समय भी आ कर तालाशी ले सकती है इसलिए एक सुरक्षित स्थान में रखना चाहता था।

मैंने अपने मकान की निचली मंजिल के एक कमरे में लगे दो बड़े बड़े चित्रों को उतारा, उनके पीछे लगे गत्ते को निकाला, गत्ते और चित्र के बीच एक-एक पर्चा रख दिया। फिर उसी तरह जोड़ कर दीवार के साथ लटका दिया। दूसरे दिन प्रातः ही पुलिस वाले आ गए। सारे नगर की तलाशियां हो रही थीं। वह फिलासफी आफ दी बम्ब, की तलाश कर रही थी। इसलिए जिस-जिस के सम्बन्ध में उन्हें शक था उनके घरों में तलाशी लेनी शुरू कर दी। मेरे कमरे में आ कर मेरी सभी पुस्तकों, वस्त्रों, और मेरी सभी वस्तुओं को उलट-पुलट कर दिया। इन्हें एक क्षण के लिए भी विचार न आया कि कमरे की दीवारों पर जो चित्र लटके हैं उनके पीछे भी पर्चा रखा जा सकता है। कागज का ही एक टुकड़ा था कोई बड़ी वस्तु नहीं थी जो आसानी से छुपाई न जा सके। परन्तु सम्भवतः पुलिस वालों को भी इसमें अधिक रुचि नहीं थी। वे भी एक तरह से काम पूरा करने आए थे। इन दिनों हमने देखा कई पुलिस वालों की सहानूभुति हमारे साथ होती थी। अपनी नौकरी के लिए वे कानून का पालन तो पूरी तरह कर देते थे, परन्तु अधिक रुचि या गहराई में जाने का प्रयत्न नही करते थे। इसलिए मैं उस दिन साफ बच निकला और दुर्गादास खन्ना भी। साथ ही लाहौर के छात्र संघ के किसी भी अन्य कार्यकर्ता को पुलिस फंसा न सकी।

ऐसी स्थिति में देश का राजनैतिक वातावरण गर्म हो रहा था। महात्मा गांधी ने असहयोग की तैयारियां शुरू कर दी थीं और उन्होंने तत्कालीन वायसराय लार्ड इरविन को यह अल्टीमेटम दे दिया था कि नमक सत्याग्रह करके अपने आन्दोलन का प्रारम्भ करेंगें।

दूसरी ओर क्रान्तिकारी दल भगत सिंह और बटुकेश्वर दत्त को जेल से मुक्त कराने की योजना बना रहा था। उन्हें इस बात का विश्वास था कि साण्डर्स हत्याकांड में भगतसिंह और उसके साथियों को मृत्युदण्ड मिलेगा और अन्ततः उन्हें फांसी पर लटका दिया जायेगा। इसलिए उन्हें छुड़वाने का एक प्रयत्न वे अवश्य करना चाहते थे।

16. सर पर कफन लपेटे कातिल को ढूंढते हैं

जब गांधी जी ने नमक छोड़ कर सत्याग्रह की घोषणा की तो लोग मजाक करते थे। ज्यों-ज्यों समय गुजरता गया गांधी दी द्वारा चलाया गया आन्दोलन जोर पकड़ता गया। अन्ततः वह भी समय आ गया जब विश्व की सबसे बड़ी और सबसे शक्तिशाली सरकार ने उस लंगोटबंद फकीर के आगे अपने हथियार डाल दिए और तत्काल वायसराय इरविन को महात्मा गांधी के साथ समझौता करना पड़ा जो हमारे इतिहास में 'गांधी इरविन समझौता' के नाम से विख्यात हुआ।

जब एक ओर कांग्रेस गांधीजी के नेतृत्व में ब्रिटिश सरकार के विरुद्ध लड़ाई लड़ रही थी, दूसरी ओर क्रान्तिकारी भी खामोश नहीं बैठे थे। लाहौर में एक षड्यंत्र केस चल रहा था। इसमें कोई 20 जवानों को विरुद्ध सरकार का तख्ता पलटने और बादशाह के विरुद्ध युद्ध की तैयारी का आरोप था।

यह नौजवान देश के विभिन्न सूबों से लाए गए थे। भगतसिंह और सुखदेव पंजाब के थे। शिव शर्मा गयाप्रसाद, जयदेव कपूर और सुरेन्द्र पाण्डेय को उत्तर प्रदेश से लाया गया। कमलनाथ तिवारी और बटुकेश्वर दत्त को बिहार से लाया गया। जितेन्द्र नाथ दास को बंगाल से और राजगुरु को पूना से लाया गया।

इस तरह से सारे राज्यों के प्रतिष्ठित क्रांन्तिकारी नौजवानों को इस केस में घेर लिया गया। इनके अतिरिक्त चन्द्रशेखर आजाद, भगवतीचरण, विजय कुमार सिन्हा और कुछ दूसरे भी जो अभी पकड़े न गए थे। बाद में विजय कुमार सिन्हा भी गिरफ्तार कर लिए गए।

इस मुकद्दमें ने धीरे-धीरे ऐसा महत्व तथा स्थिति ग्रहण कर ली कि लोगों का ध्यान गांधी जी के अवज्ञा आन्दोलन से हट कर इस मुकद्दमें की ओर हो गया। इसके दो कारण थे। एक तो यह है कि इस षड्यंत्र केस में जितने भी नौजवान शामिल किये गए सबके सब सरफिरोश थे। इनमें से किसी ने भी अपने बचाव के लिए एक क्षण का भी प्रयास न किया था।

जिस साहस और वीरता से ये कैद में रहते हुए लड़ रहे थे, उसका उनके देशवासियों पर बहुत प्रभाव पड़ रहा था। इस मुकद्दमे के अभियुक्तों को यह मालूम

था कि अगर इस केस में दोषी समझा गया तो फांसी मिलेगी या आजीवन कारावास। इनमें से प्रत्येक इसके लिए तैयार था। इसलिए किसी को इस बात की चिन्ता न थी कि मुकद्दमे का अन्तिम परिणाम क्या होता है। उन्होंने कभी भी इस बात की परवाह नहीं की कि किस जज के समक्ष उनका मुकद्दमा पेश है, वह क्या कहता है, वह क्या समझता है। वे अपने ढंग से मुकद्दमा लड़ रहे थे। उनके सामने सबसे मुख्य दृष्टिकोण यही था कि अधिकाधिक प्रचार और प्रसार हो। उनके सौभाग्य से वे अदालत में जो कुछ कहते या करते वह सब समाचार पत्रों में छप जाता। अंग्रेजी दैनिक ट्रिब्यून जैसा पत्र कई-कई पृष्ठ रोज इस मुकद्दमे की कार्यवाही प्रकाशित करता था।

इस मुकद्दमे की कार्यवाही लाहौर सैंट्रल जेल के बाहर टैंट में हुआ करती थी। उसके चारों ओर पुलिस का जबरदस्त पहरा रहता था। सैन्ट्रल जेल में जाने वाली सड़कों पर भी पुलिस गश्त किया करती थी। वह सारा क्षेत्र एक पुलिस छावनी का दृश्य पेश करता था।

चूंकि भगत सिंह और बटुकेश्वर दत्त को सैन्ट्रल जेल में रखा गया था और भगत सिंह के विषय में सरकार को हर समय आशंका रहती थी कि वह कहीं भाग न जाए इसलिए अदालत के बैठने का प्रबन्ध भी वहीं किया गया था। शेष कैदियों को बोर्सटल जेल में रखा गया गया था। उन्हें प्रतिदिन पुलिस के पहरे में सैंट्रल जेल लाया जाता। वे नारे लगाते और गीत गाया करते हुए आया करते था। दूसरी ओर भगतसिंह और दत्त भी वहां आ जाते। फिर ये सब लोग इकट्ठे होकर अपनी हथकड़ियों की झंकार के साथ गाने लगते—

सरफरोशी की तमन्ना अब हमारे दिल में है
देखना है जोर कितना बाजुए कातिल में है॥
आज मकतल में वह कातिल कह रहा है बार-बार
क्या तमन्नाए शहादत भी किसी के दिल में है॥
वक्त आने दे बता देंगे तुझे ए आसमां
हम अभी से क्या बताएं क्या हमारे दिल में है॥

कई बार विशेष दण्डाधिकारी जिसका नाम पण्डित कृष्ण था उन्हें रोकने का प्रयास करता किन्तु इन नौजवानों पर उसकी डांट या आदेश का कोई प्रभाव नहीं पड़ता था। वह जो कुछ कहता उसे सुन कर ये हंस देते थे। जब वह कहता कि यह अदालत का अपमान है तो वे और भी अधिक कहकहे लगा कर हंसते।

इस तरह धीरे-धीरे हालात बिगड़ते गए। अन्ततः वह दिन भी आ गया जब इन अभियुक्तों ने अदालत में जाने से इन्कार कर दिया। सरकार ने इन्हें ले जाने का बहुत प्रयास किया लेकिन वे तैयार न हुए। इस पर 1 मई 1930 को सरकार ने लाहौर षड्यन्त्र

केस अध्यादेश जारी कर दिया। उसके अनुसार अभियुक्तों की अनुपस्थिति में मुकद्दमा चल सकता था।

साथ ही विशेष दण्डाधिकारी की जगह हाईकोर्ट में तीन जजों पर आधारित एक न्यायाधिकरण नियुक्त कर दिया गया। तीन जजों में दो अंग्रेज थे। न्यायाधीश हिल्टन, न्यायाधीश टेप और तीसरे न्यायाधीश थे अब्दुल कादिर। साथ ही यह भी कह दिया गया कि इस न्यायाधिकरण के विरुद्ध अपील हो सकेगी।

इस मुकद्दमे की एक और विशेषता यह थी कि लगभग सारे अभियुक्त पढ़े-लिख और नौजवान थे। बड़े-बड़े उच्चकोटि के वकील उनकी पैरवी कर रहे थे किन्तु भगतसिंह, कमलनाथ तिवारी, विजय कुमार सिन्हा और कुछ दूसरे अभियुक्त सरकारी गवाहों पर जिरह स्वयं किया करते थे। जब वे जिरह करते थे तो बड़े-बड़े वकीलों को मात दे दिया करते थे और वह सब कुछ पत्रों में छप रहा था। इससे उनकी ख्याति उस समय सातवें आकाश तक पहुंची हुई थी। जनता यह समझ रही थी कि ये नौजवान केवल बम या पिस्तौल ही चलाना नहीं जानते बल्कि पढ़े-लिखे युवक एक बहुत ही बड़े आदर्श के लिए लड़ रहे हैं।

जिस ढंग से वे अपने मुकद्दमे की पैरवी कर रहे थे उन्होंने किसी समय भी अपने रवैये में किसी प्रकार की लड़खड़ाहट नहीं आने दी। सरकार स्वयं परेशान थी कि क्या करे। जिन नौजवानों को यह डर न हो कि कल उन्हें फांसी मिल जाएगी, उनके हर कृत्य से उनके दृष्टिकोण के पक्ष में वातावरण बन रहा हो, वे नौजवान क्या परवाह करते थे कि सरकार क्या कहती है और दण्डाधिकारी क्या कहता है? उनके सौभाग्य से देश के कई नेताओं की सहानुभुति भी उनके साथ थी।

यद्यपि गांधी जी उनकी कार्यविधि को पसंद न करते थे, किन्तु वे भी यह अनुभव करते थे कि जिस वीरता और साहस का ये नौजवान प्रदर्शन कर रहे हैं उसकी उपेक्षा नहीं की जा सकती। जहां तक कि पं० मोती लाल, पं० जवाहरलाल नेहरू और सुभाषचन्द्र बोस का सम्बन्ध था उनकी सहानूभुति तो खुले रूप में उनके साथ थी। वे तो उन्हें अदालत मिलने भी गए थे और यदा-कदा इन्होंने उनके पक्ष में बयान भी दिए थे।

ये वे हालात थे जब चन्द्रशेखर आजाद और भगवतीचरण ने यह फैसला लिया कि किसी प्रकार भगतसिंह को जेल से छुड़ाया जाए। इनके सामने दो उद्देश्य थे। एक तो यह कि किसी प्रकार अपने एक साथी को मौत के मुंह से निकाल लें दूसरा यह कि यदि वे सफल हो गए तो उनकी पार्टी की प्रतिष्ठा में असीम वृद्धि हो जाएगी। अंग्रेज सरकार को नीचा दिखाने के लिए गांधी जी ने जो रास्ता अपनाया था, क्रान्तिकारी उससे सहमत नहीं थे किन्तु वे यह भी नहीं चाहते थे कि अन्ततः गांधी जी की पराजय हो जाए। इस स्थिति में अंग्रेज सरकार का दिमाग और भी खराब हो सकता था। इसलिए

चन्द्रशेखर आजाद और भगवतीचरण यह समझते थे कि यदि वह कोई धमाकापूर्ण कार्यवाही करके दिखा दे तो सरकार गांधी जी के साथ समझौता करने पर विवश हो जाएगी। वह कभी भी पसंद न करेगी कि क्रान्तिकारी पार्टी की शक्ति में वृद्धि हो। वह गांधी जी से फैसला कर लेगी, इसका भी देश को कुछ न कुछ लाभ होगा।

1927 से ले कर 1931 तक भारत की क्रान्तिकारी लहर कुछ सरफरोशों के सहारे चल रही थी। चन्द्रशेखर आजाद, भगवतीचरण और भगतसिंह तीनों ही सर पर कफन बांधे फिर रहे थे। अन्त में तीनों ही शहीद हो गए। वे इस देश को स्वतन्त्र कराना चाहते थे लेकिन अपनी जिंदगी में इनकी यह इच्छा पूरी न हो सकी। उस जमाने में और बहुत से लोग यह तमन्ना मन में लिए संसार से चले गए। कहते हैं कि जब फरवरी 1931 में मोती लाल नेहरू का देहांत होने लगा तो उन्होंने भी अन्तिम क्षणों में ये ही शब्द कहे थे—

''काश मैं अपने जीवन में इस देश को स्वतन्त्र हुआ देख सकता।''

लेकिन मोतीलाल नेहरू की आयु उस समय 70 से ऊपर थी। कुछ वर्ष और जीवित रह जाते तब भी शायद वे अपनी आंखों से देश को स्वतन्त्र हुआ न देख सकते।

लेकिन भगवतीचरण, भगतसिंह और चन्द्रशेखर आजाद की कोई इतनी उमर न थी। इन तीनों में भगवती सबसे बड़े थे। जब एक बम फट जाने से उनका देहान्त हो गया तब उनकी उम्र केवल 40-42 वर्ष की थी। उनकी पत्नी भी थी। चन्द्रशेखर आजाद की उम्र 35 वर्ष के लगभग होगी और भगत सिंह की उम्र कुल 23 वर्ष। इन तीनों ने एक क्षण के लिए भी न सोचा कि अभी तो सारी उम्र पड़ी है क्यों न ठाठ-बाठ से जीवन व्यतीत करें। देश को स्वतन्त्र कराने के लिए और भी हैं वे कराते रहेंगे। लेकिन इन तीनों ने देश को स्वतन्त्र कराने को अपने जीवन का मूल उद्देश्य बना रखा था। जिस प्रकार मजनू अपनी लैला की खोज में जंगलों में भटकता फिरता था उसी तरह वे भी आजादी की तलाश में जगह-जगह भटकते फिरते थे। आगे-आगे ये होते थे, पीछे-पीछे इनकी मौत थी। यह जानते हुए कि मौत इनका पीछा कर रही है, इन्होंने अपने कठोर प्रण में कभी ढील नहीं आने दी। जो लक्ष्य अपने सामने रखा था उसे प्राप्त करने के लिए दिन-रात प्रयास करते रहे और इस प्रयास में अन्तत: तीनों ही शहीद हो गए। जो कुछ उन्होंने किया, जो इसका परिणाम निकला, उसके बारे में हम निश्चित रूप से एक शायर के शब्दों में कह सकते हैं—

दरे तकदीर पर सर फोड़ना शेवा रहा अपना
वसीले हाथ ही आए न किस्मत अजमाई के॥

1930 में जब कांग्रेस एक ओर सरकार से टक्कर ले रही थी तो दूसरी ओर क्रांतिकारी पार्टी ने भी अपनी गतिविधियां तेज करने का फैसला लिया उस समय

की क्रान्तिकारी पार्टी के नेता चन्द्रशेखर आजाद तथा भगवतीचरण थे। उन्हें यह बात बुरी तरह से खटक रही थी कि भगतसिंह को सरकार एक दिन फांसी पर लटका देगी। भगतसिंह ने साडर्ण्स की हत्या में भाग ले कर लाला लाजपतराय के साथ किये गए दुर्व्यवहार का बदला ले लिया था। इसके बाद विधानसभा में बम फैंक कर उसने जो वक्तव्य दिया, उसके द्वारा पहली बार क्रान्तिकारी पार्टी के दृष्टिकोण का स्पष्टीकरण हुआ। परन्तु जिस निडरता और वीरता के साथ भगतसिंह और बी॰ के॰ दत्त ने अपना अपराध स्वीकार किया उसके कारण उनकी ख्याति को चार चांद लग गए और इन दोनों का नाम देश के एक-एक नौजवान की जुबान पर आने लगा। जो कसर बाकी रह गई थी वह इन दोनों जवानों के लाहौर कांड षड्यंत्र के मुकद्दमे में अपनाये गए रवैये से पूरी हो गई। जब किसी के विरुद्ध हत्या या षड्यन्त्र जैसे गम्भीर मामलों में मुकद्दमे चल रहे हों जिसका दण्ड फांसी या उम्रकैद के सिवाय कोई और न हो सकता हो तो अभियुक्तों की ओर से पहला प्रयास अपनी सफाई में पेश करना होता है ताकि किसी प्रकार बच सकें तो बच जाएं। लेकिन ये अनोखे अभियुक्त थे, उन्होंने एक क्षण के लिए भी ऐसा काम नहीं किया जिससे इनमें किसी प्रकार की कोई दुर्बलता दिखाई दे। भगतसिंह तो अन्त समय तक मौत से खिलवाड़ करता रहा। इसका यह परिणाम हुआ कि भगतसिंह की ख्याति सातवें आसमां पर जा पहुंची। प्रत्येक की जिह्वा पर भगतसिंह का नाम था। प्रत्येक सभा में उसकी चर्चा थी। अदालत में दिया गया उसका एक-एक वक्तव्य जब समाचार पत्रों में प्रकाशित होता तो लोग वाह-वाह कर उठते थे।

ऐसे में चन्द्रशेखर आजाद और भगवतीचरण ने आपस में परामर्श किया कि क्या किसी तरह भगतसिंह को जेल से छुड़ाया जा सकता है। यदि किसी प्रकार यह हो जाए तो सारे संसार में तहलका मच जाएगा। जिस युवक को उस समय ब्रिटेन का सबसे बड़ा शत्रु समझा जाता था और जिसकी सजा सिवाय मौत के और कुछ भी न समझी जाती थी यदि उसे किसी प्रकार जेल से निकाल लिया जाए तो सारे देश में ऐसा धमाका होगा जो सरकार की जड़ें हिला देगा।

कई दिन तक श्री भगवतीचरण और आजाद के मध्य यह परामर्श होता रहा। इसके लिए उन्हें कितनी तैयारी करनी पड़ेगी, इस बारे में भी सोचते रहे। उन्हें इस बारे कोई सन्देह न था कि अगर यह कार्यवाही की गई तो हो सकता है कि दो-चार पुलिस वाले मारे जाएं और दो-चार क्रान्तिकारी दल के जवान शहीद हो जाएं और यह भी हो सकता है कि उस लड़ाई में चन्द्रशेखर आजाद और भगवतीचरण स्वयं भी मारे जाएं। इस सारी लड़ाई के लिए कई बम और पिस्तौल चाहिए। एक या दो मोटर गाड़ियां भी चाहिए। इसके साथ कोई ऐसा मकान तलाश किया जाना चाहिए जहां यह

सारा सामान जमा किया जाए और दूसरा मकान चाहिए जहां भगतसिंह को छिपाया जाए। अर्थात् इस प्रकार का पूरा विवरण तैयार होना अभी शेष था। इसके साथ ही यह प्रश्न उत्पन्न हुआ कि महिलाओं को इस योजना में शामिल किया जाए या न किया जाए, अगर किया जाए तो किस-किस को।

शुरू शुरू में यह बात आजाद और भगवतीचरण तक ही सीमित रही। जब उन्होंने निर्णय कर लिया कि उसे कार्यरूप दिया जाना है तो इसके पश्चात् उन्होंने यशपाल, धन्वन्तरी, सुखदेव राज आदि से बातचीत की और अन्त में सुशीला दीदी और दुर्गा भाभी को भी इसमें शामिल कर लिया गया। लाहौर के बहावलपुर रोड पर एक कोठी किराये पर ले ली गई। सुशीला दीदी और दुर्गा भाभी को इसलिए वहां रखा गया ताकि किसी को किसी प्रकार का सन्देह न हो। पड़ौसी भी यही समझें कि कोई परिवार यहां आ कर आबाद हुआ है। दो औरतों की वहां मौजूदगी, दो मर्दों की शराफत का सबसे बड़ा प्रमाण था। किराये पर फर्नीचर आदि ला कर रख दिया गया। कोई भी बाहर आने वाला व्यक्ति यह नही समझ सकता था कि इस कोठी में बड़े ही खतरनाक क्रान्तिकारी रहते हैं जो दो चार दिन के अन्दर बहुत बड़ा पग उठाने वाले हैं। जो यदि सफल हो गया होता तो सारे ब्रिटिश शासन को एक बार झिंझोड़ कर रख देगा।

1 जून 1930 वह दिन था जो भगतसिंह और दत्त को जेल से छुड़वाने के लिए नियत किया गया। उन दिनों भगतसिंह और दत्त को लाहौर के सैन्ट्रल जेल में रखा गया था, लाहौर हत्याकांड के शेष अभियुक्तों को बोरस्टल जेल में। चूंकि मुकद्दमा एक ही था भगतसिंह और दत्त ने यह मांग की थी कि सप्ताह में एक दिन उन्हें यह अवसर दिया जाए कि वह अपने साथियों से मिल कर अपने मुकद्दमें के बारे में विचार विमर्श कर सकें। यह बात मान ली गई और हर रविवार इन दोनों को पुलिस के कड़े पहरे में सैंन्ट्रल जेल से बोरस्टल जेल में लाया जाता यहां वह सारा दिन रहते और शाम को फिर सैन्ट्रल जेल वापस आ जाते।

आजाद और भगवतीचरण ने जो योजनाएं बनाई थी उनके अनुसार तय किया गया कि जब दोनों सैन्ट्रल जेल से बोरस्टल जेल में जाने के लिए सैन्ट्रल जेल के फाटक से बाहर निकल कर सड़क के निकट पहुंचें उस समय बमों और पिस्तौलों से पुलिस पर हमला कर दिया जाए। यह भी निर्णय लिया गया कि एक मोटर गाड़ी वहां पर खड़ी रखी जाए। जब पुलिस और क्रान्तिकारियों के मध्य लड़ाई हो रही हो, दोनों ओर से गोलियां और बम चल रहें हो, उस समय भगतसिंह और दत्त भाग कर उस मोटर में जा बैठें जो वहां खड़ी होगी। इधर लड़ाई होती रहेगी और मोटर का ड्राइवर उन दोनों को ले कर भाग निकलेगा।

पुलिस पर हमले के लिए दो पार्टियां बनाई गई थीं। एक ने बम चलाने थे और

दूसरी ने पिस्तौलों से हमला करना था। एक पार्टी के नेता जिसने बम चलाने थे भगवतीचरण थे दूसरी पार्टी के नेता जिसने पिस्तौलों से पुलिस को रोकना था चन्द्रशेखर आजाद थे।

इस योजना के लिए भगतसिंह से भी विचार-विमर्श कर लिया गया था। उनका मत था कि यह हमला सैन्ट्रल जेल के सामने करने की बजाए बोरस्टल जेल के बाहर किया जाए तो बेहतर होगा। यहां पुलिस का प्रबन्ध सैन्ट्रल जेल की अपेक्षा बहुत कम होता है। परन्तु वहाँ एक कठिनाई थी कि बोरस्टल जेल बड़ी सड़क से हट कर जरा पीछे की ओर था। यह न हो कि यदि भगतसिंह और दत्त को छुड़ा लिया जाए तो उनके बड़ी सड़क तक पहुंचने के पूर्व सैन्ट्रल जेल की पुलिस वहां पहुंच जाये तो फिर लड़ाई पुनः लड़नी पड़ जाएगी और इसमें सफलता कुछ संदिग्ध थी क्योंकि पुलिस के पास जितने हथियार थे भगवतीचरण और आजाद के पास न थे।

अन्त में निर्णय हुआ कि सेन्ट्रल जेल के बाहर ही हमला किया जाए। इसमें कोई संदेह न था कि लड़ाई वहां जम कर हो सकती थी और इसमें कुछ क्रान्तिकारी मारे भी जा सकते थे।

परन्तु अपनी कोई भी योजना बनाते समय उनके मस्तिष्क में यह विचार न आता था कि वे जीवित रहेंगे या नहीं। जीवन को वे एक खेल समझते थे जिसे वह हंसी खुशी खेलना चाहते थे और उनमें से अधिकांश हंसी खुशी खेलते हुए इस संसार से विदा हो गए।

1 जून 1930 का दिन योजना को कार्यरूप देने के लिए नियत किया गया। भगतसिंह और दत्त को भी इसकी सूचना दे दी गई कि वह भी इस दिन तैयार हो कर आएं। इन क्रान्तिकारी नवयुवकों का ईश्वर के अस्तित्व पर विश्वास न था। कुछ तो कई बार ईश्वर का मजाक उड़ाया करते थे। परन्तु कई बार उन्हें भी इसकी शक्ति का आभास अवश्य हो जाता जब इनकी सारी याजनाएं धरी रह जाती। यही हश्र इनकी इस योजना का भी हुआ।

28 मई को भगवतीचरण ने कहा कि जो बम उन्होंने तैयार किए हैं उनका परीक्षण करना चाहते हैं। कहीं यह न हो कि अन्तिम समय पर ये बम नकारा सिद्ध हो जाएं और हम बिना कुछ किए पुलिस के कब्जे में चले जाएं । इसलिए प्रातः ही सुखदेव राज और बच्चन के साथ एक बम ले कर रावी नदी के किनारे चले गए, ताकि रावी पार एक जंगल में उस बम को चला कर देख लें।

भगवतीचरण के चले जाने के बाद बहावलपुर रोड की कोठी में सब लोग अपनी-अपनी तैयारी में लग गए। जेल में जो हमला करना था उस में दो दिन शेष रह गए थे। सुशीला दीदी और दुर्गा भाभी घर का अन्य काम सम्भाल रही थी। सबसे अधिक

चिन्ता तो इस बात की थी कि पड़ोस वालों को यह संदेह न हो कि इस कोठी में कुछ संदिग्ध व्यक्ति रहते हैं।

यह क्रम अभी चल ही रहा था कि सुखदेव राज एक टांगे में दर्द से कराहता हुआ वहां पहुंच गया। इसका एक पैर कपड़े से बंधा हुआ था परन्तु रक्त इतना बह गया था कि वह कपड़ा भी लाल हो गया था। उसे देख कर आजाद और कुछ लोग बाहर निकल आए। सुखदेव ने उन्हें इतना ही कहा कि उसे टांगे से नीचे उतार लिया जाये। जब टांगे से उतार लिया गया तो उसने बताया कि जब भगवतीचरण रावी नदी के किनारे बम का परीक्षण कर रहे थे तो बम उनके हाथ में फट गया और उनका एक हाथ उड़ गया। चूंकि सुखदेव उनके पास खड़ा था उनके पांव में गहरी चोट आई। भगवतीचरण की हालत खराब है वे वहीं रावी के किनारे पड़े हैं और उन्होंने सुखदेव राज को भेज दिया कि वह जा कर सबको सूचना दे दें।

सुखदेव राज उनको छोड़ कर न आना चाहता था, परन्तु भगवतीचरण ने उनसे कहा कि "बचने की अब कोई आशा नहीं, इतना खून बह चुका है कि मैं अब बच नहीं सकता और न ही तुम मुझे उठा कर बहावलपुर रोड तक ले जा सकते हो। मैं यह भी नहीं चाहता कि इस हालत में जाने से किसी को संदेह हो जाए और मेरे दूसरे साथियों के लिए कोई मुसीबत खड़ी हो जाए। इसलिए अब मुझे यहीं छोड़ दो और शेष साथियों को जा कर सावधान कर दो। मेरी अब चिन्ता मत करना जो कुछ होगा देखा जाएगा।"

जब सुखदेव ने यह हाल सुनाया तो ऐसा लगा कि सब पर पहाड़ टूट पड़ा। भगवतीचरण का क्रान्तिकारी दल में उस समय प्रमुख स्थान था। भगतसिंह की गिरफ्तारी के बाद आजाद और भगतसिंह, दो ही पार्टी के नेता शेष रह गए थे। साथी और भी इनके कई थे लेकिन जो उच्च स्थान इन्हें प्राप्त था किसी और को न था। काफी समय से आजाद और भगवतीचरण में कुछ भ्रांतियां भी पैदा होती रही थी। कई लोगों का काम ही यह होता है कि मित्रों और साथियों में भ्रांतियां पैदा करते रहते हैं। ऐसे लोग क्रान्तिकारी दल में भी कुछ कम न थे। उन्होंने काफी समय से भगवतीचरण और चन्द्रशेखर को एक दूसरे से दूर रखा। अन्त में परिस्थितियां ऐसा रूप धारण करती गई कि वे दोनों एक दूसरे के निकट आ गए। भगतसिंह को छुड़वाने की योजना दोनों ने मिल कर ही बनाई थी और दोनों ही उसे मिल कर क्रियात्मक रूप देना चाहते थे। दोनों को यह ज्ञात था कि इसमें उनकी मौत भी हो सकती है। हो जाती तो उन्हें दु:ख न होता, पर अब जो कुछ हुआ इसके लिए कोई भी तैयार न था।

सुखदेवराज से सारी कहानी सुनने के बाद सबसे पहला प्रश्न यह उठता कि भगवतीचरण का क्या किया जाए? वे रावी नदी के किनारे जंगल में एक घायल अवस्था

में पड़े थे। उस समय तक किसी को यह ज्ञात न था कि वे जीवित भी है या नहीं। इसलिए सारी वस्तुस्थिति को जानने के लिए और यदि सम्भव हो तो भगवतीचरण को वहां से लाने के लिए यशपाल अपने साथ दो-तीन साथियों को ले कर रावी नदी की ओर प्रस्थान कर गए जहां भगवतीचरण भूमि पर पड़े जीवन के अन्तिम क्षण बिता रहे थे।

जब यशपाल वहां पहुंचा तो भगवतीचरण अभी जीवित थे। पहला प्रश्न उन्होंने किया कि भैया चन्द्रशेखर आजाद नहीं आए। यदि आ जाते तो उनके दर्शन भी हो जाते। उन्होंने यशपाल को कहा कि वह वहां से चला जाए और उनकी खातिर अपने आपको खतरे में न डाले। वे तो अब जा रहे हैं उन्हें मरने का दुःख नहीं। यह दुःख अवश्य है कि वे भगतसिंह को कैद से छुड़ा न सके।

यशपाल ने देखा कि उनका एक हाथ उड़ गया है। शरीर के और भी कई भागों में रक्त बह रहा है। भगवती दर्द के मारे निढ़ाल होते जा रहे हैं परन्तु जुबान से एक बार भी उफ तक न आने दी। खून बहने से कमजोरी बढ़ती जा रही थी और अब उनके लिए हाथ-पांव हिलाना कठिन हो गया था।

यशपाल ने समझा कि अब उन्हें इसी हालत में पड़े रहने देना ठीक नहीं। उन्हें वहां से ले जाना भी खतरे से खाली नहीं होगा परन्तु उस हालत में वहां छोड़ना भी कठिन था। इसलिए अपने एक साथी को वहां छोड़ कर यशपाल वापिस चला गया कि उन्हें यहां से शहर ले जाने का प्रबन्ध कर सके।

17. भगवतीचरण के अन्तिम क्षण

जब यह खबर बहावलपुर रोड की कोठी पर पहुंची तो सारी स्थिति सुन कर सबके सब परेशान हो उठे। जो कुछ हुआ था उसके साथ कई तरह की समस्याएं खड़ी हो गई थी। सर्वप्रथम यह कि भगवतीचरण जिसकी हालत अधिक चिन्ताजनक थी को कैसे बचाया जाए?

दूसरी समस्या यह कि सुखदेव राज का इलाज कैसे और कहां कराया जाए?

तीसरी सबसे बड़ी समस्या यह थी कि भगतसिंह और दत्त को जेल से छुड़वाने की जो योजना थी अब उसका क्या किया जाए? जिन लोगों ने इसके लिए जाना था उनमें से दो नकारा हो गए थे। अब उनकी जगह कौन से दो नये व्यक्ति लिए जाएं और सबसे बड़ा प्रश्न यह पैदा हो रहा था कि जो कुछ भी हुआ है उसे पुलिस से कैसे छुपा कर रखा जाए।

ये सभी प्रश्न एकदम तूफान की तरह उमड़ आए थे। परन्तु सबसे पहली समस्या तो भगवतीचरण को बचाने की थी। परस्पर विचार परामर्श करके यशपाल अपने दो साथियों को ले कर रावी की ओर चल पड़ा। यशपाल के वहां पहुंचने तक भगवती की हालत बहुत बिगड़ चुकी थी। भगवती ने स्वयं उसे कह दिया कि अब वह अधिक समय तक जीवित न रह सकेंगे इसलिए उन्हें बचाने का प्रयास न होना चाहिए। इसलिए उन्होंने यह इच्छा अवश्य प्रकट की कि भगतसिंह को जेल से छुड़ाने की योजना जो वे बना रहे थे और जिसके लिए उन्होंने यह सब कुछ किया, वह अवश्य पूरी होनी चाहिए।

यशपाल ने उन्हें उठाने की कोशिश की परन्तु देखा कि इनकी हालत इतनी बिगड़ चुकी है कि बिना चारपाई या स्टैचर के उन्हें वहां से ले जाना कठिन होगा। इस पर उन्हें वहां उसी हालत में छोड़ कर और अपने एक साथी को उनके पास बैठा कर यशपाल शहर चला गया ताकि चारपाई और स्ट्रेचर का प्रबन्ध कर सके और यदि सम्भव हो सके तो किसी डाक्टर को भी साथ ला सके।

यशपाल चला गया और उसके जाने के कुछ देर बाद भगवतीचरण भी चल बसे। जिस रावी के किनारे पांच मास पूर्व उनके देशवासियों ने स्वाधीनता का ध्वज लहराया था उसके किनारे भारत की स्वतन्त्रता के लिए लड़ते हुए उनके एक वीर सपूत ने अपने

प्राण त्याग दिए। रक्त रंजित उसका शरीर किसी चारपाई या पलंग पर न पड़ा था अपितु उस मिट्टी में पड़ा था जिस मिट्टी की उसने जीवन भर पूजा की थी। जिसे वे अपने माथे पर लगा कर कहा करते थे कि जब तक इस मिट्टी पर किसी विदेशी के कदम पड़ते रहेगें उस समय तक हम न चैन लेंगे न किसी को लेने देंगे। और भगवतीचरण ने निश्चय ही न चैन लिया न किसी को लेने दिया।

रात के उस अन्धियारे में जब रावी के किनारे खून में लिपटी उनकी यह लाश वहां पड़ी थी, उस सुनसान जंगल में जहां उस समय किसी पक्षी की आवाज भी न आ रही थी। उस शहीद की लाश अपनी हालत पर कह रही थी—

मादरे हिन्दुस्तान नाचीज तोहफा कर कबूल।
खून से लिथड़ा हुआ अपना ही सर लाया हूं मैं॥

यशपाल जिस व्यक्ति को वहां छोड़ कर गया था, भगवतीचरण की मौत के बाद वह व्यक्ति भी डर के मारे वहां से चला गया। अब केवल उनकी लाश वहां पड़ी थी। उसके ऊपर कफन न था। शायद ऐसे ही समय के लिए एक कवि ने कहा था—

बर मजारे मा गरीबां ने चरागे ने गुले
ने परे परवाना सोजद ने सदाए बुलबुले।

रात काफी हो चुकी थी। जब यशपाल एक चारपाई ले कर वापस आया, कुछ और सामान भी अपने साथ ले आया। दो चादरें थे और कुछ दवाई थी। परन्तु जिस के लिए लाया था वह तो वहां था ही नहीं। उनका शव पड़ा था। उसके प्राण-पखेरू उड़ चुके थे। वह वास्तविक अर्थों में स्वतन्त्र हो चुका था। अंग्रेज की पुलिस उसका पीछा न कर सकती थी।

यशपाल और उसके साथियों ने उस शव को उन दो चादरों में लपेट दिया। फिर उनके सामने प्रश्न उठा कि अब क्या करें। यदि वे बहावलपुर रोड की कोठी पर ले जाएं तो वहां से शमशान भूमि ले जाना पड़ेगा और यदि किसी ने पूछ लिया कि वह किसकी लाश है, मौत कैसे हुई तो कई कठिनाइयां खड़ी हो जाएंगी। इसलिए यशपाल उस लाश को वहीं छोड़ कर चन्द्रशेखर आजाद और दूसरे साथियों से परामर्श करने के लिए वापस चला गया।

यशपाल बहावलपुर रोड वाली कोठी पर पहुंचा तो सब लोग प्रतीक्षा कर रहे थे। पहला प्रश्न यही किया कि भगवती भाई कहां है? जब यशपाल ने बताया कि वह इस संसार में नहीं है वह उनकी लाश को वहीं छोड़ आया तो मानो सब पर एक पहाड़ टूट पड़ा हो। चन्द्रशेखर आजाद ने समझा कि उनका एक बाजू टूट गया है। परन्तु सबसे दयनीय स्थिति तो उस गरीब की थी जिसका सुहाग लुट गया था। वह रो भी नहीं सकती थी कि कहीं पड़ोसियों को पता न चल जाए। वास्तव में वहां उस समय

जितने भी लोग थे अपनी-अपनी भावनाओं को दिल में ही दबा कर बैठे गए। हर कोई जानता था कि यदि किसी तरह यह बात निकल गई कि वहां कुछ क्रान्तिकारी रहते हैं तो सारा खेल बिगड़ जाएगा। वहां बहुत-सा गोला-बारूद भी पड़ा था। इसलिए वहां तो उस समय प्रत्येक की यह हालत हो रही थी—

न तड़पने की इजाजत है
न फरियाद की है
घुटके मर जाऊं यह मर्जी
मेरे सैय्याद की है।

यशपाल ने सारा हाल बता दिया। आखिर चन्द्रशेखर आजाद और यशपाल अपने दो-तीन साथियों को साथ ले कर प्रातः होने से पूर्व रावी की ओर चल पड़े। प्रकाश होने से पूर्व वह लाश को ठिकाने लगा देना चाहिए थे और जब चलने लगे तो दुर्गा और सुशीला दोनों ने कहा कि वे भी साथ चलेंगी। पहले तो चन्द्रशेखर आजाद तैयार हो गए। परन्तु बाद में उन्होंने ख्याल छोड़ दिया। जिस समय वह अपनी कोठी से चलने लगे उस समय अभी अन्धेरा था। उन्हें विचार आया कि दो युवा महिलाओं को अपनी साइकिल पर बैठा कर वे ले जाएं और मार्ग में यदि कोई पुलिस वाला मिल जाए तो उसे निश्चय ही सन्देह हो जाएगा कि रात के समय दो लड़के दो लड़कियों को साईकल पर बैठा कर कहां ले जा रहे हैं। इसलिए उन्होंने इन दोनों देवियों को साथ ले जाने से इन्कार कर दिया।

दुर्गा के दिल पर जो गुजरी उसका अनुमान लगाना कठिन नहीं परन्तु अपनी पार्टी को बचाने और अनुशासन को बनाए रखने के लिए वह आजाद की बात मान गई। आजाद ने उन्हें सम्बोधित करते हुए कहा—

''अब तुम हमारी मां हो। हमारी बहन हो। तुम्हारी इज्जत हमारे हाथ में है और हमारी इज्जत तुम्हारे हाथ में है। मैं तुम्हारी भावनाओं को समझ सकता हूं। परन्तु तुमने और भगवती भाई ने तो अपनी भावनाएं उसी दिन पांव तले रौंद डाली थीं जिस दिन इस पार्टी में आप दोनों शामिल हुए थे। उसके लिए यदि पहले इतनी कुर्बानी की है तो कुछ और भी करो।''

आजाद की बात सुन कर दुर्गा खामोश हो गई। यशपाल और चन्द्रशेखर आजाद साईकलों पर सवार हो कर रावी की ओर रवाना हो गए।

देश की स्वतन्त्रता की लड़ाई में लाखों लोगों ने अपना बलिदान दिया है। कुछ ऐसे भी हैं जिनका बलिदान अद्वितीय है। लहू लगा कर शहीदों में अपना नाम लिखवाने वाले तो कई मिल जाएंगे। ऐसे लोगों की भी कमी नहीं जो दूध पीने वाले मजनू बने रहे किन्तु उसका भी मूल्य वसूल करना चाहते हैं। असली बलिदान तो उन नौजवानों

का था जिन्होंने देश के लिए अपना खून दिया। अपना जीवन दिया, अपनी जवानियां दीं और आज उनकी याद में एक ईंट भी कहीं लगी हुई दिखाई नहीं देती।

भगवतीचरण इनमें से एक थे। उन जैसा अभागा व्यक्ति भी कोई न होगा। जब तक जीवित रहे उनके अपनी ही कई साथी उन्हें सी.आई.डी. का सदस्य समझते रहे। जब मर गए तो अन्तिम समय में कोई दो बूंद पानी मुंह में डालने वाला भी नहीं था। उनका शव रावी के किनारे घण्टों बिना कफन के पड़ा रहा। ऐसा मालूम होता है कि शायद उनके लिए ही बहादुरशाह जफर ने लिखा था:

पये फातह कोई आए क्यों
कोई चार फूल चढ़ाए क्यों
कोई आ के शमां जलाए क्यों
मैं इस बेबसी का मजार हूं।

किन्तु भगवतीचरण तो अब वहां पहुंच चुके थे, जहां उन्हें इस बात की चिन्ता न थी कि उनके मजार पर कोई फूल चढ़ाता है या नहीं। उन्होंने अपने जीवन में भी इसकी परवाह न की थी। एक सच्चे क्रान्तिकारी की तरह वे कहा करते थे—

I shall die unwept
un-mourned unsung.

उनकी मृत्यु इस दृष्टि से अत्यन्त दर्दनाक थी। किन्तु एक क्रान्तिकारी की मौत इससे बेहतर और क्या हो सकती थी।

चन्द्रशेखर आजाद और यशपाल भगवतीचरण के शव को ढूंढते-ढूंढते अन्ततः उनके पास पहुंच गए। एक जंगल में उनका यह जांबाज साथी बड़े सन्तोष के साथ सो रहा था। जो सफेद चादर यशपाल उनके ऊपर डाल गया था वही उनके ऊपर पड़ी थी। किसी ने दो फूल भी उनके शव पर न डाले थे। किन्तु उनके शरीर से निकले हुए खून के छींटे उस सफेद चादर पर लाल फूल की तरह लग रहे थे।

आजाद और यशपाल देर तक उसके पास खड़े रहे। अब उनके लिए प्रश्न पैदा हुआ कि शव का क्या करें? उसे श्मशान भूमी में ले जा कर उसका विधिवत् संस्कार करने का तो प्रश्न ही पैदा न होता था। एक तो शव जंगल में पड़ा था जहां कोई टांगा-मोटर नहीं पहुंच सकते थे। दूसरा उन्हें यह भी डर था कि कहीं पुलिस को इस घटना का पता न लग जाए। इसलिए आपस में सोच-विचार के बाद दोनों ने यहीं फैसला किया कि उसे वहीं दफना दिया जाए।

इस प्रश्न पर भगवतीचरण के साथियों में मतभेद है कि उनके शव को अन्ततः दफनाया जाए या रावी में बहाया जाए। यशपाल ने अपनी पुस्तक में लिखा है कि उसे बहा दिया गया। किन्तु सुखदेव राज और एक अन्य क्रान्तिकारी श्री वैशम्पायन ने लिखा

है कि उसे दफनाया गया। ये दोनों अन्तिम समय तक भगवतीचरण के साथ थे। सुखदेव राज तो बुरी तरह घायल हो गया था। यद्यपि उसके बाद वह रावी तट पर नहीं गया किन्तु वह उसी बहावलपुर रोड वाली कोठी में मौजूद था इसलिए उसे मालूम था कि क्या हो रहा है। उसके ख्याल की पुष्टि आगे चल कर एक और घटना से भी हो जाती है। जब उसके विरुद्ध एक केस चला तो पुलिस ने लकड़ी का एक बन्द डिब्बा अदालत में पेश किया।

जो अंग्रेज इंस्पैक्टर वह डिब्बा ले कर आया था उसने मज़ाक करते हुए उस डिब्बे की ओर संकेत किया और सुखदेव से कहा :

"Meet your friend Bhagwati Charan."

यानी अपने मित्र भगवती चरण से मिलो। पुलिस को बाद में पता चल गया कि भगवती चरण को कहां दफनाया गया है। उसने जमीन खोद कर उनकी हड्डियां निकाल ली और उन्हें अदालत में पेश कर दिया।

यह कहानी है उस व्यक्ति की जिसने अपनी जन्म भूमि के लिए अपना सब कुछ दे दिया। कई बार सोचता हूं कि वे युवक किस मिट्टी के बने हुए थे जिनकी दृष्टि में अपने देश के लिए बड़े से बड़े बलिदान का भी कोई मूल्य न था। भगवतीचरण ने अपना और अपने परिवार के सब-कुछ दांव पर लगा दिया। यह उनका सौभाग्य था कि उन्हें एक ऐसी धर्मपत्नी मिली जो उनसे भी बढ़ कर बलिदान के लिए तैयार थी। इसलिए भगवती चरण के लिए अपने उद्‌देश्य को पूरा करना कठिन न था और अपने जीवन के अन्तिम श्वास तक वह इसके लिए संघर्षरत रहे।

भगवतीचरण को धरती के आंचल में सुला कर आजाद और उसके साथी बहावलपुर रोड पर वापस लौट आए। आजाद की दो भुजाएं थी एक भगतसिंह और दूसरा भगवतीचरण । दोनों ही टूट गई थीं। जब तक भगवतीचरण जीवित थे आजाद को यह आशा थी कि शायद वे दोनों मिल कर भगत सिंह को वापस ले आएं। भगवती स्वयं इस मामले में बहुत आशावादी थे। कई बार वे कहा करते थे कि जब वह और आजाद भगतसिंह को छुड़ाने जाएंगे उन्हें यह मालूम नहीं कि इन दोनों में से कोई जीवित लौट सकेगा या नहीं किन्तु वे भगतसिंह को जरूर ले आएंगे। इसके लिए वे बड़े से बड़ा मूल्य देने को तैयार थे।

यही कारण था कि आजाद और भगवती दोनों ही इस कार्य के लिए जा रहे थे। उस समय देश के क्रान्तिकारी आन्दोलन के ये दोनों ही प्राण थे। इसके सहारे ही यह चल रहा था। किन्तु उन्हें इस बात की चिन्ता न थी कि कौन जीवित रहता है और कौन मरता है। इन लोगों के बलिदान की कसौटी कुछ और ही थी। वे खून देने वाले मजनू थे दूध पीने वाले नहीं।

वापस लौट कर आजाद ने सबसे पहले दुर्गा को हौसला देना शुरू किया। शेष सारे साथी भी वहीं बैठे थे। सबकी जुबान बंद थी। किसी को समझ नहीं आ रहा था कि क्या हो रहा है और अब आगे क्या करना है। दुर्गा न बोल रही थी न रो रही थी। आंखें बंद किए बैठी थी। जो कुछ हुआ था उसके लिए वह तो पहले ही तैयार थी। वह जानती थी कि जो जीवन वह और भगवतीचरण बिता रहे हैं और जिस मार्ग पर वह और भगवतीचरण चल रहे हैं अन्ततः एक दिन उसका कुछ ऐसा ही अन्त होना है।

एक क्रान्तिकारी की पत्नी अपने आप को कभी सुहागन नहीं समझती। उसे हर समय यह अंशाका रहती है कि न मालूम कब उसका सुहाग लुट जाए। फिर भी जब तक ऐसी घटना हो न जाए उसे सन्तोष तो रहता है कि गाड़ी ठीक चल रही है और जिस दिन गाड़ी पटरी से नीचे उतर जाए उस दिन उसे तथ्य का अनुभव होता है। कुछ ऐसी ही हालत दुर्गा की भी हो रही थी। वह अपनी भावनाएं प्रकट भी न कर सकती थी। अन्ततः यह समझ कर उसने आपको यह चोट सहन करने में मजबूर कर लिया कि एक दिन तो यह होना ही था।

आजाद ने तुरन्त ही उस वातावरण को बदलने का प्रयास किया और अपने साथियों से यह कहा कि भगवती भाई की यह अन्तिम इच्छा थी कि भगतसिंह को छुड़ाने की योजना पूरी होनी चाहिए। हम भगवती भाई के लिए और कुछ न कर सकें, उनकी यह इच्छा तो हम पूरी कर ही सकते हैं। अब इसकी तैयारी शुरू कर दी जानी चाहिए।

आजाद ने इस सन्दर्भ में जो कहना था कह दिया। जो आदेश देने थे दे दिए। उस पर दुर्गा ने अपना मौन भंग किया और आजाद को सम्बोधित करके बोली—

''भैया! यदि आपने यह काम करना है तो मैं उनकी जगह आपके साथ जाऊंगी।''

आजाद को दुर्गा के ये शब्द सुन कर खुशी तो हुई किन्तु उन्होंने कहा—''बहन! भगवती भाई का स्थान और कोई नहीं ले सकता। यह काम महिलाओं का नहीं। पीछे रह कर तुम और दीदी बहुत कुछ कर सकती हो। हमारे आने की प्रतीक्षा करना। हम भगतसिंह को ले कर ही आएंगे। भगवती भाई की यह इच्छा पूरी हो जाएगी।''

दुर्गा आगे कुछ कह न सकी। आजाद के बाद कोई कुछ न कह सकता था। यह फैसला हो गया कि भगवती और दत्त को जेल से छुड़ाने से जो योजना पहले बन चुकी है उसे मूर्त रूप दिया जाए। इसमें दो व्यक्ति कम हो चुके थे भगवतीचरण की मौत हो चुकी थी और सुखदेव राज घायल हो चुका था। फिर भी आजाद ने कहा कि उनकी जगह दो नये साथी ले कर वे जाएंगे और एक प्रयास जरूर करेंगे।

18. भगतसिंह को छुड़ाने की विफल योजना

भगवतीचरण की मौत ने हालात का रुख एकदम बदल दिया था। अब क्या हो ? यह प्रश्न एक अत्यन्त घिनावने रूप में चन्द्रशेखर आजाद के सामने आ खड़ा हुआ। अब हर फैसले की जिम्मेदारी अकेले उसके ऊपर थी। सारी स्थिति पर विचार करने के बाद उसने कह दिया "भगतसिंह को छुड़ाने की योजना पूरी की जाएगी। भगवती चरण की यही अन्तिम इच्छा थी। हम उसके साथ विश्वासघात नहीं कर सकते। यदि मुझे अकेले ही जाना पड़े तो मैं जाऊंगा। परन्तु एक बार भगतसिंह को रिहा करने का प्रयास जरूर करूंगा।"

आजाद की इस घोषणा के बाद उसके सारे साथियों में बिजली की लहर दौड़ गई और तैयारी शुरू हो गई।

उस समय आजाद के सामने एक और समस्या भी बड़ी तेजी के साथ आ खड़ी हुई। दुर्गा ने कहा यदि भगवतीचरण नहीं हैं तो वह उनकी जगह लेगी और वह साथ चलेगी। यदि वह मारी गई तो अपने आपको भाग्यशाली समझेगी। वहीं जा पहुंचेगी जहां भगवतीचरण गए हैं।

दुर्गा के ये वचन सुन कर आजाद कुछ ठिठुर गए। किस प्रकार बहादुर थी यह महिला! आजाद अभी उसे समझा ही रहे थे कि यह महिलाओं का काम नहीं है, उनके जाने से कई प्रकार की कठिनाईयां पैदा हो सकती हैं तो सुशीला दीदी ने कहा कि दुर्गा को इसलिए नहीं जाना चाहिए कि उनका चार वर्ष का एक छोटा बच्चा है। वह अपने पिता की छत्रछाया से पहले ही वचिंत हो चुका है। अब यदि मां को भी कुछ हो गया तो क्या बनेगा? इसलिए दुर्गा तो नहीं जाएगी मैं जाऊँगी। मेरा तो कोई घरबार नहीं। दुर्गा इससे पूर्व अपना कर्त्तव्य निभा चुकी है अब मेरी बारी है।

चन्द्रशेखर दोनों की बातें चुपचाप सुनते रहे फिर एक नेता की तरह उन्होंने अपना आदेश देते हुए कहा —यह काम महिलाओं का नहीं। तुम दोनो ं में से कोई भी नहीं जाएगी। जो कुछ इस समय कर रही हो वही क्या कम है। अब हम जाएगें और भाग्य की परीक्षा करेंगे।

1 जून को निश्चित योजना के अनुसार आजाद, यशपाल वैशम्पायन और दो तीन अन्य नौजवान जेल के फाटक के निकट पहुंच गए। जब भगतसिंह और दत्त के जेल

से निकलने का समय आया तो सब अपनी-अपनी जगह अपने-अपने पिस्तौल, रिवाल्वर और बम ले कर खड़े हो गए। भगतसिंह और दत्त को इसकी पहले ही सूचना दे दी गई थी। उन्हें यह भी कहा गया था कि जब वे जेल से बाहर निकलेंगे तो वैशम्पायन जो एक ओर खड़ा होगा बांसुरी बजाने लग जाएगा। जिसके अर्थ होंगे कि सब कुछ ठीक है। अब हमला होने वाला है। भगतसिंह और दत्त को भी उस समय तैयार हो जाना चाहिए। ज्यों ही पुलिस पर पहला बम पड़े वे भाग कर उस मोटर गाड़ी पर बैठने का प्रयास करें जो एक ओर वहां खड़ी थी। वह गाड़ी उन्हें भगाकर ले जाएगी।

आजाद और उसके साथी पीछे पुलिस के साथ लड़ते रहेंगे। मारे गए तो मारे गए, बच गए तो बच गए। किन्तु इस लड़ाई में भगतसिंह और दत्त दोनों वहां से निकल जाएंगे।

इस योजना का एक भाग यह भी था कि भगतसिंह और दत्त बाहर निकलेंगे, वैशम्पायन बांसुरी बजाएगा तो उसके उत्तर में भगतसिंह अपना सिर खुजलाएगा। इसके अर्थ होंगे कि वे भी तैयार हैं। इसके बाद कार्यवाही शुरू हो जाएगी। परन्तु न जाने क्यों भगतसिंह ने संकेत नहीं दिया। जेल के बाहर आते ही वह और दत्त कैदियों वाली गाड़ी में जा कर बैठ गए और पुलिस उन्हें वहां से ले गई। आजाद और उसके साथी यह सब देखते रह गए। उन्हें कुछ समझ नहीं आया कि यह क्या हुआ है। निराश हो कर लौट आए।

कुछ समय बाद जब भगतसिंह से पूछा गया कि उसने यह सब क्यों किया तो उसने उत्तर दिया भगवतीचरण की मृत्यु के बाद जीवत रहने की कोई इच्छा न रही। वह यह भी नहीं चाहते थे कि उनकी पार्टी की अन्तिम निशानी आजाद भी इस प्रयास में मारे जाएं । आजाद को खत्म कराके भगतसिंह अपनी रिहाई हासिल नहीं करना चाहते थे। इसलिए जब वे जेल से निकले तो उन्होंने देखा कि उनके साथी वहां खड़े हैं फिर भी वे इस कार्यवाही के लिए तैयार न हुए, न जाने इसमें कितने मारे जाते।

कुछ देर बाद आजाद, यशपाल और दूसरे क्रान्तिकारी नौजवान बहावलपुर रोड में अपनी कोठी वापस लौट आए। दुर्गा और सुशीला उनकी प्रतीक्षा कर रही थीं। जब उन्होंने देखा कि अकेले ही वापस आए हैं तो उन्होंने आजाद से पूछा कि क्या हुआ है। उन्होंने कोई उत्तर न दिया और अपने कमरे में चले गए।

मनुष्य सोचता कुछ और है और होता कुछ और है। आजाद ने जितनी योजनाएँ बनाई थी सब धूल में मिल गईं। सबसे अधिक दुःख उन्हें भगवती के जाने का था। विधि की विडम्बना देखिए कि चिरकाल तक भगवती और आजाद के बीच खाई बनी रही। कुछ लोगों ने भगवतीचरण के विरुद्ध यह प्रचार किया था कि वे सी॰ आई॰ डी॰ में हैं। उन्हें बदनाम करने में भरसक प्रयास किए गए। वह इस हद तक सफल भी

हो गए कि चन्द्रशेखर आजाद के दिल में यह ख्याल बैठ गया कि भगवतीचरण ठीक ही सी॰ आई॰ डी॰ के एजेंट हैं। केवल भगतसिंह इस ख्याल का प्रतिवाद करते रहे। वे बार-बार कहते रहे कि भगवती का अगर सी॰ आई॰ डी॰ से कोई सम्बन्ध होता तो साण्डर्स की हत्या में वह और दुर्गा और भगवती चरण के तीन वर्ष के बच्चे को ले कर लाहौर से निकले थे और कलकत्ता में भगवतीचरण उन्हें स्टेशन पर मिले थे उसके बाद वे उन्हें गिरफ्तार करा सकते थे।

भगतसिंह आजाद के दिल से यह ख्याल निकालने का प्रयास करते रहे कि भगवतीचरण का सी॰ आई॰ डी॰ से कोई सम्बन्ध नहीं है। यह ख्याल उस समय उनके दिमाग से निकला जब भगवतीचरण ने यशपाल के साथ मिल कर वायसराय की ट्रेन को बम से उड़ाने का प्रयास किया। इसके बाद आजाद और भगवतीचरण एक दूसरे के निकट आते गए और इतने निकट आ गए कि फिर दोनों किसी तीसरे पर विश्वास नहीं करते थे।

आजाद ने भी समझ लिया था कि भगतसिंह के बाद यदि उसका कोई सबसे अधिक विश्वासपात्र साथी है तो भगवती भाई। यही कारण था कि भगतसिंह और दत्त को जेल से छुड़ाने की सारी योजना केवल इन दोनों ने ही मिल कर बनाई थी और उन्होंने फैसला किया था कि दोनों इसमें भाग लेगें।

किन्तु 'कर्म गति टारे नाहिं टरे'— एक तनिक सी भूल ने एक ऐसे वीर के प्राण ले लिए जिसने अपने देश के लिए सब कुछ दिया ही दिया था, लिया कुछ न था। वे क्रान्तिकारी नौजवान भी एक निराली आन और शान के मालिक हुआ करते थे। ये ठीक अर्थों में देश के मजनू थे। इनके लिए जब जरूरत होती अपना खून देने को तैयार हो जाते। किन्तु क्या मजाल इनमें से किसी ने किसी प्रकार के मुआवजे के लिए किसी के आगे हाथ पसारे हों, भगवतीचरण इनमें से एक थे।

जेल से वापस आने के बाद आजाद एक कमरे में बंद रहे और कई घण्टे सोचते रहे कि क्या किया जाए। भगवतीचरण के अन्तिम शब्द उन्हें रह-रह कर याद आ रहे थे कि भगतसिंह को छुड़ाने की योजना उन्हें छोड़नी नहीं चाहिए किन्तु अब भगतसिंह इसके लिए तैयार नहीं हो रहे थे। वे अपने लिए आजाद के जीवन को खतरे में नहीं डालना चाहते थे।

एक विचित्र स्थिति उत्पन्न हो रही थी। इस उधेड़-बुन में आजाद ने फैसला कर लिया कि भगतसिंह को छुड़ाने का एक प्रयास और किया जाएगा। किन्तु ऐसा प्रतीत होता था कि या तो भाग्य उनका साथ नहीं दे रहा था या भगतसिंह का। उनकी योजना पूरी न हो सकी।

चन्द्रशेखर आजाद सही मायनों में क्रान्तकारी थे। इसलिए उनके लिए आराम से बैठना कठिन था। भगतसिंह को जेल से छुड़ाने की उनकी योजना पूरी न हो सकी

किन्तु उसे उन्होंने छोड़ा नहीं था। 1 जून को जेल से लौटने के बाद वह एक बंद कमरे में अकेले ही बैठे बहुत देर तक सोचते रहे कि अब क्या किया जाए। उसके लिए यह भी समझना कठिन था कि अन्तिम समय पर भगतसिंह तैयार क्यों नहीं हुए। उस रात चन्द्रखेशर काफी देर तक सोचते रहे कि अब क्या करना है।

भगतसिंह जेल में थे। भगवतीचरण की मौत हो चुकी थी। किन्तु उन्हें कुछ न कुछ फैसला तो करना ही था और वह उन्होंने कर दिया कि भगतसिंह को छुड़वाने का एक और प्रयास किया जाएगा। इसके लिए इस बार 15-20 जवान तैयार किए जाएंगे। और इस बार भगतसिंह को जेल ले जाने वाली पुलिस पर भरपूर हमला किया जाएगा। इसमें चाहे कितने ही लोग मारे जाएं इसकी परवाह नहीं। किन्तु एक प्रयास अवश्य किया जाएगा।

यह सोचते-सोचते आजाद सो गए। अभी उनकी आँख लगी ही थी कि उनकी कोठी में जहां वे सो रहे थे एक जबरदस्त धमाका हुआ। भगतसिंह को छुड़वाने के लिए जो बम तैयार किए गऐ थे वे वापस आ कर एक अल्मारी में रख दिए गए थे। उनमें से एक फट गया। इसके साथ न केवल एक जबरदस्त धमाका हुआ बल्कि कोठी की खिड़कियां और दरवाजे भी हिल गए। आजाद की नींद खुल गई। वे समझ गए कि बम फट गया है।

उन्होंने उसी समय सब को आदेश दिया कि जिसके हाथ जो सामान आता है वह ले कर वहां से चला जाए। सबसे बड़ा प्रश्न यह था कि दुर्गा और सुशीला को कहां भेजा जाए? हर कोई समझता था कि पुलिस शीघ्र ही आ कर मकान को घेर लेगी। इसके बाद किसी के लिए वहां से निकलना कठिन हो जाएगा।

साथ की कोठी में एक इंजीनियर रहता था। यशपाल उसके पास गया और सब कुछ उसे बता दिया। कहा कि हम सब लोग क्रान्तिकारी हैं एक विशेष कार्य से यहां रह रहे थे। वह अभी हो नहीं सका। एक बम फट गया है जिसके कारण यह धमाका हुआ है तथा मकान और दरवाजों की खिड़किया टूट गई हैं। यशपाल ने उस इंजीनियर से प्रार्थना की कि वह अभी पुलिस को कोई सूचना न दे। आधे घण्टे के बाद बेशक फोन कर दे। उस समय तक ये लोग अपना सामान हटा लेगें। और स्वयं भी किसी सुरक्षित स्थान पर पहुंच जाएंगे।

वह इंजीनियर भला आदमी था और उसके मन में देश भक्ति की कुछ भावना थी। वह यशपाल की बात मान गया। उसने आधे घण्टे के बाद पुलिस को फोन किया। इस मध्य ये सब लोग जा चुके थे।

जब पुलिस वहां पहुंची, वह भी अन्दर जाने से घबराती थी कि कहीं उनकी उपस्थिती में कोई और बम न फट जाए; किन्तु उसने धीरे-धीरे सारी कोठी को छान डाला। यद्यपि बहुत सा सामान वहां से हटा लिया गया था फिर भी पुलिस के हाथ

में कई ऐसी चीजें आईं जिससे उनके लिए सुराग लगाना आसान हो गया।

एक कठिनाई उस समय यह भी उत्पन्न हुई कि सुखदेव राज को कहां रखा जाए। रावी के किनारे जब भगवती के हाथ से बम फटा था तो सुखदेवराज उनके सामने खड़ा था। उनके पांव पर भी सख्त चोट आई थी। बम का एक टुकड़ा उसके पैर में घुस गया था और उसके आप्रेशन की जरूरत थी। उधर उस कोठी में बम फटने से भगदड़ मच गई थी। फिर लड़के तो भाग कर कहीं न कहीं अपना बचाव कर लेते किन्तु अब प्रश्न दुर्गा और सुशीला के सन्दर्भ में पैदा हुआ और एक सुखदेवराज के विषय में कि उसे कहां ले जाया जाए।

धनवन्तरी ने उसका समाधान ढूंढ़ लिया। चैम्बरलेन रोड पर हमारे घर से तीन घर छोड़ कर दयानन्द आयुर्वेदिक कालेज के प्रिंसीपल डा॰ आसानन्द रहा करते थे। वे बहुत ही भले पुरुष और देश भक्त थे। धनवन्तरी कभी उनके पास पढ़ता रहा था। उनके साथ उसके अच्छे सम्बन्ध थे। उसने डा॰ आसानन्द से जा कर सारी बात कह दी। डा॰ साहब ने कहा सुखदेवराज को किसी भी हस्पताल में नहीं भेजा जा सकता। डा॰ पूछेगें कि घाव कैसे आया। सम्भव है कि इसके बाद वे पुलिस को भी सूचना दे दें और वह आ कर सुखदेवराज को गिरफ्तार कर ले।

डाक्टर आसानन्द ने धनवन्तरी से कहा कि सुखदेव को उनके घर ले आएं, वे उसे अपने पास रखेंगे। स्वयं ही उसके इलाज करेंगे और किसी को पता भी नहीं चलेगा कि सुखदेव यहां रहता है। पुलिस जगह-जगह उसकी तलाश कर रही थी। उसकी गिरफ्तारी के लिए घोषणा भी हो चुकी थी। अत: उसकी सावधानी की जरूरत थी।

सुखदेवराज को डा॰ आसानन्द के मकान में लाने का फैसला हो गया। किन्तु एक और कठिनाई थी जिसे दूर करना अभी शेष था। हमारा मकान डा॰ आसानन्द के मकान के समीप ही था। पुलिस चौबीस घण्टे मेरे साथ रहती थी। जब मैं अपने घर में होता तो पुलिस मेरे घर के बाहर बैठी रहती जब मैं कहीं जाता तो पुलिस के दो सिपाही साईकिल पर मेरे साथ चल पड़ते। धनवन्तरी को आशंका हुई कि जब वह सुखदेव को ले कर डा॰ आसानन्द के मकान में आएगा तो पुलिस के जो सिपाही मेरे घर के सामने बैठे हैं उन्हें मालूम हो जाएगा। वे तुरन्त रिपोर्ट करेंगे। तब सुखदेव भी गिरफ्तार हो जाएगा, धनवन्तरी भी होगा, डा॰ आसानन्द भी।

धनवन्तरी मेरे पास आया और सारी स्थिति बताने के पश्चात् उसने कहा कि बेहतर होगा कि मैं दोपहर 12 बजे से ले कर सांय 5 बजे तक अपने मकान में न आऊं। यदि मैं कालेज में रहूं तो पुलिस भी वहीं रहेगी और मैदान साफ रहेगा। मेरे लिए इसमें क्या कठिनाई थी। मैं पांच घण्टे अपने कालेज में ही रहा। इस मध्य धनवन्तरी सुखदेव राज को डा॰ आसानन्द के घर ले आया। उसे बंद कमरे में लिटा दिया गया जहां उसका

उपचार होता रहा।

इन दिनों मेरे लिए भी एक कठिनाई पैदा हो गई। सुखदेवराज से मेरा सम्बन्ध उस समय से था जब हम दोनों छात्र संघ में काम करते थे। अब जबकि मुझे पता लग गया कि वह हमारे पड़ोस में घायल पड़ा है तो कई बार उससे मिलने का इच्छा होती। किन्तु धनवन्तरी ने मना कर दिया। उसे यह डर था कि यदि मैंने डाक्टर के घर में कुछ अधिक आना- जाना शुरू कर दिया तो पुलिस मेरे घर के आस-पास बैठी रहती है उसे सन्देह हो जाएगा। इसलिए मुझे सुखदेवराज से मिलने की मनाही कर दी गई।

मैंने इसका एक रास्ता निकाल लिया। पुलिस वाले रात्रि दस-साढ़े दस बजे चले जाते थे इसलिए मैंने धनवन्तरी को तैयार कर लिया कि मैं सुखदेवराज से रात्रि के 11 या साढ़े 11 बजे मिला करूँगा और जाने से पहले यह अच्छी तरह देख लिया करूँगा कि मेरे घर के आस-पास कोई पुलिस या सी॰ आई॰ डी॰ वाला तो नहीं है। इस तरह मैं सुखदेवराज से सप्ताह में एक बार मिलने जाया करता था। किन्तु उसे अधिक देर तक वहां रखना उचित नहीं समझा गया। ज्यों ही उसका पैर कुछ ठीक होने लगा उसे अमृतसर भेज दिया गया।

चन्द्रशेखर आजाद को क्रमशः कई निराशाओं का सामना करना पड़ा और एक प्रकार से सारी व्यवस्था ही बिगड़ गई थी। सबसे बड़ी कठिनाई उनके लिए रुपयों की ही रहती थी। इसके बिना वे कुछ भी नहीं कर सकते थे। अपने काम के लिए हर किसी से रुपया मांग भी नहीं सकते थे। इसलिए वह लाहौर से चले गए ताकि पहले रुपयों का प्रबन्ध करें। इसके लिए उन्होंने दिल्ली के गड़ोदिया स्टोर में डाका मार कर कोई 17 हजार रुपया प्राप्त कर लिया। वह उन्होंने तुरन्त अपने साथियों में बांट दिया ताकि कुछ नये हथियार खरीदे जा सकें।

चन्द्रशेखर आजाद भगतसिंह को जेल से छुड़ाने की योजना बहुत देर से बना रहे थे। इसके साथ और भी बहुत योजनाएं सम्बद्ध थीं। इसकी विफलता के कारण वह बहुत निराश हो गए थे। लाहौर से चले गए ताकि कुछ रुपयों का प्रबन्ध हो सके किन्तु फिर लाहौर में वापस न आए। उन्होंने अपनी गतिविधियों का केन्द्र एक बार फिर उत्तरप्रदेश को बना लिया। वहां क्रान्तिकारी दल का विघटन हो गया था और वे उसे नए सिरे से गठित करना चाहते थे। रास्ते में कई प्रकार की कठिनाईयां आ रही थीं। भविष्य धूमिल नजर आ रहा था।

इस समय गांधी जी का चलाया हुआ आन्दोलन बल पकड़ रहा था। सरदार पटेल और पंडित नेहरू पहले ही गिरफ्तार हो चुके थे। अब सरकार ने गांधी जी को भी गिरफ्तार कर लिया।

19. गवर्नर को गोली से उड़ाने की योजना

मैं इससे पहले लिख चुका हूं कि 1930 के अन्त में स्थिति अत्यन्त निराशाजनक होती जा रही थी। गांधी जी का सविनय अवज्ञा आन्दोलन चल तो रहा था किन्तु अब वह ढीला पड़ता जा रहा था। वह उतना प्राणवान नहीं रहा था जितना कि आरम्भ में था।

दूसरी ओर क्रान्तकारी आंदोलन भी अपने नेताओं से वंचित हो गया था। विशेषत: पंजाब में। भगतसिंह जेल में थे और उनके सिर पर मौत की तलवार लटक रही थी। भगवतीचरण एक बम फट जाने से शहीद हो चुके थे। उनके अतिरिक्त कोई तीसरा ऐसा न था जो इस आंदोलन को चला सके।

चन्द्रशेखर आजाद पंजाब छोड़ कर उत्तरप्रदेश चले गए। वह वहां अपनी पार्टी का पुनर्गठन करना चाहते थे। पंजाब में उनके स्तर का कोई क्रान्तिकारी नेता न था। दूसरी ओर लाहौर केस षड्यन्त्र की कार्यवाही प्रतिदिन समाचार पत्रों में छप रही थी। भगतसिंह और उनके साथी जिस वीरता से यह मुकद्दमा लड़ रहे थे उसका जनता पर प्रभाव पड़ रहा था। नौजवान तो विशेष रूप से उनसे प्रभावित हो रहे थे।

ऐसे हालात में हम में से कुछेक के सामने यह प्रश्न पैदा हुआ कि क्या हम हाथ पर हाथ धरे बैठे रहें। हमारे सामने उस समय चिटागांग के शस्त्रागार पर क्रांतिकारी नौजवानों के हमले की घटना भी थी। वह 1930 की सबसे बड़ी घटना थी।

कुछ नौजवानों ने चिटागाांग के शस्त्रभण्डार पर कब्जा कर लिया और वहां के सारे हथियार निकाल कर ले गए थे। एक क्रांतिकारी युवक सूर्यसेन के नेतृत्व में उन्होंने कुछ समय तक क्षेत्र में समानांतर सरकार भी कायम कर ली थी।

इस घटना की सारे देश में कई दिनों तक चर्चा होती रही। इस हमले के बाद बंगाल की सारी पुलिस इसका सुराग लगाने का प्रयास करती रही और अन्तत: चिटागांग की पहाड़ियों में इन नौजवानों और सरकार की पुलिस के मध्य जम कर लड़ाई हुई। इसमें 10 नौजवान मारे गए। इनमें से एक ने भी भागने का प्रयास नहीं किया। इनमें से कुछ गोली लगने पर भी लड़ते रहे। वे अन्तिम समय तक अपने साथियों से यही कहते रहे कि हथियार मत डालना।

यह लड़ाई उन्होंने इंडियन रिपब्लिन आर्मी के झंडे तले लड़ी थी और इसने

सारे देश को झंझोड़ कर रख दिया था।

पंजाब के छात्र संघ की गतिविधियों में भाग लेने के कारण मैं, दुर्गादास खन्ना, और रणबीर लगभग प्रतिदिन शाम को मिला करते थे और आपस में हालात का जायजा लेते रहते थे। एक दिन काफी देर तक बातचीत के बाद हम इस परिणाम पर पहुंचे कि बंगाल ने तो चिटागांग के शस्त्रागार पर हमला करके कुछ न कुछ कर दिखाया है पंजाब को भी कुछ करना चाहिए। किन्तु हमारे सगंठन में तो विघटन आ चुका था। बहुत से साथी गिरफ्तार किए जा चुके थे। जो बाहर रह गए थे उनमें से अधिक विश्वसनीय नहीं थे और जब तक साथी काम के न हों उस समय तक कोई भी योजना सिरे नहीं चढ़ सकती।

उस समय सबसे पहला प्रश्न हमारे सामने यह था कि हम करें क्या? काफी देर तक सोच-विचार करने के बाद हमने दो योजनाओं पर कुछ अधिक सोचने और उनके विषय में जानकारी प्राप्त करने का फैसला किया। उन दिनों लारेंस गार्डन में बहुत बड़ा क्लब हुआ करता था उसमें किसी भी भारतीय को जाने की अनुमति न थी। केवल अंग्रेज अफसर, अंग्रेज व्यापारी या उनकी पत्नियां ही उसकी सदस्या बन सकती थी। हम इसे अपने देश के सम्मान के लिए एक चुनौती समझते थे। इसलिए हमने सोचा कि जिस समय इस क्लब में नाच हो रहा हो, उस समय क्यों न इसमें बम फैंका जाए। इसके लिए हम कई दिनों तक इस क्लब के इर्द-गिर्द चक्कर लगाते रहे ताकि कुछ पता चल सके कि अंदर जाने का रास्ता कौन सा है और बाहर निकलने का कौन सा। और यदि बम फैंकने का फैसला हो ही जाए तो यह कहां से फैंका जाए?

हम कई दिनों तक इसी उधेड़बुन में पड़े रहे किन्तु किसी सन्तोषजनक परिणाम पर नहीं पहुंच सके। एक तो वहां सुरक्षा के प्रबन्ध कड़े थे। क्लब में बीसियों अरदली घूमते थे जो देखते रहते थे कि कोई संदिग्ध व्यक्ति तो अंदर नहीं आ रहा। उनसे बच कर अंदर जाना कुछ कठिन नजर आ रहा था।

दूसरी कठिनाई हमें यह भी मालूम हो रही थी कि ऐसे बम प्राप्त करने उस समय कठिन थे जो प्रमाणित हो सकें। हम दोनों में से कोई बम बनाना तो जानता नहीं था। दुर्गादास खन्ना और रणबीर सम्भवत: यह जानते थे कि ये कहां से मिल सकते हैं किन्तु मैंने कभी इनसे पूछने का प्रयास नहीं किया। जब इन दोनों ने ही यह आशंका प्रकट की कि जिस प्रकार के बमों की यहां जरूरत है वह शायद नहीं मिल सकेंगे तो हमने इस क्लब का पीछा छोड़ दिया।

दूसरी योजना थी पंजाब के गवर्नर को गोली से उड़ाने की। प्रति वर्ष दिसम्बर के अन्तिम सप्ताह में लाहौर के यूनिवर्सिटी हाल में पंजाब विश्वविद्यालय का दीक्षांत

समारोह हुआ करता था। हमने सोचा कि यदि हम किसी को अंदर भेज सकें जो गवर्नर पर गोली चला दे तो यह काम आसान रहेगा। इसके लिए अधिक तैयारी की जरूरत न थी। एक निशानेबाज नौजवान, एक पिस्तौल, और अंदर प्रविष्ट होने के लिए एक कार्ड इन तीन चीजों का प्रबन्ध हो जाए तो योजना सिरे चढ़ सकती थी।

सबसे पहला प्रश्न हमारे सामने यह आया कि इस काम के लिए किस को भेजा जाए। पहले हमने सोचा कि हम तीनों में से एक को जाना चाहिए। इस संदर्भ में मैं अपने कर्तव्य से वंचित हूंगा यदि दुर्गादास खन्ना को धन्यवाद न दूं।

उस समय तक न मेरा विवाह हुआ था न रणबीर का। हम दोनों यदि किसी घटना में मारे जाते तो अधिक अंतर नहीं पड़ सकता था। माता-पिता कुछ देर रो धो कर चुप हो जाते। किन्तु दुर्गादास खन्ना के विवाह हुए तो अभी दो वर्ष ही हुए थे। एक वर्ष का उसका बच्चा भी था।

फिर भी जब यह प्रश्न पैदा होता कि जब गवर्नर पर गोली चलानी है तो हम तीनों में से कौन जाए तो सबसे पहले वे तैयार हुए। मैं इस व्यक्ति के साहस , वीरता और देशभक्ति से स्तब्ध था और कई बार मजाक से कह देता था कि यदि कुछ करना था फिर विवाह क्यों किया था। अब यदि तुम जाते हो और तुम्हें कुछ हो जाता है तो तुम्हारी पत्नी और बच्चों का क्या बनेगा तब वह बड़ी शान्ति से उत्तर देते घर वाले सम्भाल लेंगे, कोई चिन्ता की बात नहीं ।

यानि जो व्यक्ति मृत्यु की घाटी में पैर रखने की तैयारी कर रहा हो और जहां से वापस आने की कोई आशा न हो वह यह कह रहा था कि उसे इस बात की चिन्ता नहीं कि उसके बाद उसका और उसके बालक का क्या बनेगा। ये थे वे लोग जिन्होंने इस देश को आजाद कराया था। काश! कि आज के नैजवान उनसे कुछ सीख सकें।

मैंने और रणबीर ने फैसला कर लिया था कि कोई और जाए न जाए, दुर्गादास खन्ना को इस काम के लिए कदापि नही भेजा जाएगा। शेष रह गए हम दोनों। पहले तो हम दोनों में से कोई भी निशानेबाज नहीं था। यूनिवर्सिटी हाल में गोली गवर्नर की बजाए किसी और को लग जाए तो क्या होगा। दूसरी कठिनाई हमारे लिए यह भी थी कि पुलिस हर समय हमारे पीछे रहती थी। सी° आई° डी° का एक-एक सिपाही हमें जानता था।

हम दोनों में से जो भी विश्वविद्यालय जाएगा उसे देखते ही पुलिस सचेत हो जाएगी और इससे पहले कि हम गोली चलाएं या तो हमें गिरफ्तार कर लिया जाएगा या गोली से उड़ा दिया जाएगा। दोनों हालातों में जिस उद्देश्य से वहां जाना था वह पूरा न होगा। हम तीनों समस्या के विभिन्न पक्षों पर विचार करते रहे। हम जानते थे कि जो काम हम करने जा रहे हैं वह कठिन भी है और अनगिनत खतरों से भरपूर

भी। इसका परिणाम यह भी हो सकता था कि अन्त में हम सब के सब फांसी पर चढ़ जाएं। किन्तु हम कुछ न करना जरूर चाहते थे और इसी मध्य यह ख्याल भी आया कि आज तक किसी भी लड़की ने यह काम नहीं किया। क्यों न पंजाब को यह श्रेय मिले कि उनकी लड़की ने एक गवर्नर पर गोली चलाई है। इसका प्रभाव जनमत पर और भी अच्छा होगा। इसलिए हम एक ऐसी लड़की की तालाश में निकले जो यह काम कर सके।

उन दिनों कई लड़कियाँ स्वतन्त्रता आंदोलन में बढ़-चढ़ कर भाग ले रहीं थी। उनमें से दो-तीन क्रांन्तिकारी विचारों की भी थीं। इनमें से एक को तो हमने इस कार्य के लिए तैयार भी कर लिया था।

प्राय: देखा गया है कि जब एक फिल्म तैयार करनी होती है, पहले इसकी कहानी लिखी जाती है। इसके बाद इसके एक्टर और एक्ट्रैसों की खोज की जाती है। जो नाटक हम रचना चाहते थे उसकी कहानी लिखी जा चुकी थी। यह नाटक कहां खेला जाएगा इसका भी निर्णय भी हो चुका था लेकिन इस नाटक की हीरोइन अभी नहीं मिल रही थी। यह फैसला हम कर चुके थे कि जिस समय पंजाब के गवर्नर यूनिवर्सिटी हॉल में कनवोकेशन की अध्यक्षता करने आएं, उस समय उन पर गोली चलाई जाए। उस समय पंजाब के गवर्नर सर ज्योफरी डी-मौटमोरेसी थे। वायसराय की हत्या करने का प्रयास इससे पूर्व हो चुका था लेकिन अभी तक किसी गवर्नर की बारी नहीं आई थी। जो नाटक हम रचना चाहते थे उसका लक्ष्य पंजाब का अंग्रेज गवर्नर था। हम इसके लिए किसी हीरोईन की खोज कर रहे थे जो अन्त में मिल गई।

इन दिनों लॉ-कालेज में एक लड़की पढ़ा करती थी। चूँकि वह अभी जीवित है और नहीं चाहती कि उसका नाम प्रकट किया जाए इसलिए इन लेखों में कमला के नाम से उनका उल्लेख होगा। उस जमाने में जिन लोगों का क्रान्तिकारी पार्टी से सम्बन्ध होता था उनके कई नाम रख दिए जाते थे ताकि किसी को पता न चले कि असली आदमी कौन है। कमला लॉ कालेज में पढ़ा करती थी और किरणचन्द दास के बहुत ही प्रभाव में थी। जब किरणचन्द कलकत्ता जाने लगे तो मुझे कह गए कि इसके साथ सम्पर्क कायम रखूँ ताकि किसी जरूरत के समय काम आ सके। इसे क्रांन्तिकारी गतिविधियों में कुछ रुचि थी। कई बार उसने हमें इसके लिए रुपये भी दिए। एक-दो बार तो अपने जेवर भी दिए और घरवालों से कह दिया कि गुम हो गए। इसकी इस प्रकार की हरकतों से सन्देह उत्पन्न हो रहा था लेकिन जो लड़की कालेज में पढ़ती हो उस पर इतना पहरा रखा जा सकता था। वह कोई न कोई मार्ग निकाल कर बच जाती।

उस वर्ष उसने बी॰ ए॰ की डिग्री लेनी थी। इसलिए यह काम और भी सुगम

हो गया। एक दिन मैंने उससे सारी बात कर दी और उससे पूछा कि क्या वह सारा काम कर सकती है कि अपने गाऊन में एक रिवाल्वर छिपा कर ले जाए और जब गवर्नर उसे डिग्री देने लगें तो वह गोली चला दे। मेरे आश्चर्य की सीमा न रही जब उसने हां कह दी। मैंने उसके सामने एक बड़े ही भय का चित्र पेश किया। उसे यह भी स्पष्ट कर दिया कि इसकी सजा फांसी भी हो सकती है। वह इसके लिए तैयार थी। इस पर मैंने उसे कहा कि वह तनिक और सोचे। बिना सोचे समझे फैसला करना ठीक नहीं होता। यह कह कर मैंने उसे सोचने-समझने के लिए तीन-चार दिन दे दिए। दूसरे दिन मैंने सारी बात दुर्गादास खन्ना और रणबीर को बता दी। दुर्गादास भी उस लड़की को जानते थे क्योंकि वहभी उन दिनों लॉ कालेज में पढ़ा करते थे। यह सुझाव तो उन दोनों को पसन्द आया कि यह काम एक लड़की से कराया जाए लेकिन इसके बाद के हालात पर भी सोचने की जरूरत थी। लेकिन सबसे पहले हमारे सामने यह सवाल उत्पन्न हुआ कि हमारी भांति कमला कोई विशेष निशानेबाज न थी। यदि उसने यह काम करना है तो उसे पहले रिवाल्वर चलाने की प्रैक्टिस करनी होगी। यह वह घर पर रह कर नहीं कर सकती। इसके घर वालों को पहले भी संदेह हो रहा था कि उनकी बेटी अपना रुपया कहीं खुर्द-बुर्द कर रही है। कई बार कह देती कि रुपये गुम हो गए हैं हालाकि वह हमें दे जाया करती थी।

अपने घर में बैठ कर रिवाल्वर की प्रैक्टिस तो कोई भी नहीं कर सकता। वह तो किसी जंगल या पर्वत में हो सकती है। यदि कमला ने यह प्रैक्टिस करनी है तो उसे घर छोड़ना पड़ेगा। यह इसका प्रथम प्रशिक्षण होगा। यदि वह अपना घर छोड़ने को तैयार हो जाए तो हम समझेंगे कि वह अन्तिम पग उठाने को तैयार है। यदि वह ऐसा करती है तो सारे देश पर इसका क्या प्रभाव होगा, यह भी हम अनुभव कर रहे थे। जो विचार हमें सबसे अधिक अपील कर रहा था वह यह कि पहली बार एक लड़की ऐसा काम कर रही थी वो भी पंजाब की। परन्तु इसके बाद क्या कुछ हो सकता है यह विचार आते ही हमारे सारे इरादे बदल जाते थे। एक युवा शिक्षित लड़की घर से चली जाए, इसके बाद वह राज्यपाल पर गोली चला दे। राज्यपाल को कुछ हो या न हो, वह लड़की हर हालत में पकड़ी जाएगी। पुलिस उसे तंग करेगी और यदि उसने किसी दबाव में सब कुछ बता दिया तो फिर क्या होगा। इस प्रकार के और भी प्रश्न हमारे समक्ष उठ रहे थे और हम भी शीघ्रता में कोई कदम न उठाना चाहते थे।

इसी मध्य मैंने कमला से सारी बात कह दी। जो-जो आशंकाएं हमारे मन में पैदा हो रही थीं वह सब तुरन्त उसके सामने रख दी और सीधा प्रश्न किया कि क्या वह तुरन्त अपना घर छोडने को तैयार है। ऐसा लगता था कि वह भी इस समय तक

इन सभी प्रश्नों पर विचार करती रही थी। किसी-न-किसी कारण यह विचार उसके मन में बैठ गया था कि यह कार्य उसने अवश्य करना है। जब मैंने अपनी आशंकाएं उसके सामने रखी तो उसे कुछ निराशा हुई और वह कहने लगी कि क्या आप जानते हैं कि वीरता का कार्य केवल लड़के ही कर सकते हैं लड़कियां नहीं कर सकती। आपको लड़कियों के बारे में बड़ी भ्रांति है।

मैंने कमला को बहुत समझाने का प्रयास किया कि हमारा कदापि यह उद्देश्य नहीं परन्तु हमें इस समस्या के सभी पक्षों पर विचार करना पड़ता है। अन्ततः उसने यह कह दिया कि वह अपने घर पर नहीं रहेगी। उसका मन उचाट हो चुका है वह पार्टी के लिए कोई सक्रिय काम करना चाहती है। घर में बैठ कर अपना जीवन बरबाद नहीं करना चाहती।

मैंने यह सारी बात दुर्गादास और रणबीर से कह दी। पहले तो हमने यही निर्णय लिया कि यदि कमला अपने घर में नहीं रहना चाहती है तो उसे वहां रहने के लिए विवश न किया जाए और उसके रहने की कहीं और व्यवस्था की जाए और उसके बाद वह रिवाल्वर की प्रैक्टिस शुरू कर दे। यदि वह निशानेबाजी में पूरी उतर आए तो उसे विद्यालय हॉल में गोली चलाने के लिए भेजा जाए वरना न भेजा जाए। परन्तु इस निर्णय के दूसरे दिन ही हमें योजना बदलनी पड़ गई। दुर्गादास खन्ना ने कहा कि जब यह लड़की घर छोड़ गई तो यह असम्भव है कि इसके घर वाले आराम से बैठे रहें। वे इसकी खोज करेंगे और अन्ततः यह मामला पुलिस तक जाएगा और ऐसी स्थिति में यह भी सम्भव है कि जब यह विद्यालय भवन में डिग्री लेने जाए तो उसके घर वाले भी वहां खड़े हों। वे पुलिस को संकेत दें और पुलिस उसे गिरफ्तार कर ले। उसके कब्जे से रिवाल्वर निकल आए और उसे अकारण ही चार-पांच वर्ष की कैद हो जाए। ऐसी स्थिति में सभी हमें ही कोसेगें कि हमने एक लड़की को अकारण ही फंसा दिया।

इसी के साथ यह प्रश्न भी पैदा होता है कि हमारे लिए यह उचित है कि हम तो पीछे बैठे रहें और मरने के लिए एक लड़की को आगे कर दें? कमला युवा है, रंग रूप से भी अच्छी है, शिक्षित है। पुलिस उसे तंग करेगी और यदि उसने उलट-पुलट बयान दे दिया तो हमारी क्या रह जाएगी। दुर्गादास की बात में वज़न था। समस्या के इन पक्षों को दृष्टि विगत नहीं किया जा सकता था।

एक लड़की को आगे भेजने का हमारा केवल एक ही उद्देश्य था, कि पंजाब का नाम ऊंचा हो कि जिस तरह पंजाब ने भगतसिंह जैसे सपूत पैदा किए वह वीर सुपुत्रियां भी पैदा कर सकता है। परन्तु जो कुछ दुर्गादास खन्ना ने कहा था उसकी उपेक्षा भी नहीं की जा सकती थी। अन्ततः हमने यही निर्णय लिया कि कमला को

इस काम के लिए भेजना उचित न होगा। पहले हम नायिका की तलाश में थे अब नायक की तालाश शुरू हो गई।

दूसरे दिन मैंने कमला से कह दिया कि हमने इरादा बदल दिया है। उसे सुन कर बड़ी निराशा हुई और उसने कुछ रोष प्रकट किया। परन्तु जब सारी वस्तु उसके समक्ष रखी गई तो वह समझ गई। मैंने उसे कहा कि वह घर में रह कर बहुत कुछ कर सकती है। जब तक उसके मन में पार्टी के लिए कुछ करने की लगन है, वह जहां कहीं भी रहे कई तरह से हमारी मदद कर सकती है।

इस पर उसने कहा कि आप मेरी एक कठिनाई को नहीं समझ रहे। जब मैंने पुछा तो उसने कहा कि घर में रह कर मेरी शादी हो जाएगी और मैं किसी काम की नहीं रहूंगी।

अन्ततः यही हुआ। हम अपने नायक की खोज करते रहे और कमला की शादी हो गई। वह भी एक बहुत बड़े सरकारी अफसर के साथ।

20. कमला के बाद हरिकृष्ण

हम पंजाब के विश्वविद्यालय कन्वोकेशन के समय जो कार्रवाई करना चाहते थे उसकी गति कुछ धीमी पड़ गई। जब हमने यह फैसला कर लिया कि कमला को इस काम के लिए नहीं भेजा जाएगा। वह अपनी तैयारी पूर्ण कर चुकी थी, लेकिन हम समझते थे कि उसे इस बात का आभास न था कि वह जो कुछ करने जा रही है, उसका परिणाम उसके अपने लिए क्या निकल सकता है। उन दिनों यदि एक लड़की गवर्नर पर गोली चलाती हुई गिरफ्तार हो जाती तो पुलिस उसके साथ जो व्यवहार कर सकती थी उसका अनुमान कमला को न था। यही कारण था कि वह इस बात पर अडिग थी कि वह यह काम जरूरी करेगी। उसने इसे अपना अपमान समझा कि चूंकि वह एक लड़की है अत: उसे इस काम के लिए नहीं भेजा जा रहा। लेकिन हमारा निर्णय अन्तिम था। हम उसमें कोई परिवर्तन करने को तैयार न थे।

इन्हीं दिनों मरदान के एक युवक चमन लाल लाहौर आए। मेरा तो उनके साथ परिचय न था, रणबीर के साथ था। एक दिन रणबीर ने उनके साथ इस योजना के बारे में बातचीत कर दी। साथ ही उन कठिनाईयों का भी उल्लेख कर दिया जो हमारे सामने पेश हो रही थी। बाद में दुर्गादास खन्ना और रणबीर ने मिल कर चमनलाल से बातचीत की। मेरी उसके साथ चूंकि कोई जान-पहचान न थी इसलिए मैंने उनके साथ बातचीत करना उचित न समझा। लेकिन रणबीर के मकान पर एक दो बार उसके साथ सरसरी बातचीत जरूर हुई। इससे ज्यादा न उसने बातचीत की, न मैंने। रणबीर और दुर्गादास खन्ना के साथ बातचीत करते हुए उसने एक युवक हरिकृष्ण का उल्लेख किया, जो मरदान का रहने वाला था और जिसके मन में देश के प्रति कुछ कर गुजरने की तमन्ना थी। अन्त में इन तीनों के बीच क्या फैसला हुआ यह मुझे पता नहीं। लेकिन 8-10 दिन के बाद एक दिन मैं जब रणबीर के मकान पर गया वहां मुझे एक छोटे से कद के पठान युवक से मिलाया गया इसी का नाम हरिकृष्ण था। मैंने उससे ज्यादा पूछने का प्रयत्न न किया कि वह कौन है और वहां क्या कर रहा है।

कोई 20 दिसम्बर के करीब एक दिन दुर्गादास खन्ना ने मुझे बताया कि हरिकृष्ण नामक जिस युवक से मिलाया गया था वह गवर्नर पर गोली चलाने को तैयार है। शेष

सभी प्रबन्ध पूर्ण कर लिए गए हैं। यूनिवर्सिटी हाल में दाखिल होने का पास नहीं मिल रहा। दुर्गादास खन्ना ने यह काम मेरे जिम्मे लगाया कि किसी न किसी प्रकार पूरा करूं।

मैंने अपने उन दोस्तों के घर चक्कर काटने शुरू कर दिए जिन्हें यूनिवर्सिटी हाल में जाने का निमन्त्रण मिल सकता था। मैंने कमला से भी इसका उल्लेख किया। उसने बताया कि उसके पिताजी के नाम एक कार्ड आया हुआ है वह ला देगी और दूसरे दिन उसने यह ला कर दे दिया। हमने उस पर से उनका नाम मिटाने का प्रयास किया लेकिन इस प्रयास में यह कार्ड खराब हो गया। इस पर फिर मैंने चक्कर काटने शुरू कर दिए। अन्ततः अमृतधारा के मालिक पंडित ठाकुरदत्त शर्मा के बेटे की मेज पर वह कार्ड पड़ा हुआ मुझे मिल गया। उन दिनों उनके घर मेरा बहुत आना-जाना था इसलिए किसी को पता नहीं चला और मैं वह कार्ड उठा लाया। वह कार्ड मैंने दुर्गादास खन्ना को दे दिया। हम लोगों ने बैठ कर बड़े सन्तोषपूर्वक ढंग से उसका नाम मिटाया और बाद में उस पर इस प्रकार हरिकृष्ण लिख दिया कि किसी को सन्देह न हो कि इस पर से पहला नाम मिटा दिया गया है।

विश्वविद्यालय हॉल में प्रवेश कार्ड मिलने के बाद सभी और प्रबन्ध पूर्ण हो गए। हरिकृष्ण बिना किसी सामान और साधन आदि के घर से आया था इसलिए उसे नए कपड़े सिलवा दिए गए ताकि वह विश्वविद्यालय हॉल में जाए तो उसका पहरावा देख कर उस पर किसी तरह का कोई सन्देह न करे। उसे जिस मकान में रखा गया था उसका भी केवल रणबीर और दुर्गादास खन्ना हो ही पता था। इस सारे षड्यन्त्र में एक सतर्कता हमने शुरू से रखी, वह यह कि जिसका जो काम होता था उससे अधिक किसी को ज्ञान न होता था कि शेष क्या हो रहा है। यही कारण है कि अन्त में हम सब बच गए। मुझे ज्ञात न था कि हरिकृष्ण को कहाँ रखा गया है। रणबीर और हरिकृष्ण को यह ज्ञात न था कि हाल में प्रवेश का कार्ड मैं कहाँ से लाया हूं। यह केवल मुझे और दुर्गादास खन्ना को ही ज्ञात था और यह रहस्य पुलिस अन्त तक पता न लगा सकी। यदि किसी चरण पर दुर्गादास खन्ना कमजोरी दिखा जाते तो वह भी फांसी पर चढ़ जाते और मैं भी।

अन्ततः 23 दिसम्बर का दिन उस कार्य के लिए निश्चित किया गया। इस दिन विश्वविद्यालय का दीक्षांत समारोह था। इसका सब से रोचक पक्ष यह था कि उसमें भाषण देने के लिए हमारे भूतपूर्व राष्ट्रपति डा॰ राधाकृष्णन आ रहे थे। उस समय तो यह उनकी कल्पना में भी न था कि वह किसी दिन इस देश के राष्ट्रपति बनेंगे। उस समय वे आक्सफोर्ड विश्वविद्यालय में पढ़ाते थे इसलिए उन्हें पंजाब विश्वविद्यालय के दीक्षांत समारोह में भाषण देने के लिए बुलाया गया था। जब उस दिन हरिकृष्ण

ने वहां गोली चलाई उसके बाद जो कुछ हुआ यह डॉक्टर राधाकृष्णन ने अपनी आंखों से देखा था। अत: जब वे हमारे राष्ट्रपति बने और दुर्गादास खन्ना उन्हें मिलने गए तो डाक्टर साहब ने उन्हें 23 दिसम्बर 1930 की सारी घटना सुना दी और मजाक के तौर पर उन्होंने यह भी कहा दिया कि भाग्य से बच गया वरना आप लोगों की गोली का तो उस दिन पता नहीं था कहां जा लगती।

23 दिसम्बर की सुबह को 11 बजे दीक्षान्त समारोह शुरू होना था। हरिकृष्ण से यह कह दिया गया कि वह साढ़े दस और पौने 11 बजे के बीच वहां पहुंच जाए। एक दिन पूर्व उसे विश्वविद्यालय हॉल दिखा दिया गया। मुझे आज ठीक तरह याद नहीं कि दुर्गादास की ड्यूटी लगी थी या रणबीर की। दोनों में से किसी एक के जिम्में यह काम लगा था कि वह हरिकृष्ण को वहां ले जा कर सारे मार्ग दिखा दे। उसे यह भी कह दिया गया था कि यदि गोली चलाने के बाद वह वहां से निकल सके तो निकल आए।

ये सभी प्रबन्ध करने के बाद हमने अपने-अपने घरों की सफाई शुरू कर दी। मुझे ज्ञात था कि गोली चलने के बाद पुलिस हमें अवश्य गिरफ्तार करेगी और हमारे घरों की तलाशी भी लेगी। इसलिए शाम के समय वापस आ कर मैंने अपने कमरे की सफाई शुरू कर दी। सभी पुस्तकें और दूसरा सामान ठीक ढंग से रख कर सो गया। परन्तु उस रात नींद नहीं आई।

कमला के एक सम्बन्धी का मकान हमारे घर के पास था। उन्हें मिलने के बहाने वह हमारे घर आ गई और दूसरे दिन जो कुछ होने वाला था उसके बारे में उसने कुछ जानना चाहा परन्तु मैंने उससे कह दिया कि जो कुछ होगा वह स्वयं अपनी आंखों से देख लेगी इसलिए उसे जानने की आवश्यकता नहीं है। परन्तु वह हठ कर रही थी अन्तत: जब मैंने उसे स्पष्ट कर दिया कि एक क्रान्तिकारी पार्टी का यह प्रथम नियम होता है कि कोई स्वयं नहीं पूछता जिसे जितना बताया जाए उतना ही वह सुन लेता है। इससे अधिक प्रश्न करने की आवश्यकता नहीं होती। मेरी यह बात उसे पसन्द नहीं आई और यह कहते हुए चली गई कि आप लोग यह समझते हैं कि केवल लड़के ही किसी रहस्य को अपने हृदय में छुपा कर रख सकते हैं, लड़कियां नहीं रख सकतीं। परन्तु आपका यह विचार किसी दिन गलत सिद्ध होगा।

किसी न किसी कारण रणबीर और दुर्गादास अभी पुलिस की नजरों में इतने न चढ़े थे जितना कि मैं चढ़ गया था परन्तु वे भी यह समझते थे कि राज्यपाल पर गोली चलने के बाद शायद वे भी गिरफ्तारी से न बच सकें।

स्टुडेंटस यूनियन में दोनों ही काम किया करते थे इसलिए पुलिस की सूची में तो उनका नाम पहले ही मौजूद था ऐसी स्थिति में जब हम 22 दिसम्बर की शाम

को मिले तो यह समझ कर कि यह हमारी अन्तिम भेंट है। गिरफ्तारी के बाद हमने क्या करना है? पुलिस को क्या कहना है? कुछ इसके बारे में भी विचार-विमर्श करते रहे और फिर यह कहते हुए एक-दूसरे से विदा ली 'जीते रहे मिलेंगे फिर किस्मत ने अगर मिल दिया'।

इस सारी वस्तु स्थिति का सबसे रोचक पक्ष यह था कि हमारे घर वालों को कोई सूचना न थी कि हम क्या कर रहे हैं।

मैं पहले लिख चुका हूं कि दुर्गादास खन्ना की शादी हुए अभी दो-अढाई वर्ष ही हुए थे। घर में एक छोटा-सा बच्चा भी था और दूसरा आने वाला था। फिर भी दुर्गादास की पत्नी को ज्ञात न था कि उनके पतिदेव क्या कर रहे हैं। इससे पाठकगण अनुमान लगा सकते हैं कि क्रान्तिकारी नवयुवकों को किस तरह का जीवन व्यतीत करना पड़ता था।

23 दिसम्बर 1930 — इस दिन पंजाब विश्वविद्यालय का दीक्षान्त समारोह था। पंजाब के गवर्नर सर ज्योफरी डी माऊंटी मौरंसी, जो विश्वविद्यालय के चांसलर भी थे दीक्षान्त समारोह की अध्यक्षता के लिए आ रहे थे और उनके साथ आ रहे थे इस देश के एक महान दार्शनिक डा॰ एस. राधाकृष्णन। इन्होंने इस दीक्षांत समारोह में अपना भाषण देना था।

विश्वविद्यालय हाल के अन्दर और बाहर पुलिस और सी.आई.डी. का कड़ा पहरा था। यद्यपि दीक्षान्त समारोह 11 बजे शुरू होना था, परन्तु लोग साढ़े दस बजे आने शुरू हो गए थे क्योंकि 11 बजने में 10 मिनट पर प्रवेश बन्द हो जाना था। इसी मध्य एक दरमयाने कद का नवयुवक वहां आया, उसने अपना पास दिखाया और अन्दर प्रविष्ट हो गया। जिस मार्ग से गवर्नर ने आना और जाना था इसके निकट वह एक कुर्सी पर बड़ी निश्चिन्तता से बैठ गया।

10 बज कर 50 मिनट पर गवर्नर, डा॰ राधाकृष्णन के साथ हाल में प्रविष्ट हुए। सभी लोग खड़े हो गए। गवर्नर और उनके अतिथि एक जलूस के रूप में मंच पर जा कर बैठ गए और दीक्षान्त की कार्यवाही आरम्भ हो गई। जैसा कि मैं पहले भी लिख चुका हूं कमला ने भी इस दिन उपाधि प्राप्त करनी थी। इस हाल में केवल दो ही व्यक्यिों को पता था कि कुछ होने वाला है। एक हरिकृष्ण और दूसरी कमला। परन्तु न हरिकृष्ण को ज्ञात था कि कमला कौन है और कहां बैठी है न कमला को ही पता था कि हरिकृष्ण कौन है और कहां बैठा है। वह केवल इतना जानती थी कि कुछ होने वाला है। इस प्रतीक्षा में वह इधर-उधर देखती रही, परन्तु कुछ न हुआ।

12 बज कर 50 मिनट पर दीक्षान्त समाप्त हो गया। गवर्नर और डा॰ राधाकृष्णन जिस प्रकार जलूस के रूप में आए थे वैसे ही वापस चल पड़े। कमला को बड़ी निराशा

हुई। उसने समझा कि यदि उसे गवर्नर पर गोली चलाने के अनुमति दे दी जाती तो यह काम उसके लिए कितना सरल था। वह यह सोच रही थी कि वह बाद में जा कर शिकायत करेगी कि हमने सारा काम चौपट कर दिया जो उसे अनुमति नहीं दी उतने में ही मुख्यद्वार की ओर से गोली चलने की आवाज आई। एक के बाद दूसरी और तीसरी गोली चली। तुरन्त सारे हाल में भगदड़ मच गई। बड़े-बड़े लोगों ने कुर्सियों और मेजों के नीचे छिपना शुरू कर दिया।

कमला ने मुझे बाद में बताया कि बड़े-बड़े राय बहादुर और खान बहादुर कुर्सियों के नीचे छिपने का प्रयत्न कर रहे थे। कुछ लोग पर्दों के पीछे छिप गए थे। कुछ भाग कर हाल से निकल गए थे। वहां तो एक ऐसा दृश्य था, जैसे प्रलय आ गई हो।

हरिकृष्ण की गोली लगने से अंग्रेज गवर्नर घायल हो गया। एक हैड कांस्टेबल चनन सिंह ने हरिकृष्ण को पकड़ने का प्रयास किया परन्तु हरिकृष्ण आराम से खड़ा गोली चलाता जा रहा था। एक गोली चननसिंह को भी जा लगी। वह बुरी तरह घायल हो गया और उस दिन सायंकाल ही मर गया। गवर्नर को तुरन्त उसी समय एडवर्ड विक्टर अस्पताल में पहुंचा दिया गया जहां उसकी मरहम-पट्टी की गई परन्तु जब वह अस्पताल पहुंचा तो कांप रहा था।

मैं दुर्गादास और रणबीर तीनों अपने-अपने घरों में बैठे प्रतीक्षा कर रहे थे कि हमें कोई बताए कि विश्वविद्यालय हाल में क्या हुआ है। हम किसी से पूछ भी न सकते थे।

साढ़े 12 बजे के लगभग मैं अपने अखबार के दफ्तर में गया। मैंने सोचा कि यदि कुछ हुआ होगा तो वहां खबर पहुंच चुकी होगी और दफ्तर वाले जरूर बात कर रहे होंगे या मुझे बताएंगे कि इस तरह की कोई घटना हुई है। मैं वहां 15-20 मिनट रहा, परन्तु वहां इसकी कोई चर्चा न थी। मैं निराश हो कर घर लौट आया। कुछ देर के बाद अपने मकान के ऊपर के बरामदे में मैं खड़ा था। नीचे सड़क पर दो नवयुवक परस्पर बातें करते हुए हमारे घर की ओर आ रहे थे। इनके कन्धों पर डिग्री लेने के लिए काले गाऊन थे। जब हमारे घर के नीचे पहुंचे उनमें से एक ने कहा—

''गवर्नर घायल तो अवश्य हुआ है यह मालूम नहीं कितना।''

मेरे लिए यही काफी था। मैं अपने कमरे में जा कर बैठ गया, और आने वाली परिस्थितियों के लिए अपने आपको तैयार करने लगा।

सायंकाल पिताजी दफ्तर से लौटे तो सीधे मेरे कमरे में आए। कहने लगे कि तुमने सुना है जो कुछ आज विश्वविद्यालय हाल में हुआ है।

मैंने उन्हें बताया कि सब कुछ तो नहीं सुना कुछ सुन चुका हूं।

उन्होंने कहा कि इसमें कोई तुम्हारा हाथ तो नहीं। यदि है तो मुझे अभी बता

दो। तुम गिरफ्तारी से तो न बचे सकोगे मगर मुझे पता होना चाहिए कि वास्तविकता क्या है। शायद बाद में मुकद्दमे की पैरवी करनी पड़े।

मैंने कह दिया कि इसमें मेरा कोई हाथ नहीं। मैं जानता था कि मैं झूठ बोल रहा हूं परन्तु उन्हें बताने का साहस नहीं हुआ कि कुछ सीमा तक मैं इसके लिए उत्तरदायी भी हूं। वे कुछ देर मेरे पास बैठे रहे और फिर यह कह कर चले गए कि तुम्हें तैयार रहना चाहिए हो सकता है तुम भी गिरफ्तार कर लिए जाओ। अपना सामान ठीक तरह से देख लो हो सकता है पुलिस तुम्हारी तलाशी भी ले।

वे इतना कह कर चले गए। परन्तु ऐसा लगता है कि उन्हें भी चैन नहीं पड़ रहा था। शाम को जब मैं कुछ समय के लिए बाहर गया तो पिताजी ने आ कर स्वयं मेरे कमरे की तलाशी ले ली और अपना सन्तोष कर लिया कि मेरे पास कोई ऐसी चीज तो नहीं जिसके कारण कल को मेरे विरुद्ध कोई कार्रवाई हो सके। जब मैं वापस आया और अपने कमरे की हालत देखी तो मैंने माता जी से पूछा कि मेरे कमरे में कौन आया था। उन्होंने बताया कि पिता जी मेरा सामान देख रहे थे कि कहीं कोई आपत्तिजनक चीज न पड़ी हो।

वह दिन खैरियत से गुजर गया। पुलिस शीघ्रता से कोई पग न उठाना चाहती थी। साण्डर्स की हत्या और वायसराय की गाड़ी को बम से उड़ाने के बाद उसने धड़ा-धड़ गिरफ्तारियां कर ली थीं परन्तु असली अभियुक्त उसके हाथ न आए थे।

इस नई घटना में असली अभियुक्त तो उसके हाथ आ चुका था क्योंकि हरिकृष्ण वहीं गिरफ्तार हो गया था। अब पुलिस ने केवल यह देखना था कि इसके पीछे कोई षडयन्त्र तो नहीं है। यदि है तो इसमें कौन-कौन शामिल हैं। इसका पता उसे केवल हरिकृष्ण ही दे सकता था। परन्तु वह बोल न रहा था। इसलिए पुलिस कोई गिरफ्तारी न कर रही थी।

राज्यपाल पर गोली चलने की खबर सारे देश में बिजली की तरह फैल गई। सभी समाचार पत्रों ने मुख्य रूप में यह खबर प्रकाशित की और लिखा कि इस घटना से सरकारी की आंखें खुल जानी चाहिए और उसे पता चल जाना चाहिए कि उसके विरुद्ध लोगों में कितनी घृणा फैल रही है। यदि एक राज्यपाल भी सुरक्षित नहीं रह सकता तो कौन रह सकेगा?

दूसरी ओर सारे देश में पंजाब की धाक बैठ गई कि पंजाब के नवयुवक अभी जीवित हैं। बहुत समय से इस तरह की कोई घटना न हुई थी। बंगाल में अवश्य हो रही थी परन्तु पंजाब या यू.पी. में कुछ न कुछ हुआ था। अब एकदम सारे देश का ध्यान पंजाब की ओर चला गया।

उधर मैं, दुर्गादास और रणबीर भी एक मुश्किल में फंसे हुए थे। पुलिस ने हमारी

निगरानी अधिक कड़ी कर दी थी इसलिए हमारा परस्पर अधिक मिलना ठीक न था और सरल भी न था। परन्तु यह आवश्यक बहुत था।

रणबीर का सी.आई.डी. के कुछ ऐसे अफसरों के साथ सम्पर्क था जिनके द्वारा उसे कई खबरें मिल जाती थीं और हमें पता चलता रहता था कि पुलिस अब क्या कर रही है। इसके लिए यह जरूरी था कि हम परस्पर मिलते रहें और विचार विमर्श करते रहें।

परन्तु जो गतिरोध पैदा हो गया था वह भी अधिक समय तक कायम न रह सकता था। पुलिस ने कुछ न कुछ तो कार्रवाई करनी थी और वह उसने 26 दिसम्बर को शुरू कर दी थी जब उसने रणबीर को गिरफ्तार कर लिया। 28 दिसम्बर को मुझे और दुर्गादास खन्ना को गिरफ्तार कर लिया गया।

21. चौथी बार जेल में

कुछ और व्यक्तियों को भी गिरफ्तार किया गया। जिनमें एक कामरेड अहसान इलाही भी थे। जहां तक मुझे मालूम है इस घटना से उनका कोई सम्बन्ध नहीं था। किन्तु जैसा कि ऐसे अवसर पर पुलिस किया करती थी जितने भी क्रान्तिकारी झुकाव के युवक हुआ करते थे उन्हें धर लिया जाता था। बाद में चाहे रिहा कर दिया जाए।

28 दिसम्बर की प्रात: अभी मैं सो रहा था कि पुलिस ने हमारा मकान घेर लिया। पिताजी प्रात: सैर को जाया करते थे। वे बाहर निकले तो पुलिस खड़ी थी। वे समझ गए। पुलिस वालों से बात किए बिना ही अन्दर लौट आए और आ कर मुझे जगाया। कहा कि उठो तैयारी करो पुलिस आ गई है।

मेरी माता जी भी उठ खड़ी हुईं। उन्होंने मेरा सामान बांधा, मेरा नाश्ता तैयार किया। इतने में पुलिस अन्दर आ गई। पुलिस इंस्पैक्टर ने कहा कि वह तलाशी लेना चाहता है। पिताजी ने कहा बड़ी खुशी से ले सकता है। किन्तु वह एक शरीफ मुसलमान नौजवान था। इसने पिता जी से कहा मुझे क्षमा कीजिए एक ड्यूटी पूरी करनी है। नहीं तो दिल नहीं चाहता कि आपको कोई कष्ट दूं। यदि मुझे स्वयं ही कोई चीज़ दे दें जो मैं कह सकूं कि तलाशी के मध्य प्राप्त की है तो मैं भी इस कष्ट से बच जाऊंगा और आपको भी तकलीफ नहीं होगी।

किन्तु पिता जी तो एक दिन पहले स्वयं ही मेरी तलाशी ले चुके थे। उन्होंने भी बिना तकल्लुफ से कह दिया तलाशी तो मैं ले चुका हूं। अब आप क्या लेंगे। इस पर उस इंस्पैक्टर ने कहा यदि आप अनुमति दें तो मैं रसम पूरी कर लूं। जब पिता जी ने उससे कहा कि वह शौक से अपना काम करे और उन्हें कोई शिकायत नहीं तो वह मेरे कमरे में दाखिल हुआ और दो-चार मिनट के बाद इक्नोमिक्स की एक पुस्तक उठा कर वापस आ गया। उसने रिपोर्ट कर दी कि तलाशी ले ली गई है किन्तु आपत्तिजनक चीज नहीं मिली।

उन दिनों की घटनाएं याद करता हूं तो एक चीज स्पष्ट रूप में दिमाग में आती है वह यह कि कुछ पुलिस अधिकारी विशेषत: नौजवान अधिकारी और उनमें भी अधिकतर मुसलमान हमारे लिए अपने हृदय में बहुत अधिक सहानुभूति रखते थे। मुझे

एक भी मिसाल ऐसी याद नहीं जब किसी नौजवान पुलिस अफसर ने हमें तंग किया हो।

सिपाही तंग करते थे, इस ख्याल से कि शायद उनकी पदोन्नति हो जाए या फिर बड़े-बड़े अधिकारी तंग करते थे। लाहौर के शाही किले में दो अफसरों के साथ मेरा वास्ता पड़ा था। एक थे खान बहादुर सैयद अहमदशाह और दूसरे खानबहादुर नियाज़ अहमद थे। दोनों उच्च पदों पर नियुक्त थे किन्तु बहुत ही शराफत से हमारे साथ पेश आते थे। इस विषय में आगे चल कर लिखूंगा।

इस समय तो केवल उस नौजवान इंस्पैक्टर का ही उल्लेख करना चाहता हूं जो मुझे गिरफ्तार करने आया था। मेरे कमरे की रसमी तलाशी लेने के बाद उसने कहा कि मैं कुछ नाश्ता ले लूं मालूम नहीं खाना किस समय मिले। माता जी ने जल्दी से मेरे लिए कुछ भी तैयार कर दिया। किन्तु तथ्य यह है कि मेरी भूख उस समय बिल्कुल उड़ चुकी थी। घर वालों को तो कुछ मालूम न था। किन्तु मुझे तो मालूम था कि यह गिरफ्तारी क्यों हो रही है और इसका परिणाम क्या हो सकता है।

थोड़ी देर बाद मुझे फिर बोर्स्टल जेल पहुंचा दिया गया। पिछले वर्ष दिसम्बर के महीने में जब वायसराय की गाड़ी पर बम फैंका गया था तब भी मुझे इसी जेल में रखा गया था। जब हम जेल की ओर जा रहे थे मुझे पुलिस इंस्पैक्टर ने बताया कि एक पुलिस पार्टी दुर्गादास खन्ना को गिरफ्तार करने गई है। किन्तु मेरे जेल पहुंचने तक वे जेल नहीं पहुंचे थे। उस इंस्पेक्टर ने मुझे जेल के डिप्टी सुपरिंटेण्डेण्ट को सौंप दिया और धीरे से मेरे कानों में 'खुदा हाफिज' कह कर वह चला गया। मुझे जेल की एक तनहा कोठरी में बन्द कर दिया गया।

यह मेरी चौथी गिरफ्तारी थी और तीसरा दिसम्बर जेल में गुजारने के लिए मैं यहां पहुच गया था। दिसम्बर 1928 में साण्डर्स की हत्या, दिसम्बर 1929 में वायसराय की गाड़ी को दिल्ली में बम से उड़ाने के प्रयास और अब दिसम्बर 1930 में पंजाब के गवर्नर की हत्या का षड्यन्त्र। तीनों दिसम्बर मेरे जेल में ही गुजरे थे।

उन दिनों पुलिस हवालात में रहने की बजाए जेल में रहने को अधिमान दिया जाता था क्योंकि जेल में इतनी सख्ती नहीं होती थी जितनी की हवालात में। जेल में कुछ और कैदी भी होते थे उनसे बात करने का भी अवसर मिल जाता। कभी अपनी कोठड़ी से बाहर निकलने का मौका भी मिल जाता। किन्तु इस बार की जेल हवालात से भी बुरी प्रमाणित हुई। जेल में एक चक्की अहाता हुआ करता था। छोटी-छोटी कोठरियों में उन व्यक्तियों को बन्द कर दिया जाता था जिन्हें कोई दण्ड देना हो।

किसी जमाने में उन कोठरियों में चक्की लगी होती थी। जब जेल वालों ने किसी को दण्ड देना हो तो उसे इस कोठरी में बंद कर दिया जाता था और उसे कुछ दाने

दिए जाते कि सारा दिन बैठा चक्की पीसता रहे। मुझे भी इस कोठरी में बन्द कर दिया गया। वहां चक्की तो न थी किन्तु कोठरी इतनी छोटी थी कि उसमें एक चारपाई भी न आ सकती थी। यह भी सहन हो जाता यदि आस-पास की कोठरियों में कोई और रहता जिससे बात हो सकती।

मुझे 24 घण्टे इस कोठड़ी में बन्द रखा जाता। आधे घण्टे के लिए प्रातः और आधे घण्टे के लिए सायं यह कोठड़ी खोल दी जाती। मैं बाहर आ जाता किन्तु नीचे धरती, ऊपर आकाश के सिवा वहां और कुछ भी नजर नहीं आता। जेल के मध्य एक ऊंचा बुर्ज बना हुआ था। उस पर एक व्यक्ति खड़ा हो कर चारों ओर देखता रहता कि कोई कैदी दीवार लांघ कर भागने का प्रयास न करे। हर पांच सात मिनट बाद वह ऊपर से कह देता 'सब अच्छा'।

रात के इस अन्धकार और सन्नाटे को चीरती हुई उसकी आवाज़ सारी जेल में फैल जाती किन्तु यह काफी न था। हर वार्ड का एक वार्डर था। वह सारी रात अपने वार्ड में घूमता और एक-एक कैदी की कोठरी के बाहर खड़ा हो कर जोर से चिल्लाता 'बोल जवान'। यदि कैदी आगे से जवाब दे दे तो ठीक, नहीं तो यह वार्डर साहिब कोई गाली छोड़ते न थे जो वे प्रयुक्त न करते थे। किन्तु जब से भगतसिंह और यतीन्द्र नाथ दास ने राजनयिक कैदियों की स्थिति के सुधार के लिए भूख हड़ताल की थी, राजनयिक कैदियों के लिए गाली गलौच का प्रयोग नहीं होता था। 'बोल जवान' कह कर वह कम्बख्त रात भर सोने नहीं देता था।

जेल पहुंचने के बाद मुझे यह जानने की उत्सुकता थी कि रणबीर और दुर्गादास कहां हैं। किन्तु इसका कुछ भी पता नहीं चल रहा था। एक तो मेरे पड़ौस में कोई था ही नहीं। इस साम्राज्य का मैं अकेला ही मालिक था। कोई दूसरा कैदी डर के मारे मेरे निकट न फटक सकता था। मुझे 'लाट साहिब' की हत्या के षडयन्त्र में गिरफ्तार किया गया था। अतः जेल वाले भी किसी प्रकार की रियाअत देने को तैयार न थे। इनसे तो पुलिस वाले ही अच्छे थे जो शराफत से पेश आते थे।

जेल में हमारे साथ इस प्रकार व्यवहार किया जा रहा था जैसे हम कोई डाका डाल कर आए हैं। इसलिए 24 घण्टे कोठरी में बन्द रखा जाता था। किसी से मिलने की अनुमति नहीं दी जाती थी। बाहर से किसी ने आ कर क्या मिलना था, जेल में बन्द कैदी भी न मिल सकते थे।

यह मेरी चौथी गिरफ्तारी थी। किन्तु इस बार एक नई दुनिया देखने में आई। वस्तुतः यहां कोई दुनिया थी ही नहीं। ऊपर आकाश था नीचे ज़मीन और सामने मेरी कोठरी के लोह सींखचे। यही मेरी दुनिया थी। मेरी कोठरी में दाएं और बाएं दो-दो और तीन-तीन अन्य कोठरियां भी थीं किन्तु वे सब खाली थीं क्योंकि मेरे निकट किसी

को आने की अनुमति न थी।

जिस प्रांगण में मेरी यह कोठरी थी कभी उसका दरवाजा खोल दिया जाता कभी बन्द कर दिया जाता। मैं इस प्रांगण में घूम सकता था किन्तु वहां बात करने को कोई न था। कभी-कभी कोई बिल्ली या बिल्ला वहां से गुजर जाते। मैं उन्हें देख कर ही खुश हो लेता और मुझे वह छन्द याद आ जाता—

वे आए घर हमारे खुदा की कुदरत है
कभी हम उनको कभी अपने घर को देखते हैं।

मैं कई बार इन जानवरों को देख कर उनके भाग्य पर स्पर्द्धा करने लगता कि ये अपनी इच्छा से घूम फिर तो सकते हैं। इन्हें किसी से अनुमति लेने की जरूरत नहीं। न इन पर किसी प्रकार का कोई प्रतिबन्ध है। मनुष्य को अपने विषय में कितनी खुश फहमी है इसका कुछ अनुमान कभी-कभी ऐसे हालात में ही लगता है।

मैं इस तरह अपने दिन गुजार रहा था कि इक दिन जेल वार्डर ने आ कर कहा कि मुझे कार्यालय में बुलाया गया है। मैं समझा घर से कोई मिलने आया होगा। जल्दी से गर्म शाल ओढ़ा और चल दिया। किन्तु दफ्तर में जा कर देखा तो दो 'यमदूत' वहां बैठे थे। सी.आई.डी. के दो उच्चाधिकारी। इनमें एक खानबहादुर सैयद अहमद शाह थे। उन्होंने मुझे अपने पास बैठा लिया। पहले तो इधर-उधर की बातें करते रहे और फिर सीधा प्रश्न कर दिया। "तुम हरिकृष्ण से पहली बार कब मिले थे?"

मैं उनके इस प्रश्न के लिए तैयार नहीं था। दो तीन बार पुलिस के उच्चाधिकारियों से वास्ता पड़ चुका था इसलिए जानता था कि उनका किसी को फांसने का ढंग क्या है। उस दिन भी जब मैंने सी.आई.डी. के दो उच्चाधिकारियों को जेल के दफ्तर में देखा तो उसी समय समझ गया था कि ये सज्जन कुछ पूछताछ करने आए हैं। इसलिए जब उन्होंने मुझसे प्रश्न किया तो मैंने तुरन्त कह दिया मैंने हरिकृष्ण की शक्ल भी नहीं देखी। किन्तु वे इतनी आसानी से मेरा पीछा छोड़ने वाले नहीं थे।

खानबहादुर सैयद अहमद का लड़का नजीर अहमद राजकीय कालेज में पढ़ता था। वह मेरा परिचित था। खानबहादुर भी यह जानते थे। इसलिए बीच-बीच में वह मुझे कह देते कि उनके लिए तो मेरे और नजीर में कोई फर्क नहीं है। इसलिए नहीं चाहते कि मैं किसी संकट में फंस जाऊं। यही कारण है कि वे सारे तथ्य को जानना चाहते हैं ताकि मुझे किसी तरह इसमें से निकाल सकें।

किन्तु जब उनके बार-बार प्रश्न करने पर भी मैंने उन्हें कोई सन्तोषजनक उत्तर नहीं दिया तो मुझे डराने के लिए उन्होंने यह भी कह दिया कि उन्हें सब कुछ मालूम हो चुका है। दुर्गादास और रणबीर ने सारी कहानी उन्हें बता दी है। वह तो केवल इस लिए मुझे बचाना चाहते हैं कि मैं उनके बेटे नज़ीर का मित्र हूं।

उनकी बातें सुन कर एक बार मैं भी परेशान हो उठा। यदि दुर्गादास और रणबीर ने सब कुछ बता दिया तो फिर न मेरा बचाव है न उनका। कुछ समझ में नहीं आ रहा था कि वास्तविकता क्या है। मैं उस समय एक ऐसी उलझन में फंस गया था कि वहां से भाग जाना चाहता था। मन यह मानने को तैयार न था कि दुर्गादास और रणबीर कभी गद्दारी कर सकते हैं। खानबहादुर कुछ ऐसे ढंग से बातें कर रहे थे कि मेरे मन पर यह प्रभाव पड़ रहा था कि ठीक ही कुछ गड़बड़ है।

उसे आप मेरा सौभाग्य समझिए, या उनका दुर्भाग्य कि कुछ मिनटों के बाद वे स्वयं ही कहने लगे "जाओ अब तुम आराम करो फिर मिलेंगे" यह कह कर वे चले गए और मैं अपनी कोठरी में वापस आ गया किन्तु उस रात सो नहीं सका। खान बहादुर सैयद अहमद खां मुझे ऐसी उलझन में डाल गए थे कि जिससे निकलना मेरे लिए कुछ कठिन हो रहा था।

मेरा दिमाग कदापि यह मानने को तैयार न था कि दुर्गादास और रणबीर कोई भेद पुलिस को बता सकते हैं, किन्तु उन्होंने कुछ ऐसी बातें कह दीं जिनसे मेरे दिमाग में कुछ आशंकाएं पैदा हो गईं।

तीन-चार दिन के बाद वे फिर आए। इस बार वे मेरे लिए कुछ फल भी लेते आए। खानबहादुर प्राय: यह कह देते कि मैं तुम में और नजीर में कोई अन्तर नहीं समझता। मुझे बहुत कष्ट होता है जब तुम्हें जेल में देखता हूं। यह आयु जेल में गुज़ारने की नहीं है बेटा। फिर कहने लगे—

"किन्तु तुम लोगों ने बड़ी होशियारी से काम लिया। विश्वविद्यालय भवन में प्रवेश का प्रबन्ध भी कर लिया। प्रवेश पत्र कौन लाया था?"

उनके ये शब्द सुन कर मुझे ढांढस बँध गई। मैं समझ गया कि उन्हें कुछ भी मालूम नहीं है। दुर्गादास और रणबीर ने उन्हें कुछ नहीं बताया। विश्वविद्यालय भवन में प्रवेश का कार्ड मैं लाया था और इसकी दुर्गादास को छोड़ और किसी को जानकारी नहीं थी। यहां तक कि रणबीर को भी मालूम न था। यदि दुर्गादास ने पुलिस को कुछ भी बताया होता तो खानबहादुर को मुझसे पूछने की जरूरत न रहती कि प्रवेश का कार्ड कौन लाया था। इसके बाद मैं भी जरा सतर्क हो गया और मैंने तोते की तरह एक ही बात रटनी शुरू कर दी कि "मुझे इस घटना के विषय में कुछ मालूम नहीं"।

मैं जेल में था पुलिस हवालात में न था। पुलिस हवालात में जो अत्याचार हो सकता था वह जेल में नहीं होता। मुझे पता नहीं चला कि मुझे हवालात में रखने की बजाए जेल में क्यों रखा गया। इस कारण मानसिक परेशानी अवश्य हुई। क्योंकि यह एकान्त की कैद थी। किसी से मिलने-मिलाने पर बातचीत करने की अनुमति नहीं दी गई। पढ़ने के लिए कोई पुस्तक भी न थी। फिर भी किसी न किसी तरह समय

कट ही जाता था। वह श्रीमती बिल्ली और श्रीमान बिल्ला जी कभी-कभी दर्शन दे जाया करते थे। मेरी इस छोटी सी दुनिया में ये दो मेरे साथी थे।

धीरे-धीरे दिन गुजरते गए। इस मध्य मैंने यह जानने का भरसक प्रयास किया कि दुर्गादास और रणबीर भी इस जेल में है या नहीं, किन्तु कुछ पता न चल सका। अन्ततः एक महीने के बाद मुझे जमानत पर रिहा कर दिया गया। बाहर आया तो पता चला कि दुर्गादास और रणबीर दोनों की जमानत याचिका रद्द कर दी गई है।

एक व्यक्ति दसौंधाराम, जिसे मैं नहीं जानता था किन्तु ये दोनों जानते थे, सुलतानी गवाह बन गया था। इसलिए पुलिस ने दुर्गादास, रणबीर और चमन लाल के विरुद्ध गवर्नर की हत्या के षड्यन्त्र में मुकद्दमा चलाने का फैसला किया।

मुझे आज ठीक तिथि तो याद नहीं किन्तु जनवरी के दूसरे और तीसरे सप्ताह मुझे जमानत पर रिहा कर दिया गया। किन्तु यह रिहाई क्या थी एक और गिरफ्तारी की पृष्ठभूमि थी। किसी न किसी कारणवश पुलिस मेरे विरुद्ध कोई प्रमाण पेश न कर सकी। उसका बड़ा कारण यह था कि दुर्गादास ने अपनी जुबान न खोली थी। यदि वह पुलिस में बयान दे देते कि यूनिवर्सिटी हाल में दाखिले का कार्ड कहां से लाया था तो सारी कहानी पूरी हो जाती और इसी के साथ हम चारों शायद फांसी पर लटक जाते। किन्तु दुर्गादास का मौन सबको बचा गया।

22. पांचवीं बार फिर जेल में

मैं लिख चुका हूं कि पुलिस अपने सारे प्रयत्नों को बावजूद दुर्गादास को कोई बयान देने के लिए तैयार न कर सकी। पुलिस के तरकश में जितने तीर थे उसने सारे चला कर देख लिए किन्तु कोई परिणाम नहीं निकला । उसे अन्तिम समय तक पता न चला कि विश्वद्यिालय भवन में प्रवेश के लिए कार्ड कौन लाया था और कहां से आया था। यह पुलिस की कहानी की सबसे कमजोर कड़ी थी।

ऐसी स्थिति में मेरी रिहाई पुलिस को बुरी तरह खटक रही थी। उसे यह विश्वास हो चुका था कि गवर्नर शूटिंग केस में मैं भी शामिल था। किन्तु वह इसे प्रमाणित न कर सकती थी। इसलिए वह मुझे गिरफ्तार करने का कोई और साधन ढूंढ रही थी और वह उसने निकाल लिया था।

10 फरवरी 1931 को उस दिन सारे देश में पण्डित मोतीलाल नेहरू का अन्तिम शोक दिवस मनाया गया। चार दिन पहले उनका देहान्त हुआ था। 10 फरवरी की शाम को ब्रेडला हाल में छात्र संघ के आयोजन में एक सार्वजनिक सभा हो रही थी। डॉ॰ सत्यपाल उन दिनों हमारे घर के बिल्कुल ही सामने रहा करते थे। उनके और पिता जी के सम्बन्ध कभी बहुत ही मैत्रीपूर्ण थे। जब वे अमृतसर में प्रैक्टिस किया करते थे तो आर्यसमाज में भी सक्रिय भाग लिया करते थे। पिता जी जब अमृतसर जाते उन्हीं के यहां ठहरते। इसलिए हम उन्हें चाचाजी कह कर पुकारा करते थे। पंजाब कांग्रेस के एक बहुत बड़े नेता थे। पिता जी और उनकी विचारधारा में कई बार टक्कर हो जाया करती थी। इसका प्रभाव उनके परस्पर सम्बन्धों पर पड़ता था। वे कई-कई महीने आपस में मिलते नहीं थे।

किन्तु डा॰ सत्यपाल हमें बच्चों की तरह प्यार करते थे। मेरी माता जी की भी बड़ी इज्जत करते थे। उन्हें सदा भाभी जी कह कर पुकारते थे। इस तरह पिताजी भी डॉ॰ सत्यपाल के परिवार से मिलते रहते थे। उनकी पत्नी और लड़कियाँ प्रायः हमारे घर आती रहती थी। इन दिनों परस्पर सम्बन्धों का यह एक दिलचस्प पहलू था कि कभी-कभी उनकी आपसी बातचीत बंद हो जाया करती थी। समाचार-पत्रों के माध्यम से वे एक-दूसरे का आलोचना भी किया करते थे परन्तु दोनों परिवारों के परस्पर सम्बन्धों

में कोई प्रभाव न था। विशेषत: वे एक-दूसरे के बच्चों को अपने ही बच्चे समझते थे।

ऐसे हालात में मेरा डॉ॰ सत्यपाल के यहां आना जाना रहता था। 10 फरवरी की शाम को मैं उनके पास चला गया कि उनके साथ गाड़ी में बैठ कर उस बैठक में चला जाऊंगा जो ब्रेडला हाल में पंडित मोतीलाल नेहरू के शोक में होनी वाली थी। कोई चार बजे के लगभग हम दोनों वहां से निकले। डॉ॰ सत्यपाल टहलते हुए अपनी कोठी के बाहर आ गए। मैं भी उनके पीछे-पीछे था। मैंने देखा कि हमारी कोठी के आगे एक मोटर खड़ी है। उसके पास दो पुलिस के सिपाही खड़े हैं, उन्हें देखते ही मेरा माथा ठनका। मैंने डॉ॰ सत्यपाल से कहा—''चाचा जी! पुलिस खड़ी है। कुछ गड़बड़ मालूम होती है।'' उन्होंने कहा— ''ये तो ऐसे ही दो सिपाही खड़े हैं। किसी को गिरफ्तार करना हो तो सिपाही थोड़े आते हैं वे तो पूरी फौज ले कर आते हैं।''

हम आपस में यह बात कर ही रहे थे कि खानबहादुर सैयद अहमद शाह जो मुझे जेल में मिलने आया करते थे उस मोटर से निकल कर मेरी ओर आ गए। मैंने उनसे पूछा कैसे आए हैं।तो मजाक में कहने लगे कि —''तुम्हारे बिना दिल नहीं लगता। मैंने सोचा, चलो वीरेन्द्र से मिल आऊं।'' मैंने कहा —''क्या आदेश है?'' कहने लगे आदेश क्या तुम दिन-भर इधर-उधर घूमते रहते हो, कुछ दिन आराम करो। मैंने कहा आपका अभिप्राय क्या है? तो कहने लगे कि आपको लेने आया हूं।इस पर डॉ॰ सत्यपाल ने, जो मेरे पास खड़े थे, पूछा कि किस कानून के अधीन गिरफ्तार करोगे? खानबहादुर ने अपनी जेब से वारण्ट निकाल कर दिखाया। यह गिरफ्तारी 1818 के तीसरे रैगूलेशन के अन्तर्गत हो रही थी। यह एक बहुत पुराना कानून था जिसके माध्यम से सरकार बिना मुकद्दमा चलाए जिसे भी जब तक चाहे, जेल में रख सकती थी। इसकी स्वीकृति उसे गवर्नर जनरल यानि कि भारत के वायसराय से लेनी पड़ती थी।

जिसे गिरफ्तार किया जाता था तीन माह बाद उसे बताया जाता था कि उसके विरुद्ध आरोप क्या है। उसका उत्तर हाईकोर्ट के एक जज के सामने पेश किया जाता था जो फैसला करता था कि उसकी नजरबन्दी उचित हो या नहीं। जिन्हें इस कानून के अन्तर्गत नजरबन्द किया जाता था उन्हें 75 रुपये मासिक खर्च करने के लिए दिया जाता था।

जब मैं गिरफ्तार हुआ इस कानून के अधीन सारे देश में केवल 8 व्यक्ति नजरबंद थे। इसमें एक महात्मा गांधी और दूसरे श्री सुभाषचन्द्र बोस।

खानबहादुर सैयद अहमदशाह ने जब गिरफ्तारी वारण्ट दिखाया तो डॉ॰ सत्यपाल ने ब्रैडला हाल की सभा में जाने का ख्याल स्थगित कर दिया। वे मुझे ले कर हमारी कोठी में आ गए। पिता जी अपने कार्यालय में बैठे कुछ लिख रहे थे। उन्होंने खान बहादुर को पहली बार देखा था इसलिए समझ न सके कि मामला क्या है। डॉ॰ सत्यपाल

ने उन्हें बताया कि ये वीरेन्द्र को गिरफ्तार करने आए हैं। यह सुन कर पिताजी को कुछ आश्चर्य भी हुआ और परेशानी भी। अभी मुझे जेल से आए हुए 15 दिन ही हुए थे इसके बाद कोई नई घटना भी नहीं हुई थी जिसके कारण मुझे गिरफ्तार किया जाता।

जब उन्हें बताया गया कि यह गिरफ्तारी 1818 कानून के अन्तर्गत है तो वे समझ गए कि पुलिस के पास मेरे विरुद्ध कोई प्रमाण नहीं। एक शताब्दी पुराने कानून का सहारा ले कर और प्रतिरोध की भावना से पुलिस मुझे गिरफ्तार कर रही है। किन्तु हम क्या कर सकते थे ? वे मेरे साथ अन्दर चले गए। माता जी को बुलाया और उन्हें मेरा सामान बांधने को कहा। वे तो स्तब्ध रह गई। कुछ समझ में न आ रहा था कि क्या हो रहा है। कोई नई बात नहीं हो रही थी तो अब गिरफ्तारी क्यों ?

इसका उत्तर किसी के पास न था। जब पिताजी ने खानबहादुर से पूछा कि किस आधार पर गिरफ्तार किया जा रहा है तो उन्होंने भी कह दिया कि उन्हें भी मालूम नहीं। उन्हें बुला कर केवल आदेश दिया गया है कि वीरेन्द्र को गिरफ्तार करके सैन्ट्रल जेल पहुंचा दो। वे तो केवल इस आदेश का पालन कर रहे हैं।

उन दिनों हमारे घर में एक ईरानी लड़की रहा करती थी। उसकी आयु 8-9 वर्ष होगी। ईरान से भारत आती हुई वह अपने रिश्तेदारों से बिछुड़ गई थी। किसी ने पिता जी से कहा कि इस लड़की का कोई वारिस नहीं है इसे अनाथालय भेज दिया जाए। पिता जी ने उसे अपनी लड़की बना लिया और अपने घर ही रखा। वह हमारे परिवार का एक अंग बन गई। जब मैं घर से चलने लगा तो सबसे अधिक वह रोने लगी। उसे समझाते-समझाते माता जी भी अपने आपको संभाल न सकी। इस गिरफ्तारी का सबसे खतरनाक पक्ष यह था कि इसकी कोई अवधि न थी। जब तक सरकार जेल में रखना चाहे रख सकती थी।

पुलिस के सिपाहियों ने मेरा सामान उठा कर मोटर पर रख दिया। मैं भी खानबहादुर के साथ उसमें सवार हो गया। घर वाले बाहर खड़े देखते रहे गए। हम फिर जेल की ओर चल दिए। कुछ क्षणों में हमारी मोटर लाहौर सैंट्रल जेल के बड़े फाटक के आगे खड़ी हो गई। मैं बोर्स्टल जेल में तो रह चुका था किन्तु सैन्ट्रल जेल में पहली बार आया था। किसी समय इस जेल में मेरे पिता जी रहा करते थे। मैं उन्हें मिलने आया करता था।

विधि की विडम्बना देखिए कि अब मैं इसमें रहूंगा और वे मुझे मिलने आएंगे। आगामी छः सात महीनों तक यही मेरा घर होगा।

लाहौर सैंन्ट्रल जेल में पहुंचने के बाद कुछ समय वहां दफ्तर में बैठना पड़ा। उतनी देर में पुलिस कामरेड अहसान इलाही को भी गिरफ्तार करके ले आई। उन्हें भी इसी कानून के अधीन गिरफ्तार किया गया था। उन्हें देख कर मुझे कुछ सन्तोष

हुआ। मैंने दिल ही दिल में कहा :

'खूब गुजरेगी जो मिल बैठेंगे दीवाने दो।'

पहले मैं समझ रहा था कि शायद मैं अकेला ही शाही कैदी बनाया गया हूं। जब अहसान इलाही आए तो हम दो हो गए। लेकिन जब जेल के अन्दर पहुंचे तो हम तीन हो गए। एक और कामरेड फजल इलाही कुर्बान दो-तीन मास पहले से ही वहां इसी कानून के अधीन नजरबन्द थे। हम तीनों को एक ही कमरे में रख दिया गया। दीवानी अहाता नाम से एक लम्बा कमरा था। इसमें बाहर एक छोटा सा सेहन था। एक ओर स्नान करने की जगह, दूसरी ओर रसोई बनी हुई थी। किसी समय दीवानी अपराधों में कैद अभियुक्तों को वहां रखा जाता था। अब हम तीनों को वहां रख दिया गया था। चूंकि हम शाही कैदी थे हम अपने घर के कपड़े पहन सकते थे। घर से खाना भी मंगवाना चाहते तो मंगवा सकते थे। इसके साथ ही सरकार की ओर से हमें 75/ - रुपये प्रति मास खर्च मिलता था जो उस समय बहुत ज्यादा था। प्रतिदिन घर से खाना मंगवाना सम्भव न था। मेरे घर से तो शायद आ भी जाता लेकिन मेरे जो बाकी के दो साथी थे उनके घर वालों के साधन ऐसे न थे कि वे एक या दो नौकर इसी काम के लिए रखें जो प्रतिदिन जेल में उनका खाना पहुंचाएं। और फिर सरकार की ओर से हमें 75/- रूपए मासिक प्रति व्यक्ति मिलता था साथ ही जेल में बड़े अच्छे रसोइए मिल जाते हैं जो बड़ा अच्छा खाना तैयार कर देते हैं। जेल वालों ने एक बहुत ही अच्छा रसोईया दे दिया। सामान बाहर से आ जाता था। खाना वहीं पक जाता था इसलिए कोई परेशानी उत्पन्न न हुई। लेकिन मेरे लिए एक कठिनाई अवश्य उत्पन्न हो जाती थी वह यह कि अहसान इलाही और फजल इलाही दोनो मांस भक्षक थे और मुझे मांस से सख्त घृणा थी। वे चाहते थे कि जब हमें 75/- मासिक मिलते हैं तो वे क्यों न गोश्त मंगवाएं। मैं तो इसे देख भी न सकता था इस पर कई बार आपस में कुछ झगड़ा भी हो जाता। लेकिन वे अपनी जगह सच्चे थे और मैं अपनी जगह सच्चा।

कोई तीन मास बाद फसल ईलाही कुर्बान को मुलतान जेल में तबदील कर दिया गया। अहसान और मैं लाहौर जेल में रह गए। हमारा आपस में समझौता हो गया। इसके लिए सप्ताह में दो बार मांस पकेगा, और वह भी रसोई से बाहर। शेष हम दोनों का सब कुछ इकट्ठा था। एक रसोई रखने में दोनों को लाभ था। इसलिए अहसान इलाही मेरी बात मान गए। हमें अपने घर वालों से 15 दिन के बाद एक बार मिलने की अनुमति थी लेकिन वह मुलाकात एक सी.आई.डी. अधिकारी की मौजूदगी में हो सकती थी। इसलिए हम कोई काम की बात न कर सकते थे। मैं लाहौर सैन्ट्रल जेल में नजरबन्द था। कोई एक मील की दूरी पर दुर्गादास, रणबीर और चमन लाल के विरुद्ध बोर्स्टल जेल के मुकद्दमे में गवर्नर की हत्या का षडयन्त्र चल रहा था। इसका

सारा हाल समाचार पत्र में प्रकाशित हो जाता था, वह तो मैं पढ़ लेता था। लेकिन इसके अतिरिक्त यदि कुछ पूछना चाहूं तो वह घर वालों से न पूछ सकता था क्योंकि सी.आई.डी. का अधिकारी सिर पर बैठा होता था। इस प्रकार हमारी जेल की नई जिन्दगी शुरू हो गई।

उन्हीं दिनों मुझे अपने एक सम्माननीय बुजुर्ग से प्यार व कृपा का जो अनुभव हुआ उसे मैं जीवन भर नहीं भूल सकता। वे थे अमृतसर के महाशय रतनचन्द रत्तो। वे भी इन्हीं दिनों इसी जेल में उमर कैद की सजा काट रहे थे। 1919 में मार्शल-लॉ के दिनों में वे गिरफ्तार हुए थे। पहले उन्हें फांसी की सजा हुई थी बाद में वह उमर कैद में बदल दी गई थी। वे 7-8 वर्ष काले पानी (अण्डमान) में भी रहे और अब पिछले कुछ समय से लाहौर सैन्ट्रल जेल में सजा काट रहे थे। पिता जी के साथ उनके सम्बन्ध बड़े मैत्रीपूर्ण थे। बल्कि दोनों एक-दूसरे को भाई की भांति समझते थे।

जेल के नियमों के अनुसार जब कोई कैदी 8-10 वर्ष काट लेता तो उसे या तो कोई जिम्मेदारी का पद दे दिया जाता था या कोई और इस प्रकार का काम इसके जिम्में लगा दिया जाता जिसके द्वारा उनकी शेष कैद सुगमता से कट जाए। महाशय रत्तो एक बहुत ही ईमानदार व्यक्ति समझे जाते थे। इसलिए उन्हें जेल का स्टोरकीपर बना दिया गया। साल भर में जेल के कैदियों के लिए जिनकी संख्या उस समय कोई तीन हजार के लगभग थी लाखों रूपए का सामान बाहर से आता। वह सारा महाशय रत्तो के सुपुर्द होता। बड़े-बड़े ठेकेदार जो यह सामान लाते थे जेल के अन्दर आ कर महाशय जी के पास बैठे रहते। इसका एक लाभ यह भी हुआ कि महाशय जी को जिस भी चीज की जरूरत होती बाहर से आ जाती।

जिस रात मैं जेल में पहुंचा, दूसरी प्रातः अपने सेहन में टहलने लगा। कुछ देर के बाद पगड़ी पहने भारी शरीर का एक व्यक्ति मेरे पास से गुजरा और मुझे नमस्ते की और कहा, ''बेटा कोई तकलीफ तो नहीं।'' मैं उन्हें न पहचान सका क्योंकि इससे पहले मैंने उन्हें देखा नहीं था नाम उनका जरूर सुना था किन्तु मिलने का कभी अवसर नहीं मिला था। जिस प्यार से उन्होंने बात की मैं बहुत प्रभावित हुआ। जेल में कोई इस ढंग से बात कर जाए इसकी अपेक्षा नहीं की जा सकती थी।

मुझे कुछ पता नहीं चला कि वह कौन है, किन्तु शाम को एक कैदी कुछ फल और मिठाई ले कर आ गया। जब मैंने उससे पूछा कि कहां से लाया है तो उसने कहा लालाजी ने भेजी है। मैं फिर भी न समझ सका क्योंकि मुझे मालूम न था कि महाशय रत्तो को जेल में कैदी लाला जी बुलाते हैं।

मैंने वे फल और मिठाई रख ली। दो दिन बाद उन्होंने मेरे लिए हलवा बना कर भेज दिया। इस पर अहसान इलाही ने मुझे कहा कि इस लाला की हर चीज मत

लेते जाओ। मालूम नहीं यह कौन है। कोई सी.आई.डी. का ही आदमी न हो जो तुम्हें फंसाने के लिए यह सब कुछ भेज रहा है। पता तो कर लो कि यह कौन है। अन्ततः तुम्हारे लिए इसके दिल में एकदम यह प्यार कहां से उमड़ आया है।

अहसान की बात मुझे पसन्द आ गई। मैंने वह हलवा वापस कर दिया। ऐसा मालूम होता है कि जो कैदी यह ले कर आया था उसने जा कर हमारी सारी बात महाशय जी को सुना दी। घण्टे भर के बाद एक और कैदी आया तो उनकी एक चिट्ठी ले कर मेरे पास आया था। जिसमें उन्होंने लिखा था कि वह अमृतसर के महाशय रत्नचन्द 'रत्तो' हैं। मेरे पिता जी के बहुत गहरे मित्र हैं। बचपन में वह मुझे अपनी गोद में खिलाते रहे हैं। उन्हें जब से पता चला है कि मैं इस जेल में आ गया हूं उन्हें चैन नहीं पड़ रहा। वे मुझे जेल में हर सम्भव सुविधा और आराम पहुंचाना चाहते हैं किन्तु चूंकि मुझसे मिलने की मनाही थी अत: वे स्वयं तो नहीं आते किसी के हाथ उन्होंने ये फल और मिठाई भेजी है।

उन्होंने यह भी लिखा कि वे प्रतिदिन मेरे पास अपना एक विश्वासपात्र आदमी भेज दिया करेंगे मुझे जिस चीज की जरूरत हो मैं उसे बता दूंगा। वे उसका प्रबन्ध कर देंगे। बाद में महाशय जी ने मुझसे मिलने की अनुमति भी मांगी किन्तु वह न मिली। उनका पत्र पढ़ कर मैं बहुत लज्जित हुआ। उसका उल्लेख कई बार हमारे घर में हुआ करता था। पिता जी की जबानी उनका नाम भी कई बार सुना था किन्तु भाग्य की विडम्बना देखिए कि उनके दर्शन हुए तो ऐसी प्रतिकूल परिस्थितियों में जबकि हम एक-दूसरे से बात भी नहीं कर सकते थे।

किन्तु मैं जितने दिन लाहौर सैंट्रल जेल में रहा, महाशय रत्तो की कृपा मुझ पर बनी रही। वे मेरा इस प्रकार ख्याल रखते जिस तरह एक पिता अपने पुत्र का रखता है। वे जिस कोठड़ी में रहते थे प्रातः सायं वहां आते-जाते हमारी कोठड़ी के आगे से गुजरते मैं भी वहां खड़ा उनकी प्रतीक्षा करता रहता। जब वे आते तो मैं दूर से उन्हें झुक कर प्रणाम कर देता और वे भी हाथ उठा कर मुझे आशीर्वाद दे देते। यह 1931 की घटना है। 45 वर्ष गुजर जाने पर भी मैं उन्हें नहीं भूल सका। शायद इस जीवन में कभी भूल भी न सकूं।

जेल क्या था पशुओं की एक बस्ती थी, इसमें मुझे यदि कोई मनुष्य नजर आता तो वह महाशय रत्तो थे। कई बार सोचता हूं कि ऐसे मनुष्य अब धीरे-धीरे इस संसार से मिटते जा रहे हैं।

लाहौर सैन्ट्रल जेल में पहुंचने के बाद मेरी हालात उस व्यक्ति जैसी हो रही थी जो एक मकान छोड़ कर दूसरे में चला जाता है किन्तु वहां के वातावरण को अपने लिए अनुकूल बनाने में कुछ समय लगता है। मैं यह तो समझता था कि अब काफी

समय मुझे यहां रहना पड़ेगा किन्तु कितने समय रहना पड़ेगा इसका कोई अनुमान न था।

मेरे और अहसान इलाही के आने से पहले फजल इलाही कुर्बान छः महीनों से यहां पड़े थे। उन्हें भी मालूम न था कि उन्हें कितने समय जेल में रहना पड़ेगा। जिस कानून के अधीन हमें जेल में बन्द किया गया था उसके विषय में हम प्रायः कहा करते थे—

'यह वह कैद है जिसकी कोई मियाद नहीं'

अपनी स्वतन्त्रता से वंचित होना, चाहे वह एक दिन के लिए ही क्यों न हो किसी को भी अच्छा नहीं लग सकता। किन्तु जहां तक अहसान इलाही और फजल इलाही का संबंध था ये दोनों सक्रिय राजनैतिक कार्यकर्ता थे। लगभग उनका पेशा भी यही था। उनका अपना न तो कोई कारोबार था न मेरी तरह वे किसी कालेज में पढ़ते थे। आयु में दोनों मुझसे बड़े थे किन्तु विवाह किसी का भी नहीं हुआ था। फजल इलाही कुर्बानी एक टकसाली ढंग के कम्युनिस्ट थे। गुप्त रूप से एक दो बार रूस भी हो आए थे।

इनके साथ जब किसी समस्या पर बहस होती तो वे प्रायः घूम-फिर कर उसे लेनिन और मार्क्स पर ही ले आते। उन दिनों इस प्रकार के कम्युनिस्ट सरकार की नजरों में संदिग्ध समझे जाते थे। फजल इलाही कुर्बान के विषय में उस समय की सरकार को भी यह शक था कि वह इस देश में रूस का एजेंट है, इसलिए उसे जेल में डाल दिया गया था।

दूसरी ओर अहसान इलाही नौजवान भारत सभा में काम करते थे। एक राष्ट्रवादी मुस्लिम नौजवान थे। किसी कालेज से उन्होंने कोई डिग्री तो प्राप्त न की थी किन्तु पढ़े-लिखे और स्वाध्याय का स्वभाव भी था। वे राष्ट्रवादी थे अतः फजल इलाही से उन्हें कई बातों में मतभेद रहता था। दोनों में कई समस्याओं पर घण्टों बहस होती रहती जो कई बार कुछ कटुता भी ग्रहण कर लेती किन्तु इन दोनों की हालत में एक बात समान भी थी, इनके परिवारों ने उनकी गतिविधियों में कोई रुचि न थी। न उनके इतने साधन ही थे कि उन्हें बाहर से अच्छी-अच्छी किताबें और दूसरा साहित्य पढ़ने के लिए भेज सकते। इसलिए वे इधर-उधर से पढ़ने के लिए कुछ सामग्री इकट्ठी करके अपना समय पूरा कर लेते।

मेरी स्थिति उनसे कुछ भिन्न थी। जिस समय में गिरफ्तार हुआ था, बी.ए. के दूसरे वर्ष में पढ़ रहा था। दो महीने बाद परीक्षा देनी थी। गिरफ्तारी के बाद मैंने सोचा कि अब परीक्षा देने का प्रश्न तो खत्म हुआ। मुझे इसका खेद जरूर था किन्तु अधिक अफसोस न था। खेद इसलिए था कि मुझे मालूम न था कि कितना समय जेल में रहना

पड़े इसके बाद नए सिरे से बी.ए. की तैयारी करना शायद कठिन हो जाए। इस तरह मैं अपनी शिक्षा बी.ए. तक भी पूरा न कर सकूंगा।

उन दिनों भी एक पढ़े लिखे नौजवान के लिए बी.ए. पास करना जरूरी समझा जाता था। इससे कम वाले को शिक्षित नहीं समझा जाता था। इसलिए मुझे इस बात का खेद अवश्य था कि मेरी गणना गैर शिक्षित लोगों में होगी किन्तु इसका गम अधिक इसलिए न था कि अन्तत: यह भी तो एक तरह से बलिदान ही था जो मैं अपने देश के लिए कर रहा था।

मेरे पिता जी का दृष्टिकोण इससे कुछ भिन्न था। उन्हें कदापि पसन्द न था कि उनका बेटा बी.ए. भी पास न कर सके। उन्हें यह मालूम था कि अब अन्तिम परीक्षा में दो मास शेष रह गए हैं। वे जानते थे कि मैंने जो तैयारी करनी थी वह मैंने कर ली है। यदि अब मैं परीक्षा में न बैठा तो यह सारा परिश्रम व्यर्थ जाएगा। इस कारण हो सकता है कि मैं इस प्रकार दिल छोड़ बैठूं कि फिर आगे पढ़ने का नाम न लूं। इसलिए उन्होंने पंजाब सरकार को लिखा कि जिस समय वीरेन्द्र को गिरफ्तार किया गया उस समय वह बी.ए. की परीक्षा की तैयारी कर रहा था। अब दो मास रह गए हैं सरकार के लिए किसी तरह भी उचित न होगा कि वह उसे और शिक्षा प्राप्त करने से वंचित कर दे। इसलिए या तो इसे परीक्षा देने के लिए रिहा किया जाए, या इसकी परीक्षा की जेल में कोई व्यवस्था की जाए।

उन्होंने यह मांग भी की कि उसे जेल में अपने पास पुस्तकें और पढ़ने-पढ़ाने की दूसरी सामग्री रखने की भी अनुमति दी जाए। पहले तो सरकार ने उनकी यह मांग अस्वीकार कर दी और कह दिया कि इससे पहले किसी शाही कैदी को इस प्रकार की सुविधाएं उपलब्ध नहीं कराई गईं, न अब कराई जा सकती हैं। किन्तु पिता जी भी पीछा छोड़ने वाले नहीं थे। वे उसी दिन श्री जैंकिन्स से मिलने चले गए जिसका उल्लेख मैं शुरू में कर चुका हूं जब मुझे साण्डर्स हत्या षड्यन्त्र में गिरफ्तार किया गया था।

अब वह सी.आई.डी. का बहुत बड़ा अधिकारी बन चुका था और शाही कैदियों का भाग्य विधाता समझा जाता था। हमारे विषय में हर बात का फैसला वही करता था। पिताजी उसके पास गए और बहुत समय तक उसके साथ बहस करते रहे। वह पिता जी से कहता कि तुम्हारा बेटा एक खतरनाक ढंग का विद्रोही है उसके साथ किसी प्रकार की रियायत नहीं हो सकती। इस पर पिता जी ने उससे कहा कि तुम्हारे पास उसके विरुद्ध कोई प्रमाण है तो उस पर मुकद्दमा चलाओ किन्तु तुमने उसे एक ऐसे कानून के अधीन नज़रबन्द कर दिया है जहां किसी मुकद्दमे की जरूरत नहीं है। जिसका अर्थ स्पष्ट है कि वह सर्वथा निर्दोष है और तुम प्रतिशोध की भावना से उसे

जेल में बन्द रखना चाहते हो।

पिताजी के इन शब्दों ने जैंकिन्स को एक बार जरा झिंझोड़ दिया। उसकी मेज पर एक मोटी फाइल पड़ी हुई थी, उसे पिता जी को ओर फैंकते हुए उसने कहा — Well, Mahashey — You do not desearve to be called a father — you do not know what your son has been doing—see this file— यानि "महाशय ! तुम पिता कहलाने के योग्य नहीं हो। तुम्हें कुछ मालूम नहीं कि तुम्हारा बेटा क्या करता है। तनिक इस फाइल को देखो।"

पिता जी ने इस फाइल को थोड़ा-सा ही देखा कि जैंकिन्स ने वह उनके हाथ से यह कह कर ले ली कि Its confidential यानि यह गुप्त है। किन्तु वह जो कुछ देख सके वह मेरे कुछ पत्र थे, कुछ मेरे हाथ से लिखे इश्तहार थे जो मैंने कालेज के बोर्ड पर लगाए थे। कुछ सी.आई.डी. की मेरे विरुद्ध रिपोर्ट थी जो जैंकिन्स ने पिता जी को पढ़ने न दी।

पिताजी और जैंकिन्स के मध्य बातचीत का एक परिणाम यह हुआ कि जैंकिन्स इस बात के लिए तैयार हो गया कि यदि पंजाब विश्वविद्यालय के अधिकारी मेरी परीक्षा के लिए विशेष व्यवस्था करने को तैयार हो जाए तो सरकार इसकी अनुमति दे देगी। वह यह भी मान गया कि पिताजी परीक्षा की तैयारी के लिए जो पुस्तकें भेजेंगे वह मुझे दे दी जाएंगी।

इसके बाद पिताजी ने विश्वविद्यालय के अधिकारियों का दरवाजा खटखटाना शुरू कर दिया। उन दिनों पिताजी के कई मित्र विश्वविद्यालय सेनिट और सिण्डीकेट के सदस्य थे। उनके माध्यम से विश्वविद्यालय के अधिकारियों को कहलवाया गया। पहले तो उन्होंने भी अपनी कठिनाइयां बयान करनी शुरू कर दीं और कहा कि केवल एक व्यक्ति के लिए अलग परीक्षा केन्द्र बनाना कठिन होगा। किन्तु जब उन्हें पता चला कि यह एक विशेष प्रकार का विद्यार्थी है और सरकार की भी इसमें रुचि है कि वह परीक्षा में बैठे तो उन्होंने प्रबन्ध करना मान लिया। एक विशेष केन्द्र मेरे लिए बनाने का फैसला किया गया।

पिताजी की इस दौड़धूप का परिणाम यह हुआ कि एक दिन दोपहर को दो-तीन कैदी पुस्तकें, कापियां, पैन्सिलें और स्याही की दवात लिए मेरे कमरे में आ पहुंचे। यह सब सामान पिताजी ने भिजवाया था। मुझे उस समय तक पता न चला था कि मुझे परीक्षा देने की अनुमति दे दी गई है। थोड़ी देर बाद जेल का एक डिप्टी आया और उसने बताया कि यह सब सामान मेरे घर से आया है और सरकार ने मुझे परीक्षा में बैठने की अनुमति दे दी है।

मेरे लिए एक विचित्र असमंजस की स्थिति पैदा हो गई। मैं परीक्षा का ख्याल

अपने दिमाग से निकाल चुका था। अब अकस्मात नये सिरे से परीक्षा की बात सोचनी पड़ गई। इसमें सन्देह नहीं कि जेल में पढ़ने के लिए समय बहुत था। मैं सारा दिन पढ़ सकता था किन्तु वातावरण अधिक वांछनीय न था। कैदखाना मनुष्य के मानसिक सन्तुलन को कभी-कभी बिगाड़ देता था। परीक्षा की तैयारी के लिए तो बहुत ही शांतिपूर्ण परिस्थितियों की जरूरत है साथ ही किसी ऐसे व्यक्ति की सहायता और परामर्श की भी जरूरत होती है जो किसी मुश्किल को सुलझाने में सहायक सिद्ध हो सके।

जेल में यह कुछ भी प्राप्त न था। मैं था और मेरी पुस्तकें थीं। किन्तु अब निकलने का कोई रास्ता न था। मैं चाहता या न चाहता, मुझे हर हालत में परीक्षा में बैठना था। इस ख्याल से मैं अपने काम में जुट गया किन्तु इसी मध्य कुछ ऐसी घटनाएं भी हुईं जो काफी परेशान करने वाली थीं। जिनके कारण तबीयत उचाट हो रही थी।

23. चन्द्रशेखर आज़ाद और भगत सिंह

यह मैं 1931 की घटनाओं का उल्लेख कर रहा हूं। इन दिनों राजनैतिक गतिविधियां अपने यौवन पर थीं। यद्यपि हम लोग जेल में थे किन्तु वहां पढ़ने को समाचार पत्र तो मिल जाते थे और पत्रों में सब कुछ प्रकाशित हुआ करता था। किसी प्रकार की कोई पाबंदी न थी। इसलिए जेल में रहते हुए भी हमें पता होता था कि बाहर क्या हो रहा है और इन घटनाओं से हम इस समय के हालात का कुछ अनुमान लगा सकते थे।

मेरी गिरफ्तारी 10 फरवरी 1931 को हुई थी। इसके 17 दिन बाद यानि 27 फरवरी 1931 को इलाहाबाद के एल्फ्रेड पार्क में पुलिस के साथ एक मुठभेड़ में चन्द्रशेखर आजाद शहीद हो गए। जब हमने जेल में यह खबर पढ़ी तो अत्यन्त दु:ख हुआ। विगत 10-15 वर्षों से हमारे देश में जो क्रान्तिकारी आन्दोलन चल रहा था चन्द्रशेखर आजाद उसकी अन्तिम निशानी थे। विगत दो-तीन वर्षों में जो त्रिमूर्ति इस आन्दोलन को चला रही थी उसमें भगवतीचरण पहले ही शहीद हो चुके थे। भगत सिंह को षड्यन्त्र केस में फांसी की सजा हो चुकी थी। केवल चन्द्रशेखर आजाद शेष रह गए थे जो इस आन्दोलन को पुनर्जीवित कर सकते थे। किन्तु अन्तत: वह भी पुलिस की गोली का निशाना बन गए। उनके एक साथी ने उनके साथ द्रोह किया और पुलिस को सूचना दे दी कि वह अल्फ्रेड पार्क में बैठे हैं। पुलिस ने उसे आ कर घेर लिया।

पुलिस को देखते ही आजाद ने अपनी पिस्तौल निकाल ली किन्तु इससे पूर्व कि वह पुलिस पर गोली चलाते पुलिस ने उन पर गोली चला दी और वह वहीं ढेर हो गए। उस समय उनकी गिरफ्तारी के लिए पुलिस ने 50 हजार रूपए का इनाम रखा हुआ था; किन्तु आजाद कहा करते थे —

दुश्मन की गोलियों का,
हम सामना करेंगे,
आजाद ही रहे हैं
आजाद ही रहेंगे॥

उनकी कहानी यहीं खत्म नहीं होनी चाहिए। आजाद का एक आदर्श जीवन था

यही कारण है कि वे इतने समय पुलिस की निगाहों से बचे रहे। किन्तु खेद कि उनके देशवासियों ने उनका वह सम्मान नहीं किया जो होना चाहिए था। आज़ाद का जीवन एक ऐसा पवित्र जीवन रहा है जिसका इस देश के एक-एक बच्चे को पता होना चाहिए। हम अपने बच्चों को दूसरे देशों के वीरों की गाथाएं तो पढ़ाते हैं किन्तु अपने ही देश के सूरमाओं के विषय में कुछ बताने की कोशिश नहीं करते। यही कारण है कि हमारे बच्चों के दिलों में देशभक्ति की वह भावना पैदा नहीं होती जो होनी चाहिए।

चन्द्रशेखर आजाद के राजनैतिक जीवन का आरम्भ 1921 में हुआ था। जब उनकी आयु अभी 14-15 वर्ष की ही थी। महात्मा गांधी का अवज्ञा आन्दोलन चल रहा था। आजाद ने कुछ दूसरे लड़कों से मिल कर संस्कृत कालेज वाराणसी पर पिकेटिंग किया था। वे गिरफ्तार हो गए। अल्पायु होने के कारण उन्हें 15 बैंतों की सजा का आदेश हुआ। उस समय आजाद का पूरा नाम चन्द्रशेखर तिवारी था किन्तु जब अदालत ने उनका नाम और ठिकाना पूछा तो आजाद ने उत्तर दिया —

नाम ? — आजाद

घर का पता? — जेलखाना

बाप का नाम ? — स्वाधीन

दंडाधिकारी ने उन्हें 15 बैंत का दण्ड दिया और जेल भेज दिया। वहां उन्हें एक टकटकी से बाँध कर 15 बैंत मारे गए। हर बैंत के साथ वे कहते थे 'भारत माता की जय', 'महात्मा गांधी की जय'।

15 बैंतों ने उनके शरीर को छलनी कर दिया। उसमें से खून निकलने लगा। जब जेल से चलने लगे तो उस समय के नियमानुसार जेल ने उन्हें तीन आने के पैसे दे दिए। आजाद ने यह जेलर के मुंह पर मारे और वहां से चला गया। उस दिन से उसके दिल में प्रतिशोध की आग भड़क उठी। उसने फैसला कर लिया कि इस सरकार से बदला जरूर लेना है। जब तक जीवित है अपने जीवन का एक-एक क्षण ब्रिटिश सरकार के विरुद्ध घृणा फैलाने और घृणा को मूर्तरूप देने में लगा देगा।

थोड़े ही समय बाद उनका सम्पर्क काकोरी के शहीद पंडित राम प्रसाद बिस्मिल के साथ हो गया। रामप्रसाद बिस्मिल पर आर्यसमाज का प्रभाव बहुत अधिक था। वे एक सच्चे ब्रह्मचारी का जीवन बिताते थे। न मांस खाते और न शराब पीते। न सिग्रेट का ही प्रयोग करते थे। प्रातः सायं खूब व्यायाम करते। वे अपने शरीर को बड़े-बड़े क्रांतिकारी कार्यों के लिए तैयार करते थे। यही कुछ चन्द्रशेखर आजाद ने उनसे सीखा था। जब उसने एक बार यह फैसला कर लिया कि उसने अपना जीवन देश के लिए बलिदान करना है तो फिर उसे न तो कभी अपनी चिन्ता हुई, न अपने परिजनों की। आजाद की देश भक्ति तथा अपने साथियों से उसकी वफादारी किस सीमा तक

पहुंची थी इसका कुछ अनुमान एक घटना के द्वारा लगाया जा सकता है।

एक बार किसी ने स्वर्गीय गणेश शंकर विद्यार्थी से कहा कि आजाद के माता-पिता की आर्थिक स्थिति बहुत अच्छी नहीं है। उनके पास दो समय की रोटी भी नहीं है। एक दिन जब आजाद विद्यार्थी जी से मिलने आए तो विद्यार्थी जी ने उन्हें दो सौ रुपये दे दिए कि वह अपने माता-पिता को भिजवा दे। आजाद ने वह रुपया अपनी पार्टी को दे दिया। कुछ समय बाद जब आजाद फिर विद्यार्थी जी से मिले और उन्होंने पूछा कि क्या वह रुपया भेज दिया था तो आजाद ने उत्तर दिया —''विद्यार्थी जी, मेरे माता-पिता को तो कभी न कभी कुछ खाने को मिल जाता है किन्तु मेरी पार्टी के कई नौजवान ऐसे हैं जिन्हें कई बार बिल्कुल ही भूखे रहना पड़ता है। मेरे माता-पिता वृद्ध हैं मर भी गए तो देश की कोई हानि नहीं होगी किन्तु मेरी पार्टी का कोई युवक भूख से तड़प कर मर जाए तो हमारे लिए बहुत ही शर्म की बात होगी और देश को इससे बहुत हानि होगी।''

चन्द्रशेखर आजाद के जीवन का सबसे उजागर पक्ष था महिलाओं के विषय में उनका रवैया। वे सदा उनसे दूर रहते थे। उनका अपना शरीर बहुत सुन्दर था। निरन्तर कई वर्ष परिश्रम और व्यायाम करके उन्होंने उसे बनाया था। इसलिए एक-दो बार कुछ ऐसी घटनाएं भी हो गई कि नौजवान औरतों ने उन्हें अपने जाल में फंसाने का प्रयत्न किया किन्तु आजाद यही कहते रहे कि एक क्रांतिकारी एक ही समय में दो चीजों से प्यार नहीं कर सकता। वह अपने देश से प्रेम करे या किसी युवती से। देश से प्रेम करना है तो इसके लिए सब कुछ बलिदान करना पड़ेगा। इसमें किसी दूसरे से प्रेम के लिए तनिक भी स्थान नहीं।

आजाद के कई साथी स्त्री प्रेम का शिकार हो गए। इसके कारण उनकी पार्टी को हानि पहुंची किन्तु आजाद ऐसे लोगों को कभी क्षमा करने को तैयार नहीं होते थे जो किसी स्त्री के कारण अपनी पार्टी को क्षति पहुंचाते थे। अपने एक ऐसे साथी को वह एक बार गोली से उड़ाने को तैयार हो गए। वे अपने किसी साथी में इस प्रकार का नैतिक दौर्बल्य सहन करने को कदापि तैयार नहीं थे।

अपने खर्चों के विषय में भी आजाद बहुत सचेत थे। उनका यह दृष्टिकेण था कि उन्हें जो भी रुपया मिलता है वह लोग उन्हें इसलिए देते हैं कि ये क्रांतिकारी युवक अपना सारा समय देश के लिए लगाते हैं और कोई काम नहीं करते इसलिए उनके गुजारे के लिए इधर-उधर से रुपया मिल जाता है। यह किसी प्रकार की फिजूलखर्ची पर नहीं लगाना चाहिए।

चूंकि आजाद पार्टी के नेता थे। अतः रुपया भी वे अपने पास ही रखते थे। स्वयं ही अपने साथियों में बांटते थे। आज के हालात तो कुछ और हैं। कोई जमाना था विशेषतः

जिन दिनों लाहौर में साण्डर्स की हत्या हुई थी, या विधानसभा में बम फैंका गया था उन दिनों आजाद अपने हर साथी को 4 आने प्रतिदिन दिया करते थे किन्तु उनके कुछ ऐसे भी थे भगतसिंह जैसे जिन्हें सिनेमा देखने का शौक था। वे आजाद से पैसे मांगते, आजाद उन्हें साफ इन्कार कर देते। कह देते जो कुछ जनता तुम्हें देती है वह तुम्हें अपने खून से वापस करना होगा। सिनेमा की अय्याशी एक क्रांतिकारी के लिए उचित नहीं किन्तु फिर भी देखने वाले देख ही लेते थे।

भगतसिंह और आजाद—ये दोनों चिरकाल तक देश के क्रांतिकारी आंदोलन पर छाये रहे। दोनों का एक ही लक्ष्य था किन्तु दोनों की कार्य पद्धति और सोचने का ढंग कुछ भिन्न था। कारण यह था कि भगतसिंह ने यद्यपि विश्वविद्यालय से कोई विधिवत् डिग्री प्राप्त न की थी फिर भी उसने विश्व के इतिहास और राजनीति का अध्ययन किया था। चन्द्रशेखर ने स्कूली शिक्षा समाप्त करने के बाद अपनी शिक्षा की ओर ध्यान नहीं दिया था।

जब 14-15 वर्ष की आयु में उन्हें बैंत की सजा हुई तो उसके बाद उन्होंने अपना जीवन देश के लिए बलिदान करने का संकल्प कर लिया था और जब तक जीवित रहे उन्होंने सिवाय अपने देश के और कुछ नहीं सोचा। भगतसिंह भी अपने देश का दीवाना था। एक दृष्टि से वह जो कुछ कर गया वह कोई दूसरा क्रांतिकारी न कर सका। परन्तु भगतसिंह और आजाद में एक अन्तर था। आजाद अत्यन्त कठोर व नीरस वृत्ति का नवयुवक था, भगतसिंह जीवन का आनंद प्राप्त करना चाहता था। उसे संगीत से भी प्रेम था। फिल्म देखने का भी शौक था, उपन्यास पढ़ने का भी। यह सब होते हुए भी उसने अपने स्वभाव को देश के प्रति अपने कर्त्तव्यों के मार्ग में नहीं आने दिया।

मुझे स्मरण है कि इन दिनों जब किसी नवयुवक को क्रांतिकारी दल में शामिल करना होता था तो उसे कुछ पुस्तकें पढ़ने को दी जाती थी। लेख माला के शुरू में मैं कुछ ऐसी पुस्तकों का उल्लेख भी कर चुका हूं, जो हंसराज वायरलैस और दुर्गादास खन्ना ने पढ़ने को मुझे दी थी। इसमें सोवियत क्रांति के सम्बन्ध में एक उपन्यास "Vera the Nihilist." भी था। इसमें रूसी क्रांति की कहानी दी गई थी। इसमें लेखक ने लिखा है कि जो नवयुवक व युवतियां रूसी क्रांति में भाग लिया करते थे उन्हें पहले एक शपथ लेनी पड़ती थी। वह शपथ इस प्रकार थी—"To Strangle whatever nature is in me. Neither to love, nor to be loved, Neighter to pity nor to be pited"— अर्थात् मेरे मन में जो भावनाएं हैं, इन्हें कुचल देना, न प्यार करना, न प्यार करवाना, न दया करना, न दया करवाना।

आजाद और भगतसिंह ने इन आदर्शों का पालन किया। दोनों नवयुवक थे। भगतसिंह तो रंग रूप में भी आकर्षक थे। भगतसिंह ने निरन्तर व्यायाम करके अपने

पर नियन्त्रण करके अपने शरीर को कुछ ऐसा बना लिया था कि कई बार महिलाएं उनकी ओर खिंची आती थीं। जब उन्हें पता चला कि किसी महिला की नीयत इनके प्रति खराब है तो वे भाग जाते। इस प्रकार की एक घटना उनके जीवन में प्रसिद्ध है- थमरपुरा के ठाकुर मखलान सिंह के परिवार में इनकी एक बहन रहती थी जिसे आजाद जीजी कहा करते थे। एक दिन जीजी की एक सहेली रात के समय जब सब सो गए तो वह चुपके से आजाद की चारपाई पर आ कर बैठ गई। आजाद उठ बैठे और उससे कुछ दूर हट कर बैठ गए। कुछ देर दोनों मौन रहे। आजाद ने समझा सम्भवत: वह जीजी को मिलने आई है और जीजी आ रही होगी, परन्तु कुछ देर प्रतीक्षा करने के बाद वहां न आई तो आजाद ने इस महिला से पूछा कि यहां क्यों आई है। वह महिला आजाद के भोलेपन पर मुस्कराई और उसकी ओर बढ़ी, परन्तु ज्यों-ज्यों वह उसकी ओर बढ़ती जाती थी आजाद पीछे हटते जाते। अन्त में जब पीछे हटने का स्थान न रहा था तो आजाद ने उस महिला से कहा यदि वह यहां से नहीं हटेगी तो वह वहां से चला जाएगा। इस पर महिला ने कहा कि यदि वह उसकी बात नही मानेगा तो वह शोर मचा कर लोगों को उठा देगी और उन्हें बदनाम कर देगी, परन्तु आजाद पर इसका कोई प्रभाव नहीं पड़ा। जब उसने देखा कि वह महिला नहीं रुक रही तो वह अपनी छत से छलांग लगा कर नीचे कूद पड़े और वहां से भाग गए।

इस प्रकार की एक दो घटनाएं भी उनके जीवन में हुई। परन्तु इन पर किसी का भी प्रभाव न पड़ा। वे सदा कहा करते थे कि एक क्रांतिकारी को स्त्री, शराब और सिगरेट से दूर रहना चाहिए। ये तीनों वस्तुएं किसी भी समय उनका बेड़ा गर्क कर सकती हैं।

भगतसिंह से प्रेम करने वाली युवतियों की भी कमी नहीं थी और यह भाग्य की विडम्बना देखिए कि प्यार का क्रम उस समय शुरू हुआ जब राष्ट्रीय सभा (केन्द्रीय असेम्बली) में बम फैंकने के बाद वह हीरो (नायक) के रूप में संसार के सामने आया। असेम्बली में बम फैंकना, इसके बाद अदालत में साहसपूर्ण बयान देना, फिर लाहौर के षड्यन्त्र में जिस वीरता और साहस के साथ अपना पक्ष पेश किया —इन सभी बातों के कारण वह न जाने कितनी युवतियों के मन मन्दिर का देवता बन गया था। परन्तु वह एक ऐसा देवता था जिसे अपने पुजारियों का पता ही नहीं था। न ही जिसके पुजारी उस तक पहुंत सकते थे। इसीलिए आजाद की तरह भगतसिंह के जीवन में भी कि सी महिला ने कोई महत्वपूर्ण भूमिका नहीं निभाई परन्तु इन दोनों में एक अन्तर अवश्य था।

भगतसिंह कुछ अलग स्वभाव का युवक था। संगीत से भी उसे प्रेम था। फिल्म देखने का शौक भी उसे था। जब वह कभी किसी अच्छी फिल्म का विज्ञापन देखता

तो उसे देखने का मन कर आता। परन्तु कई बार प्रश्न उत्पन्न होता कि पैसे कहां से आएं, क्योंकि आजाद को इन बातों के प्रति कोई रुचि नहीं थी। वे ब्रह्मचारी थे, जैसे कि इनके साथी इन्हें बुलाया करते थे। इसलिए आजाद सारा हिसाब-किताब अपने पास रखते ताकि कोई अपव्यय न हो। इन्हें यह भी पसन्द न था कि इनके साथी सिनेमा देखने जाएं। वे कहा करते थे कि तुम सब एक दिन सिनेमा में बैठे-बैठे पकड़े जाओगे और मैं तुम्हारी प्रतीक्षा करता रहूंगा। परन्तु भगतसिंह को यह बात पसन्द नहीं आती थी। वह समझता था कि जितने दिन जीवित रहना है, हसंते खेलते रहें। मौत से पहले ही क्यों मर जाएं। इसलिए वे किसी न किसी प्रकार आजाद को मना कर इनसे फिल्म देखने की अनुमति ले लेते।

इस प्रकार की एक घटना उन दिनों हुई जब वे साण्डर्स को मारने के लिए आजाद के साथ लाहौर आए हुए थे। एक दिन की बात है कि आजाद, भगतसिंह और उनके कुछ साथी लाहौर में एकत्रित हुए। वे लाला लाजपतराय की मृत्यु का बदला लेने के लिए लाहौर आए हुए थे। नगर में घूमते- घूमते भगतसिंह ने एक फिल्म का विज्ञापन देखा। वह फिल्म देखना चाहता था, परन्तु उसके और उसके साथी के पास केवल चार आने ही थे। इन दिनों आजाद अपने साथियों को चार आने प्रति-दिन खाना खाने के लिए दिया करते थे। भगतसिंह ने सोचा कि यदि ख०ाना खा लिया तो फिल्म नहीं देखे सकेगा। यदि फिल्म देख ली तो खाना नहीं खा सकेगा। उसे यह भी भय था कि आजाद नाराज होगें कि फिल्म देखने के लिए चार आने नष्ट क्यों कर दिए परन्तु इनकी फिल्म देखने की इच्छा इतनी प्रबल थी कि वे रुक न सके और फिल्म देखने चला गया। बाद में आजाद को आ कर बता दिया कि उसने फिल्म क्यों देखी है। इसका कुछ सम्बन्ध अमरीका के स्वतन्त्रता सग्रांम से था। इसलिए वह इसे देखना चाहता था। आजाद ने उसे डांट तो दिया कि क्रांतिकारी नवयुवक को इस तरह की अय्याशी की अनुमति नहीं दी जा सकती थी और कह दिया कि फिर वह कभी सिनेमा देखने न जाये क्योंकि वहां कई बार सी॰ आई॰ डी॰ घूमती रहती है परन्तु यह कह कर भगतसिंह के हाथ में चार आने और रख दिए कि वह पहले जा कर खाना खाए।

भगतसिंह के मन में आजाद के प्रति कितना प्रेम था कि इसका अनुमान एक और घटना से लगाया जा सकता है। जिस दिन भगतसिंह ने असेम्बली में बम फैंका था आजाद उस दिन आगरा में थे। जब उन्होंने समाचार पत्रों में भगतसिंह का फोटो देखा तो उसे सामने रख कर देर तक इसकी ओर देखते रहे और फिर उनकी आंखों में आसुओं की धारा बहने लगी। यह प्रथम अवसर था जब किसी ने उनकी आंखों में आसूं देखे। परन्तु आजाद अनुभव करते थे कि भगतसिंह ने एक भारी बलिदान दिया है। अब वह वापस नहीं आएगा और आजाद की और उसकी मुलाकात सम्भवत: इस जीवन

में न हो सके। इस विचार ने उन्हें कुछ परेशान कर दिया और वह व्यक्ति जिसके सम्बन्ध में यह समझा जाता था कि इनका दिल पत्थर का बना हुआ है अन्ततः पिघल गया परन्तु यह कोई दुर्बलता नहीं थी। अपने प्रिय साथी के प्रति प्रेम और विश्वास की अभिव्यक्ति थी और जहां तक आजाद का सम्बन्ध है इसने भी अन्ततः भगतसिंह की तरह ही अपने आपको अपने देश के लिए बलिदान कर दिया।

प्रत्येक व्यक्ति अपने जीवन में कुछ ऐसी बातें कह जाता है जो उसने कही तो बिना अभिप्रायः के होती हैं किन्तु अन्त में सच्ची निकलती हैं और उन्हें याद करके कई बार ऐसा मालूम होता है कि वह व्यक्ति अपने विषय में स्वयं कोई भविष्यवाणी कर रहा हो। चन्द्रशेखर आजाद ने भी न जाने कितनी बातें अनजाने में कह डाली होंगी किन्तु वे अन्ततः शत-प्रतिशत सत्य सिद्ध हुईं।

कहते हैं एक बार वे और भगतसिंह एक दूसरे से मजाक कर रहे थे कि अंत में किसकी मौत कैसे होगी। मौत इन दोनों के लिए कोई भय नहीं रखती थी इसीलिए वे हंसी मजाक में इसका उल्लेख किया करते थे। एक बार आजाद ने भगतसिंह से कहा कि वह तो किसी सिनेमा घर में पकड़ जाएगा और बेमौत मारा जाएगा। उत्तर में भगतसिंह ने कह दिया कि उसे मारना तो शायद पुलिस के लिए आसान हो किन्तु आजाद को फांसी पर लटकाने के लिए मोटे-मोटे रस्से ढुंढने पड़ेंगे। एक उनकी गर्दन के लिए एक उनके पेट के लिए। इस के बाद आजाद ने पास पड़े पिस्तौल पर हाथ रख कर कहा इसके होते हुए कौन माई का लाल है जो उसे गिरफ्तार कर सके।

उनके जीवन की इस प्रकार की दूसरी घटना तब पेश आई जब एक बार कुछ लोगों ने उनसे कहा कि अब क्रांतिकारी आन्दोलन का विघटन हो चुका है। वे पकड़े गए तो अनिवार्य रूप से फांसी पर लटका दिए जाएँगे। क्यों नहीं वे रूस चले जाते? उनके इस देश से निकलने की व्यवस्था कर दी जाएगी। इस पर आजाद ने उत्तर दिया, '' रूस फूस की बातें मुझ से मत करो, मेरा शरीर भारत की मिट्टी से बना है और मैं भारत की स्वतन्त्रता के लिए शत्रु से लड़ता-लड़ता इसी देश की धरती पर मर कर इसी की धूल में मिल जाऊंगा।''

इन दो घटनाओं का महत्व हम इस घटना से लगा सकते हैं जो 27 फरवरी 1931 को इलाहाबाद के एल्फ्रेड पार्क में हुई। आजाद उस दिन पुलिस के साथ लड़ते-लड़ते शहीद हो गए। उन्होंने कहा था कि जब तक उनका पिस्तौल उनके हाथ में है उन्हें कोई गिरफ्तार नहीं कर सकता। उनकी यह भी इच्छा थी कि वे लड़ते-लड़ते इस देश की मिट्टी में मिल जाएं। उनकी ये दोनों मनोकामनाएं उस दिन पूरी हो गईं। उस समय उनकी गिरफ्तारी के लिए 50 हजार रुपये का इनाम पुलिस देने को तैयार थी किन्तु उनके अपने ही एक साथी ने उनके साथ द्रोह किया और पुलिस को सूचना दे

दी। उस समय क्या हुआ और आजाद किस तरह पुलिस से लड़ते-लड़ते शहीद हो गए इसका उल्लेख आप सुखदेव राज की जुबानी सुनें। इस सन्दर्भ में उन्होंने अपनी पुस्तक में लिखा है—

''27 फरवरी प्रातः जलपान करने के बाद जब मैं अपनी साईकिल से चला तो भैया आजाद रास्ते में ही मिल गए। हम दोनों बातें करते-करते पार्क की तरफ चल पड़े। भैया मुझसे पूछ रहे थे कि चूँकि मैं बर्मा हो आया हूं क्या मैं बता सकता हूं कि कुछ लोग बर्मा के रास्ते देश से बाहर जा सकते हैं। इस सन्दर्भ में मुझे जो जानकारी थी मैंने दे दी। हम दोनों बातें करते-करते पार्क में पहुंच गए। वहां एक व्यक्ति पुल के उपर बैठा दातुन कर रहा था। उसने आजाद की ओर घूरना शुरू कर दिया। उनकी आंखें देख कर आजाद को कुछ संदेह हुआ। उन्होंने मुझसे उल्लेख किया। मैंने फिर उस व्यक्ति की ओर देखा किन्तु उसने अपना मुंह दूसरी ओर कर लिया।''

''हम दोनों बातें करते हुए आगे बढ़े। इतने में एक मोटर सड़क के सामने आ रुकी। उसमें एक अंग्रेज अफसर और सफेद कपड़ों में दो सिपाही बाहर निकले और हमारे निकट आ कर कहने लगे कि तुम लोग कौन हो और यहां क्या कर रहे हो। बातें करते- करते उस गोरे अफसर ने अपनी पिस्तौल निकाल ली इस पर भैया का हाथ अपनी पिस्तौल पर गया और मेरा हाथ अपनी पिस्तौल पर। गोरे ने जैसे ही बातें शुरू की और तनिक निकट आया तो दोनों ने पिस्तौलें चला दी। किन्तु गोरे की पिस्तौल पहले चल गई और आजाद की बाद में।''

''गोरे की गोली आजाद की टांग पर लगी और आजाद की गोली गोरे के कंधे पर। दोनों ओर से गोलियां चलनी शुरू हो गईं। एक गोली आजाद के दाएं बाजू को चीरती हुई उसके फेफड़े में आ लगी। फिर भी वे गोली चलाते रहे अफसर की कलाई टूट गई और उसने अपने प्राण बचाने के लिए मोटर में भागने का प्रयास किया। आजाद लहूलुहान हो चुके थे फिर भी उन्होंने अपनी गोली से मोटर का टायर पंक्चर कर दिया।''

''इस पर गोरा और उसके साथी एक वृक्ष के पीछे जा छिपे। आजाद भी एक वृक्ष की ओट में हो गए। दोनों ओर से गोलियां चलने लगीं। इतने में आजाद ने मुझे आदेश दिया कि मैं वहां से चला जाऊं। वे स्वयं लड़ते-लड़ते वहां शहीद हो गए किन्तु उन्होंने अपने एक साथी की जान बचा ली।''

आजाद का शव भूमि पर पड़ा था किन्तु किसी पुलिस वाले को उनके निकट जाने का साहस नहीं होता था। अन्ततः उसी गोरे अफसर ने अपने एक सिपाही से कहा कि वह उनकी लाश से तनिक दूर जा कर गोली चलाये जो उसने चला दी। जब पुलिस वालों ने देखा कि उसके उत्तर में आजाद ने गोली नहीं चलाई और उसका शरीर निष्प्राण है तो वे उसके पास गए और उसका शरीर एक ट्रक में डाल कर ले गए।

ये थे इस देश की क्रांतिकारी फौज के सेनापति चन्द्रशेखर आजाद। जीवन में वे कहा करते थे कि—

दुश्मन की गोलियों का
हम सामना करेंगे
आजाद ही रहे हैं
आजाद ही रहेंगे॥

उनका यह दावा था कि उन्हें कोई जीवित गिरफ्तार नहीं कर सकेगा और ठीक ही न कर सका। उनकी मौत के बाद भी पुलिस उनसे थरथर कांपती थी। उनके शव के पास आने की किसी की हिम्मत न होती कि कहीं आजाद फिर उठ खड़ा न हो। उनकी मृत्यु का समाचार सारे इलाहाबाद में बिजली की तरह फैल गया किन्तु इससे पूर्व कि लोग जमा हो कर पुलिस से उनके शव की मांग कर सकें उसने इनका अन्तिम संस्कार कर दिया। किसी न किसी तरह स्वर्गीय श्री पुरुषोतम दाल टंडन और श्रीमती कमला नेहरू को पता लग गया कि यह संस्कार हो रहा है। वे कुछ अन्य लोगों को ले कर वहां पहुंच गए। संस्कार तो हो चुका था। उन्होंने स्वतन्त्रता सग्रांम के उस वीर सेनानी की अस्थियां जमा करने का प्रबन्ध कर लिया ताकि उनका कोई सम्मान किया जा सके।

दो तीन दिन बाद इलाहाबाद में एक बहुत बड़ी सभी हुई जिसमें श्री पुरुषोत्तम दास और कमला नेहरू ने भी आजाद को श्रद्धांजलि भेंट की। इस सभा में भाषण देते हुए प्रसिद्ध क्रांतिकारी श्री शचीन्द्रनाथ सान्याल की धर्मपत्नी ने कहा—

''खुदीराम बोस की भस्मी को लोगो ने ताबीज में रख कर अपने बच्चों को पहनाया था ताकि उनके बालक भी खुदीराम बोस की तरह वीर बन सकें। मैं इसी भावना से आजाद की राख की चुटकी लेने आई हूं।''

इसके बाद लोगों ने इस भस्मी चुटकी ले कर अपने माथे पर लगानी शुरू कर दी, कठिनाई से थोड़ी-सी बची जो इलाहाबाद में त्रिवेणी में बहाई जा सकी।''

आजाद के शहीद होने की खबर मैंने जेल में सुनी थी। कौन भारतीय है जिसे उस समय उसकी मृत्यु से चोट न पहुंची हो। इसी के साथ कौन भारतीय है जिसका सिर उस समय गर्व से ऊंचा न हो गया हो। आज इस घटना को हुए 45 वर्ष हो चुके हैं।

अपने तप और त्याग से उन्होंने अपने कई साथियों को प्रभावित किया था। उनमें से एक दुर्गा देवी थी जिन्हें सब प्यार से दुर्गा भाभी कहते थे।

24. दुर्गा—अपने असली रूप में

चन्द्रशेखर आजाद का उल्लेख करते हुए मैंने श्री भगवतीचरण की धर्मपत्नी श्रीमती दुर्गा देवी का उल्लेख किया है। उन्हें हम लोग दुर्गा भाभी के नाम से ही पुकारा करते थे। उन पर तीन व्यक्तियों का बहुत प्रभाव था। एक उनके पति श्री भगवतीचरण का, दूसरे भगतसिंह का और तीसरे चन्द्रशेखर आजाद का।

संयोगवश ये तीनों ही 1927-28 से लेकर 1930-31 तक किसी न किसी रूप में इस क्रांतिकारी आन्दोलन पर प्रभावी होते रहे। भगवतीचरण सबसे पहले शहीद हुए। आजाद उनके बाद और भगतसिंह सबसे अन्त में। इन तीनों में से किसी को भी स्वाभाविक मृत्यु प्राप्त नहीं हुई। आजाद क्रांतिकारी दल में महिलाओं को शामिल करने के विरुद्ध थे। महिलाओं के कारण एक दो घटनाएं ऐसी हो चुकी थी जिन्होंने पार्टी को झिझोंड़ दिया था। इसलिए आजाद नहीं चाहते थे कि किसी महिला को क्रांतिकारी दल में शामिल किया जाए किन्तु दो महिलाओं के लिए उनके मन में अगाध आदर था और उनका बहुत अधिक सम्मान करते थे। एक सुशीला दीदी और दूसरी दुर्गा भाभी का। सुशीला की उस समय तक शादी नहीं हुई थी किन्तु वह बहुत ऊंची नैतिकता की मालिक थी। उनके विरुद्ध कभी किसी प्रकार की शिकायत नहीं मिली थी।

दुर्गा देवी विवाहित थी। उनका एक बच्चा भी था और उनके पतिदेव भी इसी काम में लगे हुए थे। अत: उनके विषय में भी किसी प्रकार की आशंका न थी इसीलिए आजाद ने इन दोनों को क्रांतिकारी पार्टी में काम करने की अनुमति दे रखी थी।

इस देश में क्रांतिकारी आन्दोलन का इतिहास साक्षी है कि इन दोनों ने अपनी भूमिका अत्यन्त वीरता से निभाई।

पाठक इससे पूर्व पढ़ चुके हैं कि जब साण्डर्स की हत्या के बाद भगतसिंह लाहौर से निकलना चाहते थे, उस समय दुर्गा ने ही उनका साथ दिया था। वहीं अपने आपको को खतरे में डाल कर उनके साथ कलकत्ता तक गई थी और उन्हें सुशीला के सुपुर्द कर दिया था। सुशीला उन दिनों कलकत्ता में सर छज्जूराम के घर रहा करती थी और उनकी लड़कियों को पढ़ाया करती थी। पुलिस सारे देश में भगतसिंह को तलाश कर रही थी परन्तु सुशीला ने भगतसिंह को अपने पास रखा हुआ था। उस समय इन दोनों

देवियों ने मिल कर भगतसिंह तो बचा लिया था।

भगतसिंह को ये दोनों अपना भाई समझती थी इसीलिए जब 17 अक्तुबर 1930 को भगतसिंह को फांसी की सजा का आदेश सुनाया गया तो दुर्गा तड़प उठी। उन्होंने कहा कि इसका कुछ-न-कुछ जवाब तो देना ही चाहिए।

पाठकों को स्मरण होगा कि जब चन्द्रशेखर आजाद, भगतसिंह और बी॰ के॰ दत्त भगतसिंह को जेल से छुड़ाने की योजना बना रहे थे उस समय भगवतीचरण की मौत के बाद दुर्गा ने कहा था कि उनकी जगह अब वह भगतसिंह को छुड़ाने जाएगी। किन्तु आजाद उनको साथ ले जाने को तैयार न हुआ। नहीं तो दुर्गादेवी तो इसके लिए भी तैयार थी। अब जबकि भगतसिंह को फांसी सुनाई गई तो दुर्गा यह समझ गई कि भगतसिंह को अब बचाया नहीं जा सकता। किन्तु वह इसका बदला जरूर लेना चाहती थी। जिस दिन भगतसिंह को सजा हुई उस दिन दुर्गा देवी और सुखदेवराज दोनों बम्बई में थे। दुर्गा ने सुखदेवराज से कहा था कि भगतसिंह को सजा दी गई है उसका बदला जरूर लेना चाहिए। सुखदेवराज इसके लिए तैयार हो गए। उन दिनों बाबा पृथ्वी सिंह चन्द्रशेखर आजाद की जगह इस क्षेत्र में क्रांतिकारी दल के नेता थे। यह दोनों उनके पास गए और परामर्श किया वह भी इसके लिए तैयार हो गए। फैसला हुआ कि पुलिस कमिश्नर को गोली से उड़ाया जाए।

तीनों एक मोटर में उसकी कोठी पर जाएंगे। दुर्गा अन्दर जा कर उस पर गोली चलाएगी और गोली चलाती हुई बाहर आएगी। पृथ्वीसिंह और सुखदेवराज बाहर खड़े उनकी प्रतीक्षा करेंगे। जब कोई दुर्गा को गिरफ्तार करने लगेगा तो यह उस पर गोली चला देंगे और दुर्गा बाहर खड़ी मोटर पर बैठ कर चली जाएगी।

सारी योजना के अनुसार जब ये तीनों कमिश्नर की कोठी पर पहुंचे तो उन्होंने देखा कि पुलिस का पहरा इस प्रकार कड़ा है कि अंदर जाना कठिन है। यदि दुर्गा अंदर चली भी गई तो बाहर न आ सकेगी। इस पर बाबा पृथ्वीसिंह ने कमिश्नर पर हमला करने का ख्याल छोड़ दिया किन्तु दुर्गा उस समय असली दुर्गा के रूप में उनके सामने खड़ी थी। उसने कहा कि वह भगतसिंह को दी गई सजा का बदला लिए बिना घर न जाएगी

वह अपने बच्चे को किसी रिश्तेदार के घर छोड़ आई थी कि अब आयु भर वह उसकी देखभाल करे क्योंकि दुर्गा शायद अब वापस न आए। जब बाबा पृथ्वीसिंह ने देखा कि दुर्गा नहीं मानती तो उन्होंने लेमिंगटन रोड पुलिस थाना के बाहर गाड़ी ले जा कर खड़ी कर दी। कुछ देर बाद एक मोटर वहां आई जिसमें दो अंग्रेज पुरुष और एक महिला बाहर निकली। ज्योंही वह अपनी मोटर से बाहर आए और एक दो पग चले कि बाबा पृथ्वीसिंह ने आदेश दिया—'शूट'। इस पर दुर्गा और सुखदेवराज ने

गोलियां चलानी शुरू कर दीं। एक गोली एक अंग्रेज को लगी। शेष जमीन पर लेट गए। इतने में अंदर से पुलिस आ गई उसने भी गोलियां चलानी शुरू कर दी। ये मोटर लेकर वहां से भाग निकले। थोड़ी दूर तक पुलिस ने इनका पीछा किया किन्तु इनका ड्राइवर अधिक होशियार था वह निकल गया और ये पुलिस के काबू न आए।

पुलिस ने गाड़ी का नम्बर नोट कर लिया था। सारी रात यह पता करती रही और प्रात: 5 बजे उस मकान में पहुंच गई जहां, दुर्गा और सुखदेव राज ठहरे हुए थे। उन्होंने ऊपर से पुलिस को देखा और पिछले दरवाजे से भाग गए। बाद में उन्हें भगौड़ा घोषित कर दिया गया। इनके विरुद्ध केस भी चला और बाद में प्रमाणित न हो सका और उन्हें छोड़ दिया गया।

भगतसिंह को बचाने के लिए दुर्गा ने एक और भी प्रयास किया। जिन दिनों पुलिस ने उसे भगौड़ा ठहरा रखा था और उसकी गिरफ्तारी के लिए इनाम भी रखा हुआ था, उन दोनों कांग्रेस और ब्रिटिश सरकार के मध्य एक समझौता हुआ था, जो गांधी इरविन के नाम से प्रसिद्ध है। जब दुर्गा को इस बात का पता लगा तो एक रात वह चुपचाप किसी को बताए बिना गांधी जी के पास पहुंच गई और उन्हें बताया कि वह कौन है। गांधी जी ने समझा कि शायद वह अपनी रिहाई चाहती है और उनकी सहायता लेने आई है। उन्होंने कहा, ''तुम आई हो तो पहले अपने आप को पुलिस को सौंप दो। फिर मैं तुम्हारी रिहाई के प्रयास करूँगा।''

उस पर दुर्गा ने कहा वह अपनी रिहाई के लिए नहीं आई है। वह तो भगतसिंह की रिहाई के लिए आई है। वह चाहती है कि जो समझौता उनका सरकार के साथ हो रहा है उसमें यह शर्त भी रख दी जाए कि भगतसिंह और उनके साथियों को भी रिहा किया जाएगा। गांधी जी ने कहा, ''वह सब तो हिंसा में विश्वास रखते हैं मैं उनके लिए कुछ न कर सकूंगा।'' दुर्गा निराश वापस लौट आई।

यह है वह वीरांगना जो आज लखनऊ के एक किनारे बैठी जीवन व्यतीत कर रही है। जो कुछ उन्होंने अपने देश के लिए किया वह बहुत कम लोगों ने किया होगा किन्तु उन्होंने इसका कोई मुआवजा नहीं मांगा। सरकारी पैंशन नहीं चाही। अपनी सेवाओं के लिए ताम्रपत्र की मांग नहीं की। जो कुछ किया था अपना कर्तव्य समझ कर किया था। उसका मूल्य मांगना वह अपना और अपने देश का अपमान समझती है।

25. गांधी-इरविन समझौता और भगतसिंह

5 मार्च, 1931— इस दिन जेल में कुछ चहल-पहल थी। समाचार पत्र आया तो मालूम हुआ कि गांधी जी और लार्ड इरविन के बीच समझौता हो गया। उसके अनुसार कांग्रेस अवज्ञा आंदोलन वापस ले लेगी। सब राजनैतिक कैदी रिहा कर दिए जाएंगे। किन्तु कांग्रेस कैदियों से अभिप्राय: उन कैदियों से था जो कांग्रेस आंदोलन के संदर्भ में गिरफ्तार हुए थे।

उक्त समाचार पत्र पढ़ कर यह तो स्पष्ट हो गया कि न हम रिहा होंगे और न ही भगतसिंह, राजगुरु और सुखदेव की फांसी रुकेगी। महाशय रत्तो जो 12 वर्ष से जेल में थे उनकी रिहाई की भी कोई सम्भावना न थी। हमें अपनी रिहाई की अधिक चिन्ता न थी अभी जेल में आए एक महीना ही हुआ था। कुछ समय और आसानी से कट सकता था।

दूसरे राजनैतिक कैदियों को हमसे मिलने की अनुमति नहीं थी किन्तु उस दिन जो रिहा होने वाले थे, उनमें से कुछ विशेष अनुमति ले कर हम से मिलने आ गए। यदि मेरी स्मरणशक्ति धोखा नहीं दे रही है तो डॉ गोपीचन्द भार्गव, रायजादा हंसराज पंडित, के॰ सन्तानम, स॰ शार्दूल सिंह कवीशर और कुछ अन्य नेता हमें मिलने आए। किन्तु न जाने क्यों हमारा इनसे बात करने का दिल नहीं करता था। हम समझते थे कि कांग्रेस ने क्रांतिकारी नौजवानों के साथ धोखा किया है । जब वे आए तो मैं मौन रहा किन्तु अहसान इलाही भड़क उठे।

उस समय तक भगतसिंह, राजगुरु और सुखदेव की फांसी का दण्ड सुनाया जा चुका था।

जो कांग्रेसी नेता हमसे मिलने आए वे अधिक देर हमारे पास नहीं ठहरे। कुछ तो वे भी शर्मिन्दगी का अनुभव कर रहे थे कि हम तो रिहा हो रहे हैं और वे जेल में रह रहे हैं, कुछ हम भी उनसे बात करने के मूड में न थे। अहसान इलाही ने उनसे भगतसिंह के विषय में जो कुछ कहा था उनके पास उस समय उसका कोई जबाव नहीं था। अन्तत: वे यह कह कर वहां से चल दिए कि बाहर जा कर कांग्रेस के नेताओं से बात करेंगे।

इन रिहाइयों के बाद हम भी लम्बी तान कर सो गए। हमने समझ लिया अब शीघ्र रिहाई की कोई सम्भावना नहीं है। यदि कांग्रेस के नेताओं को हमें रिहा कराने में कोई रुचि नहीं तो किसी और को क्या होगी? हमारे घर वाले प्रयास कर रहे थे किन्तु सरकार किसी न किसी दवाब के आगे झुकती है। इस समय उस पर एक ही दवाब था वह था गांधीजी का। क्रान्तिकारी आन्दोलन अब लगभग खत्म हो रहा था। चन्द्रशेखर आजाद की मृत्यु के साथ अब कोई ऐसा क्रान्तिकारी नेता नहीं रहा था जो इस आन्दोलन को फिर से खड़ा कर सकता। ऐसी स्थिति में सरकार पर अब किसी प्रकार का कोई दवाब न था। यही इस स्थिति का सब से निराशाजनक पक्ष था। भगतसिंह, राजगुरू और सुखदेव को बचाना अब असम्भव नजर आ रहा था।

कांग्रेस के नेता जेलों से रिहा हो गए। इसके कुछ दिन बाद कराची में कांग्रेस का अधिवेशन होने वाला था। सरदार वल्लभभाई पटेल ने इसकी अध्यक्षता करनी थी। इसलिए कांग्रेसियों का ध्यान अब अधिवेशन की ओर लग गया। हम जो जेलों में बंद थे, अंदर बैठे बाहर का तमाशा देख रहे थे। मैं अपनी परीक्षा की तैयारी में व्यस्त था। इस लिए प्रातः सांय मेरा काफी समय पढ़ने-लिखने में गुजर जाता। दोपहर के समय मैं कुछ देर सो लिया करता ।

एक दिन दोपहर को सो रहा था कि मेरे आंगन का दरवाजा खुला इसके साथ मेरी नींद भी खुल गई। देखा तो एक अंग्रेज जेल के कुछ अधिकारियों के साथ अंदर आ रहा है। कुछ ही क्षणों में वह मेरे सामने आ कर खड़ा हो गया। Hello, How are you?— तुम कैसे हो उसकी जबान से यह शब्द निकले तो मैंने देखा कि वही पुराना यमदूत जेन्किंस, जिसका उल्लेख मैं साण्डर्स हत्या कांड के सन्दर्भ में कर चुका हूं, सामने खड़ा था।

मेरी पढ़ाई के विषय में मुझसे दो-चार प्रश्न किए और पूछा कि क्या मैं अपनी परीक्षा की तैयारी कर रहा हूं। फिर उसने अपनी जेब से एक लिफाफा निकाला उसमें से एक टाईप किया हुआ कागज मुझे दे दिया। यह मेरे विरुद्ध सरकार के आरोप की सूची थी, जिसके आधार पर मुझे गिरफ्तार किया गया था। उसने कहा मैं यदि चाहूं तो 15 दिन के अंदर इसका जबाव दे सकता हूं; यह कह कर वह चला गया।

जिस कानून के अन्तर्गत मुझे गिरफ्तार किया गया था उसके अनुसार सरकार को हर कैदी को एक आरोप सूची देनी पड़ती थी। उसका उत्तर मिलने पर आरोप सूची और उत्तर दोनों हाईकोर्ट के किसी जज के सामने पेश किए जाते थे। यदि वह कहे कि इस आधार पर किसी को नजरबंद किया जा सकता है तब तो सरकार कार्यवाही करती थी नहीं तो उसे रिहा कर देती थी। यह कार्यवाही हर 6 महीने के बाद होती थी।

जो आरोप सूची मुझे दी गई उसमें केवल दो ही आरोप थे एक तो यह कि मैं

क्रांतिकारी गतिविधियों में भाग लेता हूं। दूसरा यह कि मैंने बादशाह के विरुद्ध युद्ध शुरू कर रखा है। इसलिए मुझे जेल में बंद करना शान्ति और कानून के लिए जरूरी है।

आरोप सूची तो मुझे मिल गई किन्तु यह समझ में नहीं आता था कि इसका उत्तर क्या दूं। अन्तत: महाशय रत्तो के माध्यम से मैंने इसे पिता जी को भिजवा दिया। महाशय रत्तो के पास बाहर के कई व्यापारी और ठेकेदार आते रहते थे। उनके माध्यम से वे कई काम करवा लेते थे। मेरी वह आरोप सूची भी पिता जी के पास पहुंच गई। उन्होंने वह डॉ॰ गोकुलचन्द नारंग और बख्शी टेकचन्द को दिखाई। उस समय ये दो ही पंजाब के चोटी के वकील थे उनके परामर्श से इसका उत्तर तैयार किया गया। जिस रास्ते से यह आरोप सूची पिताजी तक पहुंची थी उसी रास्ते से उसका जबाव भी मुझ तक पहुंच गया जो मैंने सरकार को भेज दिया।

इन दिनों सर शादीलाल पंजाब के हाईकोर्ट के मुख्य न्यायाधीश थे। पिताजी का उनके साथ भी अच्छा परिचय था। पिताजी ने उनसे भी इस आरोप सूची की बात की। उन्होंने कहा कि वे फाइल मंगवा कर देख लेंगे।

जो जवाब मुझे बाहर से भेजा गया था वह मैंने सरकार को भेज दिया। फिर कुछ समय के लिए बाहर की दुनिया को भूल कर जेल की दुनिया में व्यस्त हो गया।

भगतसिंह, सुखदेव, और राजगुरु को फांसी का दण्ड सुनाया जा चुका था। प्रीवी कौंसिल में भी उनकी अपील रद्द हो चुकी थी। ऐसी स्थिति में सारा देश यह आशा लगाए बैठा था कि कांग्रेस और सरकार के मध्य जो समझौता हो रहा है उसके अुनसार यदि इन तीनों को रिहा नहीं किया गया तो उनकी फांसी की सजा रद्द कर दी जाएगी।

जब कुछ नहीं हुआ तो सारे देश में इसकी जबरदस्त प्रतिक्रिया हुई।उस समय सारे देश में भगतसिंह को लोकप्रियता भी कम न थी। नौजवान वर्ग की जुबान पर तो भगतसिंह के सिवाय किसी और का नाम नहीं आता था। ऐसी स्थिति में जब उन्हें पता चला कि समझौता हुआ कि इससे भी भगतसिंह बच न सकेगा तो उन्होंने उसका विरोध शुरू कर दिया।

गांधी भी लोगों की भावना की गहराई को समझते थे। इसलिए समझौते के बाद जो पहली संवाद गोष्ठी हुई उसमें उन्होंने अपनी स्थिति स्पष्ट की और बताया कि वे भगतसिंह और उनके साथियों को रिहा कराने में क्यों असफल रहे? इस संवाद गोष्ठी में भारतीय संवाददाताओं के अतिरिक्त कुछ ब्रिटिश और अमेरिकी पत्रों के प्रतिनिधि भी थे। उन्होंने भी भगतसिंह के विषय में गांधी जी से प्रश्न किये; किन्तु इस मामले में गांधी जी ने अपनी विवशता प्रकट की और कहा कि वे जो कुछ कर सकते थे उन्होंने किया है किन्तु इस आधार पर वे समझौता भंग नहीं कर सकते थे।

भगतसिंह और उसके साथियों के अतिरिक्त उस समय जेलों में और भी राजनैतिक कैदी थे। मेरठ में भी एक षड्यन्त्र का केस चल रहा था। उनमें अधिकांश वे जवान गिरफ्तार किए गए थे जिन्हें कम्युनिस्ट कहा जाता था या जिनके विषय में सरकार को यह आशंका थी कि उनका रूस के साथ कोई सम्बन्ध है किन्तु इस बहाने कई गैर कम्युनिस्ट भी गिरफ्तार कर लिए गए थे। गांधी-इरविन समझौते से वे भी रिहा न किए गए।

इस समझौते के कारण और भगतसिंह को इसमें शामिल न करने के कारण सारा देश दो भागों में बंट गया। एक ओर वे कट्टर कांग्रेसी थे जो हर हालत में गांधी जी का समर्थन करते थे। दूसरी और वे थे जो यह समझते थे कि भगतसिंह और उसके साथियों का बलिदान किसी से भी कम नहीं। उनकी उपेक्षा करके कांग्रेस ने न केवल उनके साथ अन्याय किया है बल्कि उन युवकों के साथ भी जो देश के लिए अपना खून देने के तैयार हो जाते हैं।

इस प्रकार देश में दो विचारधारायं चल पड़ी। एक के प्रवक्ता गांधी जी थे और दूसरी के भगतसिंह। देश का युवा वर्ग भगतसिंह के साथ था, किन्तु पुराने कांग्रेसी और पढ़े-लिखे लोग अधिकांश में गांधी जी के साथ थे।

गांधी जी ने जो समझौता किया था उसकी प्रतिक्रिया इतनी तीव्र हुई कि कई स्थानों पर गांधी जी के विरुद्ध प्रदर्शन शुरू हो गए। जब वे एक जगह से दूसरी जगह जाते तो नौजवान उन्हें काली झण्डियां दिखाते किन्तु गांधी जी इस मामले में सर्वथा बेबस थे। वे भगतसिंह और उनके साथियों के देश प्रेम को तो स्वीकार करते थे। उनकी यह इच्छा भी जरूर थी कि यदि वे किसी तरह बच सकें तो इस विषय में अवश्य ही प्रयास होना चाहिए। किन्तु उनके लिए वे अपना समझौता तोड़ने के लिए तैयार न थे।

जिस समय उनके और लार्ड इरविन के मध्य बातचीत चल रही थी, गांधी जी ने एक-दो बार उन्हें यह जरूर कहा कि यदि इन तीनों की फांसी का आदेश रद्द कर दिया जाए तो देश में सद्भावना का वातावरण पैदा होगा और जो समझौता वे आपस में कर रहे हैं उसकी प्रतिक्रिया बहुत अच्छी रहेगी। कहते हैं कि लार्ड इरविन पहले तो गांधी जी की कोई बात सुनने को तैयार न थे किन्तु बाद में इस पर विचार करने को तैयार हो गए थे।

गांधीजी ने जब कांग्रेस कार्यकारिणी के सामने अपनी रिपोर्ट रखी तो उन्होंने यह भी उल्लेख कर दिया कि वायसराय भगतसिंह और उनके साथियों की सजा रद्द कर करने का विचार कर रहे हैं। कार्यकारिणी की इस बैठक में कांग्रेस के एक नेता भी बैठे थे। उन्होंने यही बात एक भरी सभा में भी कह दी और सारे देश में फैल

गई। इस पर पंजाब और केन्द्र सरकार के कई बड़े-बड़े अंग्रेज अफसर भड़क उठे। उन्होंने लार्ड इरविन को धमकी दी यदि भगतसिंह और उसके साथियों की सजा माफ हो गई तो वे सरकारी नौकरी से त्यागपत्र दे देंगे। भगतसिंह उस समय ब्रिटिश सरकार के लिए एक चुनौती बन गए थे। अंग्रेज अफसर गांधी जी को सहन करने को तैयार थे किन्तु भगतसिंह और उनके साथियों को किसी भी स्थिति में सहन नहीं करते थे। इसलिए उन्होंने लार्ड इरविन को यह धमकी दी थी कि यदि भगतसिंह की सजा माफ कर दी गई तो उनके लिए काम करना कठिन हो जाएगा।

इसका परिणाम यह हुआ कि सरकार ने यह अन्तिम निर्णय कर लिया कि वह किसी स्थिति में भी भगतसिंह, राजगुरु और सुखदेव को माफ नहीं करेगी। प्रीवी कौंसिल में अपील रद्द होने के बाद ये तीनों समझ गए कि अब उनके लिए बचाव का एक ही रास्ता रह गया है-गवर्नर जनरल से दया की अपील। इसके लिए भगतसिंह तैयार न था। वह किसी भी स्थिति में अंग्रेज से दया की प्रार्थना नहीं करना चाहता था। उसे यह मालूम था कि सारा देश उसकी रिहाई की मांग कर रहा था। यदि वह दया की प्रार्थना करता और सारे देश में उसके पक्ष में एक आंदोलन शुरू हो जाता तो सम्भव है सरकार उस पर विचार करने को तैयार हो जाती।

गांधी जी इस प्रश्न को ले कर कोई नया आंदोलन शुरू करना नहीं चाहते थे। वे समझते थे कि कांग्रेस के साथ समझौता करके ब्रिटिश सरकार ने उसका प्रतिनिधि हैसियत स्वीकार कर लिया है। वे किसी भी स्थिति में अब इसे खोना नहीं चाहते थे, इसलिए उन्होंने भगतसिंह और उसके साथियों के बचाने के लिए कोई नया प्रयास करने से इन्कार कर दिया।

इसके साथ भगतसिंह के जीवन के इस शानदार नाटक के पटाक्षेप की तैयारियां शुरू हो गईं। वकीलों ने उसे बचाने के लिए जो कुछ करना था किया, पर सब व्यर्थ। भगतसिंह पर इसका कोई प्रभाव न पड़ रहा था। उसकी हालत उस दुल्हे की सी थी जो अपने विवाह की तैयारियां कर रहा हो। भगतसिंह को विश्वास हो चुका था कि अब वह बच नहीं सकता। ऐसी स्थिति में उनका और उनके दोनों साथियों का प्रयास था कि यदि मरना ही है तो वीरों की तरह मरें। कम से कम उस क्रांतिकारी आंदोलन को कोई बट्टा न लगने दे जिसका झंडा उन्होंने इतने समय तक ऊंचा उठाए रखा था और जिसके लिए वे अपना खून दे रहे थे।

जिस दिन से भगतसिंह ने विधानसभा में बम फैंका था और वह गिरफ्तार हुआ था उस दिन से ले कर अन्तिम समय तक उसके जीवन का एक-एक क्षण उसके क्रांतिकारी दृष्टिकोण की व्याख्या से गुजरा था। वह वास्तव में एक खून देने वाला मजनू प्रमाणित हुआ।

26. दया की प्रार्थना या मृत्यु को निमन्त्रण

प्रिवी कौंसिल से भगतसिंह की अपील रद्द हो चुकी थी। गांधी-इरविन समझौते पर आशा लगी हुई थी। जब उनसे भी कुछ न बना तो केवल एक ही प्रयास और हो सकता था। वायसराय से दया की अपील। किन्तु भगतसिंह इसके लिए तैयार न था। उसने अदालत में अंग्रेज के बनाए हुए कानून के माध्यम से लड़ते हुए यह भी परवाह न की कि वह जो कुछ कह रहा है उसका परिणाम कल को क्या हो सकता है।

उसके सामने सदा एक ही उद्देश्य था कि वह और उसके साथी जो कुछ भी करें वह ऐसा होना चाहिए जिससे क्रांति का मार्ग प्रशस्त हो सके। इसलिए वह कोई भी ऐसी कार्यवाही न करना चाहता था जिससे यह दिखाई दे कि उसमें कोई कमजोरी पैदा हो रही है। देश के क्रांतिकारी आंदोलन को बट्टा लगा कर वह एक क्षण के लिए जीवित नहीं रहना चाहता था। इसलिए जब उसके सामने यह सुझाव रखा जाता कि वह वायसराय से दया की अपील करे तो वह तुरन्त यह कह कर रद्द कर देता था— ''दया की अपील और वह भी अंग्रेज सरकार से असम्भव है।''

जब भगतसिंह पर बहुत अधिक दवाब डाला गया तो उसने कहा कि उसे सोचने का अवसर दिया जाए। दो दिन बाद उसके वकील श्रीप्राणनाथ मेहता जेल में उससे मिलने गए ताकि उनके साथ भी अपील के मसौदे में बातचीत कर सकें, जो वायसराय को भेजी जानी थी। भगतसिंह ने कहा कि अपील तो भेजी जा चुकी है। मेहता प्राणनाथ बात सुन कर हैरान हो गए और उस प्रार्थना पत्र की प्रतिलिपि मांगी जो भगतसिंह ने भेजी थी।

प्रतिलिपि उन्हें सौंप दी गई। मेहता प्राणनाथ ने उसे पढ़ा तो हैरान परेशान हो गए। ऐसा प्रार्थनापत्र को पहले किसी ने नहीं दिया था। यह दया की याचिका थी या मृत्यु का आह्वान। इस प्रार्थनापत्र में भगतसिंह, सुखदेव और राजगुरु ने लिखा था—

''हम बड़े आदर के साथ निम्नलिखित पंक्तियाँ आपकी सेवा में रखना चाहते हैं। वायसराय ने एक विशेष अध्यादेश द्वारा लाहौर षड्यन्त्र केस की सुनवाई के लिए एक ट्रिब्यूनल नियुक्त किया था, जिसने हमें फांसी का आदेश दिया है। हमारे विरुद्ध सबसे बड़ा आरोप बादशाह के विरुद्ध युद्ध करने का है।

''अदालत के फैसले में दो बातें स्पष्ट हैं, पहली यह कि भारत और ब्रिटेन के मध्य युद्ध जारी है। दूसरी यह कि हमने निश्चित रूप से इस युद्ध में भाग लिया है इसलिए हम युद्धबन्दी है। इसमें संदेह नहीं कि इसमें अतिशयोक्ति से काम लिया गया है किन्तु हम इसे भी अपना सम्मान समझते हैं। पहले आरोप पर हम जरा विस्तार से प्रकाश डालना चाहते हैं। बाहरी रूप से कोई ऐसा युद्ध नहीं हो रहा है। हम नहीं जानते कि युद्ध छिड़ने से अदालत का क्या अभिप्राय है।

''किन्तु हम इस आरोप को ठीक स्वीकार करते हुए इसका ठीक अर्थों में स्पष्टीकरण करना चाहते हैं और यह कहना चाहते हैं कि युद्ध निश्चित ही छिड़ा हुआ है और जब तक शक्तिशाली लोग निर्धन और साधनहीन भारतीय जनता को लूट-खसूट का शिकार बनाए रखेंगे उस समय तक यह युद्ध जारी रहेगा।

''भारतीय जनता को लूट का शिकार बनाने वाले लोग ब्रिटिश पूंजीपति हों या भारतीय हों इसमें कोई अन्तर नहीं पड़ता। यदि ब्रिटिश सरकार और भारतीय राजनयिकों में समझौते के आधार पर देश को कुछ सुविधाएं मिल गईं तो उनसे जनता को क्या लाभ होगा?

''हम इस बात की कैसे उपेक्षा कर सकते हैं कि नौजवानों से फिर एक बार द्रोह किया गया है। यहां तक कि हमारे राजनयिक समझौते की बातचीत में उन बेघर और बेदर देवियों को भी भूल गए हैं जिन्हें दुर्भाग्यवश क्रान्तिकारी पार्टी का सदस्य समझा जाता है। इन वीरांगनाओं ने निश्चय ही सब कुछ बलिदान कर दिया। इन्होंने अपने पति बलिदान के लिए पेश किए, भाई भेंट किए और जो कुछ उनके पास था सब न्यौछावर कर दिया। यहां तक कि अपने-आपको भी भेंट चढ़ा दिया। किन्तु एक ओर हमारे राजनयिक उन्हें अपना शत्रु समझते हैं क्योंकि वे हिंसा में विश्वास रखती हैं। दूसरी ओर आपकी सरकार उन्हें विद्रोही ख्याल करती है। किन्तु इसके बावजूद युद्ध जारी रहेगा। यह विभिन्न रूप ग्रहण करेगा। हो सकता है कि किसी समय यह खुला रूप ग्रहण कर ले, कभी छिप कर जारी रहे। और कभी इस प्रकार भयानक हो जाए कि जीवन-मरण की बाजी लग जाए। चाहे कोई भी रूप हो, जब तक वर्तमान राजनैतिक व सामाजिक व्यवस्था समाप्त नहीं हो जाती यह युद्ध जारी रहेगा।

''हमें विश्वास है कि निर्णायक युद्ध का अवसर निकट है, पूंजीवाद कुछ दिन का ही मेहमान है। यह वह युद्ध है जिसमें हमने भाग लिया है। इस युद्ध को हमने शुरू नहीं किया, न वह हमारे जीवन के साथ समाप्त ही होगा। भगवतीचरण और जितेन्द्रदास के बलिदानों ने स्वतन्त्रता संग्राम के जिस अध्याय को उजागर किया है देश के लिए हमारी सेवायें उस अध्याय का एक पृष्ठ हैं।

''आपने हमें फांसी पर लटकाने का फैसला कर लिया है आप ऐसा करेंगे ही।

आपके हाथों में ताकत है और आपको अधिकार प्राप्त है; किन्तु हम यह कहना चाहते हैं कि जिसकी लाठी उसी की भैंस वाला सिद्धांत आपके दृष्टिगत है। हमारे केस की सुनवाई जिस ढंग से की गई वह इसका सजीव प्रमाण है। इस मुकद्दमें की सुनवाई के मध्य हमने कोई प्रार्थना नहीं की और न अब दया की प्रार्थना करना चाहते हैं। हां! यह अवश्य निवेदन करना चाहते हैं कि हमारे विरुद्ध युद्ध जारी रखने का आरोप है इस दृष्टि से हम युद्धबन्दी हैं। इसलिए हम मांग करते हैं कि हमारे साथ भी वही व्यवहार किया जाए जो युद्धबन्दियों के साथ किया जाता है और हमें फांसी देने की बजाए गोलियों से उड़ा दिया जाए।

"आप अपने अमल से इस बात का प्रमाण दीजिए कि आपको अपनी ही अदालत के फैसले का सम्मान है। अन्त में हम आपसे फिर हार्दिक प्रार्थना करते हैं कि सेना विभाग को आदेश दीजिए कि वह हमें गोली से उड़ाने के लिए सिपाही भेज दें।

हम हैं आपके

भगतसिंह, राजगुरु, सुखदेव"

यह दया की प्रार्थना थी या मौत की इसका फैसला पाठक स्वयं कर सकते हैं।

इस बात से कोई भी इन्कार न करेगा कि वीरता और शौर्य का ऐसा उदाहरण विश्व के इतिहास में और कोई नहीं मिलता। यह कहना कठिन है कि यदि ये तीनों दया की प्रार्थना करते तो सरकार उसका क्या उत्तर देती। सम्भवत: वह उसे अस्वीकार कर देती; किन्तु यह भी सम्भव था कि जनता में अपने विषय में सुखद प्रभाव पैदा करने और भगतसिंह के विरुद्ध यह प्रचार करने के लिए कि उसने अन्तत: दया की प्रार्थना की, वह इनकी फांसी को आजीवन कारावास में बदल देती।

भगतसिंह इस मामले में कोई कमजोरी दिखाने को तैयार न था। जिस दिन वह विधानसभा में बम फैंकता हुआ गिरफ्तार हुआ था उस दिन से ले कर अन्तिम समय तक एक बार भी उसके संकल्प की दृढ़ता में कमी नहीं हुई। उसका और उसके साथियों का यह अन्तिम कृत्य स्वर्णाक्षरों में लिखा जाएगा।

इस पत्र में एक बात और भी स्पष्ट हो जाती है भगतसिंह को देश के नेताओं के विरुद्ध भी शिकायत थी कि उन्होंने नौजवानों से अन्याय किया है। अपने पत्र में उन्होंने उन महिलाओं का उल्लेख किया जिन्होंने देश के लिए अपना सब कुछ न्यौछावर कर दिया। अपने पति बलिदान कर दिए, भाई भेंट कर दिए, सम्भवत: उनका संकेत दुर्गावती और सुशीला देवी की ओर था। इन दोनों देवियों ने अपनी कार्यपद्धति से यह प्रमाणित कर दिया था कि देश के लिए बलिदान देने के लिए वे पुरुषों से पीछे नहीं हैं।

इस प्रकार भगतसिंह, सुखदेव और राजगुरु अपने अन्तिम दिन की प्रतीक्षा करने

लगे। वे भी समझ गए थे और उनके देशवासी भी कि अब वे कुछ दिनों के मेहमान हैं। इसलिए भगतसिंह ने अपने एक पत्र में लिखा था—

"कोई दम का मेहमां हूं ऐ अहले महफिल
चरागे सहर हूं बुझा चाहता हूं।"

27. जिस दिन भगतसिंह को फाँसी दी गई

23 मार्च 1931—किस प्रकार का मनहूस दिन था वह?

ब्रिटिश साम्राज्य की बर्बरता और हमारे नेताओं की बेवफाई ने तीन शेरों को सदा की नींद सुला दिया।

उस दिन भगतसिंह, सुखदेव और राजगुरु को लाहौर सैन्ट्रल जेल में फांसी दे दी गई थी। आप मेरा सौभाग्य समझें या दुर्भाग्य, उस समय मैं जेल में ही था इसलिए इस करुणाजनक नाटक के अन्तिम दृश्य को पूरी तरह तो नहीं किन्तु कुछ न कुछ तो देख ही सकता था।

प्रिवी कौंसिल से भगतसिंह की अपील रद्द हो जाने के बाद और विशेषत: जब हमें पता चला कि भगतसिंह दया की प्रार्थना करने को तैयार नहीं हैं तो हम समझने लग गए थे कि इसके बाद सरकार इन्हें किसी भी समय फांसी पर लटका देगी। इसलिए जेल कर्मचारियों के एक-एक कृत्य को बड़े ध्यान तथा बारीकी से देखते और उनके अर्थ समझने का प्रयास करते।

जैसा कि पहले भी लिख चुका हूं कि इन दिनों जेल में एक मुसलमान नाई हुआ करता था, जो भगतसिंह, सुखदेव और राजगुरु की हजामत करने भी जाता था और हमारे पास भी आया करता था। वह हमें बता दिया करता था कि अब क्या हो रहा है। 20 मार्च के लगभग उस नाई ने आ कर बताया कि ऐसा मालूम होता है कि अब अन्तिम समय आ रहा है। हमने जब पूछा कि उसे यह कैसे पता चला तो उसने बताया कि जेल के अधिकारी कुछ ऐसी तैयारियां कर रहे हैं। चूंकि हम भी इसके लिए तैयार हो रहे थे इसलिए जेल में जो भी कार्यवाही होती, हम यही समझते कि भगतसिंह और उसके साथियों को फांसी की तैयारियां हो रही हैं।

जहां हम रहा करते थे, उसके सामने एक खुला मैदान था। एक दिन वहां जेल वालों ने लकड़ियां जमा करनी शुरू कर दीं। हमने समझा सम्भवत: फांसी के बाद तीनों के शव यहां ला कर जलाए जाएंगे इसलिए यहां लकड़िया जमा की जा रही हैं। हमने जेल अधिकारियों से इस विषय में जानकारी का प्रयास किया किन्तु कोई सन्तोषजनक उत्तर नहीं मिल रहा था। जेल का कोई भी कर्मचारी उन दिनों अपनी जुबान खोलने

को तैयार न था। इसलिए कुछ समझ नहीं आ रहा था कि क्या हो रहा है। किन्तु जेल में असाधारण हलचल थी।

23 मार्च को समाचारपत्र मिला तो उसमें लिखा था कि भगतसिंह, सुखदेव और राजगुरु के सम्बधियों को सूचना दे दी गई है कि इन तीनों को 24 मार्च को फांसी हो जाएगी। उनके रिशतेदारों ने यदि अन्तिम भेंट करनी है तो 23 मार्च को करें। जेल के नियमानुसार गर्मी के मौसम में प्रात: सात बजे और सर्दी के मौसम में प्रात: 8 बजे फांसी दी जाती है। जिस दिन किसी कैदी को फांसी मिलना हो, उस दिन उस जेल के कैदी उस समय तक अपनी-अपनी कोठड़ियों में बंद रहते हैं जब तक कि फांसी न दे दी जाए और शव जेल से बाहर न चला जाए। जब हमने पढ़ा कि फांसी 24 मार्च को मिलनी है तो हम समझते रहे कि नियमानुसार 24 मार्च की प्रात: ही यह कार्यवाही की जाएगी। किन्तु 23 मार्च दोपहर के दो बजे के लगभग वही नाई जो हमारे पास भी आता था, भागा-भागा आया और कहने लगा कि सब कुछ खत्म हो रहा है। सरदार जी कहते हैं कि सम्भवत: फांसी आज ही दी जाएगी। उन्होंने आप दोनों को 'वन्दे मातरम्' कहा है।

उसकी बात सुन कर यह प्रतीत हुआ कि हमारे ऊपर पहाड़ टूट पड़ा है। हम इसके लिए तैयार थे कि अब कोई ताकत इन तीनों को नहीं बचा सकती, किन्तु हम यह न समझ रहे थे कि सरकार इस कदर कमीनी हरकत पर उतर आएगी कि 12 घण्टे पहले ही उन्हें खत्म कर देगी। जब वह नाई संदेश दे रहा था तो उसकी आखों में आंसू थे। उसका आवाज भरी हुई थी। वह तो एक संदेश देने ही आया था।

उस नाई की बात सुनने के बाद मैंने कहा कि वह तुरंत चला जाए और भगतसिंह के पास उसकी जो भी निशानी पड़ी है वह ले आए। वह चला गया और आध घण्टे के बाद एक काले रंग का फौण्टेन पैन और एक कंघी ले आया। कंघी के ऊपर भगतसिंह ने किसी तेज चीज से अपना नाम लिखा हुआ था। कलम अहसान इलाही ने अपने पास रख ली और कंघी मैंने रख ली।

हम अभी बातें ही कर रहे थे कि जेल के घड़ियाल ने 4 बजा दिए। उसके जीवन के केवल तीन घण्टे शेष रह गए थे। जैसा कि जेल का नियम होता है कि फांसी के समय शेष सब कैदियों को बंद कर दिया जाता था। प्राय: प्रतिदिन जेल का मुख्य वार्डर जिसका नाम सरदार चतरसिंह था, सारे जेल के कैदियों को बंद करके सायं सात बजे हमें बंद करने आता था। उस दिन वह चार बजे ही आ गया। फिर भी हमने पूछा कि क्या बात है? वह इतनी जल्दी हमें क्यों बंद कर रहा है? वह उत्तर न दे सका और जोर-जोर से रोने लग गया। वह बता भी न सका कि बात क्या है।

कुछ देर बाद उसने अपने आप को संभाला और कहने लगा कि सात बजे इन

तीनों को फांसी दे दी जाएगी। कोई शक्ति उन्हें अब बचा नहीं सकती। जेल के नियमानुसार सबको बंद करना है इसलिए आप दोनों को बंद करने आया हूं।

इसके बाद हमने उससे कोई बात न की। सिर नीचा किए चुपचाप अंदर चले गए। वह हमारी बैठक को ताला लगा कर चला गया। वहां मैं, अहसान इलाही और हमारे साथ एक और कैदी जो हमारे साथ ऊपर का काम किया करता था रह गए। किन्तु हम तीनों मौन थे। एक दूसरे से बात करने का भी दिल नहीं चाहता था। रसोइये से कह दिया कि आज का खाना नहीं बनेगा और हम अपनी-अपनी चारपाई पर बैठे 7 बजे की प्रतीक्षा करने लगे।

लाहौर सैन्ट्रल जेल में जिस वार्ड में फांसी के कैदियों को रखा जाता थे वह 14 नम्बर के नाम से सारे जेल में कुख्यात था। हमारे वार्ड और 14 नम्बर के वार्ड में कोई एक फंर्लाग का फासला होगा। इसलिए हमें पता न चल सकता था कि वहां क्या हो रहा है; किन्तु उसी के पास एक और वार्ड था जिसमें लाहौर षड्यन्त्र केस नम्बर 2 की सुनवाई के अधीन कैदी रहते थे। उन्हें कुछ अनुमान हो सकता था कि 14 नम्बर में क्या हो रहा है।

7 बजे जब भगतसिंह राजगुरु और सुखदेव को फांसी घर की ओर ले जाने के लिए उनकी कोठरियों से निकाला गया तो उन तीनों ने जोर-जोर से इन्कलाब जिन्दाबाद के नारे लगाए जो षडयन्त्र केस के कैदियों ने सुन लिए। उसके उत्तर में उन्होंने भी जोर-जोर से नारे लगाने शुरू कर दिए। जो सारी जेल में फैल गए।

उस समय सारी जेल में सन्नाटा छाया हुआ था किन्तु इन नारों ने इस मौन को चूर्ण विचूर्ण कर दिया। धीरे-धीरे गैरसियासी कैदी भी नारे लगाने लग पड़े। वे नारे सुन कर हमें भी पता चल गया कि नाटक का अन्तिम पटाक्षेप भी कर दिया गया है। काफी देर तक ये नारे लगते रहे और इसके बाद फिर सन्नाटा छा गया। किन्तु उस रात सेन्ट्रल जेल में न तो किसी ने खाना खाया और न कोई सोया।

हम यह जानना चाहते थे कि फांसी से पहले क्या हुआ और फांसी के बाद क्या हुआ। हमें यह चीफ वार्डर ही बता सकता था जो कि फांसी के समय पास खड़ा रहता है। हम सारी रात उसकी प्रतीक्षा करते रहे। प्रात: 7 बजे आ कर उसने हमें खोल दिया।

हमारा प्रश्न यही था कि अन्तिम समय में इन तीनों ने मौत का मुकाबला कैसे किया?

पहले तो बह बोला नही, जब उसने बोलना शुरू किया तो उसकी आखों से आंसुओं की धारा बह निकली। वह सरकारी कर्मचारी था और उसका कहना था कि जब से उसने जेल में नौकरी की है उसने दर्जनों लोगों को फांसी पर चढ़ते देखा है,

परन्तु जिस दिलेरी और बहादुरी से ये तीनों फांसी पर चढ़े हैं इसका दूसरा उदाहरण मिलना कठिन है। उसने हमें भगतसिंह के सम्बन्ध में एक घटना सुनाई। जब भगतसिंह फांसी की पोशाक पहन कर तैयार हो गया और अपनी कोठड़ी से निकल कर फंासी घर की ओर रवाना होने लगा तो चीफ वार्डर ने उनसे कहा कि अब तो कुछ मिनटों का खेल बाकी रह गया, अब तो वाहे गुरु को याद करो।

चीफ वार्डर का कहना था कि उसकी यह बात सुन कर भगतसिंह ने जोर से एक कहकहा लगाया और कहने लगा-''सरदार जी, सारी आयु तो मैंने याद नहीं किया। बल्कि गरीबों और दलित लोगों पर जो अत्यचार ढाए जाते हैं, उन्हें देख कर मैंने उन्हें कई बार बुरा भला भी कहा है। अब जबकि मौत मेरे बिल्कुल सामने खड़ी है, मैं उन्हें याद करूं तो वह क्या कहेगा कि यह नौजवान बेईमान भी है और बुझदिल भी। मेरी अरदास का उस पर क्या प्रभाव होगा और अगर मैं अब उसके सम्बन्ध में अपने रवैए मैं तबदीली करने में तैयार न हूं तो कहेगा कि ईमानदार भी था और बहादुर भी।''

यह कह कर भगतसिंह अपनी निर्दिष्ट मंजिल की ओर चल पड़ा। उसकी इस आखिरी यात्रा को उसकी भतीजी श्रीमती वीरेन्द्र सन्धु ने इन शब्दों में लिखा है—

''भगतसिंह अपनी कोठड़ी में बैठे लेनिन का जीवन चरित्र पढ़ रहे थे। अभी उन्होंने थोड़े से पृष्ठ ही पढ़े थे कि उनकी कोठड़ी का ताला खुला, जेल के अधिकारी सामने खड़े कह रहे थे— ''फांसी लगाने का हुक्म आ गया है, आप तैयार हो जाएँ।''

''जरा ठहरें, मुझे कुछ पृष्ठ और पढ़ लेने दें। एक क्रांतिकारी की दूसरे क्रांतिकारी के साथ भेंट हो रही है।''

भगतसिंह ने कुछ पृष्ठ और पढ़े और किताब एक ओर रख कर कहा—'चलो'। उस समय वहां कई चेहरे थे—जेल अधिकारियों के भी जो किसी की जान ले सकते थे और एक कैदी का भी, जो जान देने को तैयार था। परन्तु जेल अधिकारियों के चेहरे उदास थे और मरने वाले का चेहरा खुशी से चमक रहा था।

भगतसिंह ने जेल अधिकारियों को सम्बोधित करते हुए कहा— हमें हथकड़ी न लगाई जाए, न हमारे मुंह पर नकाब डाला जाए। उसकी ये दोनों बाते मान ली गईं। भगतसिंह ने कोठड़ी की ओर देखा, यहां उसने अपनी जिन्दगी के अन्तिम दिन बिताए थे और फिर बाहर आ गए। सुखदेव और राजगुरु भी अपनी-अपनी कोठड़ियों से बाहर आ गए।

तीनों ने एक दूसरे को देखा, एक दूसरे को गले मिले, और फांसी के तख्ते की तरफ चल पड़े। भगतसिंह बीच में थे। सुखदेव बायें और राजगुरु उनके दायें। भगतसिंह ने अपनी दाईं भुजा राजगुरु की बाईं भुजा में डाल दी और बाईं भुजा सुखदेव की दाईं भुजा में। एक क्षण के लिए तीनों रुके और फिर गाना शुरू कर दिया-

दिल से निकलेगी न मर-मर कर भी
वतन की उल्फत।
मेरी मिट्टी से भी खुशबु-ए वफा आएगी॥

आगे-आगे कुछ वार्डर चले, इधर-उधर जेल अधिकारी और बीच में ये तीनों गाते हुए और झूमते जा रहे थे। एक वार्डर ने आगे आ कर फांसी घर का दरवाजा खोला। अंदर लाहौर का अंग्रेज डिप्टी कमिश्नर और जेल का एक अधिकारी मुहम्मद अकबर खड़ा था।

उस अंग्रेज अफसर के पास जा कर भगतसिंह ने कहा—

"Mr. Magistrate, You are fortune to be able today to see how Indian Revolurionaries can embrace death with pleasure for the sake of their supreme ideal.

अर्थात् मैजिस्ट्रेट साहिब आप भाग्यशाली हैं कि आज आपको अपनी आंखो से यह देखने का अवसर मिल रहा है कि भारत के क्रांतिकारी किस तरह सहर्ष अपने महान उद्देश्य के लिए मृत्यु को गले लगा सकते हैं।

इसके बाद तीनों उस प्लेटफार्म पर चढ़ गए जहां फांसी के तख्ते लटक रहे थे। तीनों उसके नीचे जा कर खड़े हो गए। तीनों ने अपने हाथों से फंदे को पकड़ा और गले में ड़ाल लिया। भगतसिंह को इसमें कुछ थोड़ी सी कठिनाई पेश आई उसने पास खड़े उस जल्लाद को कहा तनिक इस फंदे को ठीक कर दें ।

जल्लाद ने भी ऐसे अभियुक्त कभी नहीं देखे होंगे। ऐसी आवाज पहले कभी न सुनी होगी। उसने आगे बढ़ कर तीनों के फंदे ठीक कर दिए और चर्खड़ी घुमाई। तख्त गिरा और वे तीनों भारत मां के चरणों में अर्पित हो गए।

उस समय शाम के 7 बज कर 33 मिनट हुए थे। उस दिन भगतसिंह की जिन्दगी के 23 वर्ष 5 महीने 26 दिन पूरे हो गए थे।

इन तीनों को फांसी दी जा रही थी तो जेल के बाहर कुछ लोग प्रतीक्षा कर रहे थे कि कब उनके शव बाहर आएँ किन्तु वे न आए। उन्हें जेल के किसी दूसरे दरवाजे से एक ट्रक में ड़ाल कर फिरोजपुर के निकट सतलुज के किनारे भेज दिया गया।

नियम के अनुसार कैदी को इसके रिश्तेदारों से भेंट करने की अनुमति मिल जाती है। 23 मार्च को भगतसिंह के पिता किशन सिंह को सूचित किया है 24 मार्च को उनके बेटे को फांसी दे दी जाएगी इसलिए वह 23 मार्च को उससे आकर अन्तिम भेंट करें। वह अपने पिता और अपनी माता अर्थात् भगतसिंह के दादा-दादी, भाई-बहनों, चाचियों और दूसरे सम्बधियों को ले कर सेन्ट्रल जेल पहुंच गए। परन्तु उन्हें कहा गया था कि भगतसिंह के पिता और माता के सिवाय कोई और नहीं मिल सकता। सरदार

किशन सिंह ने बहुत कोशिश की और बहुत हाथ-पैर मारे कि सब को मिलने की अनुमति दे दी जाए किन्तु जेल अधिकारियों ने विवशता प्रकट की और कहा कि उन्हें यही हुक्म है कि केवल माता-पिता को ही मिलने की अनुमति दी जाए। इस पर सरदार किशन सिंह ने भी अपने बेटे से अन्तिम भेंट करने से इन्कार कर दिया। उनके दिल पर उस समय क्या गुजरी होगी इसका अनुमान लगाना कठिन है। परन्तु वे भी तो आखिर भगतसिंह के ही बाप थे। जिस बाप ने यह शेर बेटा पैदा किया था, वह कोई कमजोरी कैसे दिखा सकता था। अपने दिल पर पत्थर रख कर वे जेल के दरवाजे से ही वापस लौट आए।

सायं को मोरी दरवाजे के पास एक जनसभा हो रही थी। अथाह भीड़ थी। सरदार किशन सिंह लोगों को बता रहे थे कि किस प्रकार वह अपने बेटे की आखिरी भेंट किए बिना ही जेल से वापस आ गए हैं। इतने में किसी ने उनके कान में आ कर कहा कि खबर आई है कि भगतसिंह को फांसी दे दी गई है।

सरदार किशन सिंह एक क्षण के लिए खामोश हो गए फिर अपने आप को संभालते हुए कहा—

"अभी अभी खबर आई है, जो कुछ होना था हो गया। मैं भगतसिंह की लाश लेने जा रहा हूं। आप सब शांत रहें। कोई प्रर्दशन न करें। परन्तु सुनता कौन था और भगतसिंह की लाश भी कैसे मिलनी थी? वह तो सतलुज के किनारे जल रही थी।

भारत की क्रांति का एक अध्याय समाप्त हो गया था।

28. भगतसिंह शहीद होने के लिए व्याकुल क्यों था?

भगतसिंह, सुखदेव और राजगुरु तीनों फांसी पर लटका दिए गए। इस देश के इतिहास में ये तीनों और विशेष कर भगतसिंह अपने लिए एक स्थान बना गए जो उनसे कभी छीना नहीं जा सकता। जब भी संसार में स्वतन्त्रता के दीवानों की सूची तैयार होगी, भगतसिंह का नाम सदैव प्रथम पंक्ति में लिखा जाएगा। इसलिए आने वाले इतिहासकार एक लम्बी अवधि तक इस बारे में बहुत कुछ लिखते रहेंगे। वह एक आंतकवादी न था, बल्कि सच्चे अर्थों में एक क्रांतिकारी था। उस क्रांति के लिए उसने अपनी जवानी दे दी और अपनी जान भी बलिदान कर दी।

17 फरवरी 1931 को महात्मा गांधी पहली बार वायसराय से मिले थे। यह कांग्रेस तथा ब्रिटिश सरकार के मध्य समझौते का प्रारम्भ था। भगतसिंह को उस समय फांसी की सजा सुनाई जा चुकी थी। अपनी काल कोठड़ी से उन्होंने अपने देशवासियों के नाम एक संदेश लिख कर भेजा था। इसमें इस बात पर बल दिया था कि समझौता स्वयं कोई बुरी चीज नहीं बल्कि प्रत्येक अन्तिम राजनैतिक लड़ाई का परिणाम किसी न किसी रूप में समझौता ही होता है। लेकिन देखना यह है कि इस समझौते से बुनियादी सिद्धांतों को कोई ठेस तो नहीं पहुंचती। उसी संदेश से अपना उल्लेख करते हुए भगतसिंह ने लिखा था-''मेरे बारे में यह बात प्रसिद्ध है कि मैं आतंकवादी हूं। लेकिन यह गलत है। मैं क्रांतिकारी हूं जिसके स्पष्ट दृष्टिकोण, स्पष्ट आदर्श और एक लम्बा कार्यक्रम है। मुझ पर यह आरोप लगाया जाएगा जैसा कि रामप्रसाद बिस्मिल के बारे में भी कहा जाता है, कि फांसी की काल-कोठड़ी में पड़े रहने से मेरे विचारों में कुछ परिवर्तन आ गया है। लेकिन यह गलत है। मेरे विचार, मेरा लक्ष्य अब भी वही है जो जेल से बाहर था।''

इसलिए जब कोई इतिहासकार भगतसिंह के बारे में लिखने लगेगा, वह स्वयं एक प्रश्न किया करेगा कि क्या ऐसे व्यक्ति को बचाया जा सकता था और क्या इसके लिए कोई प्रयत्न न किया गया था? इस प्रश्न का जो उत्तर देने लगा हूं, इससे भगतसिंह,

सुखदेव और राजगुरु और विशेष कर भगतसिंह के व्यक्तित्व के बारे में एक और प्रकाशमय पक्ष सामने आता है। जिन दिनों लाहौर षड्यन्त्र केस का मुकद्दमा चल रहा था तो एक युवा वकील जिसका नाम प्राणनाथ मेहता था, इसमें विशेष रुचि लिया करते थे। आज भी वे दिल्ली में रहते हैं और शायद वे ही एक मात्र ऐसे व्यक्ति रह गए हैं जिनकी भगतसिंह के साथ जेल में अन्तिम मुलाकात हुई थी। फांसी के कुछ समय पहले वे भगतसिंह, सुखदेव और राजगुरु से जेल में मिलने गए। वहां उनके बीच जो बातचीत हुई वह इस प्रकार थी—

"श्री प्राणनाथ मेहता ने कहा—गांधी जी आप लोगों के लिए बहुत कोशिश कर रहें हैं। वह सफल हो सकते हैं यदि आप उनकी सहायता करें।

राजगुरु ने तनिक गम्भीरता से पूछा—किस प्रकार की मदद?

प्राणनाथ—नाराज होने की जरूरत नहीं जो कुछ मैं कह रहा हूं उस पर गम्भीरतापूर्वक विचार करो। तुम यह तो मानते हो कि भारत की स्वतन्त्रता अब बहुत दूर नहीं है।

भगतसिंह—उसी विश्वास के सहारे तो हमारे साथी चल रहे हैं।

प्राणनाथ—तो फिर आजाद भारत को तुम्हारी सेवा की बड़ी आवश्यकता होगी, इसका नव-निर्माण तुम से अच्छा और कौन कर सकता है।

इस पर सुखदेव ने तनिक रोष में कहा—क्या शेखचिल्ली वाली बातें कर रहे हो, हम तो भारत की आजादी का बुनियादी पत्थर हैं। उपर की इमारत तो बाद के लोग बनाएंगे। इसकी चिन्ता करना हमारा काम नहीं।"

प्राणनाथ ने कहा—मेरे मित्रो! इस इमारत की बुनियाद तुमने रखी। एक इन्जीनियर आधारशिला रखता है, वही इमारत की मजबूती का प्रबन्ध भी करता है ,उसे ही अन्दाजा हो सकता है कि वह मजबूत कैसे होगी।"

भगतसिंह इसका जबाव देने लगा तो प्राणनाथ ने कहा-"पहले मेरी एक बात का उत्तर दो शेष बहस बाद में होगी।"

तीनों ने पूछा, "किस बात का?"

"तुम तीनों का अपने जीवन पर निजी अधिकार है या तुम इसे अपने देश की अमानत समझते हो।"

प्राणनाथ ने बड़ी गम्भीरता से यह प्रश्न किया।

भगतसिंह ने मुस्करा कर उत्तर दिया, "यार वकीलों वाली बात छोड़ो। सीधी तरह बात करो तुम चाहते क्या हो।"

"यही कि तुम लोगों की जिन्दगी देश की अमानत है और देश की जनता चाहती है कि तुम गांधी जी के हाथ मजबूत करने के लिए वायसराय के नाम एक दया की प्रार्थना का पत्र लिख दो।"

प्राणनाथ की बात सुन कर तीनों एकदम गम्भीर हो गए। वे सोच भी न सकते थे कि उनसे कोई दया की प्रार्थना के लिए कहेगा। सुखदेव और राजगुरु तनिक अधिक रोष की भावना में कुछ कहने लगे किन्तु भगतसिंह ने उन्हें रोक दिया और प्राणनाथ से पूछा—

"आप लोग किस तरह की दया की प्रार्थना चाहते हैं?"

प्राणनाथ ने कहा कि इस बात का उत्तर वह इस समय नहीं दे सकते वह तो वकीलों की एक कमेटी तैयार कर रही है। किन्तु उन्हें विश्वास रखना चाहिए कि इसमें कोई ऐसी बात न होगी जो उनके लिए अपमानजनक हो।

यह कह कर प्राणनाथ, दूसरे दिन प्रातः उस याचिका का मसौदा ले कर आने का वायदा करके जाने लगे तो सुखदेव और राजगुरु तनिक गुस्से में थे किन्तु भगतसिंह ने मजाक में उन्हें कह दिया—"दया की प्रार्थना तो हम भी तैयार कर सकते हैं किन्तु हमारे मुकद्दमे ने तुम्हें एक सफल वकील बना दिया है। हमारे इस उपकार को कभी मत भूलना।"

दूसरे दिन जब प्राणनाथ मसौदा ले कर आए तो भगतसिंह ने फिर उनके साथ छेड़खानी शुरू कर दी और कहा —"भाई रहने दो अपना मसौदा, हम तो अपनी याचिका भेज चुके हैं। हमने समझा इसमें देर नहीं होनी चाहिए।" भगतसिंह ने उस याचिका की प्रतिलिपि प्राणनाथ के हाथ में रख दी जो उन्होंने पंजाब के गवर्नर को भेजी थी और जिसमें कहा गया था कि उन्हें युद्धबन्दी स्वीकार करते हुए फांसी पर न लटकाया जाए बल्कि गोली से उड़ाया जाए।

जो कुछ ऊपर लिखा गया है वह उस प्रश्न का उत्तर है कि भगतसिंह को बचाने का प्रयास किया गया या नहीं, किन्तु तथ्य यह है कि वे बचना नहीं चाहते थे। यह ख्याल उनके दिलोदिमाग पर घर कर गया था कि देश में क्रान्ति लाने के लिए उनके बलिदान की सख्त जरूरत है। इसलिए जब उनसे सीधा प्रश्न किया गया कि वे बचना चाहते हैं या नहीं, तो जो उत्तर उन्होंने दिया उनसे उनकी मनः स्थिति का कुछ अनुमान लगाया जा सकता है।

फांसी से कुछ दिन पूर्व लाहौर षडयन्त्र केस नं. 2 की सुनवाई के अधीन कैदियों ने उन्हें एक पर्चा भेजा जिसमें लिखा था—

"सरदार, आप एक सच्चे क्रान्तिकारी की हैसियत से बताएं कि आप क्या चाहते हैं? क्या आपको बचाने का प्रयास किया जाए? इस अन्तिम समय में भी शायद कुछ हो जाए।"

इसका भगत सिंह ने जो उत्तर दिया वह यह था—

"जीवत रहने की इच्छा स्वाभाविक रूप में मुझमें भी होनी चाहिए। मैं उसे छिपाना

नहीं चाहता। किन्तु मेरा ज़िन्दा रहना सशर्त है। मैं कैद हो कर या पाबन्द हो कर जीवित नहीं रहना चाहता। मेरा नाम भारत की क्रान्ति का निशान बन चुका है और भारतीय क्रान्तिदल के आदर्शों तथा बलिदानों ने मुझे बहुत ऊंचा कर दिया है। इतना ऊंचा कि जीवित रहने की स्थिति में मैं इससे ऊंचा नहीं हो सकता। आज मेरी कमजोरियां लोगों के सामने नहीं हैं। यदि मैं फांसी से बच गया तो वे भी प्रकट हो जाएंगी और क्रान्ति का निशान मध्यम पड़ जाएगा या शायद मिट ही जाए।

किन्तु मेरे वीरतापूर्ण ढंग से हंसते-हंसते फांसी पाने की स्थिति में हिन्दुस्तानी माताएं अपने बच्चों के भगतसिंह बनने की कामना किया करेंगी और देश की आजादी के लिए बलिदान होने वालों की संख्या इतनी बढ़ जाएगी कि क्रान्ति को रोकना साम्राज्यवादी ताकतों के बस की बात न रहेगी।

हां, एक ख्याल अब भी परेशान करता है कि देश और मानवता के लिए जो कुछ करने की इच्छाएं मेरे दिल में थीं उनका हजारवां भाग भी पूरा न कर पाया। यदि जीवित रह सकता तो शायद उनको पूरा करने का अवसर मिलता।

इसके सिवा और कोई लालच मेरे दिल में फांसी से बचने के लिए नहीं आया। मुझसे अधिक भाग्यशाली कौन होगा। मुझे आजकल अपने आप पर बहुत गर्व है। मुझमें आज कोई इच्छा शेष नहीं है। अब तो बड़ी उत्सुकता से अन्तिम परीक्षा की प्रतीक्षा है। कामना है कि यह और निकट हो जाए।

आपका साथी भगत सिंह''

भगतसिंह को बचाने का प्रयास जरूर किया गया। किन्तु बच वही सकता है जो बचना चाहता हो। यह जानते हुए भी कि दीपक के निकट जाने से वह जल जाएगा, पतंगा उस समय तक उसके गिर्द घूमता रहता है जब तक वह जल नहीं जाता। यही हालत भगत सिंह और उनके साथियों की थी।

29. गांधी, भगत सिंह और आजाद

भगत सिंह तो गया। लेकिन उसकी भावना कायम थी। कश्मीर से ले कर कन्या कुमारी तक प्रत्येक की जिह्वा पर भगत सिंह था। लोग कुछ समय के लिए गांधी जी को भूल गए। बल्कि कई स्थानों पर गांधी जी के विरुद्ध प्रदर्शन भी हुए।

समझा यह जाने लगा कि वे भगत सिंह को बचा सकते थे लेकिन उन्होंने इसके लिए प्रयत्न नहीं किया। हिंसा और अहिंसा के चक्कर में हमने अपने तीन होनहार नौजवानों को गंवा दिया।

उस समय सारे देश में जो वातावरण था उसका प्रभाव गांधी जी पर भी पड़ना अनिवार्य था। महात्मा होते हुए भी वे एक राजनीतिज्ञ थे और कोई राजनीतिज्ञ अधिक समय तक जनता की भावनाओं की अवहेलना नहीं कर सकता। किसी न किसी रूप में उसे इसका नोटिस लेना ही पड़ता है।

भगत सिंह की मौत के बाद उन्होंने एक वक्तव्य जारी किया जिसमें इन्हें श्रद्धांजलि भेंट की और कहा कि —

''भगत सिंह के जीवन के साथ एक रोमांस (Romance) जुड़ गया था। जहां तक मुझे याद है मैंने किसी दूसरे व्यक्ति के जीवन के साथ इतना अधिक प्यार नहीं देखा। मुझे जो सूचनाएं मिली हैं उनके अनुसार साहस और दिलेरी में उनकी बराबरी का कोई न था। उनको फांसी मिलने से हजारों लोगों को इस कदर अधिक दुःख हुआ है जैसे उनके अपने परिवार का कोई सदस्य उनसे सदैव के लिए छिन गया हो।''

कुछ इसी प्रकार की भावनाओं को पंडित जवाहर लाल नेहरू ने प्रकट किया। 24 मार्च को कराची कांग्रेस में शामिल होने के लिए जाते हुए दिल्ली में पंडित जी ने कहा था—

''यद्यपि मैं सरदार भगत सिंह की फांसी पर काफी दुख का अनुभव कर रहा था लेकिन मैं जानबूझ कर चुप रहा। इस बात के बावजूद कि वह हम सबको प्यारा था। उसकी अद्वितीय वीरता और अमर बलिदान से देश के करोडों नवयुवकों को प्रेरणा मिली थी। कितने दुःख की बात है कि भारत देश अपने उन नौनिहालों को नहीं बचा सका। इस बेबसी पर सारे देश में गम के आंसू बहाए जाएंगे। लेकिन उसके साथ उनकी

याद में हमारा सिर गौरव से ऊंचा होगा। जब अंग्रेज शासक भारत से समझौते की बातचीत करेंगे तो भगत सिंह की लाश हमारे मध्य होगी। हम यह घटना कदापि भूल नहीं सकते।''

श्री सुभाषचन्द्र बोस ने भी इन शहीदों को अपनी श्रद्धांजलि भेंट करते हुए कहा था— ''मैं भारत में समाजवादी गणतन्त्र कायम करना चाहता हूं। मुझे विश्वास है कि कांग्रेस अपने वर्तमान कार्यक्रम से स्वतन्त्रता प्राप्त नहीं कर सकती। सरकार के लिए युवकों की भावनाओं को कुचलना असम्भव है। देश में जो आग लग चुकी है उसे बुझाना कठिन है। आजादी प्राप्त करने से पूर्व शायद भारत को अपने बहुत से सपूतों की बलि देनी होगी।''

भगत सिंह के बलिदान ने सबसे अधिक परिवर्तन कांग्रेस में उत्पन्न किया। जिस समय गांधी-इरविन समझौता हुआ था उस समय कांग्रेस भगत सिंह को बचाने के प्रश्न पर अधिक बल देने को तैयार न थी क्योंकि वे अहिंसा पर विश्वास न रखते थे, लेकिन उसके बलिदान ने पत्थर दिल भी पिघला दिए। उसकी मौत के बाद गांधी जी ने एक प्रस्ताव तैयार किया। पंडित जवाहरलाल नेहरू ने उसे पेश करते हुए कहा—

''विभिन्न स्थानों पर और विभिन्न परिस्थितियों में बहुत से लोग शहीद हुए हैं किन्तु भगत सिंह की शहीदी का एक विशेष स्थान है। वह एक नौजवान था। इसके बावजूद उसके दिल में देश प्रेम की भावना कूट-कूट कर भरी हुई थी। उसके शहीद होने से सारा देश उजागर हो गया है। एक वर्ष के स्वल्प काल में उसे इस प्रकार ख्याति प्राप्ति हुई कि वह सब देशवासियों का प्रिय बन गया। यहां तक कि अहिंसा में विश्वास रखने वालों को भी यह स्वीकार करना पड़ रहा है कि उसकी वीरता और देश भक्ति अनुपम थी।

''भगत सिंह की कार्यपद्धति इससे अलग थी किन्तु वह भारत की गुलामी सहन करने को तैयार न था। उसके हृदय में देश के लिए बहुत अधिक प्रेम था। उसी ने ही उसे व्याकुल कर दिया। प्राय: कहा जाता है कि उसका मुकद्दमा न्यायपूर्ण न था और उसके विरुद्ध एक ऐसे अध्यादेश के अधीन केस चलाया गया जिसकी सजा के विरुद्ध अपील तक की गुंजाइश न थी किन्तु इस प्रकार के कानूनी तर्क उस शहीद की शान के अनुसार नहीं हैं। इस प्रकार की बातें करके उसकी शान को नहीं घटाया जाना चाहिए।

''उन्होंने जो रास्ता अपनाया, उसे बहुत कुछ वीरता और निर्भीकता से अपनाया। वह बहादुरी और शहीद होने की भावना में अपनी विशेष शान रखते थे। भगत सिंह हमसे जुदा हो चुका है। आओ, आजादी के अहिंसात्मक संघर्ष में हम सब भी उसी शान से शहीद हों जिस शान से भगत सिंह हुए।''

जो कुछ गांधी जी ने, पंडित नेहरू और श्री सुभाष चन्द्र बोस ने उस समय भगत

सिंह के विषय में कहा, उससे हम अनुमान लगा सकते हैं कि उनके बलिदान का लोगों पर किस प्रकार प्रभाव हुआ था। पंडित नेहरू और श्री सुभाषचन्द्र बोस तो पहले ही इन लोगों के जीवन से प्रभावित थे, किन्तु गांधी जी का दृष्टिकोण भिन्न था। भगत सिंह के बलिदान ने उन्हें भी विवश कर दिया कि वे भी यह स्वीकार करें कि वीरता और देश प्रेम में उनकी बराबरी का दूसरा कोई नहीं हुआ। भगत सिंह तो उस समय इस दुनिया में न थे किन्तु उनकी आत्मा जहां कहीं भी होगी यह सब कुछ सुन कर कह रही होगी—

इसको नाशुक्रये आलम का सिला कहते हैं
मर गए हम तो जमाने ने बहुत याद किया॥

उस समय जो कुछ हुआ उसने गांधी और भगतसिंह को दो स्पष्ट विचार धाराओं में प्रवक्ता के रूप में ला कर दुनिया के सामने खड़ा कर दिया। जहां तक गांधी जी का सम्बन्ध था वे अहिंसा के माध्यम से स्वतन्त्रता प्राप्त करना चाहते थे। अहिंसा पर उनका इस प्रकार दृढ़ विश्वास था कि वे इस बात के लिए तो तैयार थे कि आजादी अभी कुछ समय और न मिले तो न मिले किन्तु अहिंसा का मार्ग त्याग कर हिंसा का मार्ग अपनाने को कदापि तैयार न थे। वे तो उन लोगों को अपना भी और अपने देश का भी शत्रु समझते थे जो हिंसा के माध्यम से आजादी प्राप्त करने की बातें करते थे। लार्ड इरविन के साथ समझौते के समय यदि उन्होंने इनकी रिहाई के लिए अधिक बल न दिया तो इसका भी यही कारण था। किन्तु भगत सिंह की योग्यता और उसके देश प्रेम की पराकाष्ठा का उन्हें कोई अनुमान न था। परिणाम यह हुआ कि ज्यों-ज्यों भगत सिंह अपने असली रूप में जनता के सामने आता गया उसकी लोकप्रिय बढ़ती गई। जिस वीरता से उसने मौत को निमन्त्रण दिया उसका उदाहरण हमारे देश में और कोई नहीं मिलता।

भगत सिंह, राजगुरु और सुखदेव तीनों एक ही समय फांसी चढ़े, इस दृष्टि से तीनों का बलिदान एक जैसा है। किन्तु भगत सिंह का नाम सबसे अधिक चमक गया क्योंकि सुशिक्षित होने के कारण वह अपने हर कृत्य की व्याख्या करता चला जा रहा था। जैसे कि वह बार-बार कह भी रहा था कि वह आतंकवादी न था बल्कि एक क्रान्तिकारी था जो एक राजनैतिक, सामाजिक और आर्थिक क्रान्ति लाना चाहता था। इसके लिए वह जनता को तैयार कर रहा था, जिस तरह गांधी जी पग-पग पर अपने हर फैसले का स्पष्टीकरण करते चले आ रहे थे कि वे जो कुछ कर रहे हैं जनता उसे समझे। उसी प्रकार भगत सिंह भी जो कुछ करता था अत्यन्त निर्भीकता के साथ उसकी व्याख्या करता था।

अन्तिम समय पर उसका सरकार को यह कहना कि उसे फांसी न दी जाए बल्कि

गोली से उड़ाया जाए प्रमाणित करता है कि वह एक प्रचारक के रूप में काम कर रहा था। उसे अपना जीवन बचाने की इतनी चिन्ता न थी कि जितनी इस बात की कि उसके दृष्टीकोण का प्रचार होना चाहिए। गांधी और भगत सिंह दोनों ने अपने-अपने समय पर अपने-अपने प्राणों की बाजी लगाई। अन्ततः दोनों शहीद हो गए किन्तु दोनों के बलिदान का रूप भिन्न था। यद्यपि दोनों अपने-अपने उद्‌देश्य की पूर्ति के लिए शहीद हुए— गांधी साम्प्रदायिक एकता के लिए, तो भगत सिंह राजनैतिक और सामाजिक क्रान्ति के लिए।

भविष्य में मनुष्य किस प्रकार के मानव इस देश में पैदा करते हैं इस विषय में आज कुछ कहना कठिन है किन्त न कोई दूसरा गांधी आसानी से पैदा होगा और न भगत सिंह पैदा होगा।

30. जेल में बी.ए. की परीक्षा

मेरे पिता जी के प्रयत्नों से मेरी बी.ए. की परीक्षा में बैठने की व्यवस्था हो गई थी। पंजाब विश्वविद्यालय के अधिकारियों ने लाहौर की रेलवे पुलिस के कार्यालय में मेरी परीक्षा के लिए एक विशेष केन्द्र खोलना स्वीकार कर लिया था और सरकार भी मुझे प्रतिदिन वहां ले जाने को तैयार हो गई थी।

अब प्रश्न केवल यह रह गया है कि मैं परीक्षा के लिए तैयार था या नहीं। परीक्षा से दो महीने पहले जेल में बन्द कर दिया गया था। यहां पढ़ने के लिए समय तो बहुत था, क्योंकि सारा दिन और कोई काम ही नहीं था किन्तु चारों ओर का वातावरण कुछ अधिक सुखद न था। सबसे बड़ी कठिनाई यह थी कि यदि मुझे किसी से कुछ पूछना हो तो वहां कोई भी व्यक्ति ऐसा न था कि मुझे कुछ बता सकता।

मेरे दो साथी अहसान इलाही और फजल इलाही मेरी सहायता करना चाहते थे। वे इसके लिए प्रयत्न भी करते थे किन्तु उनका हस्तक्षेप कई बार महंगा पड़ता था। फजल इलाही कुर्बान तो एक टक्साली ढंग से कम्युनिस्ट थे। बी.ए. की परीक्षा में एक पर्चा अर्थशास्त्र का भी था। वे हर प्रश्न का उत्तर अपने कम्युनिस्ट दृष्टिकोण से मुझे समझाने का प्रयास करते। इस पर उनमें और अहसान इलाही में कई बार मतभेद पैदा हो जाता और 'दो मुल्लाओं के बीच मुर्गी हराम' के अनुसार मैं व्यर्थ ही बीच में खराब होता। कई बार तंग आ कर मैं कह देता कि वे मुझे मेरे हाल पर छोड़ दें। मैं अपने आप ही सब कुछ पढ़ लूंगा। अहसान इलाही तो एक तरफ बैठ जाते किन्तु फजल इलाही अपने कम्युनिस्ट दर्शन की व्याख्या से न हटते। जिसके कारण कई बार कुछ कटुता भी पैदा हो जाती।

यह क्रम कुछ दिन चलता रहा। मैं अपने आप ही परीक्षा की तैयारी करता रहा। शुरू-शुरू में तो उधर अधिक ध्यान न लगता था किन्तु ज्यों-ज्यों समय गुजरता गया मैं अपने आपको तैयार करता गया। अन्ततः यह ख्याल मेरे दिमाग में बैठ गया कि क्यों न जेल के इस एकान्त वातावरण से लाभ उठाया जाए मालूम नहीं यहां कितने समय रहना है। यदि किसी तरह बी.ए. की परीक्षा पास कर लूं तो क्या हर्ज है। यह सोच कर मैं इसमें जुट गया और दिन-रात इस की तैयारी करने लगा।

अन्ततः वह दिन भी आ गया जिस दिन मुझे परीक्षा में बैठना था। विश्वविद्यालय ने मेरे लिए एक विशेष केन्द्र रेलवे पुलिस के कार्यालय में बनाया था। प्रातः 6 बजे खान बहादुर सैयद अहमदशाह या उनका कोई अन्य अधिकारी एक मोटर गाड़ी और पुलिस के दो सिपाही ले कर सैंट्रल जेल के दरवाजे पर पहुंच जाते। मुझे उन्हें सौंप दिया जाता। वे मुझे रेलवे पुलिस के कार्यालय में ले जाते। जहां एक कमरे में मुझे बैठाया जाता। बाहर एक पुलिस का सिपाही संगीन लिए खड़ा हो जाता।

विश्वविद्यालय का एक अधिकारी परीक्षा का पर्चा ले कर वहां आ जाता और वह पत्र मुझे दे दिया जाता। जब तक मैं उसका उत्तर लिखता रहता वे कुर्सी पर मेरे निकट बैठा रहता ताकि मैं नकल न कर लूं। एक दिन एक भला आदमी ऐसी भी आ गया जिसे मुझ पर तरस आ गया। उसने कहा यदि मैं कोई पुस्तक साथ लाया हूं तो उसमें से देख कर उत्तर दे सकता हूं किन्तु मैं तो केवल दो कलम साथ ले कर जाता था इसलिए किसी पुस्तक का मैं लाभ न उठा सका।

इन्हीं दिनों मैंने एक बाप के दिल में अपने बेटे के लिए जो तड़प होती है उसका जो शानदार प्रदर्शन देखा उसे मैं आज तक भी भुला नहीं सका और इस जीवन में कभी भी न भूल सकूंगा।

जिन दिनों मैं परीक्षा के लिए सैंट्रल जेल से रेलवे पुलिस के कार्यालय में जाया करता था तो प्रातः साढ़े 6 बजे के लगभग मेरी गाड़ी लारेंस गार्डन के चौंक में से गुजरा करती थी। पिताजी पूरे 6 बजे वहां आ कर खड़े हो जाया करते थे। वे प्रतिदिन सैर के लिए जाया करते थे। इन दिनों उन्होंने सैर का वही रास्ता बना लिया था। 6 बजे वे लारेंस गार्डन के चौक में खड़े हो जाते और मेरी मोटर गाड़ी की प्रतीक्षा करने लगते। जब मैं गुजर जाता तो वे भी चले जाते। यह क्रम उन्होंने कई दिनों तक कायम रखा।

एक दिन जाने क्यों पुलिस ने मोटर का रास्ता बदल लिया। हम किसी दूसरे रास्ते से चले गए और पिता जी वहीं खड़े प्रतीक्षा करते रहे। इस दिन वे 9 बजे तक वहां खड़े रहे। बाद में जब मुझे जेल में मिलने आए और उन्होंने बताया कि वे तो उस दिन 9 बजे तक वहां प्रतीक्षा करते रहे थे तो मुझे इतनी चोट पहुंची कि मैं बयान नहीं कर सकता।

उस समय मैंने अनुभव किया कि एक कैदी का जीवन क्या हुआ करता है। इससे पहले मैंने कभी कैद का अनुभव नहीं किया था किन्तु उस दिन दिल में एक टीस पैदा हुई। यह ख्याल कि पिताजी तीन घण्टे वहां खड़े रहे मुझे कई दिन तक परेशान करता रहा और सच तो यह है कि उसके बाद मेरा पढ़ाई में भी दिल नहीं लगा। बचाव केवल इसी में हो गया कि अब केवल दो ही पर्चे शेष रह गए थे। यदि यह घटना पहले होती तो परीक्षा में बैठना मुश्किल हो जाता।

अन्ततः परीक्षा समाप्त हुई। उसी के साथ बाहर का आना-जाना भी खत्म हुआ और मैं फिर कैदी बन गया। वे ही सैन्ट्रल जेल की ऊंची-ऊंची दीवारें, दीवानी अहाते की चारदिवारी और उसमें तीन व्यक्ति और वे भी नौजवान। 24 घण्टे विवशता की स्थिति में एक दूसरे के साथ रहते किन्तु हमें किसी से मिलने की अनुमति न थी। प्रातः और सायं हम इस छोटे से अहाते के आंगन में घूम लेते थे। दिन को कुछ पढ़ लिया और कुछ सो लिया। शेष कोई काम ही न था। इसका परिणाम यह हुआ कि आपस में ही हम एक-दूसरे से बिगड़ने लगे। अहसान इलाही और फजल इलाही की आपस में तनिक भी न बनती थी। दोनों ही अपने आप को महान पण्डित समझते थे।

नाम के दोनों मुसलमान थे किन्तु इस्लाम के कहीं निकट तक नहीं गए थे। फजल इलाही कम्युनिस्ट थे इसलिए सिरे से ही धर्म के शत्रु थे। अहसान इलाही न कम्युनिस्ट थे न धर्म के विरोधी किन्तु उन्हें भी धर्म में कोई रुचि न थी। जब इन दोनों में झगड़ा पैदा हो जाता तो सबसे अधिक कठिनाई मेरे लिए होती। एक तो इसलिए भी कि मैं इन दोनों से छोटा था। दूसरा इसलिए कि एक का पक्ष लेता तो दूसरा बिगड़ जाता किन्तु मेरी कठिनाई तुरन्त ही निपट गई जब फजल इलाही कुर्बान को मुलतान जेल में बदल दिया गया। वे एक दिलचस्प व्यक्तित्व के मालिक थे। चूंकि रूस और कुछ दूसरे देशों का दौरा कर चुके थे इसलिए उनकी जानकारी भी हमसे अधिक थी। हमें भी इसका अनुभव था और उन्हें भी। इसलिए कई बार हमारे बीच तकल्लुफ की दीवार खड़ी हो जाती। विशेषतः फजल इलाही और अहसान इलाही के मध्य।

फजल इलाही के चले जाने पर मुझे अनुभव हुआ कि उनकी उपस्थिति फिर भी बहुत लाभदायक थी। अब हम दो रह गए थे। दो, चार, दस दिन यदि एक ही जगह दो व्यक्तियों ने इकट्ठे रहना हो तो वे किसी न किसी तरह गुजारा कर लेते हैं किन्तु जब एक अनिश्चित समय तक एक छोटे से कमरे में बन्द रहना पड़े और किसी से मिलने या बोलने की अनुमति न हो तो इसका कुछ न कुछ प्रभाव मनुष्य के दिमाग पर भी पड़ता है। यही कारण था कि हम दोनों में कुछ चिड़चिड़ाहट शुरू हो गई।

पुस्तकें पढ़ते-पढ़ते भी हम थक जाते थे। मनोरंजन का और कोई साधन न था। संख्या अधिक हो तब भी खेल कूद कर कुछ समय निकल जाता है किन्तु केवल दो व्यक्ति आपस में क्या खेलें?

इस प्रकार जेल का जीवन सुखद नहीं गुजर रहा था। खाने-पीने की कोई तकलीफ न थी क्योंकि सरकार हमें 75 रूपए मासिक खर्च के लिए देती थी जो उस जमाने में बहुत ज्यादा थे। बहुत कुछ आ जाता था। महाशय रत्तो भी बहुत कुछ भेज देते थे। फिर भी क्रम ठीक चल रहा था।

इसी मध्य और कई घटनाएं जेल से बाहर हो गईं। जिनका हमारे मन व मस्तिष्क

पर भी प्रभाव था।

मैं कुछ समय लाहौर सैंट्रल जेल में बन्द रहा था। वहीं मैंने बी.ए. की परीक्षा भी दी। परीक्षा समाप्त होने के बाद कोई और काम न था अत: दिन काटने कठिन हो गए। हर छः मास के बाद सरकार की ओर से हमें एक आरोप सूची दी जाती। हम उसका उत्तर देते वह हाईकोर्ट में एक जज के सामने पेश कर दिया जाता — वह फैसला करता कि हमें रिहा करना चाहिए या अभी कुछ समय और जेल में रखना चाहिए।

मुझे जो पहली आरोप सूची दी गई थी उसका उल्लेख मैं पहले कर चुका हूं। छः महीने गुजरने पर दूसरी आरोप सूची भी दे दी गई और जिस तरह मैंने पिछली बार किया था इस बार भी वह आरोप सूची बाहर पिता जी को भिजवा दी। उन्होंने किसी वकील से उसका जवाब तैयार कर मुझे जेल भेज दिया। उत्तर संक्षिप्त था। वह यह कि मैं छः महीने से लाहौर सैन्ट्रल जेल में बन्द हूं। न तो किसी से मिल सकता हूं न किसी से पत्र व्यवहार कर सकता हूं। ऐसी हालत में किसी प्रकार की राजनैतिक गतिविधियां जारी रखने का प्रश्न ही पैदा नहीं होता। यदि सरकार के पास कोई प्रमाण है कि मैंने जेल में रहते हुए कोई ऐसा काम किया है जिस पर सरकार को आपत्ति हो तो मुझे बताया जाए मैं उसका उत्तर दूंगा।

मुझे आज ठीक तारीख याद नहीं। सम्भवत: यह जुलाई या अगस्त का महीना था। दोपहर के समय मैं सो रहा था कि जेल के सुप्रिंटैंडैंट हमारे कमरे में आए। उनके साथ उनके दो अरदली भी थे। मुझे जगाया और कहा कि मैं अपना सामान बांधूं मैंने कहा—कहां जाना है? कहने लगे मुलतान जेल में। मैं कुछ कर तो न सकता था किन्तु उनकी बात सुन कर दिल उदास हो गया। एक तो लाहौर छोड़ने का ख्याल आया। यहां घर वाले हर 15 दिन बाद आसानी से मिल जाया करते थे। अब उन्हें मुलतान आना पड़ेगा और यह जरूरी नहीं था कि हर 15 दिन बाद आएं।

अहसान इलाही को छोड़ने के ख्याल से भी दिल कुछ बेचैन हो उठा। हम एक दूसरे को जानते तो बहुत देर से थे किन्तु विगत छः-सात महीनों से 24 घण्टे साथ रहे थे। कई बार झगड़े भी और कई बार एक दूसरे से बिगड़े भी। फिर भी छः-सात महीने अच्छे कट गए थे।

मैंने जेलर से पूछा कि मुलतान को गाड़ी कब जाती है? कहने लगे शाम को। मैंने कहा कि क्या यह सम्भव नहीं कि मेरे घर वालों को सूचना दे दी जाए। कहने लगे इसकी अनुमति तो नहीं किन्तु प्रयास करेंगे। साथ ही कह दिया कोई जल्दी नहीं तुम तसल्ली से अपना सामान बांध सकते हो।

सामान बांध लिया गया। बहुत सी चीजें मैंने अहसान इलाही के पास छोड़ दीं। चलते समय दोनों गले मिले। बहुत प्रयत्न करने पर भी आंसू न रुक सके। अहसान

आयु में मुझसे बड़े थे किन्तु उस समय हम दोनों ही बच्चे बन गए।

जेलर के साथ जो दो अरदली गए थे उन्होंने मेरा सामान उठाया और हम जेलर साहिब के कमरे में आ कर बैठ गए। उन्होंने जो कागजपत्र भरने थे भरे और कहने लगे—आइए चलें। मैंने कहा, पुलिस तो अभी आई नहीं आप मुझे मुलतान किसके साथ भेजेंगे। तो हंस कर कहने लगा इसका प्रबन्ध कर लिया गया है। जेल का भारी भरकम लोहे का फाटक खुला जिस फाटक से मैं सात महीने पहले जेल में दाखिल हुआ था। बाहर एक तांगा खड़ा था। मेरा सामान उस पर रख दिया गया। जेलर ने हाथ बढ़ाते हुए कहा अब आप जा सकते हैं।

मैंने पूछा कहां? उसने कहा, अपने घर।

पाठक वृन्द! आप अनुमान नहीं लगा सकते कि उस समय मेरी क्या हालत हुई होगी। कुछ समझ में ही नहीं आया कि हुआ क्या है। सात महीने बाद मैं फिर आजाद था। जेल के बाहर खड़ा था किन्तु दिल यह मानने के लिए तैयार न था कि मैं आजाद हूं। मैं तो मुलतान जेल की तैयारी करके आया था और अब बाहर सड़क पर खड़ा था।

सम्भवत: जेल वाले अहसान इलाही को यह बताना नहीं चाहते थे क्योंकि उसकी रिहाई के आदेश अभी नहीं आए थे, इसी लिए जेलर ने यह सारा नाटक रचा था।

तांगे में सवार हो कर मैं अपनी घर की ओर चल पड़ा। रास्ते में सोचता जा रहा था कि यह सब कुछ हुआ क्या है। बार-बार मेरा दिमाग जेल की उसी कोठरी की ओर जा रहा था जहां मैं अपने एक साथी को छोड़ आया था। कई बार ख्याल आता कि वह भी क्या कहेगा उसके साथ यह धोखा क्यों किया गया है। मेरे पास इसका कोई उत्तर न था, क्योंकि यह मैंने नहीं किया था, सरकार ने किया था, जेल के अधिकारियों ने किया था।

इस विचार में डूबा हुआ मैं अपने घर पहुंच गया। तांगे से उतर कर अन्दर गया। पिता जी घर नहीं थे। माता जी मुझे वहां देख कर हैरान हो गईं। उन्हें यह विश्वास ही नहीं आ रहा था कि मैं रिहा हो कर आ गया हूं और उनके सामने खड़ा हूं। बाहर तांगे वाला प्रतीक्षा कर रहा था कि कोई सामान उतारे वह जाए किन्तु न मुझे ख्याल रहा न मेरी मां को। अकस्मात दोनों की दुनिया बदल गई किन्तु कुछ देर बाद माता जी ने ही पूछा कि क्या सामान वहीं छोड़ आए जब मैंने उन्हें बताया कि वह तो बाहर तांगे में है तो उन्होंने चपरासी को भेजा कि वह सामान ले आए।

इतने में पिता जी भी आ गए किन्तु उन्हें मेरे आने से आश्चर्य नहीं हुआ। सम्भवत: उन्हें इस विषय में कुछ पहले ही मालूम हो चुका था किन्तु उन्होंने माता जी को नहीं बताया था। मुझे देखते ही कहने लगे 'आ गए?' फिर हंस कर बोले कितने दिनों

के लिए? माता जी को यह बात पसन्द नहीं आई किन्तु पिता जी तथ्य को बेहतर समझते थे। वे मुझे मेरे कमरे में ले गए और कहा अब आराम करो।

सैन्ट्रल जेल की वह कोठरी और निस्बत रोड का यह कमरा — लम्बाई और चौड़ाई में तो अधिक अन्तर न था किन्तु परिस्थितियों में आकाश-पाताल का अन्तर था। इस तरह मेरी पांचवी गिरफ्तारी भी खत्म हुई और इसी के साथ छठी गिरफ्तारी की तैयारी शुरू हो गई।

31. 'बेदोषे तिन शेरां ताईं फाँसी हुक्म सुनाया ए'

9 सितम्बर 1931 एक और मनहूस दिन था। इस दिन गवर्नर की हत्या करने के षड्यन्त्र के मुकद्दमे का फैसला सुना दिया गया। तीनों अभियुक्तों दुर्गादास खन्ना, रणबीर और चमन लाल को फांसी का आदेश दे दिया गया। दसौंधा राम नाम के एक व्यक्ति को, जो सुलतानी गवाह बना दिया गया था रिहा कर दिया गया।

मैं पहले लिख चुका हूं कि जेल से रिहाई के बाद मेरा सारा ध्यान गवर्नर गोली-कांड के केस की ओर लग गया। मैं इसमें कुछ न कर सकता था। तीनों के सम्बन्धी इनकी पैरवी के लिए जो कुछ भी कर सकते थे, कर रहे थे। दुर्गादास खन्ना के पिता और ताया ने तो सिर-धड़ की बाजी लगा दी थी। ताया चूंकि अपने समय के चोटी के वकील थे, अत: उन्हें बड़े-बड़े वकीलों का उपयुक्त मशविरा मिल सकता था और मिल रहा था। इसलिए उन्होंने दुर्गादास को बचाने के लिए अपना सब कुछ दांव पर लगा दिया।

उन दिनों वकीलों का नैतिक-स्तर कितना ऊंचा होता था, इसका अनुमान आप इस बात से लगा सकते हैं कि लाहौर में रायबहादुर ज्वाला प्रसाद एक बहुत योग्य वकील हुआ करते थे। सरकार अपने बड़े-बड़े मुकद्दमों के लिए उनकी सेवाएं प्राप्त किया करती थी। वे जो भी फीस मांगते, उन्हें मिल जाती।

उनके दुर्गादास खन्ना के ताया रायबहादुर तीर्थराम के साथ भी अत्यन्त मैत्रीपूर्ण सम्बन्ध थे। जब गवर्नर-गोलीकांड केस शुरू हुआ तो सरकार ने अपनी ओर से रायबहादुर ज्वाला प्रसाद को वकील करने का फैसला किया और उन्हें कह दिया गया कि वे जो भी फीस लेना चाहें ले सकते हैं। यह एक दृष्टि से उनके लिए सरकार का आदेश भी था, क्योंकि वे सरकारी वकील भी थे। किन्तु उन्होंने साहस से काम लेते हुए इस मुकद्दमे में सरकार की पैरवी करने से इन्कार कर दिया।

अन्तत: सैशन जज ने अपना फैसला सुनाने की तिथि निश्चित कर दी। 9 सितम्बर 1931 फैसला जेल के अन्दर ही सुनाया जाना था। मुझे अन्दर जाने की अनुमति न थी,

किन्तु इस ख्याल से कि तीनों के रिश्तेदार आज अन्दर जाएंगे, शायद मुझे भी किसी तरह अवसर मिल जाए मैं भी कोई साढ़े 3 बजे के करीब बोर्स्टल जेल के दरवाजे पर पहुंच गया।

जज ने 10 बजे का समय दे रखा था। जब मैं जेल के दरवाजे पर पहुंचा तो कुछ लोग वहां आपस में बातें कर रहे थे। सजा बहुत सख्त है। मैंने उनसे पूछा, किस सजा की बात कर रहे हैं। उन्होंने बताया, गवर्नर शूटिंग केस की। जब मैंने पूछा की क्या सजा दी है, तो उन्होंने जवाब दिया - तीनों को फांसी।

मैं उम्र कैद की सजा के लिए तो घर से तैयार हो कर गया था। मैं समझता था गवर्नर की हत्या के षड्यन्त्र का मुकद्दमा है। सैशन जज भी अंग्रेज है, वह कैसे माफ करेगा इसलिए आजीवन कारावास से कम क्या दण्ड देगा।

इन तीनों ने कोई हत्या नहीं की थी। हत्या की सजा हरिकृष्ण को मिल चुकी थी। इन्हें फांसी की सजा देने का प्रश्न ही पैदा नहीं होता था।

जब मैंने सुना की तीनों को फांसी की सजा हुई तो ऐसे लगा कि पहाड़ टूट पड़ा हो। दिमाग एकदम चकरा गया। कुछ समझ में नहीं आ रहा था कि यह क्या हुआ। मैं अकेला ही एक तरफ एक वृक्ष के नीचे खड़ा हो गया। सोचता रहा कि अब क्या होगा। उस युग में कोई मान नहीं सकता था कि गवर्नर की हत्या के षड्यन्त्र में फांसी की सजा किस तरह रद्द हो सकती है।

अंग्रेज का शासन था, अंग्रेज ही गवर्नर था। दण्ड देने वाला भी अंग्रेज ही था और इसकी अपील भी अंग्रेज के समक्ष ही होनी थी। इसलिए ऐसा मालूम हो रहा था कि भगत सिंह, राजगुरु और सुखदेव की तरह ये तीनों भी अब गए, और शायद फिर कभी वापस न आ सकेंगे।

कुछ देर मैं वहीं पर खड़ा रहा। फिर सोचा क्यों न रणबीर और दुर्गादास के घर चलूं। देखूं घरवालों के क्या हालात है। वे अब क्या सोच रहे हैं। रणबीर से भी अधिक चिन्ता दुर्गादास के परिवार की हो रही थी। उसकी पत्नी भी थी बच्चे भी थे और छोटा बच्चा तो अभी अढ़ाई-तीन महीने का ही था किन्तु वहां जाने की हिम्मत भी न पड़ रही था। उन पर जो संकट आया था उसके लिए एक दृष्टि में मैं भी जिम्मेदार था।

जो कुछ दुर्गादास ने किया और जिसकी उसे सजा मिली थी उनमें मैं भी शामिल था। किसी और को मालूम न था कि दुर्गादास ने मुझे बचा लिया और स्वयं फांसी की सजा स्वीकार कर ली। यदि वह भेद बता देता कि विश्वविद्यालय के भवन में जाने वाला कार्ड कहां से आया था तो दुर्गादास शायद बच जाता और उसकी जगह मुझे फांसी का दण्ड मिल जाता।

विचारों की इस उधेड़बुन में मैं रणबीर के घर पहुंच गया। उसके पिता बाद में

महात्मा आनन्द स्वामी बन गए, उस समय महाशय खुशहाल चन्द थे। वे अपने बरामदे में एक तख्त पर बैठे हुए थे। उनके चारों ओर लोगों की काफी भीड़ लगी हुई थी। इन तीनों की फांसी की सजा की खबर सारे शहर में दावानल की तरह फैल चुकी थी।

कई बाजारों में हड़ताल हो गई। छात्र संघ के जत्थे बाजारों में घूमने लगे। उस दिन शाम को एक बहुत बड़ा जुलूस निकालने का फैसला किया गया।

मैं महाशय जी के पास जा कर बैठ गया। उन्होंने बड़े प्यार से मेरी पीठ पर हाथ फेरा किन्तु मैं अपने आपको काबू न रख सका, जैसे एक बांध टूट गया हो। मेरे आंसुओं का बांध भी टूट गया। उन्होंने मुझे बहुत समझाने की कोशिश की, बार-बार यही कहते कि घबराने की कोई जरूरत नहीं, हाईकोर्ट में अपील करेंगे। सब ठीक हो जाएगा किन्तु मैं समझ रहा था कि अब कुछ न होगा हाईकोर्ट में भी तो अंग्रेज ही बैठे हैं।

उन दिनों प्रत्येक अंग्रेज के हृदय में प्रतिशोध की आग जल रही थी। वे समझते थे कि इन क्रान्तिकारी नौजवानो को ऐसा मज़ा चखाना चाहिए कि वे फिर किसी अंग्रेज पर हाथ उठाने का नाम न लें। मैं महाशय जी के पास कोई घण्टा भर बैठा रहा वहां से उठ कर ख्याल आया कि दुर्गादास के घर चलूं किन्तु वहां जाने की बिल्कुल हिम्मत न हुई। दुर्गादास को फांसी की कल्पना से ही दिल कांप उठता था। इसलिए सोचा कि शाम को वहां चलूंगा।

उस समय तक ख्याल था कि मैं भी संभल जाऊं और कुछ उसके घरवाले भी संभल जाएंगे। इसी मध्य छात्र संघ की ओर से शहर में एक बड़ा भारी जुलूस निकालने की तैयारी हो रही थी, मैं भी उसमें जुट गया।

शाम को शहर में एक जुलूस निकला। बहुत बड़ा जलूस था। आगे-आगे तीन लड़के गाते जा रहे थे—

हाय-हाय इस नौकरशाही डाडा जुल्म कमाया ए,
बे दोषे तिन शेरां ताईं फांसी हुक्म सुनाया ए॥

उस दिन लाहौर में कोई अंग्रेज घर से बाहर नहीं निकला। नौजवानों में गुस्सा था। जनता में शोक, लोगों की जुबान पर एक ही प्रश्न था। गवर्नर पर गोली चलाने की सजा तो हरिकृष्ण को मिल चुकी अब इन तीनों नौजवानों से किस बात का बदला लिया जा रहा है? यदि इन्हें दण्ड देना ही था तो क्या फांसी से कम नहीं हो सकता था? स्कूलों में, कालेजों में, दफ्तरों में, कचहरियों में सब जगह यही चर्चा थी। ऐसा प्रतीत होता था कि पंजाब की सोई हुई आत्मा फिर से जाग उठी थी।

शाम को जुलूस खत्म हुआ और मैंने दुर्गादास के घर जाने का फैसला किया। सारा दिन नहीं गया। हिम्मत नहीं पड़ रही थी, वहां जाने की किन्तु कब तक रह सकता

था। घरवाले भी जानते थे कि मैं प्रातः वहां जाया करता था। उसके पिताजी बड़े प्यार से मुझे मिलते और सदा यही कहते, बेटा जमाना बहुत खराब है, तनिक संभल कर चलना किन्तु हम न संभले। इसमें किसी का कोई दोष न था। जवानी में मनुष्य कई बार संभलना भी चाहे तो नहीं संभल सकता। उनकी पुरानी बातों का महत्त्व समझते हुए मैं अन्ततः दुर्गादास के घर जा पहुंचा।

दिसम्बर, 1930 में हरिकृष्ण ने पंजाब के गवर्नर पर गोली चलाई थी। यह पहला अवसर था जब किसी गवर्नर पर गोली चली हो। इसके बाद सरकार भी सतर्क हो गई। गवर्नरों की सुरक्षा के प्रबन्ध और भी कड़े कर दिए गए। फरवरी, 1931 में चन्द्रशेखर आजाद को पुलिस ने गोली से उड़ा दिया था इसलिए समझा जाने लगा कि अब क्रान्तिकारी आन्दोलन खत्म हो गया। जहां तक पंजाब और उत्तर प्रदेश का सम्बन्ध था, यहां वास्तव में ही समाप्त हो गया था।

इन दोनों प्रदेशों के जितने भी प्रतिष्ठित क्रान्तिकारी थे, वे या तो गिरफ्तार हो चुके थे या मारे जा चुके थे किन्तु सरकार ने 1931 में आतंक का जो दौर शुरू किया उसके कारण कई स्थानों पर यह आंदोलन फिर सिर उठाने लगा। गाँधी जी ने सरकार के साथ जो समझौता किया था वह टूट रहा था। इसलिए नौजवानों के दिलों में यह ख्याल पैदा हो रहा था कि लातों के भूत बातों से नहीं मानते। गांधीजी का अवज्ञा आंदोलन शायद सफल न हो, अतः कई जगहों पर नौजवानों ने फिर से गोली और पिस्तौल का सहारा लेना शुरू कर दिया। इस बार दो गवर्नर उनके निशाने बन गए।

28 जुलाई 1931 को बम्बई के स्थानापन्न गवर्नर पूना के फर्गुसन कालेज के वाचनालय का निरीक्षण कर रहे थे कि वासुदेव बलवन्त नाम के एक युवक ने पिस्तौल से दो गोलियां चलाईं। किसी न किसी कारण गवर्नर बच निकला। उसने लपक कर उस नौजवान को दबोच लिया। बाद में उसे दण्डाधिकारी के सामने पेश किया गया और उसे आठ वर्ष कैद का दण्ड दिया गया।

दूसरी घटना 6 फरवरी को हुई, जब बंगाल के गवर्नर सर सैंटले जैक्सन कलकत्ता विश्वविद्यालय में अपना दीक्षांत भाषण दे रहे थे। वीणादास नाम की एक लड़की ने उन पर रिवाल्वर से पांच गोलियां चलाईं। गवर्नर बच गए। वीणादास को तुरन्त गिरफ्तार कर लिया गया। जब उसे अदालत के सामने पेश किया गया तो उसने अदालत में अपना बयान देते हुए कहा—

''मैंने देशभक्ति की भावना से प्रभावित हो कर गवर्नर पर गोली चलाई है। आज मेरे देशवासियों की भावनाओं को कुचला जा रहा है इन हालात में मैंने सोचा कि वर्तमान अपमान को खत्म करने का एक ही रास्ता है और वह है मौत। उसे मैं अपने आपको को देश के लिए बलिदान करके ही प्राप्त कर सकती हूं। मैं सभ्य

संसार का ध्यान वर्तमान स्थिति की ओर दिलाना चाहती हूं। जिन हालात ने मुझ जैसी दुबली-पतली लड़की को यह उग्र पग उठाने पर विवश कर दिया है।''

1931 में क्रांतिकारी आंदोलन बंगाल में फिर भड़क उठा। वस्तुत: पंजाब और बंगाल ये दो सूबे ही सदा इस आंदोलन का केन्द्र रहे हैं। 1927 में काकोरी कांड तक उत्तर प्रदेश में भी इस आंदोलन का जोर रहा। इसके बाद वहां यह खत्म हो गया। चन्द्रशेखर ने अपनी अधिकांश गतिविधियां दिल्ली और पंजाब में स्थानान्तरित कर ली थी। अत: आंदोलन का जोर या तो पंजाब में या फिर बंगाल में था। पंजाब में यह भगतसिंह के साथ समाप्त हो गया किन्तु बंगाल में यह किसी न किसी रूप में चलता रहा। इसका एक कारण यह था कि वहां यह अब लगभग जनता का आंदोलन बन गया था और नौजवानों में फैल गया था। इसलिए आए दिन वहां कोई न कोई घटना होती रहती थी।

कुमारी वीणादास ने बंगाल के गवर्नर पर गोली चलाई थी उसका उल्लेख मैं उपर कर आया हूं किन्तु इससे भी महत्वपूर्ण काम वहां की दो लड़कियों ने किया। 24 दिसम्बर, 1931 को कलकत्ता के एक स्कूल में दो छात्राओं कुमारी शान्ति घोष और सुनीति चौधरी कलकत्ता के एक मैजिस्ट्रेट श्री बी॰ जी॰ स्टीवन्सन से मिलने गईं। जब उनसे पूछा गया कि किस काम के लिए मिलना चाहती हैं, तो उन्होंने कहा कि तैराकी के मुकाबले के बारे में बातचीत करनी है। वहां दाखिल होते ही उन्होंने मैजिस्ट्रेट पर गोली चला दी। स्टीवन्सन तुरन्त दम तोड़ गए और दोनों लड़कियां गिरफ्तार हो गई। बाद में दोनों को आजीवन कारावास दण्ड दिया गया।

पंजाब और बंगाल में एक और अंतर भी था। पंजाब में लाला लाजपत राय के बाद कांग्रेस में भी उनके स्तर का कोई दूसरा नेता पैदा न हुआ। जब भगतसिंह को फांसी दे दी गई तो उनके स्तर का कोई क्रांतिकारी भी पैदा न हुआ। इसलिए पंजाब में ये दोनों आंदोलन धीमे पड़ गए थे कांग्रेस भी और क्रांतिकारी आंदोलन भी। दूसरी ओर यदि बंगाल में क्रांतिकारी आंदोलन चल रहा था तो इसका कारण यह था कि वहां अग्रंजों के विरुद्ध अभियान की बागडोर सुभाषचन्द्र बोस के हाथ में थी। पंजाब में लाला लाजपत राय के बाद स्वतन्त्रता आंदोलन कमजोर पड़ गया। भगतसिंह और उसके साथियों ने इस दीपक को अपने खून से रोशन करने का प्रयास किया किन्तु उसके बाद वह और भी धीमे हो गया।

बंगाल में लाला लाजपतराय के स्तर के श्री देशबन्धु चितरंजन दास थे। उनकी मृत्यु के बाद इस प्रदेश की कमान भी सुभाषचन्द्र बोस ने संभाल ली। वे ऐसे चमके कि देशबन्धु चितरंजन दास से भी आगे निकल गए। बाहर से उनका सम्बन्ध कांग्रेस से था किन्तु अंदर से वे क्रांतिकारी आंदोलन का पूरा समर्थन करते थे। लगभग सब

क्रांतिकारी नौजवान न केवल उन्हें मिलते रहते बल्कि उनके साथ मशविरा भी करते रहते। जरूरत पड़ने पर वे उनसे आदेश भी प्राप्त करते थे।

मुझे आज वह तिथि याद नहीं, किन्तु 1934 या 1935 की बात है। मैं अपनी बहन से मिलने के लिए कलकत्ता गया था। सुभाषचन्द्र बोस, उन दिनों सैंन्ट्रल जेल में बंद थे। शहीद जितेन्द्रनाथ दास के भाई किरणचन्द्र दास का सुभाष बाबू से गहरा सम्बन्ध था वे मुझे उनसे मिलाने के लिए जेल ले गए। प्रातः उन दिनों निकटवर्ती सम्बन्धी के अतिरिक्त किसी तीसरे से मिलने की उन्हें अनुमति न थी किन्तु सुभाष बाबू का इतना दबदबा था कि वह किसी से भी मिलना चाहते तो जेल वालों का साहस नहीं होता था कि उन्हें इन्कार करें। किरणचन्द्र दास प्रायः उन्हें जेल में मिलते रहते थे। किरणचन्द्र दास ने उनसे कहा कि मेरे एक मित्र पंजाब से आए हैं, आप से मिलना चाहते हैं। सुभाष बाबू ने कहा, उन्हें अन्दर ले आओ।

किरणचन्द्र दास मुझे अंदर ले गए और हम जेल के कार्यालय के एक कमरे में बैठे बाते करते रहे। सुभाषचन्द्र और किरणदास के मध्य क्या बातचीत हुई, यह मालूम नहीं क्योंकि वे आपस में बंगला में बातचीत कर रहे थे किन्तु सुभाष बाबू ने मुझसे पंजाब के सारे हालात जानने का प्रयास किया। उन्होंने यह भी पूछा कि पंजाब में क्रांतिकारी आंदोलन क्यों खत्म हो गया। उनका कहना था कि जब तक कांग्रेस आंदोलन और क्रांतिकारी साथ-साथ न चलेंगे उस समय तक अंग्रेज पर दबाब नहीं पड़ सकता, जिसकी जरूरत है।

इस दृष्टि से उनका गांधीजी से मतभेद था। वह अहिंसा की लड़ाई को एक साधन तो मानते थे,किन्तु उसे एक सिंद्धात मानने को तैयार न थे। यही कारण था कि उनके और गांधीजी के विचारों में टकराव रहा और श्री सुभाषचन्द्र बोस ने अपने लिए एक अलग रास्ता अपना लिया।

मेरी सुभाष बाबू के साथ यह पहली भेंट थी और इससे मुझे अनुमान हो गया कि क्रांतिकारी आन्दोलन बंगाल में क्यों चल रहा है तथा पंजाब के अन्य राज्यों में क्यों समाप्त हो गया है।

उन दिनों समूचे रूप से पूरे देश के हालात बिगड़ रहे थे। 1933 में गांधीजी जेल में थे। वहां उन्होंने ऐसा उग्र पग उठाया जिससे केवल इस देश को ही नहीं सारे विश्व को हिला दिया।

32. उनकी रिहाई और मेरी गिरफ्तारी

दिसम्बर का महीना मेरे लिए बड़ा मनहूस था। विगत तीन वर्ष से मैं इसी महीने गिरफ्तार होता चला आ रहा था। दिसम्बर 1928 को साण्डर्स हत्याकांड में, दिसम्बर 1929 में वायसराय की गाड़ी पर बम फैंकने के सिलसिले में और दिसम्बर 1930 में पंजाब के गवर्नर पर गोली चलाने के सम्बन्ध में।

अब दिसम्बर 1931 आया था। मुझे भय था कि मैं इस बार भी न धर लिया जाऊं। जिन मित्रों के साथ मेरा विशेष सम्बन्ध कहा था वे या तो जेल में थे या भूमिगत थे और मेरी हालत कुछ समय ऐसी थी कि "बहुत आगे गए, बाकी जो हैं तैयार बैठे हैं।"

तैयार तो मैं भी बैठा था क्योंकि दिसम्बर का महीना पिछले तीन साल से खाली न गया था। लेकिन बार-बार यही दुआ दिल में निकल रही थी कि किसी न किसी प्रकार दो-तीन महीने कुशलता से गुजर जाएं तो अच्छा है। कारण यह कि दुर्गादास खन्ना, रणबीर और चमनलाल की पंजाब के गवर्नर की हत्या के षड्यन्त्र के आरोप में फांसी की सजा हो चुकी थी, अब हाईकोर्ट में इसकी अपील की सुनवाई हो रही थी। इनका फैसला भी शीघ्र होने वाला था। इनके बच कर वापस आने की कोई संभावना न थी किन्तु कई बार प्रतीक्षा में मनुष्य का सारा जीवन गुजर जाता है। मैं भी यही प्रतीक्षा कर रहा था कि शायद कोई चमत्कार हो जाए, और अन्तत: वह हो गया।

26 फरवरी, 1932 को पंजाब हाईकोर्ट की डिविजन बैच ने इन तीनों को आरोप से मुक्त कर दिया। इस बैच में दो जज थे। एक जस्टिस हैरिसन और दूसरे जस्टिस कंवर दलीप सिंह। जस्टिस हैरिसन, पंजाब के राज्यपाल जिन्हें गोली लगी थी, के निजी मित्र थे और चूंकि अंग्रेज भी थे इसलिए समझा यह जा रहा था कि अब इन तीन को रिहा तो कदापि नहीं करेंगे। यह सम्भव है कि इनकी सजा उम्रकैद में बदल दें। दुर्गादास खन्ना के ताया तीर्थराम स्वयं एक चोटी के वकील थे। उन्होंने दुर्गागास को बचाने के लिए अपना सब कुछ दाँव पर लगा दिया था और चूंकि इस मुकद्दमें ने राजनैतिक रूप धारण कर लिया था इसलिए उन्होंने उस समय के चोटी के एक वकील पिटमन जो कि अंग्रेज थे, की सेवाएं प्राप्त कर ली। यह तो लोहे को लोहे से काटने वाली बात थी। लेकिन उस समय दुर्गादास की जिन्दगी और मौत का प्रश्न था इसलिए लाला

तीर्थराम से जो कुछ भी हो सका उन्होंने किया और उन्होंने एक अंग्रेज अफसर के मुकाबले में एक अंग्रेज को ला खड़ा किया।

कई दिन तक बहस होती रही और अन्तत: 28 फरवरी को फैसला सुना दिया गया और मैं जिसकी प्रतीक्षा कर रहा था उसे देखने के लिए वहां न था। दुर्गादास, चमनलाल और रणबीर जेल से रिहा कर दिए गए। इनके मित्रों और इनके सम्बन्धियों ने इनका स्वागत किया। लेकिन मैं स्वागत न कर सका, क्योकि इनकी रिहाई के दो दिन पहले मुझे पुन: गिरफ्तार करके शाही किले में नजरबंद कर दिया गया था। यह मेरी छठी गिरफ्तारी थी।

दुर्गादास, रणबीर और चमनलाल की रिहाई के साथ जहां तक गवर्नर शूटिंग केस का सम्बन्ध था, उनका अन्तिम अध्याय लिख दिया गया था और इस केस को अब दाखिल दफ्तर कर दिया गया था। लेकिन इस केस के एक पक्ष की ओर मैं पाठकों का विशेष रूप से ध्यान दिलाना चाहता हूं। अपने किसी लेख में मैंने लिखा था कि अंग्रेजों की गुलामी में भी हम आजादी की सांस ले सकते थे। उसी प्रकार उस समय की अदालतों में भी सदैव न्याय की आशा की जा सकती थी। आप तनिक अनुमान लगाएं कि गवर्नर शूटिंग केस में प्रदेश के सबसे बड़े अधिकारी की, जो कि अंग्रेज था, हत्या का षड्यन्त्र किया गया था। एक अंग्रेज जो कि सैशन जज था, ने तीनों अभियुक्तों को फांसी का दण्ड दे दिया। लेकिन हाईकोर्ट का जज, वह भी एक अंग्रेज था और गवर्नर का निजी मित्र भी, न्याय और कानून का आंचल अपने हाथ से नहीं छोड़ता। उन्हें यह भी पता था कि यदि उसने इन तीनों अभियुक्तों को रिहा करा दिया तो न अंग्रेज सरकार और न भारत सरकार में रहने वाले अंग्रेज उसे क्षमा करेंगे लेकिन उसने किसी की भी परवाह न की और जो ठीक समझा वह किया। उस समय इन तीनों की रिहाई वास्तव में एक चमत्कार था।

वे तीनों रिहा हो गए और मैं गिरफ्तार हो गया। कई दिन से सोच रहा था कि वे आएंगे तो इनके साथ बैठ कर बहुत बातें करूँगा। हम सब दिसम्बर , 1930 में एक दूसरे से पृथक हुए थे। अब जनवरी, 1932 आ गया था। इस मध्य पत्र व्यवहार जारी रहा, लेकिन उस समय जब मैं जेल से बाहर था। छ: सात मास शाही कैदी रहा, उस समय पत्र व्यवहार का कोई प्रश्न ही न था। इतना संतोष अवश्य था कि मैं भी उनकी भांति जेल में हूं।

गिरफ्तारी के बाद लाहौर के शाही किले में पहुंचा दिया गया। यह मालूम न था कि किस-किस अपराध में मुझे गिरफ्तार किया गया है। उस समय पंजाब में क्रांतिकारी आंदोलन लगभग समाप्त हो चुका था। इसलिए मेरी गिरफ्तारी का कोई कारण न था। लेकिन उस समय मुझे अपनी गिरफ्तारी की इतनी चिन्ता न थी जितनी यह जानने की

कि दुर्गादास खन्ना और उसके साथियों के मुकद्दमे का क्या फैसला हो रहा है। मैं फैसला सुनाए जाने के दो दिन पूर्व गिरफ्तार कर लिया गया था और शाही किले में पढ़ने के लिए कोई समाचार पत्र न मिलता था। जिस कोठड़ी में मुझे बंद रखा जाता था उसके बाहर एक बलूची सिपाही संगीन लिए हर समय खड़ा रहता था।

मैंने कई बार उससे पूछने का प्रयास किया कि गवर्नर शूटिंग केस के अभियुक्तों की अपील का हाईकोर्ट में क्या फैसला हुआ है? वह या तो अखबार पढता ही न था या फिर किसी न किसी कारण मुझे बताना नहीं चाहता था। वह हर बार यही कहता कि उसका इन बातों से क्या सम्बन्ध? मैं यह मानने को तैयार न था कि इतने बड़े मुकद्दमे का फैसला सुनाया गया हो और किले में किसी को मालूम न हो कि क्या हुआ है।

उन दिनों मुझे सी॰ आई॰ डी॰ के दो उच्चाधिकारी अधिकतर मिलने आते थे। एक सैयद अहमदशाह और दूसरे खान बहादुर नियाज अहमद। दोनों मेरे साथ बड़ी शराफत से पेश आते। खानबहादुर नियाज अहमद विशेष रूप से खुदापरस्त बुजुर्ग थे। दिन में पांच बार नमाज पढ़ते थे। मेरे पास भी आते और खुदा और धर्म की बातें करने लग जाते। मैंने कई बार उन दोनों से यह जानने का प्रयास किया कि गवर्नर शूटिंग केस का हाईकोर्ट में क्या फैसला हुआ, किन्तु वे टाल जाते।

सैयद अहमद में कुछ मसखरापन भी था, इसलिए कई बार मज़ाक में कह देते कि उनके बिना उदास हो गए हो, कहो तो उन्हें यहां ले आएं या तुम्हें उनके पास ले चलें।

निष्कर्ष यह कि दो महीने मैं उस किले में रहा और इस अवधि में मुझे यह पता नहीं चल सका कि गवर्नर शूटिंग केस का हाईकोर्ट में क्या फैसला हुआ है। दो बार घर वाले भी मिलने आए किन्तु कह दिया गया कि राजनीति के विषय में कोई बात की तो भेंट बन्द कर दी जाएगी। ऐसी हालत में मैं यही पूछ सकता था कि हमारी गाय कैसी है और भैंस कैसी है। पिता जी मुझे किले में एक बार भी मिलने नहीं आए। उन्हें इस प्रकार की भेंट पसन्द न थी जहां सी.आई.डी. का एक अधिकारी सिर पर बैठा हो।

दुर्गादास, रणबीर और चमनलाल रिहा हो तो गए किन्तु उन्हें भी सबसे अधिक निराशा इसमें हुई कि दो दिन पूर्व मुझे गिरफ्तार कर लिया गया था। जेल से दुर्गादास और रणबीर के पत्र मुझे आते रहे थे। इनसे दोनों की मन:स्थिति का मैं कुछ अनुमान लगा सकता था। दोनों फांसी की कोठरी में बन्द थे और दोनों को पता न था कि उन्हें जीवित वापस जाना है या नहीं।

दोनों जीवन को विभिन्न तराजुओं से तोल रहे थे। दुर्गादास का झुकाव अध्यात्मवाद

की ओर था, रणबीर का कुछ भावुक। दुर्गादास की हालत उस समय उस व्यक्ति जैसी थी जो जीवन और मृत्यु के दोराहे पर खड़ा दोनों ओर देख रहा हो। जीवन क्या है, इसका भी उसे कुछ अनुमान था। जिस परिवार में वह पैदा हुआ था वहां उसे किसी चीज की कमी न थी फिर भी उसने एक ऐसा रास्ता अपनाया जिसने उसे मृत्यु के द्वार पर ला कर खड़ा कर दिया।

फांसी की कोठरी में रहते हुए वह इस बात का अनुमान भी लगा सकता था कि मौत क्या हो सकती है। रणबीर का एक नया रूप उस समय मेरे सामने आया। एक कलाकार का रूप। वह जीवन और मृत्यु दोनों को एक कलाकार की दृष्टि से देख रहा था। इसलिए उसके पत्र कभी-कभी एक कैदी के नहीं बल्कि एक कलाकार के लिखे होते थे। लम्बे-लम्बे तीस-तीस और चालीस-चालीस पृष्ठों के। कई बार वह एक कैदी की लेखनी से नहीं, एक कलाकार की लेखनी से लिखे होते थे।

लाहौर के शाही किले की इस तंग और अन्धकार पूर्ण कोठी में बैठा मैं अपने अतीत पर घण्टों सोचता रहता किन्तु एक प्रश्न का उत्तर नहीं मिल रहा था कि रणबीर और दुर्गादास जीवित है या फांसी पर चढ़ गए हैं?

जिन लोगों ने 1930 से ले कर 1933 तक लाहौर के शाही किले में किसी भी समय कुछ दिन काटे हैं, वे जानते हैं कि वह स्थान नरक से कुछ कम न था। इसमें कई कोठड़ियां भी थीं और कई तहखाने भी। एक ओर एक बहुत सुन्दर बगीचा था। उसके निकट पंजाब की सी.आई.डी. का कार्यालय था। पुलिस ने जिस व्यक्ति की मरम्मत करनी होती थी उसे वह लाहौर के शाही किले में ले जाती थी।

जो एक बार इस किले में प्रविष्ट होता था उसका सम्बन्ध बाहर के संसार से कट जाता था। जेल में रहते हुए किसी-न-किसी तरह बाहर किसी को कोई सन्देश भेजने का प्रबन्ध हो जाता था। हर जेल में सैंकड़ों और कुछ जेलों में हजारों लोग होते हैं। इसलिए कोई-न-कोई तो ऐसा मिल जाता था जो घरवालों तक खबर पहुंचा देता था।

लाहौर के शाही किले में बन्द कैदी कोई सन्देश बाहर न भेज सकता था। इसके चारों ओर पुलिस के सिवा और कोई न होता था और पुलिस भी बलूच थी, जो अंग्रेजों की सबसे वफादार और क्रूर समझी जाती थी। इनमें भी कोई न कोई दयावान और खुदापरस्त व्यक्ति मिल जाता, किन्तु केवल जुबानी सहानुभूति के लिए।

कोई व्यक्ति इस किले में यह खतरा मोल लेने को तैयार न था कि उसके अफसर उससे नाराज हो जाएं क्योंकि अफसर जिसे चाहते गोली से उड़ा कर तहखाने में फैंक सकते थे। बाहर किसी को पता भी न चलता कि अन्दर क्या हुआ है। जब पुलिस ने किसी राजनैतिक कैदी से पाशविक व्यवहार करना होता तो उसे तहखाने में डाल

देती। वहां उसकी जो सेवा करनी होती, करती। मारपीट भी वहीं होती और बर्फ पर भी लिटाया जाता।

मुझे भी इस तहखाने के निकट एक कोठड़ी में बन्द कर दिया गया। मेरे लिए यह समझना कठिन हो रहा था कि इस बार मुझे गिरफ्तार क्यों किया गया है। मैंने गत चार-पांच माह में कोई ऐसी बात न की थी जिससे सरकार को शिकायत पैदा होती। मैं एम.ए. में दाखिल हो चुका था। इसलिए मेरा अधिकांश समय कालेज में ही गुजर जाता। पुराने साथी जेलों में थे नये बन नहीं रहे थे। हां! कभी दूसरे लड़कों के साथ देश की राजनीति के संदर्भ में कुछ बातचीत जरूर हो जाती।

इन दिनों सारे देश में एक बहस चल रही थी कि कांग्रेस उपनिवेश की पेशकश स्वीकार कर ले या पूर्ण स्वतन्त्रता के लिए संघर्ष करती रहे? नौजवान वर्ग का अधिकांश पूर्ण आजादी के पक्ष में था और मेरा पहली बार श्री अविनाशचन्द्र बाली से कुछ मतभेद पैदा हुआ, चूंकि वह शतप्रतिशत गांधीवादी थे और गांधी जी कह रहे थे कि यदि सरकार उपनिवेश का दर्जा दे दे किन्तु साथ ही हमारा यह अधिकार स्वीकार कर ले कि हम जब भी ब्रिटिश राष्ट्रकुल से अलग होना चाहें, हो सकते हैं तो वह फिलहाल पूर्ण आजादी पर बल न देंगे।

पंडित जवाहर लाल नेहरू और सुभाषचन्द्र बोस पूर्ण आजादी से कम पर बात करने को तैयार न थे। हां, पण्डित नेहरू गांधी जी के विरुद्ध विद्रोह नहीं करना चाहते थे। सुभाष बाबू इसके लिए भी तैयार थे। देश के युवा वर्ग की सहानुभूति भी इस मामले में सुभाषचन्द्र बोस के साथ थी।

केवल यह एक समस्या थी जिस पर उन दिनों बहस हुआ करती थी। कालेज में भी जब कुछ लड़के कहीं जमा होते तो इसी समस्या पर बहस हो जाती। मैं चूंकि उस समय तक 6 बार गिरफ्तार हो चुका था इसलिए इस मामले में कुछ बदनाम भी हो गया था। 'बद से बदनाम बुरा', के अनुसार प्रायः छात्र भी और प्राध्यापक भी इस प्रश्न पर मेरी राय पूछ लेते। इसी बहस में सम्भव है कि कई बार कुछ ऐसी बातें भी कही गई होंगी जो किसी और रंग में सरकार तक पहुंच गईं। या कोई और कारण भी हो सकता था किन्तु मुझे मालूम न था कि इस बार मुझ पर यह 'कृपा दृष्टि' क्यों की गई है और गिरफ्तार करके शाही किले में शाही कैदी क्यों बनाया गया है।

गिरफ्तारी के कुछ दिन बाद मुझे यह बता दिया गया था कि फिलहाल यह नजरबन्दी दो महीनों के लिए है। इसलिए मैं 'प्रतिदिन' दिन गिनने लगा। जेल में रहने की मुझे उस समय तनिक भी इच्छा न थी। मैं एम.ए. में दाखिल हो चुका था मुझे याद था कि पिता जी मेरे एम.ए. में दाखिले के विरुद्ध थे। वे समझते थे कि जिस मार्ग पर मैं चल रहा हूं मैं कभी एम.ए. पास न कर सकूंगा, इसलिए कालेज में दाखिल

हो कर धन और समय बरबाद करने से क्या लाभ?

शाही किले की बन्द कोठरी में बैठे मुझे ये सब घटनाएं याद आ रही थीं। मैं सोच रहा था पिताजी कहते होंगे कि वह जो कुछ कहते थे अन्ततः वह ठीक निकला और मैं बाज नहीं आया किन्तु इस बार मेरा कोई दोष न था। इसलिए मैं शीघ्र बाहर आना चाहता था ताकि पिताजी को किसी तरह यह विश्वास दिला सकूं कि इस बार मैंने कोई ऐसा काम नहीं किया जिसके कारण मुझे जेल जाना पड़ा हो।

मेरी कोठरी में कोई कैलेण्डर तो लगा न था जिससे मैं पता लगाता कि दो महीने खत्म होने में कितने दिन शेष हैं। मैंने एक सिपाही से एक टूटी सी पैन्सिल ले ली और अपनी कोठड़ी की दीवार पर निशान लगाने लग गया। रात को सोने से पूर्व एक लकीर खींच दिया करता। जितनी लकीरें उतने दिन। इस तरह मुझे पता चलता रहता कि अब कितने दिन बाकी रह गए हैं।

इसी मध्य एक दिन सायं 4 बजे सैयद अहमद शाह आ गए। कहने लगे, 'तुम अन्दर बैठे-बैठे तंग आ गए होगे, आओ तुम्हें सैर कराऊं' मैं उनकी यह बात समझ न सका। अकस्मात् उन्हें मुझे पर यह दया क्यों आ गई किन्तु मैं उन्हें इन्कार भी न कर सका था। मुझे कोठड़ी से बाहर निकाला गया और वह मुझे साथ ले कर किले के अन्दर जो बगीचा था उसकी सैर के लिए चल पड़े। हम दो ही थे और आधा घण्टा हम घूमते रहे। मैं इससे पहले एक लेख में लिख चुका हूं कि सैयद अहमद खां का बेटा नजीर अहमद जो राजकीय कालेज में पढ़ता था, मेरा मित्र था और सैयद अहमद खां को यह पता था। इसलिए उस दिन हम नजीर अहमद की बातें करते रहे।

आरम्भ में मैंने उन से पूछ लिया नजीर का क्या हाल है। फिर मजाक से यह भी कह दिया कि क्या आप मुझे उससे मिला नहीं सकते? हम इस तरह की बातें करते गए और इस बाग के चक्कर काटते गए। आधे घण्टे के बाद मुझे फिर कोठड़ी में बन्द कर दिया गया। सैयद अहमद खां यह कह कर चले गए कि वे कल फिर आएंगे।

वे तो चले गए किन्तु एक प्रश्न मुझे हल करने को छोड़ गए। ये क्यों आए थे और उनका वास्तविक उद्देश्य क्या था। अगले 24 घण्टों में मैं यही सोचता रहा। दूसरे दिन सायं 4 बजे वे फिर आ धमके। ''चलो सैर के लिए चलें'' यह कह कर उन्होंने बाहर खड़े सिपाही को संकेत किया कि मेरी कोठड़ी का ताला खोल दे। मैं बाहर निकल कर उनके साथ हो लिया। दो चक्कर काटने के बाद उनका उद्देश्य स्पष्ट हो गया। कहने लगे अब जब कि तुम्हारे साथी रिहा हो गए हैं, अब तो बता दो कि हरिकृष्ण ने यूनिवर्सिटी हाल में दाखिल होने के लिए पास कहां से लिया था?

यह पहली बार था कि मुझे पता चला कि दुर्गादास, रणबीर और चमनलाल रिहा कर दिए गए हैं। उनकी बात सुन कर मुझे कुछ सन्तोष हुआ। मैं तो इन तीनों को फांसी

पर चढ़ा चुका था और कई बार मैंने अपनी कल्पना में इनकी यादगार भी कायम कर दी थी। कई बार यह भी सोचता था कि जिस दिन मैं रिहा होऊंगा इन तीनों के घर वालों से जा कर कैसे मिलूंगा? निष्कर्ष यह कि अकस्मात एक नई दुनिया मेरे सामने आबाद हो गई।

जब मैं दो–चार मिनट अपनी नई दुनिया की कल्पना में घूमता रहा तो खान साहब ने फिर कहा, 'मेरे प्रश्न का उत्तर क्यों नहीं देते?' मैंने कहा, 'क्या आपने मुझे इस बार इसलिए गिरफ्तार किया है?' कहने लगे, 'आदेश किसी और का है, मैंने तो उसका पालन किया है, मैंने कहा 'यह कैसे सम्भव है कि पंजाब सी.आई.डी के इतने बड़े अधिकारी को इसका पता न हो कि मुझ जैसे तुच्छ व्यक्ति को क्यों गिरफ्तार किया जा रहा है। कहने लगे, तुम अपने आपको तुच्छ समझते हो किन्तु तथ्य तो हम जानते हैं।'

उन्होंने फिर कहा कि तुम मेरे प्रश्न का उत्तर क्यों नहीं दे रहे हो? मैंने कहा, यह प्रश्न तो आपको हरिकृष्ण से पूछना चाहिए था, कहने लगे पूछा तो था। मैंने पूछा, क्या कहा था उसने? कहने लगे, उसने कुछ कहा होता तो तुम आज यहां न होते।

निष्कर्ष यह कि इसी प्रश्नोत्तर के चक्कर में प्रतिदिन इस बाग के कई चक्कर कट जाते। खान बहादुर सैयद अहमद का दफ्तर शाही किले में ही था, घर जाने से पहले वे आधा घण्टा इस पार्क का चक्कर काटते। किले के बाहर वे अपने आपको अधिक सुरक्षित न समझते थे। अत: किले के अंदर ही चक्कर काट लेते थे। जितने दिन मैं वहां रहा मुझे भी साथ ले लेते और राजनैतिक मामलों पर मेरे विचार जानने का प्रयास करते।

इस तरह दो महीने गुजर गए। मैं अपनी कोठड़ी की दीवार पर जो लकीरें खींचा करता था वह 66 तक पहुंच गई थी। उस दिन प्रात: 10 बजे सैय्यद अहमद खां आ गए। कहने लगे तबीयत कैसी है? मैंने कहा, बहुत अच्छी। उन्होंने कहा, सामान बांधों घर जाओ और शरीफ लड़कों की तरह अपनी पढ़ाई पर ध्यान दो। अब फिर इधर न आना।

मेरा सामान उठा कर बाहर खड़ी मोटर में रख दिया गया। खान साहिब ने अपने ड्राइवर से कहा, 'ले जाओ इन्हें, घर छोड़ आओ।'

33. मैं कांग्रेस में क्यों और कैसे शामिल हुआ

दो महीने की नजरबन्दी के बाद मैं घर पहुंच गया किन्तु तथ्य यह है घर वाले भी मुझसे नाराज थे और कालेज वाले भी। सरकार अपनी जगह नाराज थी। यानि चारों और का माहौल कुछ ऐसा बन गया था जिसके कारण बेचैनी पैदा हो गई थी।

पिता जी को शिकायत थी कि मैंने अपना वायदा नहीं निभाया और मैं अपनी शिक्षा की ओर वह ध्यान नहीं दे रहा जो मुझे देना चाहिए। मैं उन्हें यह बताना चाहता था कि इस बार मैंने कुछ नहीं किया। मुझे अकारण गिरफ्तार कर लिया गया था किन्तु वे मेरी बात सुनने को तैयार न था। वे समझते थे कि मैं झूठ बोल रहा हूं।

इस बार मेरी माता जी भी कुछ नाराज थीं। हर चौथे दिन गिरफ्तारी और घर की तलाशी से वे भी परेशान थी। पिता जी जब नाराज होते तो कई-कई दिन मुझ से बात न करते थे किन्तु माता जी सारी बात कह देती थी और जो कुछ भी वे कहती, उससे मैं कुछ अनुमान लगा सकता था कि पिता जी की शिकायत क्या है।

मैंने माता जी को सारी बात कह दी और जो कुछ दो महीनों में हुआ था वह भी उन्हें सुना दिया। इसका परिणाम यह निकला कि पिता जी की निगरानी कुछ कम हो गई, किन्तु फिर भी उनके दिल में यह ख्याल जरूर बैठा रहा कि मैं अपना वचन नहीं निभा रहा।

इस बार मुझे एक मोर्चे पर भी अपनी सफाई पेश करनी पड़ी। सरकार मेरे कालेज के अधिकारियों को बराबर कह रही थी कि उनके कालेज में ऐसे लड़के हैं जो वातावरण बिगाड़ रहे हैं और जिसका प्रभाव दूसरे विद्यार्थियों पर बुरा पड़ रहा है। ऐसे लड़कों की जो सूची दी गई, उसमें मेरा नाम भी था।

सरकार चाहती थी कि किसी तरह मुझे कालेज से निकाल दिया जाए। जब मैं रिहा हो कर आया और अपने कालेज में गया तो कालेज के प्रिंसीपल ने मुझे बुला लिया। एक हिन्दुस्तानी ईसाई श्री सैम्युअल लाल उन दिनों कालेज के स्थानापन्न प्रिंसीपल थे। असली प्रिंसीपल डा॰ ल्यूकस अवकाश पर थे। डा॰ ल्यूकस अमेरीकी थे। वे सरकार की कभी परवाह न करते थे बल्कि जो लड़के स्वतन्त्रता संग्राम में किसी प्रकार का भाग लेते थे, उनका उत्साह बढ़ाते थे।

जब तक वे कालेज के प्रिंसीपल रहे, उन्होंने अपने किसी छात्र पर आंच न आने दी। उनके जाने के बाद श्री सैम्युल लाल प्रिंसीपल बन गए। वे सरकार से डरते थे किन्तु डा० ल्युकस ने जो परम्परायं कायम कर दी थीं, उनके विरुद्ध भी न जा सकते थे। इसलिए मुझे उन्होंने अपने कमरे में बुला लिया और लम्बा चौड़ा उपदेश देने लगे कि मुझे कोई ऐसी बात नहीं करनी चाहिए जिससे कालेज के लिए कठिनाइयां पैदा हों। मेरी प्रशंसा भी करते जाते कि मैं बहुत अच्छा लड़का हूं और कालेज को मुझ पर गर्व है। साथ ही कह देते कि मेरी गतिविधियां जारी रहीं तो उनके लिए कालेज में रखना कठिन हो जाएगा।

इसके बाद उन्होंने अकस्मात एक नाटक रचा। अपनी कुर्सी से उठे और अपने कमरे का दरवाजा बन्द करके उसकी चटकनी लगा दी। मुझे कहने लगे मेरी बात सुनो। मैं उठा तो उन्होंने कहा घुटने टेक कर मेरे साथ बैठ जाइए। मैं बैठ गया। उन्होंने आंखें बन्द कर लीं। हाथ जोड़ लिए और ईसा-मसीह से प्रार्थना करने लगे कि मुझे ठीक रास्ता दिखाएं। मुझे ऐसी बुद्धि दें कि मैं कोई ऐसा काम न करूं जिसके कारण मेरे कालेज की बदनामी हो। वे दो-तीन मिनट यह प्रार्थना करते रहे और मैं उनके सामने बैठा रहा।

किले से रिहाई के बाद मैं अपनी पढ़ाई में लग गया। देश का राजनैतिक वातावरण भी उस समय कोई अधिक उत्साहवर्द्धक न था। क्रान्तिकारी आन्दोलन लगभग समाप्त हो चुका था। कहीं-कहीं कोई घटना हो जाती किन्तु वह भी लाभ की बजाय हानि पहुंचाती। इस आन्दोलन का कोई नेता न था। कांग्रेस का आन्दोलन भी मद्धम पड़ गया था। ऐसी स्थिति में राजनैतिक गतिविधियों में भाग लेने की अधिक गुंजाइश न थी। छात्र संघ चल रहा था, किन्तु इनमें भी अब अधिक प्राण न थे। ऐसी हालत में मैंने धीरे-धीरे कांग्रेस की गतिविधियों में रुचि लेनी शुरू कर दी। इसके अतिरिक्त कोई संस्था न थी जिसके माध्यम से कोई काम हो सकता था। मैं कांग्रेस का चार आना सदस्य बन गया।

यहां एक और कठिनाई पैदा हो गई। सबसे पहले तो घर में पैदा हुई। पिता जी को कांग्रेस की नीति पसन्द न थी। अंग्रेजों के विरुद्ध लड़ाई में वे कांग्रेस के साथ थे किन्तु उन्हें यह भी शिकायत थी कि वह मुसलमानों का जरूरत से ज्यादा लिहाज करती है। उन्हें अपने साथ मिलाने के लिए हिन्दुओं के साथ अन्याय करती रहती है। वे कांग्रेस की नीति के इस पक्ष पर कड़ी आलोचना किया करते थे इसलिए कांग्रेसी मित्र प्रताप को कांग्रेस का विरोधी पत्र समझते थे। मेरे मार्ग में भी यह कठिनाई पैदा हो गई।

दूसरी कठिनाई इससे भी अधिक थी वह यह थी कि कांग्रेस के उस समय दो

धड़े बन गए थे। एक डा० सत्यपाल का धड़ा और एक डा० भार्गव का धड़ा। मेरे लिए दोनों में से चयन करना कठिन हो रहा था। आरम्भ में मेरा झुकाव डा० सत्यपाल की ओर था; किन्तु एक तो पिता जी के साथ सम्बन्ध बहुत अच्छे न थे। पिता जी कई बार कांग्रेस की आलोचना करते थे डा० साहब उसे पसन्द नहीं करते थे। दूसरे मेरे एक प्रिय मित्र श्री अविनाश चन्द्र बाली डा० भार्गव के धड़े के साथ थे। उनका मुझ पर बहुत प्रभाव था। अत: मैं भी उनकी ओर झुक गया और कांग्रेस में डा० भार्गव के धड़े के साथ जा मिला।

डा० सत्यपाल और डा० गोपी चन्द भार्गव के बीच रस्साकशी लम्बे समय से चल रही थी। जब तक लाला लाजपत राय जीवित रहे डा० सत्यपाल और लाला जी के मध्य भी कुछ खींचातानी चलती रही। डा० सत्यपाल की कांग्रेस के प्रति वफादारी प्रमाणित थी वे हर हालत में और हर कीमत पर कांग्रेस का साथ देते थे। उनका फैसला चाहे जो कुछ हो वे उनका समर्थन करते थे। जिसके विपरीत लाला लाजपत राय को कांग्रेस की मुस्लिम झुकाव वाली नीति के विरुद्ध सख्त शिकायत थी। इस कारण वे कई बार कांग्रेस के विरुद्ध विद्रोह भी कर देते थे।

देश की राजनीति में डा० सत्यपाल की अपेक्षा लाला लाजपत राय का महत्व बहुत अधिक था। डा० सत्यपाल का प्रभाव केवल पंजाब तक ही सीमित था किन्तु लाला लाजपत राय एक अखिल भारतीय नेता थे। अ० भा० कांग्रेस कमेटी के प्रधान भी रह चुके थे। उनकी गणना देशबन्धु दास और पण्डित मोती लाल जैसे नेताओं में होती थी। हां वे पण्डित मदनमोहन मालवीय के ख्याल के थे इसलिए एक बार दोनों ने इकट्ठे ही कांग्रेस छोड़ दी थी।

लालाजी की मौत के बाद पंजाब में जो जगह खाली हुई, उसके लिए डा० सत्यपाल और डा० गोपीचन्द में मुकाबला शुरू हुआ। इसका परिणाम यह हुआ कि पंजाब की सारी कांग्रेस दो धड़ों में बंट गई। मुसलमान अधिकांश डा० सत्यपाल के साथ थे और सिख अधिकांश डा० गोपीचन्द भार्गव के साथ। मुसलमानों की एक संस्था 'मजलिसे अहरार' आजादी की लड़ाई में भी बढ़-चढ़ कर भाग लेती थी। इसलिए उसके सब नेता विशेषत: चौधरी अफजल हक, मौलाना मजहर अली, सैयद अताउल्ला शाह बुखारी, शेख हिसामुद्दीन आदि डा० सत्यपाल के साथ मिल गए। दूसरी ओर सारे अकाली नेता मास्टर तारा सिंह के नेतृत्व में डा० गोपीचन्द के साथ आ खड़े हुए। जत्थेदार ऊधमसिंह नागोके, ज्ञानी करतार सिंह, सरदार ईश्वर सिंह मझेल तथा अन्य कई नेताओं ने डा० भार्गव का साथ दिया।

सरदार प्रतापसिंह कैरो ने भी अपने राजनैतिक जीवन का श्रीगणेश अकाली पार्टी के माध्यम से ही किया था। वे भी डा० भार्गव के पीछे चल पड़े। मास्टर तारा सिंह

के कारण सरदार बलदेव सिंह भी डा॰ गोपीचन्द के साथ हो गए। इस तरह सारा पंजाब दो भागों में बंट गया।

मेरे लिए यह फैसला करना कठिन था कि मैं कहां जाऊं। डा॰ सत्यपाल से मुझे कोई शिकायत न थी किन्तु किसी न किसी कारणवश उनके दूसरे साथियों के साथ मेरे लिए चलना कठिन हो रहा था। डा॰ भार्गव के धड़े में मेरे लिए सबसे अधिक आकर्षण मेरे मित्र श्री अविनाश बाली थे। इसलिए मैं भी धीरे-धीरे इसी धड़े में शामिल हो गया।

34. मेरी सातवीं गिरफ्तारी

परमात्मा ने मानव पर कितना उपकार किया है, जो उसके भाग्य की कुंजी अपने हाथ में रखी है। कई बार हम कई बड़ी-बड़ी योजनाएं बनाते हैं, और वे अन्त में धरी धराई रह जाती हैं। कई बार सामने कुछ नजर नहीं आ रहा होता किन्तु भविष्य के पर्दे से कुछ ऐसी खतरनाक लहरें निकल आती हैं, जिनके लिए आदमी तैयार नहीं होता। न चाहता हुआ भी वे उसमें फंस जाता है, और जीवन की इस नदी में कई प्रकार की लहरों के थपेड़े खाकर कहीं-का-कहीं पहुंच जाता है।

कुछ ऐसी ही दुर्घटना मेरे साथ पेश आई। 1932 के शुरू में लाहौर शाही किले से रिहा होने के बाद मैं क्रांतिकारी आंदोलन से अपना नाता तोड़ चुका था। यह आंदोलन पंजाब में लगभग खत्म था। दुर्गादास खन्ना और रणबीर जेल से रिहा हो चुके थे किन्तु वे भी इस आंदोलन को जीवित रखने का कोई विचार न रखते थे। क्रांतिकारी आंदोलन की सफलता के लिए सबसे पहली और जरूरी शर्त यह है कि आपके ऐसे विश्वस्त साथी हों जो आपके लिए लड़ने और मरने के लिए तैयार हों। पुराने साथी खत्म हो चुके थे। हम केवल तीन शेष रह गए थे— मैं, दुर्गादास और रणबीर। किन्तु विगत एक-डेढ़ वर्ष में हमें जिस परीक्षा से गुजरना पड़ा था, उसके बाद अब किसी नई परीक्षा में कूदने को दिल न चाहता था।

इन दिनों कुछ ऐसी घटनाएं भी हुईं कि कुछ नौजवान पिस्तौल या रिवाल्वर लिए फिरते थे गिरफ्तारी के बाद तुरन्त बयान देने को तैयार हो जाते थे। कुछ नौजवानों ने क्रांतिकारी आंदोलन को एक खेल समझ रखा था। अपने आप को सूरमा दिखाने के लिए वे बढ़-चढ़ कर बातें करते और शीघ्र ही पुलिस उन्हें गिरफ्तार कर लेती। गिरफ्तारी के बाद जब उन्हें दो-चार थप्पड़ पड़ते तो उनकी सारी क्रांति काफूर हो जाती।

ऐसे हालात में हमने यही फैसला लिया कि अब इस आंदोलन को जारी रखने का कोई लाभ नहीं। यदि कोई राजनैतिक कार्य करना भी होगा तो वे कांग्रेस के माध्यम से करेंगे। मैं तो विधिवत कांग्रेस में शामिल हो चुका था, दुर्गादास और रणबीर इसमें शामिल नहीं हुए। कांग्रेस के नेताओं के विषय में उनकी राय अच्छी न थी। मैं भी इनसे सहमत था, किन्तु कार्य करने के लिए कोई और संस्था न थी।

पंडित जवाहरलाल नेहरू के प्रति उन दिनों मेरे मन में विशेष श्रद्धा थी। जिस वीरता से वे सरकार का मुकाबला कर रहे थे और अपने विचारों के लिए बड़े-से-बड़ा मूल्य चुकाने को तैयार थे, उसने मेरे दिल और दिमाग में बड़ा असर किया था। इसलिए मैंने पूरा मन बना लिया था कि अब कांग्रेस के माध्यम से ही देश की सेवा करूंगा।

अभी मैं एम॰ ए॰ का छात्र था। राजनैतिक गतिविधियों के लिए अधिक समय नहीं दे सकता था। फिर भी किसी न किसी रूप में कांग्रेस के साथ चलना चाहता था इसलिए उसमें शामिल हो गया।

जनवरी 1933 में एक बंगाली मुझसे मिलने आया। वे कलकत्ता से किरणचन्द्र दास का पत्र मेरे नाम लाया था। किरण ने लिखा था कि वह अपने एक साथी को भेज रहा है मैं उसकी पूरी तरह सहायता करूं। मैंने उससे पूछा कि वह कैसे आया है। उसने कहा, बंगाल के कुछ क्रांतिकारी पंजाब में क्रांतिकारी आंदोलन का संगठन करना चाहते हैं। इस कार्य के लिए उन्होंने उसे भेजा है। मैंने उत्तर दिया कि इस कार्य में अब मेरी कोई दिलचस्पी नहीं, अत: मैं उसकी कोई सहायता नहीं कर सकता। उसने कहा, मैं उनके रहने का कोई प्रबन्ध दूं और कुछ ऐसे व्यक्तियों के नाम दे दूं जिन्हें इस काम में दिलचस्पी हो सकती है। शेष वह स्वयं कर लेगा।

मैंने उसे दो दिन बाद मिलने के कहा। इस मध्य मैं सोचता रहा कि क्या करूं। इस नौजवान को जिसका नाम भट्टाचार्य था, मैं जानता नहीं था किन्तु उसके पास सबसे बड़ा प्रमाण पत्र किरणदास का पत्र था। मैंने सोचा कि वह धोखा तो नहीं दे सकता। इसलिए मैंने उसे अमृतधारा भवन की ऊपर की मंजिल में 10 रूपए महीने पर एक कमरा किराए पर ले दिया। वह वहां रहने लगा। खाना वह बाजार से खा लिया करता था किन्तु रहता उस कमरे में था।

एक दिन उसने मुझसे कहा कि बेहतर होगा कि मैं उसे भट्टाचार्य के नाम से न पुकारा करूं। बल्कि कोई और नाम रख लिया जाए ताकि पुलिस को पता न चले कि यहाँ कौन रहता है। इसपर उसका नाम लेखराम रख दिया गया। उस दिन से मैं उसे लेखराम के नाम से पुकारा करता था। ऐसा मालूम होता था कि उसने कुछ दूसरे लोगों को भी, जिनके माध्यम से वह क्रांतिकारी दल का संगठन करना चाहता था, यही नाम बताया था। चूंकि वह अधिक सक्रिय हो गया था पुलिस को भी उसकी गतिविधियों का पता चल गया और उसकी निगरानी शुरू हो गई। मैं उसे कभी-कभी अमृतधारा भवन में मिलने चला जाता था।

मुझे डर था कि वह कहीं गलत हाथों में न पड़ जाए इसलिए मैं जाकर उसकी गतिविधियों की रिपोर्ट ले लिया करता था। कई बार उसे चेतावनी भी दे दिया करता था कि उसे कुछ लोगों से बचने की जरूरत है।

जिन दिनों मैं उससे मिलने अमृतधारा भवन जाया करता था, उसके घर के निकट खड़ी सी॰ आई॰ डी॰ देखा करती थी कि कौन-कौन उसे मिलने आता है। मुझे इसकी कुछ जानकारी न थी; किन्तु एक दिन मैंने समाचार में पढ़ा कि किरणचन्द्र दास को कलकत्ता में गिरफ्तार कर लिया गया है।

समाचार पढ़ते ही मेरा माथा ठनका। मैं भट्टाचार्य के पास गया और उसे बताया कि क्या हुआ है, और उसे मशवरा दिया कि वह यहां से चला जाए। उसने अगले दिन यहां से जाने का वायदा किया। मैंने उससे यह न पूछा कि वह कहां जाएगा न उसने मुझे बताने की जरूरत समझी। उसे सारी बात समझा कर मैं घर वापस आ गया। उस रात सोने का प्रयास करता रहा किन्तु नींद नहीं आ रही थी। किसी आने वाले खतरे का अनुभव हो रहा था। एक तरफ तो मैं समझता था कि इस बार मैंने ऐसा कोई काम नहीं किया जिसके कारण मेरी गिरफ्तारी हो दूसरी तरफ किरणचन्द्र दास की गिरफ्तारी और उसका भट्टाचार्य को मेरे पास भेजना, ये कुछ ऐसी घटनाएं थी जिनके कारण बेचैनी हो रही थी। इससे भी बढ़कर परेशानी इस बात की हो रही थी कि यदि इस बार गिरफ्तार हुआ तो पिताजी क्या कहेंगे कि मैंने फिर उनसे धोखा किया है।

मैं जितने दिन जेल में रहता था उन्हें चिन्ता और परेशानी रहती थी और कई बार मेरे लिए इधर-उधर भटकना पड़ता था।

यह सोचता-सोचता मैं काफी रात जागता रहा। आधी रात के समय आंख लग गई किन्तु प्रात: 6 बजे के लगभग चौकीदार ने आकर जगा दिया। मैंने पूछा क्या बात है। उसने कहा, साहब बाहर पुलिस खड़ी है।

मैं समझ गया जिस बात की आशंका थी वही हुई थी। पिता जी को जगाने की हिम्मत नहीं पड़ रही थी। कुछ देर बाद वे सैर जाने के लिए बाहर निकले तो दरवाजे पर पुलिस खड़ी थी। पूछा कि क्या बात है? उत्तर मिला कि घर की तलाशी लेनी है। पिताजी ने कहा कि तलाशी लेनी है या कुछ और भी। तो पुलिस इन्सपैक्टर ने कहा, वीरेन्द्र जी को भी ले जाना है।

पिछले तीन-चार वर्ष से मेरे घर वाले मेरी तलाशियों और गिरफ्तारियों से तंग आ चुके थे। तथ्य तो यह था कि इस अन्तिम गिरफ्तारी के लिए मैं कदापि तैयार न था। मेरा अपराध यह था कि मैंने किरणचन्द्र दास के भेजे हुए एक व्यक्ति को पनाह दी थी। मुझे यह जरूर मालूम था कि वह किस लिए आया है किन्तु मैंने उसकी गतिविधि को अपने आप से सम्बन्ध नहीं किया था।

मेरा विश्वास मिट चुका था, न पुलिस मेरी बात मानने को तैयार थी कि मेरा उसके साथ कोई सम्बद्ध नहीं। न मेरे घर वाले यह मानने को तैयार थे। मैं दोनों की नजरों मे गुनहगार था। इसलिए दण्ड से बच न सकता था।

पिताजी पुलिस इंस्पैक्टर को अंदर ले आए। उसने मेरे कमरे की तलाशी ली। मिलना-मिलाना तो क्या था, किन्तु उसे भी एक नियम पूरा करना था। उसके लिए सबसे बड़ी कठिनाई यह पैदा हुई कि तालाशी का जो आदेश उसे मिला था, उस पर लिखा था तलाशी। यदि वे हमारे सारे घर की तलाशी लेने लगता तो वह एक सप्ताह में खत्म न होती। मेरे कमरे की तो उसने पूरी तलाशी ली। बाद में दो-तीन और कमरों का चक्कर काटा। पिता जी के कमरे के कुछ कागज उठाए और अपना हिसाब पूरा कर लिया।

जितनी देर इंस्पैक्टर तलाशी लेता रहा, मैं अपना सामान बांधता रहा। तीन महीने बाद मेरी एम॰ ए॰ की परीक्षा होनी थी। शायद एम॰ ए॰ भी अब जेल से पास करना होगा।

इसके बाद मोटर में बैठ कर इंस्पैक्टर के साथ चल पड़ा और फिर उसी शाही किले में जा पहुंचा, जहां एक वर्ष पूर्व मैं दो महीने नजरबंद था।

पूरे एक वर्ष के बाद मैं फिर शाही किले मैं पहुंच गया। जनवरी 1932 में मुझे भारत रक्षा कानून के अधीन गिरफ्तार करके दो महीने के लिए किले में रखा गया था। अब फरवरी 1933 में पुनः उसी कानून के अधीन इसी किले में नजरबंद कर दिया गया। इस बार अन्तर सिर्फ इतना था कि कोठड़ी दूसरी थी और वास्ता भी एक दूसरे अफसर के साथ पड़ा था।

पिछली बार खान बहादुर सैयद अहमद खां के हवाले था। इस बार खान बहादुर नियाज अहमद के हवाले कर दिया गया। वे भी पंजाब सी॰ आई॰ डी॰ के एक उच्च अधिकारी थे, किन्तु सैयद अहमद खां अधिक शरीफ और सुलझे हुए थे। दिन में तीन-चार बार नमाज भी पढ़ते थे। मारपीट कम करते थे। प्रेम से काम निकालने का प्रयास करते थे। मेरी उनसे यह पहली भेंट किन्तु सातवीं गिरफ्तारी थी।

मनुष्य जीवन में इतिहास कई बार अपने आप को दोहराता है। जब मैं 1931 में गिरफ्तार हुआ था तो 7 माह के लिए लाहौर की सैन्ट्रल जेल में शाही कैदी के रूप में नजरबंद रहा था, उस समय मुझे बी॰ ए॰ की परीक्षा देनी थी।

अब मुझे एम॰ ए॰ की परीक्षा देनी थी और परीक्षा से तीन माह पूर्व फिर गिरफ्तार करके जेल में पहुंचा दिया गया किन्तु 1931 और 1933 में आकाश-पाताल का अंतर था। 1931 में जेल में मेरी पुस्तकें मिल गई थीं इसलिए किसी- किसी तरह मैं परीक्षा में उत्तीर्ण हो गया। अब मेरा एम॰ ए॰ का अन्तिम वर्ष था। इस परीक्षा में पास होने के लिए एक थीसिस भी लिखना पड़ता था जो एक सौ या डेढ़ सौ पृष्ठ की पुस्तक से कम न होता था।

गिरफ्तारी के समय घर से चलते हुए मैंने अपनी कुछ पुस्तकें तो साथ में ले ली

थी किन्तु किले में थीसिस लिखने का कोई प्रबन्ध न था। इसके लिए तो रिसर्च करनी पड़ती है। कई पुस्तकें देखनी पड़ती हैं। कई पुस्तकालयों में जाना पड़ता है। फिर कहीं जाकर थीसिस तैयार होता है। यदि उसमें कोई पास न हो तो डिग्री नहीं मिल सकती।

शाही किले में पहुंचने के बाद मैंने अपनी कोठड़ी में अपना सामान सजा लिया। खानबहादुर नियाज अहमद मेरे साथ मेरी किताबें देख कर कहने लगे, 'क्या यहां भी कालेज लगेगा, मैंने उत्तर दिया, 'यदि आपकी अनुमति होगी तो लग जाएगा।' उन्होंने मुझे एक मेज और एक कुर्सी दे दी। सोने के लिए चारपाई भी मिल गई। यदि मेरी कोठड़ी को ताला न लगाया जाता तो और उसके बाहर बंदूक लिए एक सिपाही न खड़ा होता तो वह कालेज होस्टल का कमरा ही होता। वहां मुझे किसी प्रकार का कोई कष्ट न था। खाना दो समय घर से आ जाता था। शेष समय पढ़ने में गुजर जाता था।

तीन-चार दिन के बाद शाम के समय खानबहादुर नियाज अहमद मुझे मिलने आए। मैंने उनसे पूछा कि क्या वे इमानदारी से समझते हैं कि मैं इस किले से बाहर जा सकता हूं। वे कहने लगे यह तो असंभव है। इसके इतने फाटक हैं कि यदि कोई व्यक्ति एक बार अंदर आ जाए तो बिना अनुमति के बाहर नहीं जा सकता। हर फाटक पर पहरेदार खड़ा है। मैंने उनसे पूछा कि वे मुझे 24 घंटे कोठड़ी में क्यों बंद रखते हैं कोठड़ी का ताला खोल दिया जाए तो मैं किसी समय बाहर भी घूम सकता हूं। भागने का प्रयास करूं तो वहां खड़ा सिपाही मुझे गोली मार सकता है।

खानबहादुर को मेरी बात समझ में आ गई और उन्होंने आदेश दे दिया कि मेरी कोठड़ी को ताला न लगाया जाए। साथ ही मुझे कह दिया कि मैं 200 गज के क्षेत्र में ही घूम सकता हूं। इससे बाहर जाने का प्रयास न करूं।

शाही किले में मुझे आए एक सप्ताह हो गया था किन्तु यह पता न चल रहा था कि मुझे गिरफ्तार क्यों किया गया है। एक दिन मैंने खानबहादुर साहब से सीधा प्रश्न कर दिया कि मुझे यहां क्यों लाया गया है। हँसकर कहने लगे, तुम बाहर पढ़ाई नहीं करते थे, इसलिए यहां ले आए। अब सन्तोष से बैठकर अपनी परीक्षा की तैयारी करो। मैंने उत्तर दिया शेष तैयारी तो मैं कर लूंगा किन्तु मेरा थीसिस यदि आप लिख दें तो मेरा काम बन जाए। इस पर वे जोर से हंस पड़े और बोले, 'बरखुरदार! थीसिस लिखने के योग्य होता हो क्या पुलिस की नौकरी ही करनी थी। पुलिस की नौकरी के लिए बहुत अधिक योग्यता की जरूरत नहीं होती। कुछ सूझबूझ की जरूरत होती है वह मुझमें है।'

इस पर जब मैंने पूछा कि मुझे गिरफ्तार क्यों किया गया है तो कहने लगे, तसल्ली रखो सब मालूम हो जाएगा, यह कह कर चले गए।

शाही किले में मेरे 15 दिन गुजरे होगें कि एक दिन रात को कोई 8 बजे मैं अपनी कोठड़ी में बैठा पढ़ रहा था कि लोहे का दरवाजा खुला और मेरे सामने वही पुराना यमदूत जेन्किंस, जिसका मैं पहले भी कई बार उल्लेख कर चुका हूं आ खड़ा हुआ। उसे देखकर मैं कुछ हैरान भी हुआ और परेशान भी। मेरे पास आकर कहने लगा– 'हैलो, खूब मजे में हो?' मैंने उसका धन्यवाद किया और उसे बैठने के लिए अपनी कुर्सी पेश की। वह कुर्सी पर बैठ गया और मैं अपनी चारपाई पर। पहले तो वह मेरी पढ़ाई के बारे में पूछता रहा। मेरी कुछ पुस्तकें भी उसने उठा कर देखीं। फिर कहने लगा तुम्हें हमारा आभारी होना चाहिए कि हम तुम्हारी परीक्षा से पूर्व तुम्हारी पढ़ाई का प्रबन्ध कर देते हैं, बाहर रह कर तुम शायद न बी॰ ए॰ पास कर सकते और न एम॰ ए॰। मैंने कहा जेल में रह कर मैंने बी॰ ए॰ तो पास कर लिया किन्तु अब एम॰ ए॰ पास करने की कोई आशा नजर नहीं आ रही।

जब उसने इसका कारण पूछा तो मैंने बताया कि एम॰ ए॰ की परीक्षा में पास होने के लिए एक थीसिस लिखना जरूरी है, जो मैं जेल में रह कर नही लिख सकता। उसने इसका कोई उत्तर नहीं दिया। इस समय तक वह मजाक में ही मुझसे बातें कर रहा था। हम दोनों के बीच किसी प्रकार की कोई कटुता न थी। । दोनों आराम से बैठे इधर–उधर की गप्पबाजी में व्यस्त थे कि अकस्मात् वह गम्भीर हो गया और मेरी आंखों में आखें डालते हुए उसने कहा –"तुम भट्टाचार्य को जानते हो?" जब मैंने उत्तर दिया कि कौन भट्टाचार्य? तो उसने कहा कि जिसे तुम लेखराम भी कहते हो और जिसे तुमने अमृतधारा भवन में एक कमरा किराये पर लेकर दिया था।

मैं जेन्किंस की बातें सुन रहा था और मुझे वहां से भागने का कोई रास्ता नजर नहीं आ रहा था। वह जो कुछ कह रहा था सोलह–आना सच था। उसकी बातें सुनकर मेरे पांव तले जमीन खिसक गई। पहली बार मुझे अनुभव हुआ कि मुझे क्यों गिरफ्तार किया गया है।

जेन्किंस ने फिर मुझसे पूछा कि भट्टाचार्य के विषय में मुझे जो कुछ मालूम है उसे बता दूं। जब मैंने दूसरी बार कहा कि मैं भट्टाचायर्य को नहीं जानता तो वे कुर्सी से उठ खड़ा हुआ और कहने लगा आओ मेरे साथ। मैं उसके साथ हो लिया। वे मुझे किले के तहखाने में ले गया। वहां एक कोठड़ी का दरवाजा खुला तो उसमें वह भट्टाचार्य उर्फ लेखराम पगड़ी पहने बैठा था।

मैंने उसे पगड़ी बांधे पहली बार देखा था। उसकी ओर संकेत करते हुए जेन्किंस ने मुझसे पूछा, क्या तुम इसे जानते हो कि यह कौन है? मैंने स्पष्ट इंकार कर दिया और बहाना यह लगाया कि मेरा कोई मित्र या साथी ऐसा नहीं जो इस तरह की पगड़ी बांधता हो। मैं नहीं जानता कि यह कौन है?

इस पर जेन्किंस ने भट्टाचार्य से पूछा कि क्या वह जानता है कि मैं कौन हूं? जब वह प्रश्न कर रहा था तो मेरे दिल की धड़कनें फ्रण्टियर मेल से भी तेज चल रही थीं। मैंने समझ लिया कि अब मरे कि मरे किन्तु सौभाग्य कि भट्टाचार्य ने मुझे शिनाख्त करने से इंकार कर दिया। उसने साफ कह दिया कि उसे कुछ मालूम नहीं कि मैं कौन हूं। इसमें संदेह नहीं कि उस समय इस नौजवान ने कमाल की दलेरी दिखाई। वह पुलिस के कब्जे में था और शाही किले के तहखाने में बंद था। उसे पुलिस जितना मारना चाहती थी मार सकती थी और मार कर वहां दफना भी देती तो किसी को पता न चलता क्योंकि उसकी कोठरी के निकट कोई पक्षी भी न फटक सकता था। किन्तु वह एक ही बात पर डटा रहा और एक ही बात कहता रहा कि वह मुझे नहीं जानता और न इससे पहले मुझे मिला है।

उस समय जेन्किंस के चेहरे का रंग देखने वाला था। लाल तो वह पहले से ही था अब टमाटर का रंग झलक रहा था। उस समय उसने हमें कुछ नहीं कहा और एक अन्य अधिकारी के साथ मुझे मेरी कोठरी में भेज दिया। वह स्वयं भी वहां से वापस चला गया। इसके बाद भट्टाचार्य पर क्या गुजरी, यह मुझे मालूम नहीं किन्तु 3-4 दिन के बाद मालूम हुआ कि कलकत्ता से पुलिस के कुछ अधिकारी आए हैं जो मुझे और भट्टाचार्य को वहां ले जाना चाहते हैं। इस खबर के साथ जहां एम.ए. पास करने की सब आशाएं धूमिल हो गई वहीं एक लम्बी कैद का लोमहर्षक दृश्य भी सामने दिखाई देने लगा।

35. शाही किले - अस्पताल में

शाही किले में रहते 15 दिन बीत गए थे। जेन्किंस के माध्यम से यह मालूम हो गया था कि मुझे गिरफ्तार क्यों किया गया है। एक उड़ती चिड़िया के कानों में यह भी खबर डाली थीं कि मुझे और भट्टाचार्य को कलकत्ता ले जाने के लिए बंगाल की पुलिस आई है। भट्टाचार्य को कलकत्ता क्यों ले जाया जा रहा था, यह तो मैं समझ सकता था। किरणचन्द्र दास की गिरफ्तारी की खबर मैं पहले ही पढ़ चुका था इसलिए भट्टाचार्य की गिरफ्तारी और उसे कलकत्ता ले जाने की खबर से मुझे आश्चर्य नहीं हुआ।

यह बात मेरे लिए आश्चर्यजनक थी कि पुलिस को मेरे और भट्टाचार्य के सम्बन्ध का पता कैसे चला। विशेषत: उसका लेखराम नाम पुलिस को कैसे मालूम हुआ? यह तो मेरे और भट्टाचार्य के सिवाय किसी को मालूम न था। ऐसा मालूम होता है भट्टाचार्य लाहौर में जिन लोगों से मिलता रहा उनमें से किसी ने उसके विषय में पुलिस को सूचना दे दी और गिरफ्तारी के बाद उसने अपना दूसरा नाम बता दिया।

जब जेन्किंस मुझे उसके सामने लेकर गया, उस समय उसने मुझे पहचाना नहीं। वह यही कह देता कि यह ही वीरेन्द्र है तो पुलिस का काम आसान हो जाता और मेरा काम तमाम हो जाता।

विचारों की इसी उधेड़बुन में कुछ दिन और बीत गए। जो कुछ हो रहा था उसके कारण अब पढ़ाई में भी दिल नहीं लगता था क्योंकि सारा भविष्य ही अनिश्चित हो गया था। परीक्षा देने का तो प्रश्न ही पैदा नहीं होता था। अब तो यह भी मालूम न था कि वापस भी जा सकूंगा या नहीं। कलकत्ता जाने का विचार कुछ बेचैन किए हुए था। इसी तरह कुछ दिन और गुजर गए।

एक रात मैं खाना खाने के बाद देर तक पढ़ता रहा। जब सोया तो थोड़ी देर बाद पेट में जबरदस्त दर्द शुरू हुआ, जो धीरे-धीरे असहनीय होता गया। रात के समय किले में कोई डाक्टर न था और न बाहर से ही कोई डाक्टर आ सकता था। मैंने कोठरी से बाहर खड़े सिपाही से कई बार कहा कि वे जाकर किसी को खबर कर दे किन्तु वह वहां से जाने को तैयार न हुआ। मेरी सारी रात कराहते हुए गुजर गई।

प्रात: खानबहादुर नियाज अहमद चक्कर काटते हुए उधर आ निकले। मेरी हालत

देखकर उन्हें भी चिन्ता हुई। उन्होंने तुरन्त एक डाक्टर को बुलाया। उसने कहा अपेन्डिसाइटिस मालूम होता है, किन्तु किसी अन्य डाक्टर को दिखा लेना चाहिए। इस पर लाहौर के सिविल सर्जन को सूचना दी गई, उनके कार्यालय से उत्तर मिला कि वे 10 बजे से पहले नहीं मिल सकते।

इन दिनों मेरा खाना घर से आया करता था। जब चपरासी खाना लेकर आया तो वह वापस कर दिया गया कि तबीयत ठीक नहीं है। उसने घर पहुंचकर पिताजी को बताया कि खाना वापस कर दिया गया है। उन्होंने खानबहादुर नियाज अहमद को फोन किया और उनसे पूछा कि क्या बात है। वे पुलिस के अफसर होते हुए भी एक शरीफ इंसान थे। उन्होंने सारी बात बताई।

इस पर पिताजी ने पंजाब के गवर्नर को, जेन्किंस को और अन्य अधिकारियों को तारें दी कि यदि मेरे बेटे को कुछ हो गया तो इसके लिए सरकार जिम्मेदार होगी। उसे तुरन्त अस्पताल भेजा जाए। लाहौर के सिविल सर्जन उन दिनों एक हिन्दुस्तानी कर्नल सोढी हुआ करते थे। पिता जी की उनके साथ भी कुछ जान-पहचान थी, किन्तु इससे अधिक मित्रता कर्नल दीवान हकूमतराय के साथ थी। बल्कि उन्हें तो वे अपना भाई समझते थे। कर्नल राय भी वजीराबाद के थे। वे और पिताजी बचपन में इकट्ठे ही खेलते रहे थे। दोनों के सम्बन्ध बहुत गहरे थे।

कर्नल राय और कर्नल सोढी की भी बड़ी दोस्ती थी। दोनों की कोठियां साथ-साथ थीं। पिताजी कर्नल राय के पास गए और उन्हें मेरी बीमारी की कहानी सुनाई। कर्नल राय उसी समय पिताजी को साथ लेकर कर्नल सोढी के पास चले गए। वे चूंकि लाहौर के सिविल सर्जन थे इसलिए शाही किले में इलाज उपचार का प्रबन्ध भी उन्हीं के अधीन था। एक ऐंग्लों इण्डियन डाक्टर उनका हाथ बंटाता था। कर्नल सोढी ने उसे आदेश दिया कि वे तुरन्त शाही किले चला जाए, मेरी जांच करे और यदि ठीक ही मुझे अपेण्डिसाइटिस है, तो तुरन्त अस्पताल पहुंचाने की व्यवस्था करे।

डाक्टर 12 बजे के करीब मेरे पास पहुंच गया। जांच करने के बाद उसने खान बहादुर नियाज अहमद से कहा कि वह मुझे तुरन्त अस्पताल ले जाना चाहता है। हो सकता है आपरेशन हो। खानबहादुर ने कहा, वे मुझे ले जाने की अनुमति नहीं दे सकते इसके लिए पहले गवर्नर की स्वीकृति लेनी पड़ेगी। उस डाक्टर ने सारी बात जाकर कर्नल सोढी से कह दी। कर्नल सोढी ने उसी समय जेन्किंस को फोन किया कि वीरेन्द्र को अधिक कष्ट है। यदि फोड़ा पेट में फट गया तो उसे बचाना कठिन हो जाएगा। उन्होंने कहा, वे सरकार को सारी स्थिति से अवगत करा दें। इसके बाद उनका दायित्व समाप्त हो जाता है, अब सरकार जो चाहे करे।

कर्नल सोढी की बातें सुनकर जेन्किंस भी डर गया। उसने गृह सचिव से बात

की। पुलिस के आई.जी. से मशवरा किया और 4 बजे के लगभग मुझे एक एम्बुलेंस में डाल कर अस्पताल पहुंचा दिया गया।

जिस कमरे में मुझे रखा गया, उसके बाहर पुलिस का जबरदस्त पहरा था। उसके बरामदे में भी किसी को आने की अनुमति न थी। इसका यह परिणाम हुआ कि भारतीय डाक्टरों के मन में मेरे लिए बड़ी सहानुभूति पैदा हो गई। मेरी आयु भी उस समय अधिक न थी। 22-23 वर्ष का ही था। इसलिए वे हर प्रकार से मेरी सहायता करना चाहते थे। उन्होंने रिपोर्ट कर दी कि इस समय वीरेन्द्र की हालात ऐसी नहीं कि आपरेशन किया जाए, न इसे कहीं इधर-उधर ही ले जाया जा सकता है। कुछ दिन पूर्ण विश्राम की जरूरत है। जब उसके पेट के फोड़े के आसपास जो सूजन आ गई है, वह दूर होगी तब आपरेशन होगा।

डाक्टरों की इस रिपोर्ट ने पुलिस के लिए एक कठिनाई पैदा कर दी। वह तो मुझे कलकत्ता भेजना चाहती थी। अब हालत यह थी कि सरकारी अस्पताल के डाक्टर कह रहे थे कि यदि इसे हिलाया गया तो इसके प्राणों के लिए खतरा पैदा हो जाएगा।

इन हालात में कलकत्ता से जो पुलिस अफसर आए थे, उनमें और पंजाब के अफसरों के बीच एक बैठक हुई। मेरे विरुद्ध उनके पास केवल एक ही आरोप था कि मैंने भट्टाचार्य को पनाह दी और उसके रहने के लिए मकान का प्रबन्ध किया। उसके अतिरिक्त वे और कुछ भी पेश न कर सकते थे। इसलिए फैसला हुआ कि मुझे कलकत्ता ले जाने का ख्याल छोड़ दिया जाए।

मेयो अस्पताल में रहते हुए एक सप्ताह हो गया कि एक दिन जेन्किंस साहिब वहां आ टपके। मेरे पास कुर्सी पर बैठकर कहने लगे, 'तुम बहुत चालाक निकले।' जब मैंने उससे पूछा कैसे? तो उसने कहा, तुम्हें सब कुछ मालूम है। तुम फिर बच निकले। फिर उसने मुझे एक बात कही जो मैं आज तक नहीं भूल सका और आयु भर भूल भी न सकूंगा। उसने कहा— 'तुम बहुत भाग्यशाली हो कि तुम्हें ऐसे पिता मिले हैं।' उसका कहना शत-प्रतिशत ठीक ही था।

मेरी राजनैतिक गतिविधियों के कारण पिताजी मुझसे नाराज रहते थे क्योंकि सबसे अधिक भाग-दौड़ उन्हें ही करनी पड़ती थी किन्तु जब मुझ पर कोई संकट आता तो वे सब कुछ भूल जाते और उन्हीं की कृपा से मैं एक के बाद दूसरे संकट से बच कर निकलता रहा।

10 मिनट बात करने के बाद जेन्किंस ने एक टाइप किया हुआ कागज मेरे हाथों में दे दिया। यह मेरी रिहाई का आदेश था किन्तु साथ ही मुझे लाहौर की सीमा में नजरबन्द कर दिया गया था। जेन्किंस की अनुमति के बिना मुझे लाहौर से बाहर

जाने की इजाजत नहीं थी। यह भी आदेश था कि मैं हर सोमवार को जेन्किंस के कार्यालय में जाकर उपस्थिति दिया करूं। इस तरह रिहा तो मैं हो गया किन्तु पाबन्दियों के साथ।

इस रिहाई के साथ मेरे जीवन का एक अध्याय समाप्त हुआ। क्रान्तिकारी आन्दोलन के विषय में यह मेरी सातवीं किन्तु अन्तिम गिरफ्तारी थी।

36. मेरे जीवन का नया मोड़

1933 में मेरे जीवन का एक नया मोड़ था।

मैंने एम.ए. की परीक्षा भी पास कर ली। आज उस काल की ओर मुड़ कर देखता हूं तो कई बार अपने भाग्य पर गर्व करता हूं। बी.ए. की परीक्षा जेल में दी और पास हो गया। एम.ए. की परीक्षा से तीन मास पूर्व गिरफ्तार कर लिया गया परन्तु फिर भी पास हो गया। इसमें न मेरी कुछ योग्यता थी न परिश्रम। परन्तु उस ईश्वर की कृपा अवश्य थी जिसके कारण मुझे हर मुसीबत से मुक्ति मिलती रही और आज अपने अतीत की ओर जब देखता हूं तो स्वत: जुबान पर आ जाता है—

किश्तियां उनकी भी साहिल पर पहुंच जाती हैं।
नाखुदा जिनका न हो उनका खुदा होता है॥

मेरी जीवन की नैया का कोई खेवैया न था। यह स्वत: चल रही थी और कई बार मुझे भी पता न चलता था कि अन्त में वह किस किनारे पर जाकर लगेगी। कोई व्यक्ति जिसे बी.ए. की परीक्षा में दो मास पूर्व जेल में बन्द कर दिया गया हो और समय पड़ने पर जिसे ठीक मार्ग दिखाने वाला कोई न हो, कभी यह आशा नहीं कर सकता कि वह कभी परीक्षा में पास होकर निकल सकेगा। परन्तु कोई-न-कोई शक्ति तो थी जो मेरी नाव को इस मझधार में से निकाल कर ले गई और कुशलपूर्वक उसे किनारे लगा दिया।

मेरी इससे बड़ी परीक्षा उस समय हुई जब एम.ए. की परीक्षा सर पर थी और मुझे गिरफ्तार करके शाही किले में बन्द कर दिया गया। कहते हैं कि मारने वाले से बचाने वाला अधिक शक्तिशाली होता है। सरकार ने मुझे किले में बन्द कर दिया था परन्तु इस सरकार से भी बड़ी सरकार मुझे इस किले से निकाल कर ले आई अन्तत: इस योग्य बना दिया कि मैं एम.ए. की परीक्षा में बैठ सकूं। नदी की लहरों की तरह मैं इधर-उधर थपेड़े खाता हुआ अपने लक्ष्य पर पहुंच गया।

एम.ए. की परीक्षा पास करके और अपनी शिक्षा समाप्त करके यह कहता हुआ कालेज से निकल आया—

अंजामकार मुझ को यों मिल गया किनारा।
एक मौज ने डुबोया, एक मौज ने उभारा॥

परन्तु जीवन का एक दौर समाप्त हुआ था और उसका दूसरा शुरू हुआ था। एक मंजिल तय कर ली थी। अब दूसरी शुरू हो रही थी। पहली मंजिल तो शीघ्र तय हो गई। 22 वर्ष की आयु में एम.ए. की परीक्षा पास करके कालेज से निकल कर आया था। परन्तु अब दूसरी मंजिल कहां तक चलेगी, इसका कोई अनुमान न था। इससे भी अधिक कठिनाई यह थी कि यह मालूम न था कि अब जाना किधर है। जब तक कालेज में थे एक लक्ष्य सामने था— एम.ए. की परीक्षा पास करने का। किसी-न-किसी तरह वह लक्ष्य पूरा हो गया। परन्तु अगला कोई लक्ष्य न बन रहा था और कई बार यह विचार आता कि शायद अन्त में मेरी हालत भी यही हो कि—

जौक इस बहर-ए-फना में किश्तिये उमर रवां।
जिस जगह पर जा लगी वही किनारा हो गया॥

जीवन का वास्तविक संघर्ष तो अब शुरू हुआ था। जब तक कालेज में रहा घर से फीस मिल जाती थी। दैनिक व्यय के लिए कुछ-न-कुछ मिल जाता था। कभी किसी तरह की कठिनाई पैदा न हुई थी। परन्तु अब निर्णय करना था कि आगे क्या करूं। किसी कार्यालय में मुझे नौकरी कौन दे सकता था? जो व्यक्ति चौथे दिन गिरफ्तार हो जाता है और समय-समय पर पुलिस जिसकी तलाशी लेती रहती हो उसे अपने दफ्तर में या किसी कारोबार में नौकर रखकर अपने लिए कौन मुसीबत खड़ी करेगा? वास्तविकता तो यह था कि मुझे भी किसी की नौकरी करने का शौक न था।

पिता जी की इच्छा यह थी कि समाचार पत्र में काम करूं। उनकी कृपा से उस समय 'प्रताप' की ख्याति सारे देश में फैली हुई थी और पंजाब का यह चोटी का पत्र था। पिताजी के कन्धों पर दो जिम्मेदारियां थीं - एक 'प्रताप' की ओर दूसरी आर्य समाज की। उनके सौभाग्य से उन्हें कोई-न-कोई ऐसी साथी मिलता रहा जो उनका बोझ हल्का कर देता था। फिर भी उनकी यह इच्छा थी कि मैं उनके साथ काम करूं ताकि किसी और के भरोसे 'प्रताप' को छोड़ने की बजाए वे धीरे-धीरे उसकी जिम्मेदारी मुझ पर डालते जाएं और स्वयं इस दायित्व से मुक्त होते जाएं। परन्तु मेरी सबसे बड़ी कठिनाई यह थी कि उस समय तक मुझे उर्दू बिल्कुल न आती थी। मैंने जेल में उर्दू पढ़नी शुरू की थी। परन्तु अभी तक पहला कायदा भी खत्म न कर सका था। इसके सहारे मैं उर्दू के दैनिक पत्र का दायित्व कैसे संभाल सकता था? पिताजी ने मेरी उर्दू की पढ़ाई की व्यवस्था कर दी और कहा कि जब तक मैं इस योग्य नहीं हो जाता कि उर्दू पढ़ सकूं उस समय तक 'प्रताप' के प्रबन्ध विभाग को संभालूं। उसमें थोड़ी बहुत अंग्रेजी से भी काम चल जाता था। उन दिनों 'प्रताप' में एक विशेष कवि हुआ करते

थे, मौलाना वक्कार अम्बालवी। ये दफ्तार में ही काम करते थे। प्रतिदिन 'प्रताप' के लिए कविता लिखते थे। बहुत बढ़िया कवि थे। मुसलमान तो थे परन्तु धर्मान्ध न थे। धार्मिक मामलों में उदार और राष्ट्रवादी थे। वे मेरे गुरु बन गए और उन्होंने मुझे उर्दू पढ़ानी शुरू कर दी।

उन दिनों 'प्रताप' और लाहौर के मुस्लिम अखबारों विशेषकर 'जमींदार' और 'इन्कलाब' के मध्य लगभग हर रोज ही कोई-न-कोई बहस शुरू होती रहती थी। कई बार धार्मिक मामलों पर भी बहस छिड़ जाती। मौलाना वक्कार पिताजी को कई तरह के सुझाव दिया करते थे। उनके आधार पर पिताजी मुस्लिम अखबारों की बात का उत्तर देते। इसका एक परिणाम यह भी हुआ कि 'प्रताप' मुसलमानों में भी लोकप्रिय हो गया। पिता जी से मतभेद रखने वाले भी उनके लेख पढ़ते। लोग समझते थे कि उन जैसा लिखारी पंजाब में और कोई नहीं है।

जनता को अखबार में प्रकाशित एक-एक शब्द पर विश्वास होता है। इस दृष्टि से एक पत्रकार जनता की अन्तरात्मा का रक्षक होता है। उसे किसी भी स्थिति में इस से बेवफाई न करनी चाहिए, भले ही उसे उसका कितना बड़ा मूल्य क्यों न चुकाना पड़े। अन्त में इस प्रार्थना के साथ मैंने लेखनी सम्भाली—

किसी दुनिया के बन्दे को
अगर शौक-ए-हुकूमत हो।
तो मेरा शौक दुनिया में
फकत इन्सां की खिदमत हो॥

37. गांधी जी का एक पत्र

जब मैंने पत्रकारिता में पग रखा तो उस समय हमारे दो समाचारपत्र निकला करते थे। 'साप्ताहिक प्रकाश' और दैनिक 'प्रताप'। 'प्रकाश' अधिकतर आर्यसमाज के प्रचार के लिए था। इसलिए दीवाली के अवसर पर इसका ऋषि अंक निकला करता था। कृष्ण जन्माष्टमी के अवसर पर 'प्रताप' का वार्षिक अंक 'कृष्ण अंक' के नाम से प्रकाशित होता था। उस समय पत्रकारिता का स्तर बहुत ऊंचा हुआ करता था। अच्छे-अच्छे लिखने वाले मिल जाया करते थे। हम भी इन दो विशेष संस्करणों पर बड़ा परिश्रम किया करते थे। कृष्ण अंक के लिए प्रति वर्ष एक विशेष चित्र लाहौर के प्रसिद्ध चित्रकार अल्लाबक्श से बनवाया करते थे। अल्लाबक्श भगवान कृष्ण का चित्र बनाने में विशेषता प्राप्त कर चुके थे। वे कृष्ण महाराज के इतने भक्त थे कि उन्होंने मांस खाना भी छोड़ दिया था। उनके घर में सदैव दो-तीन गाएं बंधी रहती थीं। वे स्वयं अपने हाथों से उन्हें चारा देते थे। मैं जब कभी उनसे चित्र बनवाने जाता तो वे मुझे अपनी गाएं दिखाते और बताते कि उन्हें देख कर, मेरे दिल में कृष्ण महाराज की मूर्ति बन जाती है। उसे पता था कि कृष्ण जन्माष्टमी पर हम उससे प्रतिवर्ष चित्र बनवाने हैं। इसलिए जन्माष्टमी आने से 2-3 मास पूर्व ही वह उसकी तैयारी शुरू कर देता था। उसकी ख्याति इस प्रकार दूर-दूर तक फैली हुई थी कि कई राजे-महाराजे उससे 5-5 हजार और 10-10 हजार रूपए में एक दो चित्र खरीदते थे। लेकिन कृष्ण की तस्वीर के वह कभी अधिक पैसे न लेता। चालीस-पैंतालीस वर्ष पुरानी बनाई हुई उसकी तस्वीरें आज भी मेरे पास मौजूद हैं और लगती हैं जैसे कि कल ही किसी ने बनाई हों।

कृष्ण अंक और ऋषि अंक दोनों के लिए हम विशेष तैयारी किया करते थे। उन दिनों कागज इतना महंगा न होता था जितना की आज है। इसलिए कम से कम पचास और अधिक से अधिक 100 पृष्ठों का यह अंक होता था। इनके लिए विशेष लेख लिखवाए जाते थे। अन्य देशों से बड़े-बड़े नेताओं के सन्देश मंगवाए जाते थे।

जब मैंने 'प्रताप' और 'प्रकाश' में रुचि लेनी शुरू की तो पहली बार प्रकाश का ऋषि अंक तैयार करना पड़ गया। उर्दू या हिन्दी के लेखकों से अभी मेरी अधिक परिचय न था। पिताजी ने जिन लोगों को पत्र लिखने थे लिख दिए और उनके लेख आने लग

गए। मैं भी अपनी कुछ कारगुजारी दिखाना चाहता था। इसलिए मैंने कई बड़े-बड़े कांग्रेसी नेताओं को पत्र लिख दिए। उनके साथ मेरी जान-पहचान भी कुछ अधिक न थी। लेकिन उस समय कांग्रेसी नेताओं का स्तर बड़ा ऊंचा होता था। उनमें एक श्री के.एन. मुंशी जैसे उच्च कोटि के लेखक थे। श्री राजगोपालाचार्य के मुकाबले का उस समय कोई लेखक न उस समय देश में था, न आज है। पंडित जवाहर लाल नेहरू और सुभाषचन्द्र बोस की गणना अंग्रेजी के उच्चकोटि के लेखकों में होती थी। अर्थात् उस समय एक-से-एक बढ़कर लेख लिखने वाले मिल जाते थे।

मैंने भी भाग्य परखने के लिए कुछ पत्र लिख दिए। मैंने एक पत्र गांधी जी को भी लिख दिया, जो उन दिनों यरवदा जेल में थे। मुझे आशा तो न थी कि मेरा पत्र उन तक पहुंचेगा और उनका उत्तर भी आएगा, लेकिन मेरी प्रसन्नता और आश्चर्य की उस समय चरम सीमा न रही जब एक दिन उनके हाथ का लिखा हुआ एक पोस्ट कार्ड आ गया।

पाठकगण! मेरी दशा उस दिन उस युवक जैसी थी जिसे अपनी नौकरी का पहला वेतन मिला हो। जिस प्रकार वे उसे देख-देख कर फूला नहीं समाता उसी प्रकार मैं भी इस पत्र को देख कर फूला नहीं समा रहा था। महात्मा गांधी की ख्याति उस समय सारे संसार में फैल चुकी थी और हमारे देश में तो उनकी पूजा होती थी। ऐसे महान पुरुष का पत्र मेरे जैसे तुच्छ नौजवान को आ जाए वह भी जेल से और अपने ही हाथ से लिखा हुआ, तो उससे बढ़ कर मेरा सौभाग्य और क्या हो सकता था। मैंने उसे न जाने कितने लोगों का दिखाया होगा। 5 अक्टूबर 1932 को यरवदा जेल से लिखे हुए पत्र में उन्होंने लिखा था-

''स्वामी दयानन्द की स्मृति सदैव जीवित रखने के लिए मेरी राय में आर्य समाजियों के लिए इससे बेहतर और कोई साधन नहीं हो सकता कि वे हरिजन उद्धार आन्दोलन में अपनी सारी ताकत लगा दें।''

गांधी जी ने उन दिनों हरिजनों की हालत को बेहतर बनाने के लिए अपना आन्दोलन शुरू किया था। यह पत्र लिखने से कुछ ही दिन पूर्व यदि 26 सितम्बर, 1932 को उन्होंने अपना वह ऐतिहासिक व्रत समाप्त किया था जो ब्रिटिश सरकार की इस योजना के विरुद्ध था जिसके माध्यम से वह हरिजनों को हिन्दुओं से अलग करना चाहती थी।

यह व्रत उस समय समाप्त हुआ था जब यरवदा पैक्ट के नाम से उनका अम्बेदकर से समझौता हो गया था। इन हालात में गांधी जी ने अपने पत्र में जो लिखा था वह हालात के अनुसार ठीक था। इसके अतिरिक्त वे आर्य समाजियों को याद दिलाना चाहते थे कि उनके आचार्य महर्षि दयानन्द ने भी देश की पिछड़ी जातियों को सामाजिक दासता

से छुटकारा दिलाने के लिए सबसे पहले अपनी आवाज़ उठाई थी।

जो कुछ मैंने लिखा है उसका सम्बन्ध आज से 45 वर्ष पहले की घटनाओं से है। उस समय के पत्रकार जीवन और आज के पत्रकार जीवन में आकाश-पाताल का अन्तर है। गांधी जी को अंग्रेज अपना सबसे बड़ा विरोधी समझते थे और गांधीजी भी खुले रूप में कहते थे कि वे अंग्रेजों के विरुद्ध विद्रोह करना अपना धर्म समझते हैं। लोकमान्य तिलक ने कहा था कि ''स्वराज मेरा जन्म सिद्ध अधिकार है।'' किन्तु गांधीजी ने कहा कि विद्रोह करना उनका धर्म है। अंग्रेज सरकार को उन्होंने शैतान सरकार की संज्ञा दी थी।

किन्तु जब अंग्रेजों ने गांधी जी को जेल में डाल दिया तो उनके साथ वही व्यवहार किया जो एक सुसभ्य सरकार को अपने कैदियों के साथ करना चाहिए। जेल से लिखे गांधी जी के पत्र समाचारपत्रों में छप सकते थे। इससे बड़ी सुविधा उन्हें और क्या मिल सकती थी।

38. भारत को गांधी जी की सबसे बड़ी देन

'प्रकाश' के ऋषि संस्करण के लिए महात्मा गांधी ने मुझे जो पत्र लिखा था, वह मैं पाठकों को बता चुका हूं। 'प्रकाश' के ऋषि अंक के अतिरिक्त हम उन दिनों 'प्रताप' का कृष्ण संस्करण भी प्रकाशित किया करते थे। ऋषि संस्करण दीवाली और कृष्ण संस्करण जन्माष्टमी पर। इन दोनों के लिए विशेष लेख प्राप्त करने का प्रयास किया जाता था।

जिस तरह मैंने ऋषि संस्करण के लिए गांधी जी को पत्र लिखा उसी तरह कृष्ण संस्करण के लिए श्री राजगोपालाचार्य को लिखा। सौभाग्यवश दोनों के उत्तर आ गए। गांधी जी का उत्तर इससे पहले प्रकाशित कर चुका हूं और राजाजी का नीचे दे रहा हूं।

श्री राज गोपालाचार्य को लोग प्यार से राजा जी कहते थे और सारी उम्र वे इसी नाम से ही पुकारे जाते रहे। राजाजी का पत्र इस प्रकार था—

'प्रताप' के कृष्ण अंक के पाठकों को श्री कृष्ण की यह बात याद रखनी चाहिए:

ये यथा मां प्रपद्यन्ते तांस्तथैव भजाम्यहम्।
मम वर्त्मानुवर्तन्ते मनुष्याः पार्थ सर्वशः॥ गीता 4-11
येऽप्यन्ये देवता भक्ता यजन्ते श्रद्धयाऽन्विताः।
तेऽपि मामेव कौन्तेय यजन्ते विधिपूर्वकम्॥ गीता 9-2

गांधी जी और राजा जी, इन दो नेताओं का उस समय हमारे देश की राजनीति में विशेष स्थान था। दोनों राजनैतिक नेता थे किन्तु दोनों का आधार धर्म था। गांधी जी प्रातः सायं प्रार्थना करते थे। इसमें सन्देह नहीं कि उसमें गीता और उपनिषद् के अतिरिक्त कुरान की आयतें भी पढ़ी जाती थीं किन्तु ये सब कुछ कर्म में विश्वास के कारण।

धर्म क्या है? इसकी व्याख्या के विषय में तो मतभेद हो सकता था किन्तु गांधी जी किसी ऐसी राजनीति के निकट जाने तक को तैयार न होते थे जो उनके धर्म के तराजू पर पूरी न उतरती हो।

श्री राज गोपालाचार्य उस दृष्टिकोण से धर्म को न देखते थे, किन्तु वे भी धर्म

में उतना ही विश्वास रखते थे जितना की गांधी जी। धर्म के विषय में स्वाध्याय निश्चय ही गांधी जी से अधिक था। वे संस्कृत के भी विद्वान थे। उन्होंने उपनिषद्, रामायण, महाभारत, गीता और हमारे कई दूसरे धर्म ग्रन्थ पढ़े थे। उन पर पुस्तकें भी लिखी थी।

हमारे देश के इतिहास में जिसे हम गांधीयुग कहते हैं, उसकी एक विशेषता यह थी कि धर्म से वैसी घृणा नहीं की जाती थी जैसे कि आज की जाती है। धर्म और साम्प्रदायिकता में अन्तर रखा जाता था, यही कारण था कि बड़े-बड़े नेता अपने धर्म पर स्थिर रहते हुए भी साम्प्रदायिकता से दूर रहते थे। आज धर्म और साम्प्रदायिकता को आपस में मिलाने का प्रयास किया जाता है। साम्प्रदायिकता की निन्दा करते हुए लोग धर्म की आलोचना करने लगते हैं। गांधी, गोपालाचार्य, मौलाना आजाद, डा. राजेन्द्र प्रसाद और वल्लभभाई पटेल सरीखे नेताओं का वह युग था, जब इकबाल के शब्दों में हम कहा करते थे—

मजहब नहीं सिखाता आपस में बैर रखना
हिन्दी हैं हम वतन हैं हिन्दोस्तां हमारा॥

गांधी जी के इस कार्य के प्रति आलोचना करने वालों की भी कमी न थी। पण्डित जवाहर लाल नेहरू को गांधी जी के धर्म के प्रति इतनी आस्था कभी भी समझ में नहीं आई। इससे अधिक उन्हें यह कदापि पसन्द न था कि गांधी जी कई बार राजनैतिक समस्याओं को धार्मिक दृष्टिकोण से देखते थे। उन्होंने गांधी जी के साथ पत्र व्यवहार में इसका उल्लेख भी किया था, किन्तु वे सार्वजनिक रूप में गांधी जी का विरोध करने को तैयार न थे। वे सदा यही कह देते थे कि उनका पालन पोषण पश्चिमी वातावरण में हुआ है इसलिए वे शायद इन बातों को समझ नहीं सकते किन्तु कई बार वे गांधी जी के दृष्टिकोण और उनकी कार्यपद्धति से दुःखी भी रहते थे।

किसी समय मौलाना आजाद उर्दू के 'अल-हिलाल' साप्ताहिक पत्र भी निकालते थे। उसकी लिखाई और छपाई में इतने सावधान रहते थे कि देश के ओर-छोर से वे अपने इस पत्र के लिए कातिब ढूंढ कर लाते। किन्तु अपने पत्र में वे इस निडरता से लिखते कि सरकार के लिए उसे सहन करना कठिन हो गया। अन्ततः यह बन्द कर दिया गया। मौलाना भी उत्तरोत्तर राजनीति में व्यस्त होते गए इसलिए यह पत्र फिर न निकल सका।

मेरा यह सब कुछ लिखने का अभिप्राय केवल यह बताना है कि गांधी जी ने अपने गिर्द जो साथी जमा कर रखे थे वे इसलिए नहीं कि वे उनकी चापलूसी कर सकते थे या आंखें बन्द करके गांधी जी के पीछे चल सकते थे। वरन इसलिए कि उनमें प्रत्येक अपनी जगह किसी न किसी विषय का विशेषज्ञ समझा जाता था। सबके सब उच्च कोटि के सुशिक्षित और बुद्धिजीवी थे। कई बार गांधी जी से उनके मतभेद भी पैदा हो जाते

थे। जैसे पण्डित नेहरू को भी कई बार हुआ था किन्तु वे लोग अपने मतभेद सार्वजनिक रूप से प्रगट नहीं करते थे। अन्दर बैठकर हर प्रश्न पर बहस कर लेते किन्तु दुनिया के सामने गांधी जी उनके नेता थे। शेष सब उनके शिष्य या अनुयायी। यह क्रम गांधी जी की मौत के समय तक चलता रहा।

मेरी राय में यह गांधी जी का कमाल था कि वे अपने गिर्द अपने समय के सर्वोत्तम मस्तिष्क एकत्र करने में सफल हो गए। 1947 में अंग्रेज इस देश को छोड़ कर चले गए। जिन हालात में गए और हमारे लिए जो समस्याएं वे छोड़ गए वे किसी से छिपी नहीं है। इसके बावजूद हमारी नैया उस मझधार में से निकल आई जिसमें वह फंस गई थी, वह उन नेताओं के कारण जिनके हाथ में उस समय सत्ता की बागडोर दी गई थी।

पंडित जवाहर लाल नेहरू, सरदार वल्लभ भाई पटेल, डा. राजेन्द्र प्रसाद, श्री राजगोपालाचार्य, मौलाना आजाद ये सब इस देश को गांधी जी की ही देन तो थे। वे तो जो कुछ भी थे गांधी जी के बनाए हुए थे।

39. पण्डित नेहरू का एक पत्र

यह नवम्बर, 1935 की घटना है।

मुझे अपने समाचार पत्र में काम करते दो वर्ष हो गए थे। इस काम की जानकारी भी होती जा रही थी। इस लिए मेरा यह प्रयास हुआ कि अधिकाधिक लोगों से अपना सम्पर्क पैदा करूं जो एक सफल पत्रकार के लिए जरूरी है। पत्रकार प्रायः वहां भी पहुंच जाते हैं जहां कोई और नहीं पहुंचता। वे उन लोगों से भी सम्बन्ध पैदा कर लेते हैं जिनके साथ उनका कोई वास्ता नहीं होता।

पण्डित जवाहर लाल नेहरू से उस समय तक मेरा कोई परिचय न था। एक दिन मैंने इलाहाबाद से निकलने वाली हिन्दी मासिक पत्रिका 'सरस्वती' उठाई उसमें श्री भाई परमानन्द का एक लेख कांग्रेस की मुस्लिम समर्थक नीति पर प्रकाशित हुआ था। उसमें पण्डित जवाहर लाल नेहरू की भी आलोचना की गई थी। यह लेख पढ़कर मुझे ख्याल आया कि क्यों न इसे पण्डित जी को भेज दूं और उनसे कहूं कि यदि वे इसका जवाब देना चाहें तो हम उसे 'प्रताप' में प्रकाशित कर देंगे। इसका एक लाभ तो यह होगा कि पण्डित जी के साथ सम्पर्क पैदा हो जाएगा। दूसरा यह कि यदि उन्होंने इसका उत्तर लिख कर भेज दिया तो 'प्रताप' पहला पत्र होगा जो उनका उत्तर प्रकाशित करेगा और वह भी जर्मनी से लिखा हुआ।

मैं इस समय तक पण्डित जवाहर लाल नेहरू के लिए अपरिचित था। न उनसे कभी मिला था न पत्र व्यवहार किया था। जब वे लाहौर कांग्रेस की अध्यक्षता करने आए थे उस समय मैं जेल में था। इसलिए वे मुझे नहीं जानते थे किन्तु उन्होंने अपनी उच्च नैतिकता का प्रमाण देते हुए मेरे पत्र का उत्तर दिया। जो कुछ उन्होंने लिखा था उसमें कोई विशेष बात न थी। क्योंकि वास्तविक समस्या पर उन्होंने उस समय अपने विचार प्रकट न किए थे। किन्तु मेरे लिए उनका यह पहला पत्र ही बहुत कुछ था। पण्डित नेहरू की ख्याति उस समय चरम सीमा तक पहुंच चुकी थी। उनकी धर्मपत्नी श्रीमती कमला नेहरू की बीमारी से उनके देशवासियों को चिन्ता पैदा हो रही थी। इसलिए पण्डित जी की ओर से आया हुआ कोई पत्र लोगों के ध्यान का केन्द्र बन सकता था। इसे प्रकाशित करने के लिए एक खतरा जरूर था कि उस समय की अंग्रेज

सरकार हमारे पत्र से बिगड़ जाती, किन्तु वह तो पहले ही बिगड़ी हुई थी। जिस पत्र के साथ मेरा सम्बन्ध हो सरकार उसे कैसे क्षमा कर सकती थी!

पण्डित जवाहर लाल का पत्र प्राप्त हुआ तो मैंने उसे प्रकाशित कर दिया। आज उसे 41 वर्ष के बाद पुनः प्रकाशित कर रहा हूं।

पण्डित जी ने लिखा था—

प्यारे श्री वीरेन्द्र,

मुझे आपका 29 अक्तूबर का पत्र मिल गया। मैंने भाई परमानन्द का वह लेख बड़ी रुची से पढ़ा है जो 'सरस्वती' में प्रकाशित हुआ है। मैं इसके उत्तर में अवश्य कुछ लिखना चाहूंगा, लेकिन इस समय नहीं। कुछ अन्य व्यवस्ताओं के कारण इस समय कुछ लिखना मेरे लिए असम्भव है। जब मुझे लिखने का अवसर मिलेगा तो मैं यह देख लूंगा कि उसकी एक प्रति आपको भेजने की व्यवस्था कर दी जाए।

मेरी पत्नी की दशा में कोई विशेष परिवर्तन नहीं हुआ। यद्यपि वे आगे से कुछ अच्छी हैं लेकिन कई बार हालत फिर बिगड़ जाती है।

आपका
जवाहर लाल नेहरू

यह पत्र मिलने पर मुझे उस समय जितनी प्रसन्नता हुई, मैं आज उसका उल्लेख नहीं कर सकता। एक तो यह पहला पत्र था जो पण्डित जी का जर्मनी से लिखा हुआ समाचार पत्र में प्रकाशित किया था। इस प्रकार 'प्रताप' उस समय भी पंजाब के सभी समाचार पत्रों से आगे निकल गया था। दूसरा इस पत्र द्वारा मुझे पण्डित जवाहर लाल नेहरू के साथ सम्पर्क कायम करने का एक अवसर मिल गया था। आज मेरे पास उनके लिखे हुए 10-15 पत्र हैं। इनमें कुछ एक का राजनैतिक महत्व अधिक है क्योंकि उन्हें पढ़ कर पंजाब की समस्याएं और विशेषकर पंजाबी प्रदेश के सम्बन्ध में उनके क्या विचार थे और वे क्यों इसके विरुद्ध थे, इसका अनुमान हो जाता है। पण्डित जी के पत्र के उत्तर में मैंने उन्हें एक और पत्र लिखा लेकिन इससे पहले कि वे उत्तर देते वे अपने देश के लिए रवाना हो चुके थे। उनकी धर्मपत्नी श्रीमती कमला नेहरू का देहान्त हो गया था। पण्डित नेहरू एक बार पुनः कांग्रेस के प्रधान चुने गए थे। जिस दिन पण्डित जी अपनी पत्नी की अस्थियां लेकर इलाहाबाद पहुंचे तो 'प्रताप' के विशेष शायर वकार अम्बालवी ने पण्डित नेहरू से सहानुभूति प्रकट करते हुए कहा था—

'सिर पे है काटों का ताज
और हाथ पे कमला के फूल'

कांटों के ताज से अभिप्राय कांग्रेस की अध्यक्षता का ताज था और उनके हाथों में कमला की अस्थियां थीं।

यह दूसरी बार था कि पण्डित जवाहर लाल नेहरू को कांग्रेस का अध्यक्ष चुना गया था। पहले 1929 में वे लाहौर कांग्रेस के अध्यक्ष चुने गए थे। अब कांग्रेस अधिवेशन लखनऊ में हो रहा था। श्रीमती कमला नेहरू के निधन के कारण पण्डित जवाहर लाल नेहरू का दिल बहुत बुझा हुआ था। वे अपने पर कोई नया दायित्व लेने को तैयार न थे। जिन दिनों वे जर्मनी में थे, उन्हें वहीं पता चल गया था कि उन्हें कांग्रेस अध्यक्ष बनाए जाने का प्रयास हो रहा है। उन्होंने अपने साथियों को लिख भेजा था कि वे कमला को इस दशा में छोड़ कर जाना न चाहेंगे इसलिए उन्हें कांग्रेस अध्यक्ष न चुना जाए। जब श्रीमती कमला नेहरू को इस पत्र का पता चला तो उन्होंने स्वयं ही पण्डित जी को अपने पास बुलाकर कहा कि यदि उनके देश वासियों को उनकी सेवा की आवश्यकता है तो उन्हें इन्कार नहीं करना चाहिए। लेकिन वे अपने दिल से न चाहती थी कि पण्डित जी उन्हें छोड़कर जाएं और न पण्डित जी उन्हें इस हालत में छोड़ना चाहते थे। अन्त में पत्नी ने अपने पति के मार्ग को स्वयं ही साफ कर दिया। 28 फरवरी 1936 की प्रात: श्रीमती कमला नेहरू ने प्राण त्याग दिए। पण्डित जवाहर लाल नेहरू कांग्रेस की अध्यक्षता करने के लिए वापस लौट आए।

40. पण्डित नेहरू से मेरी मुलाकात

1936 में पंजाब में कांग्रेस काफी दयनीय स्थिति में थी, अकाली भी उसका विरोध कर रहे थे, हिन्दू सभा भी और मुस्लिम लीग भी। परन्तु उसकी सबसे बड़ी टक्कर यूनियनिस्ट पार्टी से थी। यह बड़े-बड़े जमींदारों और साहूकारों की पार्टी थी— सर फजल हुसैन, सर सिकन्दर हयात, सर सुन्दर सिंह मजीठा और चौधरी छोटू राम जो बाद में 'सर' बना दिए गए थे इस पार्टी का नेतृत्व कर रहे थे। ये सबके सब अग्रेजों के वफादार थे। कांग्रेस अंग्रेजों की सबसे बड़ी शत्रु थी। इसलिए पंजाब में असली टक्कर कांग्रेस और यूनियनिस्ट पार्टी में होने वाली थी। यूनियनिस्ट पार्टी के पास धन भी था और सरकार का संरक्षण भी। यद्यपि उस समय सरकार चुनाव में सीधा हस्तक्षेप न करती थी और न इतना धन ही चलता था जितना आज चलता है फिर भी कोई पार्टी बिना धन के चुनाव नहीं लड़ सकती थी। इस दृष्टि से यूनियनिस्ट पार्टी का पलड़ा भारी था।

इन परिस्थितियों में पंजाब कांग्रेस के नेताओं ने निर्णय किया कि पण्डित जवाहर लाल नेहरू को पंजाब आने का निमन्त्रण दिया जाए और मुझे कहा गया कि मैं इलाहाबाद जाकर उनसे प्रार्थना करूं कि वे पंजाब का दौरा करें।

मेरा पण्डित जी से कोई परिचय न था। इससे पूर्व मैं उन्हें न मिला था। परन्तु पंजाब कांग्रेस के नेताओं में से कोई भी इलाहाबाद जाने को तैयार न था इसलिए मुझे वहां भेज दिया गया।

मैं इलाहाबाद पहुंचा स्टेशन पर सामान रखा और एक टांगे पर बैठ कर आनन्द भवन पहुंच गया। पहले मुझे पण्डित जी के सचिव श्री उपाध्याय जी मिले। पूछने लगे कौन हो? कहां से आए हो? क्या काम है? जब मैं उनके सभी प्रश्नों का उत्तर दे चुका तो कहने लगे कि पण्डित जी का अगले डेढ़ मास तक कार्यक्रम बन चुका है उन्होंने सारे देश का दौरा करना है इसलिए इस कार्यक्रम में कोई परिवर्तन नहीं हो सकता है।

मैंने उनसे अनुरोध किया कि आप मुझे उनसे मिलवा दें। मैं कम से कम उनसे प्रार्थना तो कर लूं, जिससे वापस जा कर यह तो कह सकूं कि मैंने बड़ा प्रयास किया

परन्तु वे माने नहीं। श्री उपाध्याय पण्डित जी से मेरी भेंट करवाने को तैयार नहीं हुए और यही कहते रहे कि उनका कार्यक्रम बन चुका है। अब आप उनका समय नष्ट क्यों करते हैं। अन्त में मैंने उनसे कहा कि मैं इतनी दूर से आया हूं कम से कम मुझे उनके दर्शन तो कर लेने दें। पंजाब जाने के बारे में उनसे कोई बात न करूंगा, इस पर उपाध्याय जी मान गए और मुझे तीन बजे के बाद आने के लिए कह कर ऊपर चले गए।

मैं तीन बजे फिर वहां जा धमका। श्री उपाध्याय मुझे पण्डित जी के पास ले गए, वे ऊपर की मंजिल पर बरामदे पर बैठे कुछ लिख रहे थे। पास कुछ पुस्तकें और एक टाइप-राइटर पड़ा था। उन्होंने मुझे कुर्सी पर बैठने के लिए कहा और फिर दो-चार मिनट के बाद पूछने लगे कि मैं कौन हूं, कहां से आया हूं, क्या काम है? मैंने अपना परिचय कराते हुए बताया कि मैंने उन्हें एक पत्र लिखा था, जब वे जर्मनी में कमला जी की बीमारी के दिनों वहां गए हुए थे, इसका उत्तर भी मिला था। इस पर हमारा वार्ता का क्रम शुरू हो गया। जब मैंने उन्हें बताया कि मैं लाहौर से आया हूं तो वे मुझ से पंजाब की स्थिति के बारे में पूछते रहे और कुछ देर बाद बोले—परन्तु आप आए क्यों हैं?

मैंने उन्हें अपने आगमन का उद्देश्य बताया। सब सुन कर पण्डित जी ने एक शब्द में उत्तर दिया 'असम्भव'। जब मैंने उनसे कहा कि पंजाब की राजनैतिक महत्ता को वे दृष्टि से ओझल नहीं कर सकते, तो वे कहने लगे कि पंजाब ऐसा राज्य है जहां मैं एक मास भी लगा दूं तो भी कांग्रेस बहुमत प्राप्त नहीं कर सकती। इसके विपरीत कुछ राज्य ऐसे हैं जहां दो-दो या चार-चार दिन में स्थिति बिल्कुल बदल सकती है। क्यों न मैं उन राज्यों में जाऊं जहां कल कांग्रेस के मंत्रिमंडल बनाने के सम्भावना हो सकती है। पंजाब में तो कांग्रेस कभी भी मंत्रिमंडल न बना सकेगी। ऐसी स्थिति में वहां जाकर अपना समय क्यों नष्ट करूं?

जब मैंने देखा कि किसी तरह भी काम नहीं बन रहा तो मैंने उनसे कहा कि जो कुछ पंजाब में होता है उसका प्रभाव पड़ोसी राज्यों पर भी पड़ता है, विशेषकर सीमा प्रान्त पर। यह बात पण्डित जी को पसन्द आई। सीमा प्रान्त में खान बहादुर गफ्फार और उनके भाई डा. खान साहब जो संघर्ष कर रहे थे, पण्डित जी के मन मस्तिष्क पर उनका गहरा प्रभाव था। वे सीमा प्रान्त का दौरा तो न कर सकते थे परन्तु उन्हें यह ध्यान अवश्य आया कि पंजाब के दौरे का सीमा प्रान्त पर प्रभाव पड़ सकता है। पंजाब के समाचार पत्र सीमा प्रान्त में भारी संख्या में जाते थे, इसलिए वे मेरी बात सुन कर सोच में पड़ गए।

कुछ देर बाद उन्होंने उपाध्याय को बुलाया और कहा कि उनका जो कार्यक्रम

बनाया गया है उसे लेकर आएं। जब उपाध्याय जी कागज लेकर आए तो उसे देख कर पण्डित जी कहने लगे – 'दो दिन दे सकता हूं। परन्तु क्या आप लोग विमान का प्रबन्ध कर सकेंगे।' मैंने कहा, हो सका तो अवश्य करेंगे। इस पर पण्डित जी ने कहा, 'आप वापस जाकर पता करें। यदि विमान का प्रबन्ध हो सके तो मुझे तार द्वारा सूचना दे दें। मैं दो दिन का कार्यक्रम बना लूंगा।'

इलाहाबाद से वापस लौटते हुए मुझे ऐसा लग रहा था कि जैसे मैं हिमालय की चोटी पर विजय प्राप्त करके लौट रहा हूं। पण्डित नेहरू की ख्याति उस समय चरम सीमा पर थी। उस समय तो ऐसा लगता था कि गांधी जी का सूर्य अस्त हो रहा है और पण्डित नेहरू का उदय हो रहा है।

इलाहाबाद में भेंट के दो लाभ हुए—एक तो पण्डित जी से परिचय हो गया और दूसरा उन्हें पंजाब के दौरे के लिए तैयार कर लिया। इस समाचार से कि वे आ रहे हैं सारे पंजाब में हर्ष की लहर दौड़ गई और हम उनके आगमन की प्रतीक्षा करने लगे।

लाहौर पहुंच कर सबसे पहला काम जो मैंने किया वह था विमान के बारे में पता करना। उन दिनों विमान प्राइवेट कम्पनियों के पास हुआ करते थे। डा. गोपी चन्द भार्गव और मैं एक कम्पनी के पास गए और उनसे दो दिन के लिए विमान किराए पर लेने की बात की। उन दिनों विमान भी छोटे हुआ करते थे। फिर भी रेल और विमान के किराए में बहुत अन्तर था परन्तु हमारे लिए कोई चारा न था। उनके पास इतना समय न था कि वे दो दिन से अधिक हमें दे सकें। विमान कम्पनी से किराया तय करने के बाद हमने पण्डित जी को तार दे दिया और दूसरे दिन उनका उत्तर भी आ गया कि वे आ रहे हैं।

यह प्रथम अवसर था कि चुनाव में विमान का प्रयोग किया गया। इसके कारण चुनाव का महत्व और अधिक बढ़ गया। कांग्रेस के मुकाबले में प्रान्तीय पार्टियां तो कई थीं परन्तु कोई मजबूत अखिल भारतीय पार्टी न थी। पण्डित नेहरू जिस ढंग से अपना चुनाव अभियान चला रहे थे, उसका पहले ही लोगों पर बहुत प्रभाव था। विमान में आने के कारण लोगों की उत्सुकता और भी बढ़ गई।

मुझे याद है जिस दिन पंडित जी ने पंजाब में अपना चुनाव अभियान शुरू करना था उन्होंने पंजाब की जनता के नाम एक सन्देश दिया जिसका पहला वाक्य यह था–

'मैं समय की कमी के कारण विमान से आया हूं।' पंडित जी के आने से हमारे लिए एक कठिनाई पैदा हो गई। कांग्रेस की ओर से जितने भी उम्मीदवार खड़े थे, सबने यह मांग शुरू कर दी कि पण्डित जी को उनके क्षेत्र में अवश्य लाया जाए। दो दिन में वे सब जगह तो जा न सकते थे। और इसी के साथ पंडित जी ने एक क्षेत्र

के बारे हमें लिख दिया कि वहां वे अवश्य जाना चाहते हैं। वह था मियां इफ्तख्यारुद्दीन का क्षेत्र। मियां साहब कांग्रेस के टिकट पर खड़े न हुए थे। उस समय तक वे निर्दलीय चुनाव लड़ रहे थे। परन्तु पंडित जी को उनमें रुचि अवश्य थी। जब मियां साहब कैम्ब्रिज में पढ़ा करते थे तो सम्भवतः पंडित जी के दूसरे बहनोई श्री हत्थी सिंह भी उनके साथ पढ़ा करते थे।

इसके अतिरिक्त मियां साहब पंजाब के सबसे बड़े जमींदार थे। इनकी करोडों रूपये के सम्पत्ति थी। परन्तु विचारों की दृष्टि से वे प्रगतिशील समाजवादी थे इस लिए वे पंडित जी को बहुत पसन्द करते थे। बाद में वे कांग्रेस में शामिल हो गए। पंजाब कांग्रेस के प्रधान भी बना दिए गए। परन्तु पाकिस्तान बनने से पूर्व वे कांग्रेस को छोड़ गए और मुस्लिम लीग में शामिल हो गए। जिन दिनों मिया साहब कांग्रेस में शामिल थे पंडित जी जब लाहौर जाते तो मियां इफ्तखार की कोठी पर ही ठहरा करते। मौलाना आजाद भी वहीं ठहरते थे। श्रीमती इन्दिरा गांधी जब अपनी शादी के बाद पहली बार पंडित जी के साथ लाहौर आई थी तो मिया इफ्तखार की कोठी पर ही ठहरी थीं। इससे अनुमान लगाया जा सकता है कि पंडित नेहरू के मन में मियां इफ्तखार के लिए क्या स्थान था। और जब हमें पंडित जी ने कहा कि वे मियां साहब के क्षेत्र में भी जाना चाहते हैं तो हमारा क्षेत्र और भी सीमित हो गया। दो दिन में से आधा दिन तो उसी क्षेत्र में गुजर गया।

पंडित नेहरू के दौरे की तैयारी कोई साधारण बात न थी, विशेषतया उस समय जबकि पंडित जी स्वयं हर विवरण को देखते थे। जरा-सी अव्यवस्था वे सहन न कर सकते थे और उनके क्रोध के आगे कोई ठहर न सकता था। ऐसी स्थिति में कार्यक्रम तैयार हो जाने के बाद प्रश्न उठा कि उनके साथ कौन जाएगा। डाक्टर सत्यपाल कहने लगे कि वीरेन्द्र उन्हें लेकर आया है, वही उनके साथ जाएगा। परन्तु कुछ और लोग भी जाने को तैयार थे। इसलिए निर्णय हुआ कि पहले दिन उन्होंने दिल्ली से फिरोजपुर पहुंचना है। इस क्षेत्र में उनके साथ कोई और जाएगा। मुझे ठीक तरह याद नहीं परन्तु मेरा विचार है कि लाला ज्वालादास सीकरी को यह काम सौंपा गया।

दूसरे दिन के दौरे में उनके साथ रहने का दायित्व मुझ पर डाला गया। परन्तु इसी मध्य एक और घटना घटी जिसके कारण मैं पण्डित जी के सामने जाने से जरा घबराता था।

41. चर्चा - जवाहर लाल की दूसरी शादी की

इलाहाबाद से आए मुझे दस-पन्द्रह दिन हो गए थे कि एक दिन इलाहाबाद में स्थित 'प्रताप' के संवाददाता का तार आया, जिसमें लिखा था कि वहां यह खबर जोर पकड़ रही है कि पंडित जवाहरलाल नेहरू शीघ्र ही एक ग्रेजुएट लड़की से शादी करने वाले हैं।

तार मिलते ही मेरे लिए एक धर्म-संकट उत्पन्न हो गया। यह खबर ऐसी थी कि जो भी अखबार इसे पहले प्रकाशित करता, उसकी प्रतिष्ठा को चार चांद लग जाते। परन्तु उसके साथ ही यह प्रश्न भी मेरे सामने था कि अगर यह खबर कल को गलत निकली तो क्या होगा? देश के एक महान नेता को बदनाम करने की जिम्मेदारी मैं लेने को तैयार न था। परन्तु एक पत्रकार के रूप में मेरी यह इच्छा अवश्य थी कि यदि इस खबर में तनिक भी सत्य है तो इसे सबसे पहले प्रकाशित करने का श्रेय 'प्रताप' को मिलना चाहिए। कुछ समझ में न आ रहा था कि क्या करूं। चौबीस घण्टे यही सोचता रहा। अन्तत: मैंने पंडित जी को निम्नलिखित तार दे दिया—

हमारे इलाहाबाद स्थित संवाददाता ने तार दिया है कि आप शीघ्र ही किसी ग्रेजुएट लड़की से शादी करने वाले हैं। कृपया इसकी पुष्टि कर दें।

दूसरे दिन उनका उत्तर आ गया—

समाचार सरासर बेहूदा और निराधार है, तुम्हारा संवाददाता कौन है?

मैंने इसका कोई उत्तर न दिया। परन्तु मुझे इस बात की प्रसन्नता थी कि मैं एक बहुत बड़ी गलती करने से बच गया था। श्रीमती कमला नेहरू की मौत के बाद कई किस्म की अफवाहें उड़ रही थीं। कुछ तो पण्डित जी के कई विरोधी ऐसी अफवाहें उड़ा रहे थे और कुछ लड़कियां भी थीं जो गैर जिम्मेदारी से काम ले रही थीं। परन्तु अपनी पत्नी की मृत्यु के बाद अतीव उच्च चरित्र का जो उदाहरण पंडित जवाहर लाल ने पेश किया था, उस पर हम जितना भी गर्व करें कम है। वे शादी करना चाहते तो उन्हें लड़कियों की कमी न थी। बड़े से बड़े खानदान की लड़की उन्हें मिल सकती थी। परन्तु मेरे तार का जो उत्तर उन्होंने दिया, इसी से उनकी मानसिक स्थिति का हम कुछ अनुमान लगा सकते हैं।

इस घटना के कुछ दिन बाद पण्डित जी अपने पंजाब के दौरे पर लाहौर पधारे। जब मैं उनसे मिला तो पहला प्रश्न उन्होंने मुझसे यही किया कि मैंने उनके तार का उत्तर क्यों नहीं दिया? वे जानना चाहते थे कि इलाहाबाद में हमारा संवाददाता कौन है, जिसने उनकी शादी की खबर भेजी थी और मैं यह समझता था यदि मैंने उसका नाम बता दिया तो उसका इलाहाबाद में रहना असम्भव हो जाएगा। पंडित जी उसे जानते भी थे। वे अक्सर उनसे मिला भी करता था। परन्तु पंडित जी को यह ज्ञात न था कि वह हमारा भी संवाददाता है। मैंने उनसे कहा कि इसके सम्बन्ध में उससे बात करूंगा। यह कह कर मैंने उनके प्रश्न का उत्तर टाल दिया।

पंडित जी फिरोजपुर जिले का दौरा करके लाहौर पहुंचे थे। दूसरे दिन उन्होंने लाहौर और स्यालकोट का दौरा करना था। यह फरवरी का महीना था। लाहौर में बहुत सर्दी पड़ा करती थी। पंडित जी को एक-एक दिन में दस-दस और बारह-बारह जगह बोलना पड़ता था। इसलिए एक व्यक्ति गर्म पानी की बोतल लिए उनके साथ चलता था। उस दिन वह थर्मस मैंने उठाई और उनके साथ चल दिया। पहले हम लाहौर छावनी गए वहां पंडित जी ने भाषण दिया। वहां से चलकर हम खेमकरन गए और फिर कसूर गए। इन दोनों स्थानों पर उन्होंने भाषण किए। ये दोनों शहर मियां इफ्तखार के क्षेत्र में पड़ते थे। कसूर से हम फिर वापस लाहौर छावनी आए, जहां से विमान द्वारा स्यालकोट गए। वहां स्वर्गीय चौधरी कृष्णगोपाल दत्त चुनाव लड़ रहे थे। शहर के बीच रामतलाई एक जगह थी, जहां जनसभा हो रही थी। जब हम स्यालकोट के हवाई अड्डे पर उतरे, कुछ अंग्रेज अपनी बीवी-बच्चों को लिए वहां खड़े पंडित जी की प्रतीक्षा कर रहे थे। वे पंडित जवाहर लाल नेहरू को देखना चाहते थे। कोई भारतीय सिवाय चौधरी कृष्णगोपाल दत्त और उनके भाई के वहां न था। उन दिनों भारतीयों को हवाई अड्डों में दाखिल होने की अनुमति न थी। जब हम स्यालकोट से वापस चलने लगे तो अंग्रेजों और उनकी बीवियों की संख्या अधिक हो गई थी। वे मोटे खद्दर की धोती और कुर्त्ता पहने उस व्यक्ति को देखना चाहते थे जो उस समय समस्त ब्रिटिश साम्राज्य के लिए शिरोवेदना बना हुआ था।

लाहौर से स्यालकोट के लिए रवाना होने से पहले हमने कुछ फल और सैण्डविच साथ रख लिए थे, ताकि यदि खाना खाने का समय न मिले तो उनसे ही निर्वाह कर लिया जाए। स्यालकोट में चौधरी कृष्णगोपाल दत्त ने अपने घर में पण्डित जी के खाने का प्रबन्ध कर रखा था परन्तु पंडित जी ने यह कह कर खाना खाने से इन्कार कर दिया कि वे स्यालकोट में कोई मौज उड़ाने नहीं आए। जिस काम के लिए आए हैं, पहले वह करेंगे अत: सीधे रामतलाई चले गए। वहां भाषण करने के बाद वापस हवाई अड्डे पर आ गए।

उस सारे दिन पंडित जी ने खाना नहीं खाया। जब हम वापस आ रहे थे तो जो फल और सेण्डविच विमान में रखे थे, वे मैंने उन्हें पेश कर दिए, जो उन्होंने खा लिए तथा गर्म पानी पी लिया। कुछ देर के बाद मुझसे कहने लगे कि लाहौर में जनसभा कहां हो रही है। मैंने कहा मोरी दरवाजे के बाहर, तो कहने लगे कि क्या यह विमान उसके ऊपर से नहीं गुजर सकता। मैंने विमान के कप्तान से बात की। उसने मुझे एक कागज पेन्सिल दिया और कहा कि इस पर जरा निशान लगा दो कि जनसभा-स्थल अनारकली से किस ओर और कितनी दूर है। अपने अनुमान के अनुसार मैंने निशान लगा दिए और फिर थोड़ी देर बाद हमारा विमान वहीं आ पहुंचा जहां नीचे जनसभा के लिए अनगिनत लोग एकत्र थे। उन्हें देखकर पंडित जी इतने प्रसन्न हुए कि मैं वर्णन नहीं कर सकता उनके पास बहुत से फूलों के हार पड़े थे जो स्यालकोट में उनके गले में डाले गए थे। उनकी इच्छा थी कि वे हार नीचे फेंक दें। परन्तु विमान के कप्तान ने उन्हें इसकी अनुमति न दी।

उन दिनों विमान बहुत कम चला करते थे, इसलिए हमारा विमान मोरी दरवाजे के ऊपर से गुजरा तो नीचे लोगों ने भी यही समझा कि सम्भवत: यह वही विमान है जिससे पंडित जवाहर लाल नेहरू स्यालकोट से आ रहे हैं। इस पर लोग नाचने कूदने लग गए। परन्तु आंख झपकते ही हमारा विमान आगे निकल गया और कुछ ही मिनटों के बाद हमारा विमान लाहौर छावनी के हवाई अड्डे पर जा उतरा। हम मोटर में बैठ कर शहर की ओर चले। रास्ते में एक स्थान धर्मपुर में पंडित जी ने भाषण दिया और इसके बाद मोरी दरवाजे की जनसभा में पहुंच गए। वहां लाखों लोगों की एक अपार भीड़ थी जितनी बड़ी भीड़ होती पंडित नेहरू उतने अधिक प्रसन्न होते और उतना ही अधिक उनका जोशीला भाषण होता। वे लगभग एक घण्टा वहां बोलते रहे। इसके बाद हम मोटर में सवार होकर बटाला के लिए रवाना हो गए, यहां उन्होंने एक अन्य जनसभा को भाषण करना था।

जब हम अमृतसर के निकट पहुंचे एक मकान पर बहुत सी रोशनी हो रही थी। पंडित जी ने पूछा यह क्या है? मैंने उत्तर दिया सम्भवत: किसी की शादी हो रही है। इस पर उन्होंने कहा कि 'मेरी शादी भी बसन्त के दिन हुई थी' यह कहकर वे खामोश हो गए फिर बटाला पहुंचने तक नहीं बोले। ऐसा ज्ञात होता था कि वे अपने अतीत की याद में खो गए हैं। उस समय उनकी धर्मपत्नी का देहान्त हुए कुछ ही दिन हुए थे और कई बार वे उसकी याद में बेचैन हो जाया करते थे।

बटाला में उन्होंने पौना घण्टा भाषण दिया इसके बाद हम फिर अमृतसर के लिए रवाना हो गए, यहां से उन्होंने दिल्ली के लिए गाड़ी पकड़नी थी। अमृतसर स्टेशन पर भी काफी भीड़ जमा थी। उन दिनों 'प्रताप' में पिता जी के कुछ लेख प्रकाशित

हुए थे, जिनमें उन्होंने कांग्रेस की मुस्लिम समर्थक नीति की आलोचना की थी और लिखा था कि एक ओर अंग्रेज मुस्लिम लीगियों को सिर पर चढ़ा रहे हैं, दूसरी ओर कांग्रेस उन्हें सिर पर चढ़ा रही हैं और वे इसका लाभ उठा रहे हैं।

जब मैं पंडित जी के साथ अमृतसर स्टेशन पर पहुंचा तो कुछ नौजवानों ने पंडित जी से शिकायत की कि 'प्रताप' कांग्रेस का विरोध कर रहा है। इस पर पंडित जी ने मुझ से पूछा की क्या मामला है। मैंने उन्हें सारी बात बता दी और कह दिया कि समाचार पत्र की सम्पादकीय नीति के लिए मैं जिम्मेदार नहीं वे तो मेरे पिता जी कन्ट्रोल करते हैं। यह अखबार उनका चलाया हुआ है। वे इसके अग्रलेख लिखते हैं मेरा इसमें कोई हस्तक्षेप नहीं।

इस तरह पंडित नेहरू का दो दिन का ऐतिहासिक दौरा खत्म हुआ। एक दिन जब मैं उनके साथ रहा, उसमें उन्हें बहुत निकट से देखने का अवसर मिल गया। उनके उच्च व्यक्तित्व के कई पक्ष मेरे सामने आए। पंडित जी केवल दो दिन पंजाब में रहे। इन दो दिनों में वे केवल 5-6 स्थानों पर जा सके। परन्तु उन्होंने इस अल्पावधि में सारे प्रांत को झिंझोड़ कर रख दिया। उनके भाषण का लोगों पर असर था, इसलिए कांग्रेस ने जितने उम्मीदवार खड़े किए थे उनमें से अधिकांश सफल हो गए। कोई मुसलमान कांग्रेस की टिकट पर खड़ा न हुआ था, सिक्ख अवश्य खड़े हुए थे परन्तु इनमें से 2-3 ही जीते थे। कांग्रेस को अधिक सफलता हिन्दू क्षेत्रों में मिली थी। यही मेरे पिता की सबसे बड़ी आपत्ति थी कि कांग्रेस को जो भी सहायता मिलती है, वह केवल हिन्दुओं से परन्तु इसने जो कुछ देना होता है, केवल मुसलमानों को देती है।

42. सुभाष बोस से अन्तिम भेंट

पंडित जवाहर लाल नेहरू तीसरी बार कांग्रेस के प्रधान सितम्बर 1936 में चुने गए। कांग्रेस अधिवेशन फैजपुर में होना निश्चित था। इस वर्ष कांग्रेस ने चुनाव भी लड़े और अन्त में 7 प्रान्तों में मंत्रिमंडल बनाने का फैसला कर लिया।

इसी मध्य श्री सुभाष चन्द्र बोस जेल में थे। वहां वे सख्त बीमार हो गए और रिहा कर दिए गए। डाक्टरों ने उन्हें कुछ देर के लिए किसी पहाड़ी स्थान पर जाकर पूर्ण विश्राम करने का मशवरा दिया।

उधर हमारे देश में यह आन्दोलन जोर पकड़ रहा था कि अगली बार कांग्रेस का प्रधान श्री सुभाष चन्द्र बोस को बनाया जाए। गांधी इसके लिए तैयार भी हो गए। इसलिए यह और भी जरूरी समझा गया कि कांग्रेस की अध्यक्षता का बोझ उठाने से पहले सुभाष बाबू अपनी सेहत ठीक कर लें। क्योंकि उन दिनों कांग्रेस की प्रधानता के अर्थ थे कांटों का ताज। इसलिए उन्होंने कुछ समय पंजाब में आकर डल्हौजी में गुजारने का फैसला किया।

लाहौर में उन दिनों डा. धर्मवीर रहा करते थे। 20-25 वर्ष लन्दन में रह कर आए थे। उन्होंने विवाह भी वहीं किया था। वे एक उच्च कोटि के राष्ट्रवादी और आर्यसमाजी थे। लन्दन में रहते हुए भी खद्दर ही पहना करते थे। जब लाला लाजपत राए और सुभाषचन्द्र बोस जैसे नेता लन्दन जाते तो डाक्टर धर्मवीर के पास ही ठहरा करते थे। 1934 के लगभग डा. धर्मवीर और उनका परिवार लन्दन छोड़कर भारत वापस आ गया। उनकी पत्नी एक अंग्रेज महिला थी किन्तु बहुत सुलझी हुई। अपने पति के साथ उसने भी मांसाहार छोड़ दिया था।

डा. धर्मवीर ने एक कोठी लाहौर में खरीद ली और एक डलहौजी में। गर्मियों में डलहौजी रहा करते थे और सर्दियों में लाहौर रहते थे। लाला लाजपत राए जी सदा उन्हीं से अपना इलाज करवाया करते थे। जब लाहौर पुलिस ने उन पर लाठीचार्ज किया उसके बाद भी उनका इलाज डा. धर्मवीर ने ही किया था। लाला जी के अन्तिम समय में पर भी वे उनके पास थे।

जब डाक्टर धर्मवीर ने सुना कि डाक्टरों ने श्री सुभाष चन्द्र बोस को यह परामर्श

दिया है कि वे कुछ दिन के लिए किसी पहाड़ पर चले जाएं तो उन्होंने सुभाष बाबू को लिखा कि वे डल्हौजी आ जाएं और उनके पास रहें। वे उनकी देखभाल भी करेंगे।

श्री सुभाष ने उनका निमन्त्रण स्वीकार कर लिया और वे डलहौजी चले गए। वहां वे कोई डेढ़ महीना रहे और फिर कलकत्ता जाने के लिए लाहौर पधारे। जिस दिन उन्होंने लाहौर पहुंचना था उससे एक दिन पूर्व मुझे उनका तार मिला कि वे अमुक दिन लाहौर पहुंचेंगे। मैं उन्हें स्टेशन पर मिलूं। इस पर मैं वहां पहुंच गया। डा. धर्मवीर मेरे पिता जी के भी गहरे मित्र थे। डा. साहब ने पिता जी से कहा कि चलो आपको सुभाष चन्द्र जी से मिला लाऊं। पिता जी तैयार हो गए। हम सब स्टेशन पर पहुंच गए। गाड़ी आई तो मैं सुभाष बाबू से मिला। एक बार पहले भी उनसे मिल चुका था। यह मेरी उनसे दूसरी भेंट थी। उन्होंने वहां से कलकत्ता के लिए गाड़ी पकड़नी थी, पर गाड़ी चलने में अभी कुछ समय था। मुझे एक तरफ ले गए और कहने लगे कि हो सकता है कि अगले वर्ष के लिए कांग्रेस की अध्यक्षता का बोझ मेरे कन्धों पर डाला जाए। जिस ढंग से कांग्रेस चल रही है मैं उससे सन्तुष्ट नहीं हूं किन्तु यह भी नहीं चाहता कि इस समय संगठन में विघटन पैदा हो। इस दायित्व को सफलता से निभाने के लिए मुझे कई मित्रों के सहयोग की जरूरत होगी। मैं तुम से आशा रखता हूं कि पंजाब में मेरा प्रतिनिधित्व करोगे और यहां की परिस्थितियों से मुझे यदा कदा अवगत कराते रहोगे।

मैंने उन्हें विश्वास दिलाया कि जो कुछ भी मुझसे हो सकेगा, जरूर करूंगा और उनके कांग्रेस प्रधान चुने जाने के बाद तो विशेष रूप से उनके हाथ मजबूत करने का पूरा प्रयास करूंगा। इसके बाद वे कलकत्ता के लिए रवाना हो गए। वहां जाकर उन्होंने मुझे दो-तीन पत्र जरूर लिखे किन्तु उसमें राजनीति की कोई बात नहीं होती थी क्योंकि उनकी डाक भी सी.आई.डी. खोलती थी और मेरी भी।

फरवरी, 1938 में कांग्रेस का अधिवेशन गुजरात के एक गांव हरिपुरा में हुआ। श्री सुभाष चन्द्र बोस इसके अध्यक्ष चुने गए। यह प्रथम अवसर था कि कांग्रेस अधिवेशन एक गांव में हो रहा था। इसका प्रबन्ध करना सुगम न था। कांग्रेस अधिवेशन में सारे देश से लगभग 2-3 हजार प्रतिनिधि आते थे। इसके अतिरिक्त हजारों दर्शक दूर-दूर से पहुंचते थे। इन सभी के ठहरने और खाने-पीने की व्यवस्था करना सुगम न था। लेकिन गांधी जी का कहना था कि कांग्रेस बार-बार सुधार का नारा लगाती है, इसे कार्यरूप क्यों नहीं देती। यदि इसके अधिवेशन शहरों की बजाय गांवों में हुआ करें तो सरकार भी गांवों की ओर अधिक ध्यान देगी, साथ ही जनता भी। इसके बाद 3-4 अधिवेशन गांवों में ही हुए।

हरिपुरा में कांग्रेस के सामने कोई नया कार्यक्रम न तथा लेकिन मन्त्रिमण्डलों का

परीक्षण सफल न हो रहा था। लगभग प्रत्येक प्रांत से यह रिपोर्ट आ रही थी कि गवर्नर अकारण अपने मन्त्रिमंडल के काम में दखल दे रहा है। यह इस समझौते के विपरीत था जो कांग्रेस तथा सरकार के मध्य हुआ था। अधिक कठिनाई बिहार और उत्तर प्रदेश में उत्पन्न हो रही थी। कांग्रेस मन्त्रियों ने सत्तारूढ होते ही राजनैतिक बन्दियों को मुक्त करने का फैसला कर दिया, इसमें वे भी शामिल थे जो क्रांतिकारी गतिविधियों के कारण जेल में बंद थे। सरकार विशुद्ध कांग्रेसी बंदियों को रिहा करने के विरुद्ध न थी लेकिन क्रांतिकारी बंदियों को रिहा करने की स्वीकृति देने को तैयार नहीं थी। यू॰ पी॰ में सबसे अधिक कठिनाई काकोरी के बंदियों के बारे उत्पन्न हो रही थी।

कांग्रेस प्रधान बनने के बाद श्री सुभाषचन्द्र केवल एक बार लाहौर आए और डॉ॰ धर्मवीर के यहां ही ठहरे। वहीं उनसे मिलने और विचार विनिमय का अवसर भी मिल गया। उनकी बातों से पता चला कि वे परिस्थितियों से सन्तुष्ट नहीं हैं। पंडित जवाहरलाल की भांति वे भी गांधी जी से कई बातों से सहमत न थे। लेकिन सार्वजनिक तौर पर उनके विरुद्ध जाने को तैयार न थे। उनसे बातें करते हुए मुझे यह भी कुछ अनुभव हुआ कि पंडित जवाहरलाल नेहरू के साथ भी उनके सम्बन्ध कुछ बहुत अच्छे नहीं। दोनों के सोचने का ढंग अपना-अपना है। लेकिन पंडित जवाहरलाल नेहरू और श्री सुभाषचन्द्र एक दृष्टि से एक ही नाव पर सवार थे। कांग्रेस प्रधान तो दोनों बारी-बारी बन गए, लेकिन दोनों गांधी जी की दया पर थे। उन दिनों काग्रेंस कार्य समिति कांग्रेस प्रधान मनोनीत करती थी लेकिन गांधी जी की मर्जी से इसलिए कांग्रेस समिति में प्रायः गांधी जी की विचारधारा के लोगों का बहुमत रहा करता था। पंडित जवाहरलाल नेहरू इस कारण बहुत दुःखी थे। लेकिन कुछ कर न सकते थे। श्री सुभाषचन्द्र बोस भी इन्हीं की भांति परेशान हुए लेकिन कुछ न कर सकते थे। लेकिन वे अंदर ही अंदर इसका कुछ इलाज करने का यत्न भी कर रहे थे। गांधी जी के साथियों ने समझा कि सुभाष बाबू गांधीजी के विरुद्ध एक पार्टी बना रहे हैं। यह बात किसी न किसी रूप में गांधीजी के कानों तक पहुंचा दी गई। इसका इन पर प्रभाव भी हुआ और गांधीजी व सुभाषचन्द्र बाबू के मध्य एक रिक्तता उत्पन्न हो गई।

1938 के अन्त तक हालात कुछ अधिक बिगड़ गए। सुभाष बाबू के अध्यक्ष पद की अवधि समाप्त हो रही थी। इस प्रकार सारे देश में यह चर्चा शुरू हो गई कि आगामी वर्ष कांग्रेस का प्रधान कौन हो ? उग्रवादी धड़ा सुभाष बाबू को चाहता था। इनके पक्ष में एक तर्क भी दिया जा रहा था कि यदि पंडित जवाहरलाल नेहरू तीन बार कांग्रेस का प्रधान बन सकते हैं तो सुभाष बाबू क्यों नहीं। लेकिन गांधी जी यह फैसला कर चुके थे कि आगामी वर्ष में सुभाष को कांग्रेस का अध्यक्ष नहीं बनाया जाएगा।

43. मेरी आठवीं गिरफ्तारी

3 सितम्बर, 1939 — ब्रिटेन व जर्मनी के मध्य विधिवत् युद्ध शुरू हो गया और इसके साथ ही हमारे देश की राजनीति में भी नई हरारत पैदा होनी शुरू हो गई। एक बहुत बड़ा प्रश्न सरकार और जनता दोनों के सामने आ खड़ा हुआ, वह यह कि इस लड़ाई में भारत क्या भूमिका निभाएगा ? ब्रिटेन समझता था, चूंकि इस समय भारत उसके अधीन है इसलिए उसे वही कुछ करना पड़ेगा जो ब्रिटेन चाहता है। दूसरे शब्दों में उसे भी इस लड़ाई में उसी प्रकार कूदना पड़ेगा, जिस प्रकार ब्रिटेन कूदा है। भारत की सेना तो पहले ही ब्रिटेन के अधीन थी। सभी बड़े-बड़े पद ब्रिटिश लोगों के पास थे इसलिए वह इस सेना को जैसे भी चाहे प्रयोग कर सकता था। लेकिन उसे प्रत्येक समय यह भय रहता था कि कांग्रेस के प्रभाव में कहीं यह सेना किसी समय विद्रोह न कर दे। इसलिए इसका यह प्रयास था कि किसी प्रकार कांग्रेस का सहयोग इसे मिल जाए, और वह भी इस लड़ाई को अपनी लड़ाई समझ कर इसमें पूरी रुचि लेना शुरू कर दे। इसके लिए वायसराय ने गांधी जी और कांग्रेस के दूसरे नेताओं को कई बार बुलाया और इनसे विचार विमर्श किया लेकिन कांग्रेस इस समय तक इस लड़ाई में ब्रिटेन की कोई मदद करने को तैयार न थी जब तक यह स्पष्ट न हो जाए कि यदि ब्रिटेन इस युद्ध में विजयी हो जाता है तो वह भारत के साथ क्या बर्ताव करेगा। कांग्रेसी नेताओं का कहना था कि यदि लड़ाई के बाद भारत के साथ अंग्रेजों ने यही व्यवहार करना है जो वह इस समय कर रहा है और इसे देश के शासन में भागीदार बनाने को तैयार नहीं, तो उसे क्या मुसीबत पड़ी है कि वह ब्रिटेन या दूसरी यूरोपीय शक्तियों के लिए अपने जवानों का रक्त बहाए। इसलिए इससे पहले कि कांग्रेस कोई सहयोग पेश करे और अपने देशवासियों को भी इसके लिए कहे यह आवश्यक है कि ब्रिटेन सरकार स्पष्ट रूप से यह घोषणा करे कि युद्ध की समाप्ति पर भारत की स्थिति क्या होगी।

ब्रिटेन उस समय कोई ऐसा पग उठाने को तैयार न था। इसका कहना था कि युद्ध समाप्त होने पर सभी दलों को बैठा कर इस बात का निर्णय किया जाएगा कांग्रेसी नेता इस गहरी चाल को समझते थे। उनका कहना था कि जब युद्ध समाप्त हो जाएगा। ब्रिटेन हिन्दुओं और मुसलमानों को पुनः आपस में लड़ा देगा और कोई निर्णय न हो

सकेगा। इसलिए जो कुछ भी होना है अभी होना चाहिए। अमेरिका इन दिनों इस मामले में विशेष रुचि ले रहा था उसकी सहानुभूति भारत के साथ थी। उस समय रूजवैल्ट अमेरिका के राष्ट्रपति थे। वे भी यह चाहते थे कि ब्रिटेन किसी प्रकार इस समय भारत को सन्तुष्ट करने का प्रयास करे। विंसटन चर्चिल इन दिनों ब्रिटेन के प्रधानमन्त्री थे यद्यपि ब्रिटेन युद्ध में पराजय पर पराजय खा रहा था फिर भी विंसटन चर्चिल किसी भी हालत में भारत के नेताओं के साथ कोई समझौता करने को तैयार न थे। अन्तत: उन्होंने यहां तक कह दिया कि वे ब्रिटेन राज्य को समाप्त करने के लिए ब्रिटेन के प्रधानमन्त्री नहीं बने। चर्चिल के इस वक्तव्य के साथ समझौते की सभी सम्भावनाएं समाप्त हो गईं। कांग्रेस ने गांधी जी के नेतृत्व में एक नई और निर्णायक लड़ाई की तैयारियां शुरू कर दीं।

मैं इन दिनों कांग्रेस में काफी सक्रिय भाग लिया करता था। इसलिए अनेक बार लाहौर से बाहर भी किसी जलसे या कांफ्रैंस में भाषण करने जाया करता था। मुलतान के एक एमएलए. मुन्शी हरी लाल प्राय: हमारे घर आया करते थे, कट्टर कांग्रेसी थे और इसी के साथ आर्यसमाजी भी। इसलिए अनेक बार पिता जी से मिलने आ जाया करते थे। एक दिन आए और कहने लगे कि मुलतान में जिला-स्तरीय एक राजनैतिक सम्मेलन हो रहा है वे चाहते हैं कि मैं इसमें भाषण करूं। मैंने इनका निमन्त्रण स्वीकार कर लिया। एक सप्ताह बाद मुलतान के लिए रवाना हो गया। मैं वहां पहली बार गया था और इस क्षेत्र के लोगों से पहली बार मेरी जान-पहचान हो रही थी।

राजनैतिक सम्मेलन समाप्त हो गया। मैं शाम को वापस आया तो मुन्शी हरी लाल मेरे पास आकर बैठ गए और कहने लगे, 'आप को अब जेल गए कितना समय हुआ है?' मैंने उत्तर दिया 'कोई चार-पांच वर्ष हो गए हैं।' तो मुन्शी जी कहने लगे कि आज आपने फिर जेल जाने का प्रबन्ध कर लिया है।

मैंने कहा! 'वह कैसे?'

कहने लगे कि आपने बड़ा कठोर भाषण दिया है। मुझे भय है कि सरकार कहीं कोई कार्रवाई न कर बैठे।

मैंने उत्तर दिया जो होगा देखा जाएगा, यह कौन सी मेरी पहली यात्रा होगी। पहले भी तो कई बार हो आया हूं, अब एक बार पुन: जाना पड़ा तो यह भी देखा जाएगा।

यह कहकर मैं उसी दिन रात की गाड़ी से लाहौर वापस आ आया। घर वापस आकर मैंने किसी को नहीं बताया कि मैं क्या कर आया हूं। उस समय तक मेरी स्थिति भी इस दृष्टि से बदल चुकी थी क्योंकि मेरा विवाह हो चुका था और मेरी पत्नी के लिए यह पहला अनुभव था, लेकिन वह इन दिनों लाहौर में न थी। इसलिए कुछ बताने

की आवश्यकता न पड़ी। लेकिन किसी न किसी प्रकार यह बात पिता जी के कानों तक पहुंच गई। एक रात को खाने के समय कहने लगे कि मैं समझता था कि विवाह के बाद तुम अपनी जिम्मेदारी को समझोगे। यही काम करना था तो विवाह क्यों करवाया था?

मैं उनका अभिप्राय समझ गया। परिस्थितियां ही कुछ ऐसी थी कि मैं कोई सफाई पेश न कर सकता था। मैंने कठिनाई से रोटी के दो ग्रास गले के नीचे उतारे और वहां से उठ कर चला गया। वहां यही प्रार्थना करता रहा कि कम से कम इस बार तो पिता जी का अनुमान गलत निकले। इसके अतिरिक्त यह भी सोचना था कि नया-नया विवाह हुआ है। वह बेचारी क्या सोचेगी कि कहां आ फंसी है। सी.आई.डी. इन दिनों भी 24 घण्टे मेरा पीछा किया करती थी। इस कारण भी मेरी पत्नी घबराई हुई थी। उसने इस प्रकार का जीवन कभी न देखा था। विचारों की दृष्टि से उसके माता-पिता भी बड़े ही उच्च कोटि के देशभक्त थे। सरकारी नौकरी करते हुए भी वे खद्दर ही पहनते थे और कट्टर प्रकार के गांधीभक्त थे, लेकिन गिरफ्तार वे भी कभी न हुए थे और न ही सी.आई.डी. ने कभी उनका पीछा किया था। मेरी पत्नी के लिए यह सब कुछ नया था और कभी-कभी वह इस कारण से परेशान भी हो उठती। ऐसी स्थिति में मैं भी यही चाहता था कि यदि किसी प्रकार इस गिरफ्तारी के चक्कर से बच सकूं तो बहुत अच्छा है। कई बार दिल ही दिल में यह भी कह देता कि यदि किसी प्रकार इस बार बच गया तो भविष्य में ऐसा भाषण नहीं करूंगा।

तीर तो कमान से निकल चुका था। कहते हैं कि कमान से निकला हुआ तीर और जुबान से निकली हुई बात कभी वापस नहीं आती और यही हुआ। मुलतान से वापस आने के 8-10 दिन बाद, मैं प्रात: 11 बजे के लगभग अपने कार्यालय पर बैठा कुछ लिख रहा था कि पुलिस का एक इंस्पैक्टर और तीन सिपाही मेरे कमरे में दाखिल हुए। मैंने उन्हें कुर्सी पर बैठने के लिए कहा और आने का कारण पूछा तो इंस्पैक्टर ने क्षमा याचना करते हुए मुलतान से जारी किया गया एक वारंट मेरे सामने रख दिया। मैंने उसे देखा और पूछा कि क्या करना है। उसने कहा कि मुझे उसके साथ कचहरी चलना होगा। वहां जाकर मुझे मैजिस्ट्रेट के सामने पेश किया जाएगा। उसने जमानत पर रिहा कर दिया तो बेहतर, अन्यथा रात की गाड़ी से मुलतान चलना पड़ेगा। मैंने अपने मैनेजर को बुलाया, उन्हें सारी बात बताई और कहा कि पिता जी से कह दें कि मैं इस प्रकार से गिरफ्तार हो गया हूं, पुलिस किसी मैजिस्ट्रेट के सामने पेश करने के लिए अदालत ले जा रही है। जब मैं यह कह रहा था तो पुलिस इंस्पैक्टर पास ही खड़ा था, उसने कहा कि यदि मैं घर जाना चाहता हूं तो वे मुझे वहां ले जा सकता है। उसने मुझे यह भी परामर्श दिया कि मैं अपना कुछ सामान और गर्म कपड़े ले लूं

हो सकता है कि जमानत न हो और ऐसी स्थिति में मुझे मुलतान जाना पड़ जाए। लेकिन मेरी घर जाने की हिम्मत न हुई। मैं जानता था कि पिता जी नाराज होंगे। विगत 8-9 वर्ष में यह मेरी 8वीं गिरफ्तारी थी वे भी मेरी इन गतिविधियों से तंग आ चुके थे। चाहे वे कितने भी नाराज हों, मेरी गिरफ्तारी के बाद वे चैन से न बैठते थे। मैं तो जाकर किसी पुलिस थाने या जेल में बैठ जाता लेकिन मेरे मुकद्दमे का सारा बोझ तो सदैव उन्हीं के कन्धों पर आ कर पड़ता। वे समझ रहे थे कि मेरा विवाह हो गया है। अब मैं कोई ऐसी हरकत न करूंगा जिससे मुझे जेल जाना पड़े और यह एक अकाट्य तथ्य है कि मैंने जानबूझ कर कोई ऐसी बात न की थी फिर भी वही कुछ हुआ जिसके लिए न मैं तैयार था न मेरे घर वाले।

मैंने घर जाना उचित न समझा और पुलिस इंस्पैक्टर के साथ मोटर में बैठ कर सिटी मैजिस्ट्रेट की अदालत में जा पहुंचा। वहां मुझे एक कुर्सी दे दी गई। धीरे-धीरे कुछ लोगों को पता चलना शुरू हो गया। वे अदालत में जमा होने लगे। इस पर पुलिस ने मैजिस्ट्रेट से कहा कि मुझे जेल भेज दिया जाए। साथ ही अनुमति मांगी की मुझे मुलतान जेल में तबदील कर दिया जाए। इस समय तक मेरे घर से अभी कोई न आया था। मेरे पिता जी दो-तीन वकील मित्र जो उस कचहरी में ही थे, यह सुनते ही कि मैं गिरफ्तार करके वहां लाया गया हूं सिटी मैजिस्ट्रेट की अदालत में आ पहुंचे। उन्होंने स्वयं ही पुलिस की प्रार्थना का विरोध कर दिया। इतने में पिता जी भी एक वकील को लेकर वहां पहुंच गए। इन सारे प्रयत्नों का परिणाम यह हुआ कि मुझे दस हजार रूपए की जमानत पर रिहा कर दिया गया और साथ ही यह आदेश भी दे दिया गया कि मैं एक सप्ताह के बाद अपने आप को मुलतान के सिटी मैजीस्ट्रेट की अदालत में पेश करूं।

घर आए। खाना खाने लगे तो पिता जी ने कहा, 'तुम बाज नहीं आए।' मैने कहा कि इस बार तो मैंने कोई ऐसी बात नहीं की जिसके कारण मुझे गिरफ्तार किया जाता। कहने लगे कि मुन्शी हरी लाल बता गए थे, जो कुछ तुमने अपने भाषण में कहा था। मैंने कहा कि मैंने उसमें कोई आपत्तिजनक बात नहीं कही। तो कहने लगे कि जब तुम 15-20 हजार की भीड़ में यह कहो कि ब्रिटिश साम्राज्य का सूरज डूबने वाला है तो क्या सरकार तुम्हें क्षमा कर देगी। मैंने इसका कोई उत्तर नहीं दिया। उनके साथ मैं किसी बहस में पड़ना नहीं चाहता था। मैं स्वयं जानता था कि मैंने ऐसे शब्द कहे हैं। मैं तो इसका मूल्य चुकाने को तैयार था लेकिन यह जरूरी न था कि शेष भी इसके लिए तैयार होते।

इसके बाद मुलतान के सिटी मैजिस्ट्रेट की अदालत में मेरे विरुद्ध मुकद्दमा चला। 6 सप्ताह की कैद हुई।

44. ऊधम सिंह और गांधी

डेढ़ महीने की छुट्टी के बाद मैं घर लौट आया। रावल पिंडी जेल में मैंने जो 6 सप्ताह गुजारे मैंने उसे छुट्टी की उपमा दी है तो केवल इस लिए कि जितने समय वहां रहा मुझे कोई कष्ट नहीं हुआ। रावलपिंडी का जलवायु बहुत अच्छा था और वहां की जेल भी पंजाब की कुछ सुन्दर जेलों में से एक थी। चूंकि उसका सुप्रीण्टेंडेंट भी एक आयरिश गोरा था, वह न केवल उसे साफ सुथरा रखने का प्रयास करता बल्कि फूल पत्तियों से उसकी सुन्दरता बढ़ाने के लिए प्रयत्नरत रहता। इसलिए मैं वहां जितने दिन रहा बड़े मजे से रहा। खाने को हर चीज मिल जाती थी। पढ़ने के लिए पुस्तकें और पत्र भी मिल जाते थे इसलिए वह जेल कभी भी जेल न लगी।

अन्ततः जब मैं वहां से निकल आया तो कुछ ऐसा अनुभव होने लगा कि वस्तुतः अब मैं जेल में आ गया हूं। इन दिनों युरोप में युद्ध जोरों पर था। अंग्रेज सभी मोर्चों पर पलायन कर रहे थे। हिटलर की फौज आगे बढ़ रही थी। इस स्थिति से अंग्रेज न केवल बेहद परेशान थे अपितु कुछ चिढ़ भी गए थे। कांग्रेस को अपने जाल में फंसाने के उनके सारे प्रयास विफल हो रहे थे। महात्मा गांधीजी प्रायः नम्र स्वभाव के समझे जाते थे परन्तु अंग्रेज को सहयोग देने के प्रश्न पर सख्त रवैया अपनाते जा रहे थे।

गांधीजी ने स्पष्ट शब्दों में यह कह दिया कि जब तक अंग्रेज यह घोषणा नहीं करता कि यदि वह युद्ध जीत गया तो इस देश को आजाद कर देगा और जब तक युद्ध चल रहा है जनता के प्रतिनिधियों को शासन में हिस्सेदार बनाया जाएगा उस समय तक कांग्रेस न स्वयं अंग्रेजों को सहयोग देगी और न जनता को कहेगी कि वे सरकार को अपना सहयोग दें।

अंग्रेज ने कांग्रेस के इस फैसले को अपने लिए एक चुनौती समझा इसलिए उसका रवैया सख्त हो गया। दोनों तरफ से एक नए टकराव की तैयारियां शुरू हो गईं। उन दिनों गांधी जी अपने साप्तिाहिक पत्र 'हरिजन' में लिखा करते थे और कई बार उनके लेख आग बरसाते थे। वे जनता को शासन के विरुद्ध विरोध के लिए तैयार कर रहे थे। इसलिए हर शब्द के अंदर आग के शोले छिपे होते थे। उस समय भी हमें इस

बात पर आश्चर्य होता था कि सरकार उनके लेखों पर कोई पाबंदी क्यों नहीं लगाती।

गांधीजी लिखते जा रहे थे। कभी-कभी वे सरकार द्वारा उठाई गई आपत्तियों का उत्तर देते और कई बार सरकार से स्वयं प्रश्न करते किन्तु एक बात का सदैव ध्यान रखते कि अपने हर लेख में अहिंसा पर बल देते। बार-बार लिखते कि हिंसा का रास्ता गलत है। यदि हमने यह मार्ग अपनाया तो हमारा आंदोलन विफल हो जाएगा।

एक हद तक उनका ख्याल ठीक था। जब अंग्रेज निहत्थे लोगों पर गोली चलाता तो सारे संसार में शोर मच जाता और लोगों का ध्यान भारत की ओर लग जाता। जब हमारी ओर से हिंसा होती तो सरकार को जवाबी हिंसा का अवसर मिल जाता और दुनिया उसे उचित ठहराने लगती।

देश का युवा वर्ग व्याकुल हो रहा था। उसके लिए प्रतीक्षा करना कठिन था, अत: गांधीजी के किसी भी परामर्श का उस पर कोई प्रभाव न होता था। नौजवानों की व्याकुलता रंग लाई जब 13 मार्च, 1940 को लंदन में ऊधम सिंह नामक एक युवक ने एक भारी सभा में उस समय के भारत मन्त्री लार्ड जिटलैंड और मार्शल-लॉ के दिनों में पंजाब के गवर्नर सर माइकल ओ' डायर पर गोली चला दी। लार्ड जिटलैंड तो केवल घायल ही हुए किन्तु सर माइकल ओ' डायर वहीं ढेर हो गया।

इस घटना से सारा संसार हिल गया। ब्रिटेन में विशेष रूप से एक सनसनी पैदा हो गई। एक भारतीय युवक ब्रिटेन में आकर दो इतने बड़े अंग्रेजों को जिनमें एक भारत मन्त्री था, अपनी गोली का निशाना बना दे तो यह ब्रिटेन के लिए एक चुनौती थी। कुछ अंग्रेजों ने यह जरूर कहा कि इससे अनुमान लगाया जा सकता है कि भारतवासियों के दिलों में अंग्रेजों के लिए कितनी घृणा है किन्तु अधिकांश अंग्रेज इस घटना से तड़प उठे। वे मांग करने लगे कि भारत में चल रहे स्वतन्त्रता आदोलन को सख्ती से दबा दिया जाए।

उधर भारत में प्राय: लोग खुश थे। उन्हें इस पर गर्व था कि एक युवक ने जलियांवाला बाग का बदला ले लिया है। इस घटना ने नौजवानों के दिलों में एक नया जोश पैदा कर दिया और हमारे स्वतन्त्रता आन्दोलन में एक नई गर्मी आ गई किन्तु सारे देश में उस समय एक व्यक्ति इस घटना से दुखी भी था। वह अपना दु:ख प्रकट किए बिना रह न सका। वे थे महात्मा गांधी। उन्होंने ऊधम सिंह ने जो कुछ किया था उसकी सख्त शब्दों में निन्दा की और लिखा कि ऊधम सिंह ने हमारे स्वतन्त्रता आन्दोलन को भारी हानि पहुंचाई है। 'हरिजन' में अपने विचार उन्होंने निम्न शब्दों में प्रकट किए:

''जो कुछ किया गया है वह सर्वथा पागलपन है। मैं चाहता हूं कि हर हिन्दुस्तानी मेरे साथ इस लज्जाजनक कार्यवाही की निन्दा में शामिल हो। यदि हमने अपना युद्ध न्यायपूर्ण ढंग से लड़ना है तो मैं चाहता हूं कि हम प्रत्येक अंग्रेज के लिए यह निश्चित

बना दें कि वह अपने आप को हमारे बीच भी वैसा ही सुरक्षित समझे, जैसे कि वह अपने घर में अपने आपको समझता है।''

''मुझे इस बात का अत्यन्त खेद है और मेरा सिर लज्जा से झुक जाता है कि इस कृत्य से कुछ समय के लिए लंदन में हर भारतीय को सन्देह की दृष्टि से देखा जाएगा। क्या हम यह नहीं समझ सकते कि हम हिंसा के माध्यम से कभी भी स्वतन्त्रता प्राप्त करने में सफल नहीं हो सकेंगे?''

गांधी जी के इस वक्तव्य से हालात में कोई विशेष बदल-फेर नहीं हुआ। न तो अंग्रेजों पर उसका कोई प्रभाव हुआ, न भारतवासियों पर। अंग्रेजों पर इसलिए कोई प्रभाव नहीं पड़ रहा था क्योंकि उसके लिए जिन्दगी-मौत का सवाल पैदा हो रहा था। वह तो पहले ही यह समझ बैठा था कि भारत की जनता अब उसके साथ नही है। जो कुछ ऊधम सिंह ने किया उससे अंग्रेजों के इस विचार की पुष्टि हो गई कि कोई भी भारतवासी उन्हें पसन्द नहीं करता।

गांधी जी और ऊधम सिंह में केवल कार्यपद्धति का अन्तर था। लक्ष्य तो दोनों का एक था। दोनों ही भारत को अंग्रेजों से छुड़ाना चाहते थे। ऊधम सिंह हिंसा से और गांधी जी अहिंसा से। इसलिए गांधी जी ने ऊधम सिंह की जो निन्दा की उसका अंग्रेजों पर कोई असर नहीं हुआ।

जहां तक भारतवासियों का सम्बन्ध था, उन्होंने भी गांधी जी के बयान को अधिक पसन्द न किया। एक प्रकार से यह पिछला इतिहास दोहराया गया था। जब भगत सिंह ने विधानसभा में बम फैंका था, उस समय भी गांधी जी ने उसकी निन्दा की थी और जब उसे फांसी दे गई तो गांधी जी उसकी प्रशंसा में कोई प्रस्ताव पास करने के पक्ष में न थे। बाद में जनमत ने उन्हें विवश कर दिया और उन्होंने भगत सिंह की देश भक्ति तथा वीरता को स्वीकार करते हुए श्रद्धांजली अर्पित की।

ऊधम सिंह की ख्याति अभी इतनी नहीं फैली थी जितनी कि भगतसिंह की फैल चुकी थी। जिस समय ऊधम सिंह ने लंदन में सर मायकल ओ डायर पर गोली चलाई उससे पहले उसे कोई नहीं जानता था। गिरफ्तारी के बाद उस पर तुरन्त मुकद्दमा चलाया गया और कुछ दिनों में उसे फांसी दे दी गई किन्तु कुछ दिनों में ही ऊधमसिंह का नाम हर भारतवासी की जुबान पर चढ़ गया। जब गांधी जी ने इसकी निन्दा की तो लोगों ने उसे पसंद नहीं किया।

इस एक घटना से हमारे देश में सनसनी जरूर पैदा हो गई किन्तु लोगों का ध्यान उस समय युद्ध की ओर लगा हुआ था। जर्मन फौजें हर मोर्चे से आगे बढ़ रह थी। उस समय यह डर भी पैदा हो रहा था कि कहीं वे किसी समय भारत की ओर मुंह न कर दें। जापान भी युद्ध में कूदने की तैयारी कर रहा था। इसलिए इस देश के लिए

खतरा और भी अधिक बढ़ गया था। ऐसे अवसर पर लोगों का सारा ध्यान अपने देश के हालात की ओर लगा हुआ था। कांग्रेस का रवैया भी उत्तरोत्तर सख्त हो रहा था। सरकार ने जगह-जगह पर कांग्रसी नेताओं और कार्यकर्त्ताओं को गिरफ्तार करना शुरू कर रखा था। सीमा प्रान्त में खान अब्दुल गफ्फार खां और उसके भाई डॉ॰ खान साहिब गिरफ्तार कर लिए गए थे। ऐसी स्थिति में गांधी जी भी यह अनुभव करने लगे कि अब समय आ गया है कि उन्हें अंग्रेजों से एक निर्णायक टक्कर लेनी पड़ेगी। लेकिन जैसा कि इनका काम करने का ढंग था, वे अपने विरोधी को मार्ग में लाने का प्रत्येक सम्भव अवसर देना चाहते थे। इस लिए विधिवत् असहयोग आंदोलन शुरू करने के स्थान पर उन्होंने व्यक्तिगत असहयोग आंदोलन शुरू कर दिया। आचार्य विनोबा को इस काम के लिए उन्होंने प्रथम सत्याग्रही चुना, पंडित जवाहरलाल नेहरू को दूसरा सत्याग्रही। यह थी भविष्यवाणी आने वाली एक बड़ी लड़ाई की।

अंग्रेज भी चुप न बैठा था। वे भी अपनी चाल बड़ी चालाकी और होशियारी से चल रहा था। उसने उस समय एक ही चोट मारी जिसने इस देश के दो टुकड़े करके रख दिए। गांधी जी के नेतृत्व में कांग्रेस अंग्रजों के विरुद्ध निर्णायक टक्कर की तैयारी कर रही थी तो मुहम्मद अली जिन्ना ने पाकिस्तान का झंडा उठा लिया था।

45. पाकिस्तान का जन्म कैसे हुआ

रावलपिण्डी जेल से वापस आने के बाद मैं परिस्थितियों का जायजा लेना चाहता था। लेकिन ऐसा लग रहा था कि जैसे हम किसी भीषण विनाश की ओर खींचे चले आ रहे हैं। कोई भी व्यक्ति जिसे अपने देश के उतार-चढ़ाव में तनिक भी रुचि थी, समझ सकता था कि यदि ब्रिटेन के साथ टक्कर हुई तो बहुत ही भंयकर होगी। चूंकि उन दिनों ब्रिटेन हिटलर के हाथों हार पर हार खाता चला जा रहा था इसलिए इसके संतोष का पैमाना भी भर चुका था। 'मरता क्या न करता' के अनुसार वह इस समय अपना सब कुछ दांव पर लगाने को तैयार था। वह यह कदापि सहन करने को तैयार न था कि वह देश जिस पर उसने दो-अढ़ाई सौ वर्ष शासन किया हो वह भी ठीक उस समय उसे आंखें दिखाने लग जाए जबकि वह हिटलर के हाथों परेशान हो रहा था। इसलिए ब्रिटेन सरकार ने कांग्रेस के साथ प्रत्येक प्रकार से टक्कर लेने का फैसला कर लिया और इसी सिलसिले में उसने एक और दांव भी खेला। जिसने एक बार तो कांग्रेसी नेताओं को चक्र में डाल दिया। कुछ समय तो उन्हें यह पता न चला था कि क्या करें।

मार्च 1940 में, आल इंडिया मुस्लिम लीग का अधिवेशन लाहौर में हुआ। मिस्टर जिन्ना ने इसकी अध्यक्षता की। इसमें पहली बार भारत के विभाजन की मांग कर दी गई। इससे पहले मुस्लिम लीग के नेता कांग्रेस और हिन्दुओं के विरुद्ध बहुत कुछ कहते रहते थे। कांग्रेस को वे एक हिन्दू संस्था कहते थे। जो मुसलमान कांग्रेस में शामिल थे उन्हें कांग्रेस के शो ब्वाय (Show boy) का नाम दिया जाता था। लेकिन अभी तक पाकिस्तान की मांग न की गई थी और न ही किसी ने यह कहा था कि हिन्दू और मुसलमान दो विभिन्न राष्ट्र हैं, जो एक देश में नहीं रह सकते। पहली बार 1940 में मुहम्मद अली जिन्ना ने घोषणा की कि भारत के मुसलमान अपने लिए एक पृथक देश की मांग करते हैं क्योंकि इनका धर्म, और इनकी परम्परा हिन्दुओं से बिल्कुल पृथक है। दोनों में कुछ भी संयुक्त नहीं इसलिए वे एक ही देश में एक ही सरकार और एक ही झण्डे के नीचे नहीं रह सकते। यदि ब्रिटेन ने भारत को स्वतन्त्र करना है तो वह इस देश का विभाजन कर दे। वह क्षेत्र जिसमें मुसलमानों का बहुमत है इनको सौंप दे ताकि वे पाकिस्तान नाम के एक स्वतन्त्र और प्रभुसत्ता सम्पन्न देश

की स्थापना कर सकें।

मुस्लिम लीग की इस घोषणा ने भारत और इंगलैड दोनों में ही एक सनसनी-सी उत्पन्न कर दी। अंग्रेज प्रसन्न थे। उन्हें यह कहने का अवसर मिल गया कि वे भारत को स्वतन्त्र करने को तैयार हैं लेकिन मुसलमान हिन्दुओं के साथ रहने को तैयार नहीं। ऐसी स्थिति में यदि इस देश को स्वतन्त्र किया जाए तो इसका शासन किसके हवाले किया जाए?

कांग्रेसी नेता मुस्लिम लीग की इस घोषणा से बड़े परेशान थे। वे तो अंग्रेजों के विरुद्ध टक्कर लेने की तैयारी कर रहे थे। अचानक उनके सामने पाकिस्तान की समस्या आ खड़ी हुई। परन्तु यह तो स्पष्ट था कि इसकी पीठ पर अंग्रेजों का हाथ था। भारत में एक ऐसा क्षेत्र जिसमें मुसलमानों का बहुमत हो इनकी ही सरकार हो, यह विचार काफी समय से मुसलमानों में चक्कर काट रहा था। डाक्टर सर मुहम्मद इकबाल ने भी इसका समर्थन किया था। लेकिन जब शुरू-शुरू में यह पहली बार पेश किया गया तो जिन्ना ने इसका प्रबल विरोध किया था। उस समय वे कहते थे कि दो राष्ट्रों का सिद्धान्त बेकार और फिजूल है लेकिन यही मिस्टर जिन्ना 1940 में पाकिस्तान के संस्थापक बन गए। वे यह मांग करने लगे कि भारत के दो टुकड़े कर दिए जाएं। ब्रिटिश समाचार पत्रों ने मुस्लिम लीग की पीठ ठोकनी शुरू कर दी। ब्रिटिश सरकार के जिम्मेदार अधिकारी भी यह कहने लग गए कि अंग्रेज तो भारत को स्वतन्त्र करने को तैयार हैं, भारतीय ही आपस में फैसला नहीं कर रहे कि स्वतन्त्र भारत का शासन किसके हवाले किया जाए।

इन दिनों पंजाब में यूनियनिस्ट पार्टी की सरकार थी। सर सिकन्दर हयात खान इसके प्रधानमन्त्री थे और सर छोटू राम और सर सुन्दर सिंह मजीठिया इसके मंत्रिमंडल में शामिल थे। सर सिकन्दर स्वयं मुस्लिम लीगी न था, न ही वे पाकिस्तान के पक्ष में थे। लेकिन चूंकि पंजाब में मुसलमानों का बहुमत था इसलिए इन पर दबाव बहुत अधिक था कि वे भी पाकिस्तान का समर्थन करें। पहले तो वे इस दबाव का विरोध करते रहे लेकिन बाद में कुछ मुसलमान डगमगाने लगे। इस पर पंजाब के कुछ प्रमुख हिन्दुओं और सिक्खों की एक बैठक हुई जिसमें यह निर्णय लिया गया कि किसी प्रकार सर सिकन्दर हयात खां को मुस्लिम लीग का समर्थन करने से रोका जाए।

चौधरी सर छोटू राम बड़े कट्टर आर्य समाजी थे वे मुस्लिम लीग के कट्टर विरोधी थे। सर सिकन्दर हयात खां उन्हें अपना बड़ा भाई कहा करते थे इसलिए उनकी बात मानें या न मानें, सुन अवश्य लिया करते थे। चौधरी साहब भी बड़े निःसंकोच होकर उन्हें जो कुछ कहना होता था कह देते थे। पाकिस्तान का प्रस्ताव पास हो जाने के बाद हिन्दू सिक्ख नेताओं ने निर्णय किया कि किसी न किसी प्रकार सर सिकन्दर

हयात खां को तैयार किया जाए कि वे मुस्लिम लीग की पाकिस्तान की मांग का विरोध करे। इसके लिए किसी ऐसे व्यक्ति की तलाश शुरू हुई जो चौधरी छोटू राम से बात कर सके और चौधरी साहिब को तैयार करे कि वे सर सिकन्दर हयात से बात करें।

आर्य समाज के तपस्वी, संन्यासी श्री स्वामी स्वतन्त्रता नन्द जी का चौधरी छोटू राम पर बड़ा प्रभाव था। स्वामी जी महाराज जब लाहौर आते तो वे या तो हमारे घर ठहरते या चौधरी छोटू राम की कोठी पर। जब कभी हमारे घर ठहरते तो चौधरी साहिब टैलीफोन कर दिया करते और चौधरी साहिब अपनी मोटर गाड़ी भेज दिया करते जो उन्हें लेकर माडल टाऊन के निकट चौधरी छोटू राम की कोठी पर पहुंचा देती।

स्वामी जी महाराज चौधरी छोटू राम से पंजाब की राजनीति के बारे में खुल कर बात कर लेते थे। जब हिन्दू-सिक्ख नेताओं ने सर सिकन्दर हयात से बात करने का फैसला कर लिया तो उन्होंने पिता जी के जिम्मे यह काम लगाया कि वे स्वामी स्वतन्त्रता नन्द जी को तैयार करें कि चौधरी छोटू राम से बात करें और चौधरी साहिब सर सिकन्दर हयात से बात करें। इस पर पिता जी ने स्वामी जी को दीनानगर से बुलाया कि यहां वे अपने मठ में रहते थे और उनसे सारी बातचीत की।

दूसरे दिन स्वामी जी चौधरी छोटू राम के घर चले गए और दो दिन वहीं रहे। चौधरी साहब तो पहले ही मुस्लिम लीग के विरुद्ध थे और वे पाकिस्तान को कदापि सहन करने को तैयार न थे। उन्होंने स्वामी जी को विश्वास दिलाया कि जब तक उनका बस चलेगा वे सर सिकन्दर को मुस्लिम लीग में नहीं जाने देंगे और यह भी एक तथ्य है कि सर सिकन्दर हयात जब तक जीवित रहे पाकिस्तान के विरुद्ध ही रहे। उनकी मौत दिसम्बर 1941 में दिल का दौरा पड़ने से हुई।

इससे कुछ समय पूर्व उनके और श्री जिन्ना के बीच एक समझौता हो गया था किन्तु सर सिकन्दर हयात यूनियनिस्ट पार्टी को छोड़ कर मुस्लिम लीग में शामिल होने को तैयार नहीं हुए थे।

सर सिकन्दर की मौत के बाद मलिक खिज्जर हयात खां तवाना पंजाब के प्रधानमन्त्री बने। चौधरी छोटू राम उनके मन्त्रिमण्डल में भी शामिल थे। मलिक खिज्जर हयात, चौधरी छोटू राम की सर सिकन्दर से भी अधिक इज्जत करते थे। उनकी सलाह के बिना एक पग भी नहीं चलते थे। सर सिकन्दर हयात की मौत के बाद जिन्ना ने समझा कि पंजाब मुस्लिम लीग के कब्जे में आ जाएगा। उनकी सबसे बड़ी कठिनाई यह थी, कि यदि पंजाब जैसा सूबा जिसमें कि मुसलमान भारी बहुमत में थे, मुस्लिम लीग का साथ नहीं देता तो पाकिस्तान की मांग कमजोर रहती है। इसलिए जिन्ना का सारा प्रयास पंजाब पर काबू पाने में लगा हुआ था।

पहले उसने सर सिकन्दर पर डोरे डालने शुरू किए थे। उनकी मौत के बाद सर

खिज्जर हयात पर किन्तु दोनों बार उसे विफलता का मुंह देखना पड़ा और यह सब कुछ चौधरी छोटू राम के कारण हुआ। वे मुस्लिम लीग के भी विरुद्ध थे और पाकिस्तान के भी।

चौधरी छोटू राम के जीवन की यह विचित्र बात रही कि उमर भर तो वे कांग्रेस के विरुद्ध रहे किन्तु अन्तिम दिनों में वे कांग्रेस के बहुत निकट आ गए थे। एक बार उनकी सरदार पटेल के साथ भेंट हुई। सरदार ने उनसे कहा, 'चौधरी साहिब आप भी किसान हैं और मैं भी किसान हूं, तो फिर किसान और किसान में लड़ाई क्यों'। हम लड़ेंगे तो लाभ अंग्रेजों को होगा या जिन्ना को। यदि हम मिल जाएं तो दोनों का मुकाबला कर सकते हैं।

चौधरी साहिब को यह बात पसन्द आ गई। इसके बाद उनके और सरदार पटेल के सम्बन्ध बहुत सुखद हो गए। यदि चौधरी साहिब कुछ दिन और जीवित रहते तो अनिवार्य रूप से कांग्रेस में शामिल हो जाते। इस स्थिति में किसी देश का इतिहास किसी और ढंग से लिखा जाता।

46. जब 'प्रताप' पर सैंसर बैठाया गया

1941-42 में द्वितीय विश्वयुद्ध जोरों पर था। मेरे पिता जी 'प्रताप' में हर रोज 'जंग का रंग' शीर्षक पर एक स्तम्भ लिखा करते थे, जिसमें वे अपने पाठकों को जंग के ताजा हालात का जायजा दिया करते थे।

एक-दो बार उन्होंने जंग के हालात का उल्लेख करते हुए अकबर इलाहाबादी की ये प्रसिद्ध पंक्तियां उद्धरित कर दी थीं, 'कदम जर्मन का बढ़ता है — फतेह इंगलिश की होती है।'

मिस्टर मैकडानल्ड उन दिनों पंजाब के गृह सचिव थे। वे महाशय जी के लेखों से बहुत परेशान रहा करते थे। 'ट्रिब्यून' में श्री अविनाशचन्द्र बाली अपने पत्र के सम्बन्ध में प्राय: सर सिकन्दर को हर रोज मिला करते थे। सर सिकन्दर व गृह सचिव दोनों ने बाली जी से यह शिकायत की थी कि महाशय जी जो कुछ भी लिख रहे हैं वे ज्यादा देर तक नहीं चल सकता इसलिए उन्होंने बाली जी से कहा कि वे महाशय जी पर जोर दें कि वे अपनी कलम को तनिक नर्म करें। सर सिकन्दर का पैगाम महाशय जी को पहुंचा और उन्होंने तत्काल उत्तर दिया, 'बाकी सब कुछ तो मन्जूर है लेकिन कलम पर प्रतिबन्ध मन्जूर नहीं। यह कलम टूट सकती है लेकिन झुक नहीं सकती।'

जब यूनियनिस्ट सरकार ने देखा कि 'प्रताप' किसी तरह बाज नहीं आता तो उसने उनके खिलाफ कारवाई करने का फैसला कर लिया लेकिन सरकार कोई ऐसी हरकत नहीं करना चाहती थी कि यह आरोप लगाया जा सके कि वह प्रैस का आजादी कुचलने का इरादा रखती है। इसलिए उसने प्रैस एडवाइजरी कमेटी की मीटिंग बुलाई। मिस्टर मैक्डानल ने 'प्रताप' की सारी फाइलें उनके सामने रख दी और शिकायत की कि महाशय जी जो लिख रहे हैं उसमें युद्ध गतिविधियों में दखलअंजादी का अंदेशा है इसलिए उनके विरुद्ध कार्रवाई की जाए। लेकिन इस कमेटी में सरकार की बात मानने से इंकार कर दिया। सरकार ने अपने अखबार 'सिविल एंड मिल्टरी गजट' के सम्पादक इस कमेटी के अध्यक्ष हुआ करते थे। सरकार ने यह वायदा कर रखा था कि वे किसी भी समाचार पत्र के विरुद्ध इस कमेटी की सलाह के बिना कोई काम नहीं करेगी। जब भी 'प्रताप' के लेख इस कमेटी के आगे पेश होते तो कमेटी राय देती कि यदि सरकार

को इन लेखों में कुछ अवांछित महसूस होता है तो वे मुकद्दमा चला कर देख लें, लेकिन गृह सचिव यह कहते थे कि सरकार की सबसे बड़ी कठिनाई यही है कि महाशय जी जो लिखना चाहते हैं लिख देते हैं लेकिन वे कानून की पकड़ में नहीं आते।

सरकार ने तीन बार यह मामला प्रैस सलाहकार कमेटी के सामने रखा और तीनों बार वे अपने उद्देश्य में असफल रहे। अन्ततः इसके धैर्य का पैमाना भर गया। एक दिन उसने यह आदेश दिया कि 'प्रताप' में कोई लेख या कोई खबर प्रकाशित नहीं हो सकती जिसका सम्बन्ध युद्ध से हो। ऐसी किसी भी खबर के लिए सैंसर की शर्त रख दी गई। इस प्रकार 'प्रताप' अपने युग का पहला समाचार पत्र था, जिस पर उस वक्त की सरकार ने सैंसर बैठा दिया।

हम इसके लिए तैयार थे, कई दिन से सुन रहे थे कि सरकार यह कार्रवाई जरूर करेगी। लेकिन मुझे आज भी यह बात मानने में कोई हिचकिचाहट नहीं कि सर सिकन्दर हयात ने पूरी कोशिश की कि प्रताप के विरुद्ध कोई कार्रवाई न करनी पड़े लेकिन वे भी मजबूर थे। उन्होंने हकूमत चलानी थी और हमने इस हकूमत को गिराना था। हमारे लिए सवाल सिकन्दर हयात का न था लेकिन उसके पीछे बैठे हुए अंग्रेज का था और अंग्रेज को खत्म करने के लिए सर सिकन्दर को खत्म करना जरूरी था।

'प्रताप' पर सैंसर लगाए जाने के बाद हमारे लिए सबसे बड़ा सवाल यह पैदा हुआ कि अब क्या किया जाए। उन दिनों लड़ाई जोरों पर थी इसलिए समाचार पत्र युद्ध के समाचारों से भरा रहता था। यदि सवाल सम्पादकीय का होता तो कोई भी समाचार पत्र इसके बगैर प्रकाशित हो सकता था परन्तु महाशयजी के सम्पादकीय के बिना 'प्रताप' बेजान समझा जाता था, लेकिन महाशयजी किसी भी सूरत में अपना आर्टिकल सैंसर कराने को तैयार न थे। इनका कहना था कि यह तो सम्भव है कि वे सम्पादकीय लिखना बंद कर दें लेकिन यह नहीं हो सकता कि वे अपना सम्पादकीय किसी दूसरे को सैंसर करने की इजाजत दें। ज्यादा बड़ी मुशकिल खबरों को सैंसर कराने की थी। युद्ध के बारे में कोई भी समाचार सैंसर कराए बगैर प्रकाशित नहीं हो सकता था। इन हालात में यह बेहतर समझा गया कि अखबार बंद कर दिया जाए। यह पता न था कि लड़ाई कब खत्म होगी और न ही यह कहा जा सकता था कि सैंसर कब तक रहेगा। 'प्रताप' पर यों तो सैंसर एक ही दिन में समाप्त हो सकता था, शर्त केवल यही थी कि महाशय जी केवल एक बार सर सिकन्दर से मिलें। लेकिन उन्होंने कहा कि वे इस सम्बन्ध में सर सिकन्दर से कोई भी प्रार्थना करने को तैयार नहीं। वे अगर मुझे मिलने के लिए बुलाएंगे तो मैं मिलने के लिए चला जाऊंगा लेकिन स्वयं कोई प्रार्थना नहीं करूंगा।

'प्रताप' का प्रकाशन स्थगित कर दिया गया। इस फैसले से सारे देश में एक हलचल पैदा हो गई। दिल्ली में अखिल भारतीय समाचार पत्र सम्पादक सम्मेलन की जरूरी

बैठक बुलाई गई जिसमें स्वर्गीय देवदास गांधी, श्री देशबन्धु गुप्ता और कई दूसरे प्रमुख पत्रकार शामिल हुए। इन सब ने पंजाब सरकार के फैसले की निन्दा की और साथ ही श्री गुप्ता व श्री शिवराव की यह ड्यूटी लगाई की वे लाहौर में जाकर सर सिकन्दर से मिलें और उन्हें सलाह दी की उन्होंने 'प्रताप' के विरुद्ध जो आदेश लिया है, उसे वापस लें।

इस समय 'प्रताप' को जो सर्वाधिक समर्थन प्राप्त हुआ, वह श्री जवाहर लाल नेहरू का था। 'प्रताप' पर सैंसर लगाए जाने को लेकर उन्होंने सर सिकन्दर को आड़े हाथों लिया। इस बात पर उनकी और सिकन्दर हयात के बीच एक जोरदार बहस शुरू हो गई।

सर सिकन्दर ने पंडित नेहरू पर कुछ व्यक्तिगत हमले भी किए। पंडित जी ने इसका जो जवाब दिया इससे सर सिकन्दर और भी अधिक तड़प उठे। इन दोनों की बहस से 'प्रताप' पर सैंसर उठाने का सवाल लटक गया और एक दिलचस्प स्थिति पैदा हो गई।

47. सैंसरशिप पंडित नेहरू की दृष्टि में

'प्रताप' पर सैंसरशिप का आदेश देकर सर सिकंदर हयात ने भिरड़ो के छत्ते में हाथ ड़ाल लिया। उन्हें यह कभी आशा न थी कि 'प्रताप' बंद हो जाएगा। वे समझ रहे थे कि ज्यों ही प्रताप के विरुद्ध यह आदेश जारी होगा 'प्रताप' के मालिक या तो स्वयं उनके पास आएंगे या किसी को भेजेगें। फिर बातचीत के बाद यह आदेश वापस ले लिया जाएगा।

किन्तु हम में से कोई भी उन्हें मिलने नहीं गया। न हमने किसी को उनके पास भेजा। इस खबर से कि 'प्रताप' ने अपना प्रकाशन स्थगित कर दिया है, सर सिकन्दर की बदनामी बहुत हुई। उन दिनों एसोसिएसिड प्रैस आफ इण्डिया के माध्यम से सारे देश में समाचार जाया करते थे इसलिए सारे देश के पत्रों में यह छप गया कि लाहौर के दैनिक 'प्रताप' ने अपना प्रकाशन स्थगित कर दिया है क्योंकि वे अपने लेख और समाचार सैंसर कराने के लिए तैयार नहीं हैं।

एक सप्ताह प्रतीक्षा करने के बाद मैंने एक पत्र में सब हालात पंडित जवाहर लाल नेहरू को लिख भेजे और उनसे पूछा कि हम क्या करें। उन्होंने उत्तर दिया कि वे लाहौर आ रहे हैं वहां आकर इस सन्दर्भ में बातचीत करेंगे।

जब 15 दिन गुजर गए तो सरकार स्वयं अनुभव करने लगी कि कोई रास्ता निकालना चाहिए ताकि वह अपना आदेश वापस ले सके। सर सिकन्दर ने कुछ लोगों से कहा कि यदि एक बार महाशय कृष्ण आकर उनसे मिल लें तो वे अपना आदेश वापस ले लेंगे किन्तु महाशय जी का कहना था कि जब तक यह आदेश कायम है वे न सर सिकन्दर से मिलेंगे और न उनके किसी अधिकारी से।

इसी मध्य अखिल भारतीय समाचार पत्र सम्पादक सम्मेलन के दो प्रतिनिधि श्री देशबन्धु गुप्ता और श्री शिवाराव लाहौर पहुंच गए। उन्होंने सर सिकन्दर हयात से बातचीत शुरू कर दी। सर सिकन्दर हयात ने एक निकटीय साथी मियां अहमद यारखां दौलताना भी एक दो बार महाशय जी से मिलने आए और उन्होंने कहा कि सरकार कोई लिखित आश्वासन नहीं चाहती। केवल यह चाहती है कि समाचार पत्र में ऐसे समाचार प्रकाशित न हों जिनसे युद्धीय गतिविधियों में रुकावट पैदा हो। यदि महाशय

जी यह कह दें कि आगे के लिए इस विषय में सावधानी से काम लिया जाएगा तो सैंसरशिप का आदेश वापस ले लिया जाएगा।

किन्तु महाशय जी अपने स्टैंड से हटने को तैयार नहीं हुआ। उन्होंने सरकार को किसी प्रकार का आश्वासन देने से इंकार कर दिया। इसी मध्य पंडित जवाहर लाल नेहरू भी लाहौर पहुंच गए। वे एक सप्ताह के विश्राम के लिए कांगड़ा जिले के एक सुन्दर स्थान नगरोटा को जा रहे थे। श्रीमती इन्दिरा गांधी भी उनके साथ थीं। उनका विवाह हुए अभी थोड़े ही दिन हुए थे। दोनों लाहौर में मियां इफ्तखारुद्दीन की कोठी में ठहरे थे।

जिस दिन पंडित जी लाहौर पहुंचे मियां साहिब ने उनके सम्मान में एक भोज की व्यवस्था की। मुझे भी इसमें आमन्त्रित किया गया। खाना खत्म होने के बाद पंडित जी मुझे एक ओर ले गए और पूछने लगे कि सैंसरशिप के विषय में क्या स्थिति है? मैंने उन्हें सारी स्थिति से अवगत करा दिया। जो आदेश सरकार की ओर से जारी हुआ था वह भी उन्हें दिखा दिया। उन्होंने कहा कि यह एक बेहूदा और फिजूल आदेश है। मैंने उनसे कहा कि वे एक बयान क्यों नहीं दे देते। उन्होंने कहा इसकी कोई जरूरत तो नहीं, किन्तु यदि मैं चाहूं तो वे एक बयान जारी कर देंगे। मैंने उनसे कहा कि उनके बयान से हमारे हाथ मजबूत होंगे। पंडित जी को दूसरे प्रातः 7 बजे नगरोटा के लिए रवाना होना था। उन्होंने कहा मैं सात बजे से पूर्व उनके पास पहुंच जाऊं। वे रात को बयान तैयार कर छोड़ेंगे।

मैं दूसरे दिन प्रातः सात बजे पंडित जी के पास पहुंच गया। वे नगरोटा जाने के लिए तैयार खड़े थे। अपने हाथ से लिखा हुआ बयान उन्होंने मुझे दे दिया और कहा कि मैं उसे पढ़ लूं और यदि उचित समझूं तो एसोसिएसिड प्रैस को भी दे दूं। इसके बाद वे मोटर में सवार होकर नगरोटा के लिए प्रस्थान कर गए।

जैसा कि ऊपर लिख चुका हूं अखिल भारतीय समाचार पत्र सम्पादक सम्मेलन के दो प्रतिनिधि लाहौर पहुंच चुके थे और वे सर सिकन्दर हयात के साथ बातचीत कर रहे थे। अंततः यह फैसला हो गया कि महाशय जी बिना शर्त सर सिकन्दर से मिल लें। सर सिकन्दर ने जो कुछ उनसे कहना है वे कह देंगे और उसके बाद 'प्रताप' पर से आदेश वापस ले लिया जाएगा।

एक दिन महाशय जी मेरे छोटे भाई नरेन्द्र को साथ लेकर सर सिकन्दर से मिलने गए। काफी देर तक बातचीत होती रही। सर सिकन्दर ने महाशय जी से कहा कि वे उनसे कोई लिखित वचन नहीं चाहते केवल वे उनके कान में यह कह दें कि वे आगे के लिए अधिक सावधान रहेंगे। महाशय जी ने यह कहने से भी इंकार कर दिया। बातचीत टूट गई और महाशय जी वापस आ गए।

सर सिकन्दर ने अपने गृहसचिव को बुला कर कहा कि आदेश वापस ले लिया जाए। उस समय तक 'प्रताप' को बंद हुए 20 दिन हो चुके थे।

जिस समय 'प्रताप' पर से सैंसरशिप का आदेश वापस लेने की फाइल दस्तखत के लिए सर सिंकदर के पास गए और वे उस पर हस्ताक्षर करने ही वाले थे कि उनके सचिव ने पंडित जवाहरलाल नेहरू का वह बयान उनके सामने ला कर रख दिया जो उन्होंने 'प्रताप' के पक्ष में और पंजाब सरकार के विरुद्ध जारी किया था। उसे पढ़ते ही सर सिंकदर भड़क उठे और 'प्रताप' के विरुद्ध आदेश वापस लेने से इंकार कर दिया। पंडित जवाहरलाल नेहरू ने अपने बयान में लिखा था—

"अढ़ाई सप्ताह हुए जबकि मैं अपने असम के दौरे से वापस आ रहा था तो मुझे कुछ राज्य सरकारों की ओर से तीन प्रसिद्ध पत्रों यानि कलकत्ता के 'युगान्तर', बम्बई के 'सैन्टिनल' और लाहौर के 'प्रताप' के विरुद्ध कार्रवाई की खबर मिली। इसके कुछ समय बाद 'युगान्तर' के विरुद्ध आदेश वापस ले लिया गया और मुझे पता चला है कि अब 'सैंटिनल' भी प्रकाशित हो रहा है किन्तु 'प्रताप' के विरुद्ध जो आदेश जारी किया गया था वह अभी चल रहा है।

मेरे हाल ही में लाहौर के दौरे के अवसर पर मुझे 'प्रताप' के विरुद्ध जारी किया गया आदेश देखने का मौका मिला है। यह एक अजीबो गरीब दस्तावेज है जो कोई एक समाचार पत्र बनाने की पद्धति को जानता है उसके लिए उसे समझना कठिन है। इसके अन्तर्गत पत्र में जो भी प्रकाशित करना होगा उसे पहले सैंसर कराना पड़ेगा जिसमें खबरों के शीर्षक भी शामिल होगें और इसी के साथ युद्ध के विषय में बाहर के संसार में या हमारे देश में जो हालात पैदा हो रहे हैं, वे भी। यह सैंसरशिप उन्हीं दिनों में हो सकेगी जब सरकारी कार्यालय खुले होंगे और केवल सरकार का विशेष प्रैस अधिकारी ही सैंसर कर सकेगा।

यह एक विचित्र आदेश है जो सरकार ने जारी किया है। स्पष्ट है कि पंजाब सरकार का घबराया हुआ और परेशान दिमाग ही इस प्रकार का आदेश दे सकता है। जो कोई पत्रकारिता को जरा भी समझता है इस परिणाम पर पहुंचे बिना नहीं रह सकता कि कोई समाचार पत्र इन हालात में और इन पाबन्दियों के अधीन प्रकाशित नहीं हो सकता। न कोई बुद्धिमान व्यक्ति उसे पढ़ना पसंद करेगा जोकि प्रैस अधिकारी उस पर ठोंसना चाहे।

इस आदेश में यह लिखा गया है कि यह कदापि प्रकाशित न किया जाए कि किसी खबर, कार्टून, फोटो या लेख में कोई बदल फेर किया गया है या उसका प्रकाशन रोक दिया गया है। स्पष्ट है कि विशेष प्रैस अधिकारी कोई ऐसा व्यक्ति है जिसे जनता के सामने आने में शर्म अनुभव होती है जो अपनी रोशनी दूसरों को दिखाना नहीं चाहता।

वह चाहता है कि पत्र में बदल फेर करने का जो परिश्रम वह करे उसका सारा श्रेय पत्र के सम्पादक को मिले और किसी को यह पता न चले कि विशेष पुलिस अधिकारी ने पत्र का हुलिया बिगाड़ कर रख दिया है।

ऐसे हालात में 'प्रताप' के सम्पादक और प्रकाशक ने पत्र प्रकाशित करने से इंकार कर दिया है। उनके लिए इसके सिवा और कोई ससम्मान रास्ता था ही नहीं। मुझे यह भी पता चला है कि अखिल भारतीय समाचार पत्र सम्मेलन के प्रतिनिधि भी पंजाब सरकार से मिले हैं, किन्तु सरकार ने उनकी बात मानने से इंकार कर दिया है और कहा है कि 'प्रताप' सरकार की नीति का समर्थन करने का आश्वासन दिलाए। ऐसा करते हुए पंजाब सरकार ने यह अनुभव नहीं किया कि उसने न केवल इस देश के सारे प्रैस का अपितु सारी जनता का अपमान किया है।''

यह बयान जब सर सिंकदर हयात ने पढ़ा तो वे सिटपिटा उठे और उन्होंने 'प्रताप' के विरुद्ध अपना आदेश वापस लेने से इंकार कर दिया। इसी के साथ पंडित नेहरू और सर सिंकदर हयात के बीच एक नई बहस शुरू हो गई जिसने सारे देश का ध्यान 'प्रताप' की ओर खींच लिया।

पंडित जवाहर लाल और सर सिकंदर हयात के मध्य जो बहस शुरू हुई उसमें कुछ तलखी पैदा हो गई थी। पंडित नेहरू को केवल यह शिकायत थी कि पंजाब सरकार ने 'प्रताप' पर सैंसर क्यों बैठाया। उनका कहना था कि जो आदेश जारी किया गया है उसके होते हुए कोई स्वाभिमानी समाचार पत्र प्रकाशित नहीं हो सकता और यदि होता है तो उसमें वही कुछ प्रकाशित होगा जो सैंसर चाहता है। नाम तो इसके सम्पादक का होगा लेकिन इसके बीच जो कुछ भी होगा वह सैंसर की मर्जी के अनुसार होगा। पंडित जी इसे न केवल अत्यन्त अनुचित समझते थे बल्कि एक स्वाभिमानी समाचार पत्र के स्वाभिमान को चुनौती भी।

बजाय इसके कि सर सिकंदर पंडित जी की आपत्तियों का सीधा जवाब देते। उन्होंने पंडित जी की जात पर कुछ हमले कर दिए और यह भी लिख दिया कि पंडित मोती लाल नेहरू के बेटे को शोभा नहीं देता कि वे दूसरों पर टिप्पणी करते समय नैतिकता और सुरुचिता को तिलांजलि दे दें। पंडित जी ने अपने वक्तव्य में ऐसी कोई बात नहीं कही थी जिसके कारण इन पर ऐसा आरोप लग सके हाँ उन्होंने अपने वक्तव्य में सैंसरशिप की कड़ी आलोचना की थी और कुछ ऐसे शब्द प्रयोग किए थे जिनसे ऐसा मालूम होता था कि 'प्रताप' के विरुद्ध पंजाब सरकार ने जो आदेश जारी किए हैं वे इनकी राय में सरासर बेहूदा और नामुनासिब हैं।

सर सिकन्दर के पहले वक्तव्य के उत्तर में पंडित नेहरू ने नगरोटा से जो वक्तव्य जारी किया था वह मैं पिछले लेख में पाठकों के समक्ष प्रस्तुत कर चुका हूं। इस वक्तव्य

को पढ़ कर सर सिकन्दर और भी अधिक तिलमिला उठे और इसके जवाब में एक और बहुत लम्बा बयान डाल दिया। यह इनका दूसरा बयान था जो उन्होंने पंडित जवाहर लाल नेहरू के जवाब में और 'प्रताप' पर सैंसरशिप के समर्थन में दिया था। पंडित जी की आपत्तियों का उत्तर देते हुए उन्होंने कहा—

"पंडित जवाहर लाल नेहरू चाहते हैं कि मैं अपने वक्तव्य का स्पष्टीकरण करूं और इनके पहले बयान में जो गलत-बयानी की गई है इससे उनको परिचित कराऊं। उन्होंने अपने बयान में यह भी कहा था कि आज इंडिया न्यूज पेपरज़ एडीटरज़ कॉन्फ्रैंस की तरफ से भी जो परामर्श दिया गया था, मैंने उसे नामंजूर कर दिया था—यह सरासर गलत है। मिस्टर बस्टिन ने अपने समाचार पत्र 'सिविल एण्ड मिल्ट्री गजट' में यह बात बिल्कुल स्पष्ट कर दी है। पंडित नेहरू ने यह शिकायत भी की है कि 'प्रताप' से यह मांग की गई थी कि वे सरकारी नीति का समर्थन करें। जैसा कि मैं अपने पिछले बयान में कह चुका हूं कि यह आरोप भी निराधार है। जब मैं यह कहता हूं तो इसका यह अर्थ नहीं है कि पंडित जी ने जानबूझ कर गलत-बयानी की है। मैं यह समझता हूं कि कुछ लोगों ने सरकार के विरुद्ध बदले की भावना से इन्हें गुमराह किया है। सरकार की नीति का समर्थन और युद्ध के बारे में सरकारी नीति और प्रांत में आम राय के अनुसार चलना, इन दोनों में जमीन-आसमान का फर्क है। मेरे इस ख्याल के बारे में कुछ दुराग्रही लोगों ने पंडित जी को गुमराह किया है और इसकी पुष्टि उनके दूसरे बयान से भी हो जाती है। उन्होंने इस पत्र-व्यवहार का उल्लेख किया है जो 'प्रताप' व एक अंग्रेजी दैनिक के सम्पादक के बीच होता रहा है। यह बिल्कुल स्पष्ट है कि जिन लोगों ने 'प्रताप' के लिए पंडित जी का समर्थन हासिल करने की कोशिश की है उन्होंने पंडित जी को सही तथ्य नहीं सौंपे और कुछ जरूरी जानकारी उनसे छिपाए रखी जो उनके पक्ष में नहीं जाती थी। उदाहरण के तौर पर मैंने जो तार मिस्टर श्री निवासन को दिया है वह यहाँ नकल करता हूं, मैंने उसमें लिखा है—

"आप का तार मिला। 'प्रताप' गत दो वर्ष से एक ऐसी नीति पर चल रहा है जो सरकार के दृष्टिकोण में गलत है। मेरे व्यक्तिगत हस्तक्षेप के फलस्वरूप इसके खिलाफ कई बार कार्रवाई रोक दी गई। इसे कई बार चेतावनी दी गई। मैंने इसे व्यक्तिगत रूप से मित्रतापूर्ण सलाह भी दी। लेकिन इसका कुछ भी परिणाम नहीं निकला। अन्ततः सरकार इसके विरुद्ध कार्रवाई करने पर मजबूर हो गई। सैंसरशिप के कारण भी कठिनाइयां पैदा होंगी, इनको दूर करने का हर सम्भव प्रयत्न किया जाएगा। इसके विरुद्ध कार्रवाई करने से प्रैस सलाहकार समिति से भी सलाह ली गई थी लेकिन वहां इस प्रश्न पर मतभेद था। मुझे विश्वास है कि आप मुझ से सहमत होंगे कि अगर कोई कार्रवाई न की जाती तो यह प्रांत की जिम्मेदार प्रैस से अन्याय होता और असैम्बली ने हमें जो

हिदायत दी थी उसका भी उल्लघंन होता।''

इस तार की एक प्रति प्रैस सलाहकार समिति को भी दे दी गई थी। इसलिए जिन लोगों ने पंडित जी को सारी जानकारी दी और उन्हें इसके बारे में जरूर ही पता होगा। मुझे इस बात का पूरा विश्वास है कि यदि सभी हालात सही तौर पर पंडित जी के सामने रखे जाते तो जो बयान पंडित जी ने जारी किया है, वे न करते। कम-से-कम इस शक्ल में न करते, जैसा उन्होंने अब किया है।

जहां तक पंडित जी के बयान के अन्तिम हिस्से का सम्बन्ध है, मैं इन्हें यकीन दिलाना चाहता हूं कि मैं किसी सार्वजनिक व्यक्ति को चेतावनी देने का ख्याल भी अपने मन में नहीं रखता, विशेषतः पंडित नेहरू जैसे सार्वजनिक स्तर के आदमी को। मेरा कट्टर से कट्टर विरोधी यह माने बगैर नहीं रह सकेगा कि मुझसे इस प्रकार की गलती नहीं हुई।

यह पंडित जी के पहले बयान का सारांश था। जो भाषा इसमें उन्होंने इस्तेमाल की थी जिसने मुझे उन्हें, उनके पूज्य पिता और उनके परिवार के उच्च चरित्र और सम्मान की याद दिलाने पर मजबूर किया। उनके पूज्य पिता को इस देश की जनता ने हमेशा सम्मान और प्रतिष्ठा की नजर से देखा है। पंडित जी मुझे क्षमा करेंगे यदि मैं उनके बयान के इस वाक्य से सहमति प्रकट न करूं जिसमें उन्होंने कहा है कि अगर वह गुस्ताख और बद दिमाग है तो उन्हें इस बात की तसल्ली है कि अच्छे उद्देश्य के लिए उनमें यह कमजोरी आई है। मेरी राय में बद दिमागी और अकड़ यदि किसी अच्छे उद्देश्य के लिए हो तो भी वह जायज नहीं कही जा सकती।''

सर सिकंदर हयात के पहले और दूसरे बयान में जमीन-आसमान का फर्क है। पहले में वे बहुत गुस्से में दिखाई देते हैं और उन्होंने पंडित जी की शान में कुछ ऐसी बाते कह दी जो वांछित नहीं थी। बाद में उन्होंने महसूस किया कि वे बहुत कुछ ऐसी बातें कह गए हैं जो उन्हें नहीं कहनी चाहिए थीं, विशेषतः पंडित जी के निजी जीवन के बारे में। अपने दूसरे बयान में उन्होंने इसी की पुष्टि करनी चाही और अपने पहले बयान के लिए क्षमा याचना की।

इस बहस के कारण 'प्रताप' पर से सैंसर हटाने का सवाल खटाई में पड़ गया। हम भी नहीं चाहते थे कि हमारी ओर से कोई ऐसी हरकत हो जिससे पंडित जी का पक्ष और उनका उठाया गया पक्ष कमजोर हो। हमारे देश का उस समय का महान नेता हमारी पीठ पर खड़ा था। पंडित नेहरू ने उस समय तक किसी और अखबार की इतनी जोरदार हिमायत नहीं की थी जैसी कि उन्होंने 'प्रताप' की की थी इसलिए हमें भी इन्हें किसी तरह कमजोर नहीं करना चाहिए।

सर सिकंदर का बयान मैंने पंडित जी को भेज दिया, साथ ही लिख दिया कि

यदि वे इसका उत्तर देना चाहें तो मुझे भेज दें। मैं ऐसोसियटिड प्रैस के माध्यम से सारे अखबारों में भेज दूंगा। पंडित जी का जवाब आया कि वे 2-4 दिन के बाद लाहौर आ रहे हैं वहां आकर इसका जवाब देंगे। जब वे 3-4 दिन के बाद लाहौर आए तो उनसे मिला। वे मजाक में कहने लगे, 'वीरेन्द्र! तुम चालाक निकले । अपनी मुसीबत मेरे गले में डाल दी।' मैंने जवाब दिया कि 'यह मुसीबत मेरी नहीं आपकी है। आज आप फैसला कर दें कि सरकार की हिमायत करनी है तो हम सरकार के पक्ष में लिखने लग जाएँगे। लेकिन जब तक आपका यह फैसला है कि युद्ध गतिविधियों में सरकार की हिमायत नहीं करनी, उस समय तक हम इसके सिवाय और क्या कर सकते हैं कि जैसे भी हो सरकार की नीति को सफल न होने दिया जाए। इसकी जो भी कीमत हमें देनी पड़ेगी, हम देंगे। अब लगभग एक मास हो चला है कि अखबार बन्द है और अभी यह भी मालूम नहीं कि कब तक बन्द रहे।'

इस पर पंडित जी ने कहा कि एक प्रैस कान्फ्रैंस बुलाओ वहीं मैं सर सिकन्दर के बयान का जवाब दूंगा। मैंने अपने मकान पर प्रैस कान्फ्रैंस की व्यवस्था कर दी।

48. जब पंडित नेहरू ने सर सिकन्दर की धज्जियां उड़ा दीं

पंडित जी ने उस रात दिल्ली के लिए रवाना हो जाना था। समय बहुत थोड़ा था। इसलिए फोन पर सब पत्रों को सूचना दे दी गई। सायं 5 बजे हमारी कोठी पर ही यह संवाद गोष्ठी हुई। लाहौर के सब पत्रों के प्रतिनिधि इसमें शामिल हुए। सरकार को भी इस प्रैस कांफ्रैंस का पता चल गया। इस पर मियां अहमद यार खां दौलताना ने मुझे टेलीफोन किया और पूछा कि यदि वे अपना प्रतिनिधि वहां भेज दें तो मुझे उस पर आपत्ति तो नहीं होगी। उनका कहना था कि सर सिकन्दर हयात चाहते हैं कि पंडित जी जो कुछ सम्मेलन में कहें वह तुरन्त उन तक पहुंचा दिया जाए। इसलिए वे विशेष प्रतिनिधि चाहते हैं, जो पंडित जी के बयान का नोट लेता रहे और प्रैस कांफ्रैंस खतम होते ही उत्तर पहुंचा दे।

मैंने मिया साहिब से कहा कि व्यक्तिगत रूप से मुझे इस पर कोई आपत्ति नहीं, फिर भी मैं पंडित जी से पूछना चाहूंगा। मेरे लिए कहना कठिन है कि अपनी प्रैस कांफ्रैंस में किसी सरकारी अधिकारी का होना पसन्द करें या न करें।

गोष्ठी शुरू होने से 10 मिनट पूर्व पंडित जी आ गए। श्री देशबन्धु गुप्ता और मियां इफ्तखारुद्दीन उनके साथ थे। मैंने सबसे पहले उनसे मियां अहमद यार खां दौलताना की प्रार्थना का उल्लेख किया। उन्होंने कहा कि यदि कोई रिपोर्टर अनुमति लेकर आता है तो उस पर कोई आपत्ति नहीं। शिकायत तो उस समय होती है जब चोरों की तरह आकर बैठ जाते हैं और अनुमति के बिना ही रिपोर्ट लेने लगते हैं।

अपनी संवाद गोष्ठी शुरू करते हुए पंडित जी ने कहा—

''आज लाहौर पहुंचने पर पंजाब के मुख्यमन्त्री का वह दूसरा बयान देखा है जो उन्होंने 'प्रताप' के बारे जारी किया है। यह कहना शायद अधिक उचित होगा कि यह बयान अधिकांश मेरे विषय में है क्योंकि इसमें 'प्रताप' की बजाय मेरे विषय में अधिक कुछ कहा गया है।

''मुझे इस व्यक्तिगत मामले पर बहस तनिक भी पसन्द नहीं है। विशेषत: इसलिए

कि मैं अपने विषय में कोई ठीक अनुमान नहीं लगा सकता। मैं मुख्यमन्त्री का आभारी हूं, उस परामर्श के लिए जो उन्होंने बिना मांगे मुझे दिया है। मैं इससे लाभ उठाने का पूरा प्रयास करूंगा। यह मेरा दुर्भाग्य होगा यदि उस स्तर पर पूरा न उतरूं जिसकी उन लोगों से आशा की जाती है जिन्हें किसी तरह पंजाब सरकार से वास्ता पड़ता है या उसकी गतिविधियों के विषय में कुछ कहना पड़ता है।

''किन्तु किसी को इसकी अधिक चिन्ता नहीं करनी चाहिए कि मैं क्या हूं। जनता की समस्याओं पर बहस करते समय किसी एक व्यक्ति को बहस का विषय नहीं बनाया जाना चाहिए। इस दृष्टि से 'प्रताप' का भी अधिक महत्त्व नहीं है। असल सवाल जो पहले भी हमारे सामने था और आज भी है, वह यह है कि एक सरकार प्रैस के साथ क्या व्यवहार करती है। 'प्रताप' के विरुद्ध जो आदेश दिया गया क्या वह उचित था? और क्या अब उसे जारी रखना उचित है?

''मुख्यमन्त्री का कहना है कि मेरी पहला बयान गलत-बयानियों पर आधारित था और उसमें एक वाक्य सर्वथा निराधार तथा भ्रमिक था। मैंने इन सब गलत बयानियों और निराधार आरोपों की सूची पर पूरी गम्भीरता से विचार किया है। जहां तक मैं समझ सका हूं ऐसे दो ही बयान हैं जिनकी ओर मुख्यमन्त्री ने संकेत किया है। पहला मेरा वह बयान है, जिसमें मैंने कहा था कि अखिल भारतीय समाचार पत्र संपादक सम्मेलन ने जो आवेदनपत्र दिया था मुख्यमन्त्री ने उसे रद्द कर दिया। मुख्यमन्त्री का कहना है कि यह गलत है क्योंकि उन्होंने इस बारे में एक तार भी श्रीनिवासन को भेजा था। क्या मैं पूछ सकता हूं कि यह तथ्य है या नहीं कि समाचार पत्र सम्पादक सम्मेलन के प्रार्थना पत्र को रद्द कर दिया गया है और मुख्यमन्त्री अभी तक अपने पक्ष पर कायम हैं। केवल एक तार भेज देने या इस सन्दर्भ में कुछ बातचीत शुरू हो जाने का यह अर्थ नहीं कि मुख्यमन्त्री ने उनका आवेदन-पत्र रद्द नहीं किया। इस तार से या बातचीत से हालात में कोई बदलफेर नहीं हुआ और 'प्रताप' के विरुद्ध इस आदेश का अभी तक जारी रहना मेरे इस विचार की पुष्टि करता है कि वह प्रार्थना-पत्र रद्द कर दिया गया है।

''मुझे यह स्वीकार करने से कोई संकोच नहीं कि सारे प्रयत्नों के बावजूद मैंने अभी तक अपने बयान में किसी विशेष पत्र-व्यवहार का या बातचीत का उल्लेख नहीं किया किन्तु इससे मेरे अन्तिम परिणाम पर कोई प्रभाव नहीं पड़ता।

''दूसरी गलत बयानी जिसे बुरी नियत पर आधारित झूठ ठहराया गया है, वह यह है कि सरकार ने 'प्रताप' से यह मांग की थी कि वह सरकार की नीति का समर्थन न करे। किन्तु जो वस्तुतः सरकार ने किया था वह उसके कथनानुसार यह है कि उसने 'प्रताप' से कहा कि वह युद्ध के विषय में सरकार की नीति पर चलने का प्रयास करे।

मैं इस अन्तर को समझ सकता हूं किन्तु मुझे इस बात का आश्चर्य है कि मुख्यमन्त्री यह अनुभव नहीं करते कि आज युद्ध के विषय की नीति में सब जरूरी बातें आ जाती हैं। कुछ भी उससे बाहर नहीं रहता। युद्ध के दिनों में युद्ध सम्बन्धी सरकार की नीति और आम नीति में कोई अन्तर नहीं रहता। यदि सरकार ने युद्ध को ठीक ढंग से लड़ना है तो उसे अपनी नीति उसी के अनुसार बनानी पड़ेगी।

''जब मैंने अपना पहला बयान दिया तो मेरे दिमाग में आलुओं की बढ़ती हुई कीमत या इस प्रकार की और कोई बात न थी। मैंने निश्चय ही सरकार की युद्ध सम्बन्धी नीति और उससे उत्पन्न स्थिति के विषय में सोच कर कहा था। इसके परिणाम बहुत खतरनाक निकल रहे हैं और जिसकी हम उपेक्षा नहीं कर सकते।

''यदि यही वह गलत बयानी और बुरी नियत पर आधारित आरोप हैं, जो मेरे बयान पर मुख्यमंत्री को नजर आए हैं तो निश्चय ही उनके और मेरे नैतिक स्तर में आकाश-पाताल का अंतर है तथा उनकी और मेरी भाषा भी एक दूसरे से सर्वथा भिन्न है किन्तु वास्तविक प्रश्न फिर भी यही रहता है कि 'प्रताप' के विरुद्ध जो आदेश जारी किया गया है क्या सरकार उसमें औचित्य पर थी। मुझे यह कहने में कोई संकोच नही होता कि यह एक अत्यन्त हास्यप्रद आदेश है जो सरकार ने जारी किया है और इसका पालन असम्भव है। मुख्यमंत्री 'प्रताप' के विषय में क्या कहते हैं और क्या सोचते हैं इसका इस बात से कोई संबन्ध नहीं । हर पत्रकार बल्कि मैं तो यही कहूंगा कि हर जिम्मेदार व्यक्ति इस आदेश को फजूल समझता है। व्यक्तिगत मामलों में पड़ने की बजाए असली प्रश्न को निपटाने का प्रयत्न क्यों न किया जाए?''

पंडित जी के इस बयान ने पत्रकार क्षेत्रों में तहलका मचा दिया। इस प्रकार जोर के साथ पंडित जी ने किसी पत्र का समर्थन न किया था और न किसी सरकार को किसी पत्र पर सैंसर बैठाने पर इस प्रकार आड़े हाथों लिया था। पंजाब सरकार का जो प्रतिनिधि संगोष्ठी में आया हुआ था गोष्ठी खत्म होते ही सर सिकंदर हयात को अपनी रिपोर्ट पेश करने चला गया। कुछ देर बाद पंडित जी भी वहां से चले गए। चलने से पूर्व मुझसे कहने लगे, 'क्या अब तुम्हारी तुष्टि हो गई है?' मैंने पंडित जी के प्रति आभार प्रकट किया। मैं अनुभव कर रहा था कि जो कुछ उन्होंने हमारे लिए किया था, वह कोई दूसरा नहीं कर सकता था।

इसमें संदेह नहीं कि पंडित जवाहरलाल और सर सिकंदर हयात के बीच जो बहस चली उस कारण 'प्रताप' पर से सैंसरशिप हटाने का प्रश्न खटाई में पड़ गया किन्तु हमें इस बात का सन्तोष था कि हम समाचार-पत्रों की आजादी के लिए बलिदान दे रहे हैं और देश का महान नेता उस समय हमारे समर्थन में खड़ा था।

'प्रताप' 45 दिन बंद रहा। पंडित जी के जाने के बाद सर सिंकदर ने स्वयं

ही यह अनुभव किया कि मामला जरूरत से अधिक बढ़ गया है। जब उन्होंने यह आदेश जारी किया था तो उन्हें भी यह आशा न थी कि पंडित जवाहरलाल जैसे नेता भी इसमें कूद पड़ेंगे। अन्ततः उन्होंने अपनी भूल अनुभव की और 45 दिन बाद अपना आदेश बिना शर्त वापस ले लिया।

49. समाचार पत्रों की स्वतन्त्रता नेहरू की दृष्टि में

यह 1942 की घटना है। इस जमाने में पंडित जवाहरलाल नेहरू के साथ मेरे सम्बन्ध अधिक गहरे न थे। मैं कांग्रेस का एक साधारण कार्यकर्ता था वे कांग्रेस के एक महान नेता थे। सर सिकंदर हयात के साथ उनकी बहस शुरू होने से पहले मैं केवल दो या तीन बार मिला हूंगा। पंडित जी को यह मालूम था कि मेरा एक समाचार पत्र के साथ कुछ सम्बन्ध है लेकिन वे मुझे एक कांग्रेस के सिपाही के रूप में अधिक जानते थे। यही कारण था कि वे मेरा कुछ लिहाज भी करते थे।

जब प्रताप के विरुद्ध सैंसरशिप का आदेश जारी हुआ तो मैंने पंडित जी को पत्र लिखा और उनसे सलाह मांगी कि हमें ऐसे हालात पर क्या करना चाहिए। वे चाहते तो मेरे पत्र को रद्दी का टोकरी में फैंक सकते थे या यह कह देते कि इस मामले में वे दखल नहीं देना चाहते लेकिन उन्होंने 'प्रताप' के प्रश्न को अपना निजी सवाल बना लिया। वे केवल एक बयान देकर पीछा छुड़ा सकते थे लेकिन उन्होंने सैंसरशिप के खिलाफ एक नियमित अभियान शुरू कर दिया। वे सर सिकंदर के बयान का जवाब दे कर चले गए और आखिर उन्होंने हमारे घर आकर प्रैस कांफ्रेंस को सम्बोधित किया जिसका परिणाम यह हुआ कि पंजाब सरकार को यह अनुभव हो गया कि 'प्रताप' अकेला नहीं है। उसकी पीठ पर देश की सबसे बड़ी ताकत है। पंडित नेहरू इस ताकत के प्रतिनिधित्व के रूप में उभर रहे थे।

पंडित नेहरू ने इस समय 'प्रताप' के लिए लड़ाई क्यों छेड़ी? केवल इसलिए कि वे प्रैस की आजादी से अटूट आस्था रखते थे, उस युग में अंग्रजों के विरुद्ध अपनी आजादी के लिए लड़ रहे थे इसलिए जो भी अखबार इस लड़ाई का समर्थन करता था वह जहां उस वक्त की सरकार के आक्रोश का शिकार हो जाता था, वहां देशभक्त ताकतों के संरक्षण का पात्र भी समझा जाता था। 'प्रताप' इन दिनों इस लड़ाई में आगे ही आगे था। कांग्रेस के साथ इसके कई बार मतभेद भी हो जाते थे, लेकिन जहां तक अंग्रेज सरकार के विरोध का सम्बन्ध था वह हर वक्त कांग्रेस के साथ था। इस

वास्तविकता को समझते हुए पंडित जवाहरलाल नेहरू ने 'प्रताप' के हक में आवाज उठाई थी, लेकिन यह आवाज विशेषकर प्रैस की आजादी की खातिर उठाई गई थी। सर सिकंदर हयात की सरकार 'प्रताप' की आवाज दबाना चाहती थी क्योंकि वह आजादी का उद्घोषक था। पंडित नेहरू इसके खिलाफ अपनी आवाज बुलंद करने को तैयार हो जाते थे।

पंडित नेहरू के इस दृष्टिकोण में आजादी के बाद भी विशेष अंतर नहीं आया। वे 17 वर्ष तक इस देश का शासन करते रहे, जहां तक उनसे संभव हो सका उन्होंने अखबारों पर कोई पाबंदी नहीं लगाई। उनके समय में भी कुछ समाचारपत्रों ने गैर-जिम्मेदारी से काम लिया। कई बार पंडित जी पर व्यक्तिगत हमले भी किए लेकिन उन पर किसी प्रकार का हमला चांद पर थूकने के बराबर था। इसलिए इन पर आलोचना करने वाले इनका कुछ बिगाड़ न सके। पंडित जी कितने विशाल हृदय के थे इसका अनुमान उस भाषण से लगाया जा सकता है जो उन्होंने 'आल इंडिया न्यूज पेपरज एडिटरज कांफ्रेंस' में दिया और जिसमें उन्होंने कहा था—

"मेरे ख्याल से प्रैस की स्वतन्त्रता एक दृष्टिकोण नहीं है बल्कि लोकतंत्र का एक महत्वपूर्ण अंग है। मुझे इस बात में कोई शक नहीं है कि यदि सरकार प्रैस की स्वतन्त्रता को नापंसद भी करे और इसे खरतनाक भी समझे फिर भी प्रैस की आजादी पर किसी भी प्रकार का प्रतिबन्ध लगाना गलती होगी। प्रतिबन्ध लगाकर इसे बदला नहीं जा सकता, केवल इसे कुछ समय के लिए दबाया जा सकता है। इसका परिणाम यह होता है कि जिस विचार को दबाया जाता है वह अंदर ही अंदर फैल जाता है। इससे जहां तक मेरा संबन्ध है मैं एक प्रतिबन्धित प्रैस के स्थान पर एक स्वतन्त्र प्रैस को, चाहे वह कितना ही खतरनाक क्यों न हो और अपनी स्वतन्त्रता का नाजायज फायदा क्यों न उठाता हो प्राथमिकता दूंगा, इसके कारण चाहे मेरे लिए कितनी भी कठिनाइयां ही क्यों न पैदा न हों।"

इसके साथ पंडित जी ने यह भी स्पष्ट कर दिया कि समाचारपत्रों को अपनी जिम्मेदारी समझनी चाहिए और जो स्वतन्त्रता प्राप्त है उन्हें उसका नाजायज फायदा नहीं उठाना चाहिए। सवाल के इस पहलू पर उन्होंने अपने विचार प्रकट करते हुए उन्होंने कहा था, "जिम्मेदारी के बिना प्रैस की आजादी एक मनमानी का लाइसैंस बन जाता है। इसका परिणाम आखिर में मस्तिष्क के असन्तुलन की हालत में सामने आता है और यदि राजनीति में असन्तुलन शुरू हो जाए तो इसका प्रभाव सर्वांगीण होता है। समाचार पत्र भी इस प्रभाव से बच नहीं सकते। इन्हें तो स्वतन्त्रता प्राप्त है यदि वह मनमानी के इस लाइसेंस का रूप धारण कर लेती है तो इससे गैरजिम्मेदारी की भावना बढ़ जाएगी। वह न केवल इसकी स्वतन्त्रता के लिए खतरनाक सिद्ध हो सकती है

बल्कि यह इनकी प्रतिष्ठा को भी प्रभावित कर सकती है। हम जानते हैं कि अतीत में और आज भी कई बड़े जिम्मेदार समाचारपत्रों ने कुछ मर्यादाएं कायम की हैं लेकिन मेरी राय में इस मसले को हल करने का बेहतर रास्ता यही है कि समाचार पत्र या इनकी संस्थाएं यह जिम्मेवारी अपने ऊपर लें। किसी दूसरी एजेंसी चाहे वे सरकार ही क्यों न हो का यह काम नहीं कि वह इसमें हस्तक्षेप करे। समाचार पत्रों को अपना आदर्श व स्तर आप ऊंचा उठाना होगा। किसी प्रकार की सजा के माध्यम से नहीं बल्कि अपने साथियों को समय-समय पर यह बताते हुए कि वे क्या गलतियां कर रहे हैं।''

पण्डित जी का यह वह दृष्टिकोण था जिसने उन्हें 'प्रताप' का समर्थन करने पर मजबूर किया था। स्वतन्त्रता संग्राम में वे उस हर व्यक्ति का संरक्षण करने को तैयार थे जो स्वतन्त्रता का समर्थन करता हो और हमारे देश का इतिहास इस बात का साक्षी है कि कुछेक समाचार पत्रों को छोड़कर शेष सभी समाचारपत्र अपना दायित्व शानदार तरीके से पूरा करते थे। बल्कि हम तो यह भी कह सकते हैं कि हमारी आज़ादी की लड़ाई सफल न होती अगर समाचारपत्र इस समय कांग्रेस का साथ न देते। आपात्कालीन समय में इन्हीं समाचारपत्रों को लताड़ा गया है। जो उठता था वह समाचारपत्रों को ही देश की सारी समस्याओं के लिए दोषी ठहराता था लेकिन ये वे ही अखबार थे जो महात्मा गांधी, पण्डित नेहरू व सरदार पटेल की एक आवाज़ पर दुनिया की सबसे बड़ी शक्ति को एक स्वर में ललकारने उठ खड़े होते थे। देशबंधु चितरंजन दास ने 'लिबर्टी' नाम का दैनिक अंग्रेजी समाचार पत्र शुरू किया था। गांधी जी ने पहले 'यंग इंडिया' फिर 'हरिजन' शुरू किया। पंडित मोतीलाल नेहरू ने 'लिबरटेर' शुरू किया। लाला लाजपत राय ने 'पीपुल' व 'वन्दे मातरम्' शुरू किया। पण्डित जवाहरलाल नेहरू ने 'नैशनल हैरल्ड' शुरू किया। लोकमान्य तिलक ने 'केसरी' शुरू किया जो आज भी चल रहा है। आजादी की लड़ाई में समाचारपत्रों ने इस देश के स्वतन्त्रता-संग्राम में जो भूमिका निभाई थी, वह सुनहरे अक्षरों में लिखी जाएगी। आज वे ही समाचारपत्र अपराधी मान लिए गए हैं। पंडित जवाहर लाल नेहरू इनका महत्व और मूल्य समझते थे इसलिए उन्होंने 'प्रताप' पर लगाई पाबन्दी के विरुद्ध जोरदार आवाज बुलन्द की थी।

50. पंडित नेहरू के साथ कुछ सुखद क्षण

पंडित जवाहर लाल नेहरू के साथ मेरा परिचय पहली बार 1936-37 में हुआ था। जब मैं इन्हें कौंसिल चुनावों के लिए पंजाब आने का निमंत्रण देने के लिए इलाहावाद गया था। वे मेरी बात मान गए और पंजाब आने के लिए तैयार हो गए। जब वे आए तो एक दिन मैं उनके साथ घूमता रहा। मोटर में भी और हवाई जहाज में भी। इस समय मुझे उन्हें नजदीक से देखने का मौका मिला।

इसके बाद भी वे एक-दो बार पंजाब आए। चूंकि मैं इन दिनों कांग्रेस में सक्रिय भाग लिया करता था, इसलिए उनसे मिलने व विचार-विमर्श का अवसर मिल जाता। इस सिलसिले में उनके पंजाब आगमन के कुछ प्रसंग आज भी मुझे याद हैं जिनके माध्यम से पंडित जी के व्यक्तित्व के बारे में कुछ अनुमान लगा सकता हूं।

पंडित नेहरू को जनता से सम्पर्क पैदा करने का काफी शौक था। एक बार वे कश्मीर से इलाहाबाद लौटते हुए लाहौर रुके। उन दिनों उन्हें कश्मीर में प्रवेश की इज़ाजत नहीं थी। जब वे दाखिल होने लगे तो उन्हें पंजाब और कश्मीर सीमा पर गिरफ्तार कर लिया गया लेकिन थोड़ी ही देर बाद इन्हें रिहा भी कर दिया गया। वे लाहौर पहुंचे तो कांग्रेस कमेटी ने इनका जलूस निकालने का फैसला किया लेकिन इसके लिए सरकार से इजाजत लेनी अनिवार्य थी और कांग्रेस पंडित नेहरू का जलूस निकालने के लिए सरकार से इजाजत मांगने के लिए तैयार नहीं थी। इस पर फैसला किया गया कि पंडित जी को खुली गाड़ी में शहर में घुमा दिया जाए। जिस रास्ते से उन्होंने जाना था उस पर दुकानदारों को बता दिया कि पंडित जी इतने बजे वहां से गुजरेगें, लोग फूल लेकर अपनी दुकानों पर खड़े रहेंगे।

मेरे पास उन दिनों एक खुली मोटर गाड़ी हुआ करती थी। पंडित जी उसमें बैठ गए। मैंने अपना ड्राइवर छोड़ दिया और स्वयं ही चलाने लग पड़ा। लाहौर के जिला अधिकारियों के लिए एक मुशकिल पैदा हो गई। यह जलूस तो था नहीं केवल दो ही व्यक्ति कार में थे। कोई तीसरा व्यक्ति हमारे पास न था। हम शाह आलमी दरवाजे से दाखिल हुए और रंगमहल से होते हुए वाटर वर्क्स पहुंचे, वहां से गुमटी बाजार और लाहौरी दरवाजे से बाहर हो लिए। कई जगह लोगों ने हमारी गाड़ी को रोकने

की कोशिश की लेकिन हम रुके नहीं। मेरी गाड़ी फूलों से भर गई। कई जगह भीड़ जमा हो जाती थी। मेरा दिल धक् धक् करने लगता कि कहीं गाड़ी ही न खड़ी हो जाए। लेकिन हम आराम से वापस पहुंच गए। पंडित जी इस दिन इतने खुश हुए कि इसका अंदाजा ही नहीं लगाया जा सकता। उन्हें जनता से मिलकर हमेशा खुशी होती थी और लोगों की भीड़ को देख कर वे फूले न समा रहे थे।

डॉ॰ सत्यपाल की कोठी हमारी कोठी के बिल्कुल सामने थी। एक बार पंडित जवाहरलाल नेहरू आए और सत्यपाल की कोठी में ठहरे। डॉ॰ साहब इन दिनों जेल में थे। मैं चूंकि सामने रहता था इसलिए डाक्टर साहब की पत्नी ने मेरे जिम्मे यह काम लगा दिया कि मैं पंडित जी की देखभाल करता रहूं। संयोगवश पंडित जी को कुछ बुखार हो गया। वे बहुत लम्बे दौर के बाद लाहौर पहुंचे थे। इनका गला खराब था, इसकी वजह से इन्हें कुछ कष्ट हो गया। लाला अचिन्त राम इन्हें शाम को मिलने आए। पंडित जी ने कहा कि मैं यहां कैद हो गया हूं। इस पर लाला अचिन्तराम ने उन्हें सुझाव दिया कि पंडित जी को सैर कराई जाए। दिन में अगर वे बाहर निकलते तो भीड़ जमा हो जाती। इसलिए जरा अंधेरा होने पर मैंने उन्हें अपनी गाड़ी में बैठाया और हम सैर के लिए चल दिए।

लाला अचिन्तराम और पंडित नेहरू एक उमर के थे, उनका पुराना परिचय भी था। इसलिए लालाजी पंडित जी से खुल कर बात कर लेते थे। मैं गाड़ी चलाता रहा और वे पीछे बैठे गप्पे मारते रहे। निस्बत रोड से चल कर हम लारेंस गार्डन पहुंच गए और वहां से नहर के किनारे। पंडित जी ने कहा कि गाड़ी रोक दो। हम वहां कुछ देर के लिए नहर के किनारे बैठे रहे। अंधेरे में कई मोटर गाड़ियां हमारे पास से गुजरने लगीं लेकिन किसी को भी पता न चला कि इस गाड़ी में कौन बैठा हुआ है। यदि दिन का समय होता तो गाड़ियां वहीं रुक जातीं। जब हम घर वापस आए तो पंडित जी ने कहा, 'मुझे बहुत दिनों बाद ऐसे शांत वातावरण में बैठने का समय मिला है वरना लोग तो कहीं भी छोड़ते नहीं।'

मैंने पंडित जी का प्यार भी देखा है और उनका गुस्सा भी। यह शायद 1946 की घटना है वे पंजाब में चुनाव के सिलसिले में आए थे और लाहौर में दीवान चमनलाल की कोठी में ठहरे हुए थे। इन दिनों अकाली दल ने कांग्रेस के मुकाबले में अपने उम्मीदवार खड़े कर रखे थे। लायलपुर में अकालियों ने कांग्रेस के जलसे में बहुत गड़बड़ कर दी थी और इसके पंडाल को जलाने की कोशिश की। इन सब बातों का पंडित जी पर गहरा प्रभाव था। मैं और सरदार प्रताप सिंह कैरो इन्हें चमनलाल जी की कोठी पर मिलने गए। पंडित जी गुस्से में थे। लायलपुर में इनकी बेइज्जती हुई थी। इसके लिए वे पंजाब कांग्रेस को जिम्मेदार ठहरा रहे थे। उनका कहना था कि पंजाब कांग्रेस

ने अकाली दल का मुकाबला करने के लिए कुछ नहीं किया इसलिए लालयलपुर में यह सब हुआ है। हमने इनके सामने अपना पक्ष रखने की कोशिश की लेकिन वे सुनने को तैयार नहीं थे और हमें डांटते ही जा रहे थे। जब उन्होंने अपना गुस्सा निकाल लिया तो कहने लगे 'बताओ कैसे आना हुआ?' मैंने कहा कि इस समय आप गुस्से में हैं बताने का कोई फायदा नहीं, फिर किसी समय आएंगे। इस पर पंडित जी ने कह दिया फिर देखा जाएगा लेकिन दो मिनट के बाद पूछने लगे कि बाकी हल्कों में कांग्रेस का क्या हाल है? और हमें ऐसा लगा कि वे हमसे कभी नाराज ही नहीं हुए थे।

यह तो इनका गुस्सा था मैंने तो इनका प्यार भी देखा है। 1945 में हम जेल से रिहा हो चुके थे। कांग्रेस एक नए चुनाव की तैयारी कर रही थी। मुझे पंडित जी से मिलने के लिए दिल्ली भेजा गया था ताकि पंजाब के चुनाव के बारे में इनकी राय ले संकू कि हमें क्या करना चाहिए। पंडित जी इन दिनों हार्डिगं एवेन्यु में अपने चचेरे भाई श्री आर॰ के॰ नेहरू के पास ठहरे हुए थे। मैं इनसे मिलने गया तो वहां मिलने वालों की पहले ही काफी भीड़ थी। उन्होंने कुछ वक्त निकाला और मुझसे बात कर ली। जब मैं वहां से चलने लगा तो कहने लगे कि एक और बात करनी है और इतना कहते ही वे मुझे उस कमरे में ले गए जहां वे सोया करते थे। उन्होंने मुझे कहा, 'मुझे पता चला है कि तुम्हारा अखबार हमारी कश्मीर नीति के खिलाफ बहुत कुछ लिख रहा है, विशेषत: मुझ पर भी आलोचना की गई है।' मैंने बताया कि हमारे समाचार पत्र की नीति का फैसला हमारे पिताजी करते हैं। यह अखबार उनका ही है और उन्होंने ही शुरू किया हुआ है मैं इसमें कोई दखल नहीं दे सकता। वे ही इसका सम्पादकीय लेख लिखते हैं। इस पर पंडित जी ने बताया कि वे शेख अब्दुला की हिमायत क्यों कर रहे हैं। उन्होंने कहा —"कश्मीर को मुस्लिम लीग के हाथों में जाने से रोकने के लिए जरूरी है कि शेख अब्दुला के हाथ मजबूत किए जाएं"। और आखिर में उन्होंने कह दिया कि यदि मैं मुनासिब समझूं तो यह दृष्टिकोण अपने पिताजी से कह दूं।

ये थे पंडित नेहरू। रेशम की तरह नर्म और फौलाद की तरह सख्त भी। इनके दिल में दूसरों के लिए संवेदना भी असीमित थी। लेकिन वे कोई ऐसी बेहुदा बात सहन नहीं कर सकते थे जो इनकी अपनी कसौटी पर पूरी नहीं उतरती थी। देश की खातिर वे बड़े-से बड़ा त्याग कर सकते थे और उन्होंने किया। स्वतन्त्रता प्राप्ति के बाद जब वे इस देश के प्रधान मंत्री बने तब भी मेरा इनके साथ कुछ सम्पर्क रहा कई सुहावनी यादें मेरी जिंदगी का कीमती सरमाया है।

51. मेरी नौवीं गिरफ्तारी

8 अगस्त, 1942। बम्बई में अखिल भारतीय कांग्रेस समिति का अधिवेशन हो रहा था। दो दिन से वहां जो समाचार आ रहे थे, उन से पता चलता था कि अब सरकार तथा कांग्रेस के मध्य निर्णायक और अन्तिम लड़ाई शुरू होने वाली है। महात्मा गांधी , पंडित जवाहरलाल नेहरू, सरदार वल्लभ भाई पटेल, मौलाना अब्दुल कलाम आजाद तथा अन्य नेताओं ने इस अधिवेशन में जो भाषण दिए वे आग बरसाने वाले थे। अपने सारे जीवन में गांधीजी ने कभी भी इतना जोशिला भाषण न दिया होगा। 'अंग्रेजो भारत छोड़ दो' इस प्रस्ताव का अनुमोदन करते हुए उन्होंने अपने देशवासियों को प्रेरणा दी कि 'करो या मरो'। उनका एक-एक शब्द देश की जनता को विद्रोह करने के लिए खुला निमंत्रण था। 8 अगस्त की प्रात: 9 बजे के लगभग मैं अचानक अपने कार्यालय में चला गया। टैलीप्रिण्टर पर समाचार आ रहे थे। महात्मा गांधी, पंडित जवाहरलाल नेहरू, सरदार पटेल तथा दूसरे सभी नेता गिरफ्तार कर लिए गए थे। सरकार ने कांग्रेस को अवैध घोषित कर दिया था। थोड़ी देर बाद देश के अन्य भागों से भी समाचार आने लग गए कि स्थान-स्थान पर गिरफ्तारियां जारी हैं। कांग्रेस और सरकार के मध्य जिस टक्कर की हम आशा करते थे वह शुरू हो गई थी।

सबसे पहले मैंने 'प्रताप' का संस्करण प्रकाशित करने का प्रबन्ध किया। उस समय तक समाचार पत्रों पर कोई प्रतिबन्ध नहीं लगाया गया था। इसलिए मैंने 'प्रताप' के स्टाफ को उनके घरों से बुला लिया। दो घण्टे के भीतर मैंने सारे समाचार जो उस समय तक प्राप्त हुए थे लोगों तक पहुंचा दिए। लेकिन कुछ तो रेडियो द्वारा और कुछ टेलीफोन द्वारा ये सारे समाचार जंगल की आग की भांति सारे देश में फैल चुके थे।

'प्रताप' का विशेष संस्करण प्रकाशित करने के बाद मैंने कुछ स्थानीय नेताओं से सम्पर्क करना शुरू कर दिया। अन्त में फैसला हुआ कि हम सब लाजपतराय भवन में 3 बजे एकत्रित होंगे और वहीं अपनी आगामी कार्य पद्धति का फैसला करेंगे।

तीन बजे हम लाजपत राय भवन में जमा हो गए। कोई 10-15 व्यक्ति थे। हम अभी बातें ही कर रहे थे कि पुलिस ने लाजपतराय भवन को घेर लिया। उसे पता चल गया कि हम यहां एकत्रित हो रहे हैं। जब हम प्रात: एक-दूसरे से बातें कर रहे थे

तो पुलिस बीच में सभी कुछ सुन रही थी। इसलिए जब हम लाजपत राय भवन में पहुंचे तो थोड़ी देर बाद पुलिस भी वहां पहुंच गई। । इसके बाद हमें क्या बात करनी थी। हम चारों ओर से घिर गए थे। वहां से निकलने का कोई भी मार्ग न था। हम वहां से भागना नहीं चाहते थे। लेकिन हम में से कोई भी गिरफ्तारी के लिए तैयार हो कर न आया था। न तो हमारे पास बिस्तर थे, न ही पहनने को कपड़े। बाहर पुलिस की लारियां खड़ी थीं। उन्होंने इतनी शराफत अवश्य दिखाई कि वे अंदर नहीं आए लेकिन जो लाजपत भवन से बाहर निकलता उसे पकड़ कर लारी में बैठा लेते। हम भी अंदर खड़े यह तमाशा देखते रहे। इतने में शहर में यह खबर फैल गई कि पुलिस ने लाजपत राय भवन की नाके बंदी कर रखी है। धीरे -धीरे लाजपत राय भवन के बाहर भीड़ जमा होने लग गई। पुलिस किसी को अंदर न आने देती थी और जो बाहर जाते थे उन्हें गिरफ्तार करके लारी में बैठा देती थी।

जब यह समाचार हमारे घर पहुंचा तो मेरा छोटा भाई नरेन्द्र पता करने वहां आ गया। मेरे पिताजी अखिल भारतीय कांग्रेस समिति का अधिवेशन देखने बम्बई गए हुए थे। घर में हम दोनों भाई थे। जब नरेन्द्र लाजपत राय भवन पहुंचे तो पुलिस ने उसे अंदर आने की अनुमति न दी। लेकिन उसने अंदर जाने पर बल दिया। इस पर पुलिस ने उसे भी गिरफ्तार करके लारी में बैठा लिया। मैं अभी लाजपत राय भवन से बाहर न गया था। अन्त में लाला अचिन्तराम और दो तीन और व्यक्ति ही वहां रह गए। हमने सोचा कि हम कब तक वहां प्रतीक्षा करते रहेंगे। अन्ततः हमें बाहर निकलना ही है। हमे यह पता था कि पुलिस बाहर खड़ी हमारी प्रतीक्षा कर रही है। जो लोग लारियों में बैठे थे वे भी तंग आ चुके थे इसलिए हम बाहर आ गए। पुलिस ने हमें लारियों में बैठने के लिए कहा और हम बैठ गए। इसके बाद हमें नगर के विभिन्न थानों में ले जाकर बंद कर दिया गया। जितने लोग गिरफ्तार किए गए थे वे सभी एक ही थाने में बंद नहीं किए जा सकते थे। इसलिए सभी को विभिन्न थानों में बंद कर दिया गया।

हमारी गिरफ्तारी का समाचार सारे नगर में फैल गया । जो लोग गिरफ्तार हुए थे उनके घर वाले उन्हें तलाश करने लगे ताकि उनके कपड़े उन्हें पहुंचा सकें। उन दिनों लोगों को काफी परेशानी हुई। यह पता न चलता था कि कौन किस थाने में रखा गया है। पुलिस भी कुछ बताने को तैयार न थी। काफी रात गए तक लोग इधर-उधर भटकते रहे।

हमें थाने में बंद कर दिया गया, किन्तु यह कोई न बताए कि इसके बाद पुलिस ने क्या करना है। हम यदि किसी पुलिस वाले से पूछते तो वह यह कह देता कि उसे भी कुछ मालूम नहीं। आम हालात में पुलिस अपने कैदियों को 24 घण्टे के अंदर

जेल भेज दिया करती है। हम भी इस प्रतीक्षा में बैठे थे कि हमें भी जेल भेज दिया जाएगा। हम चाहते भी यही थे। थाने में तो 24 घण्टे बंद रहते थे जेल में तो कभी खुली हवा में भी घूम सकते थे किन्तु कुछ भी पता न चल रहा था कि आगे क्या होगा।

हमारी हालत उस दिन कुछ अजीब सी बन गई थी। पिताजी बम्बई गए हुए थे और हम दोनों भाई गिरफ्तार कर लिए गए थे। घर में मेरी माता जी, मेरा बहन और मेरी पत्नी थी। उनके लिए पुलिस थानों के चक्कर काटने कठिन थे किन्तु कई लोग जिनके साथ हमारी जान-पहचान थी ऐसे अवसर पर हर प्रकार की सहायता के लिए पहुंच गए।

पिताजी को बम्बई तार दे दिया गया कि वीरेन्द्र और नरेन्द्र दोनों गिरफ्तार कर लिए गए थे। पीछे पत्र की देख भाल करने वाला कोई न था। उस जमाने में भी 'प्रताप का सम्पादकीय पिताजी लिखा करते थे। उनकी अनुपस्थिति में मैं लिखा करता था। पिताजी की अनुपस्थिति और मेरी गिरफ्तारी से यह कठिनाई भी पैदा हो गई कि सम्पादकीय कौन लिखे तथा पत्र की देख-भाल कौन करे। किन्तु 'प्रताप' के स्टाफ ने किसी तरह पत्र में कोई आंच न आने दी और यह विधिवत् निकलता रहा।

24 घण्टे थाने में बंद हुए हो गए तो एक पुलिस अफसर ने आकर हमें कहा कि अपना सामान बांध लें । जब हमने उससे पूछा कि कहां ले जाना है तो उसने कहा कि उसे भी मालूम नहीं कि कहां जाना है। हमने पूछा कि क्या जेल में ले जाना चाहते हो? उसने कहा कि हो सकता है कि जेल में ही जाना हो। कुछ देर बाद हमें थाने की कोठड़ी से निकाला गया। बाहर पुलिस की लारी खड़ी थी, पास ही संगीन लिए पुलिस के सिपाही खड़े थे। हम गाड़ी में बैठ गए और वह शहर के चक्कर काटती हुई रेलवे स्टेशन पर जा खड़ी हुई। उस समय हमें अनुभव हुआ कि हमें लाहौर से बाहर ले जाया जा रहा है किन्तु यह कोई नहीं बताता था कि हमें कहां ले जाया जा रहा है।

ऐसे अवसर पर मनुष्य के मन में तरह-तरह की आशंकाएं पैदा होती हैं और वह कई प्रकार की बातें सोचता है। हम भी तरह-तरह की अटकलें लगा रहे थे। कोई कुछ कहता था, कोई कुछ किन्तु मालूम किसी को भी न था कि हम कहां जा रहे हैं। लारियों से उतार कर हमें एक बेरौनक प्लैटफोर्म पर पहुंचा दिया गया। वहां एक गाड़ी खड़ी थी जो विशेष रूप से कैदियों के लिए बनाई गई थी। यह एक मुसाफिर गाड़ी थी, जिसमें कोई शीशा न था। केवल सींखचे ही सींखचे थे। हमें उसमें बैठा दिया गया। जरा फासले पर पुलिस वाले खड़े थे। पहले तो वे हमारे निकट ही न आते थे, अगर कोई गश्त लगाता हुआ आ भी जाता तो चुपचाप गुजर जाता। कोई यह न बताता कि हमें कहां ले जाया जा रहा है।

हम भी यह सोचते कि यह कांग्रेस और सरकार की अन्तिम लड़ाई है। हमारे साथ भी युद्ध बंदियों जैसा व्यवहार किया जाएगा। मालूम नहीं कि हम वापस भी आएंगे या नहीं। हमें दो घण्टे के लगभग इस गाड़ी में बैठा कर रखा गया। पुलिस थाने से कोई 8 बजे के लगभग हमें निकाला गया था। हम में से कुछ ने खाना भी न खाया था। कुछ लोगों के पास फल थे, कुछ के पास बिस्कुट, कुछ के पास मिठाई जो इनके घरवाले थाने में दे गए थे। वह सब कुछ हमने थाने में बांट कर खा लिया और पेट भर लिया किन्तु प्यास बुझाने को पानी न मिला।

दो घण्टे इस गाड़ी में बैठे-बैठे तंग आ गए। इस पर हम सब ने मिल कर गाना शुरू कर दिया:

इलाही वह भी दिन होगा
जब अपना राज देखेंगे।
जब अपनी ही जमीं होगी
अपना आसमां होगा।
जुदा मत हो मेरे पहलू से
ऐ दर्देवतन हरगिज़
न जाने बाद मूर्दन
मैं कहां और तू कहां होगा।

पुलिस दूर खड़ी यह तमाशा देख रही थी। वह भी प्रतीक्षा करते-करते तंग आ गई थी। अन्ततः रात के 11 बजे के लगभग गाड़ी चल पड़ी। हमें कुछ मालूम न था कि हम कहां जा रहे हैं।

हमारी गाड़ी लाहौर से रात के 11 बजे चली। भेड़-बकरियों की भांति हम एक पिंजरे में बंद थे। दो घण्टे से गाड़ी में बैठे थे। गर्मियों के दिन थे। प्यास लग रही थी। लेकिन पानी पिलाने वाला कोई नहीं था। हमारे साथ जो पुलिस सफर कर रही थी उसके पास भी हमें पानी पिलाने की कोई व्यवस्था न थी। गर्मी का प्रबन्ध तो हमने कर लिया। हम अपनी कमीजों और कुर्ते उतार कर बैठ गए। लेकिन पानी कहां से लाएं। उस समय बार-बार एक शायर का यह शेयर याद आ रहा था—

बक्ते जिब्ह जानवर को देते हैं पानी पिला।
हजरते इंसान को पानी पिलाना है मना।

कुछ देर हम आपस में बाते करते रहे। कभी मजाक करते थे लेकिन कभी बड़ी गम्भीरता से अपने भविष्य के बारे में सोचने लगते थे। यह विचार भी उत्पन्न होता था कि हम अपने घरों को वापस जाएगें भी या नहीं? जिस सरकार को हम समाप्त करना चाहते थे वह हमें क्षमा क्यों करेगी? अब हम उसके काबू में थे। वह हमारे

साथ जो व्यवहार करना चाहे कर सकती थी।

आपस में बाते करते हुए कुछ समय तो गुजर गया धीरे-धीरे नींद ने सब को दबोचना शुरू कर दिया। गाड़ी में सोने की जगह न थी लेकिन बैठने की थी और हम कैदी थे, साधारण यात्री न थे। इसलिए ज्यों त्यों करके हमने सोने की व्यवस्था कर ली। कुछ फर्श पर सो गए, कुछ सीटों पर सो गए। रेल गाड़ी हमें उड़ाए लिए जा रही थी। प्रत्येक क्षण हम अपने नगर से, घर से, अपने परिवार से दूर जा रहे थे और किसी को यह पता न था कि कितने समय के लिए जा रहे हैं? किधर जा रहे हैं?

प्रातः 6 बजे रेलगाड़ी एक छोटे-से वीरान स्टेशन पर आ कर रुक गई। जहां कोई प्लेटफोर्म न था। पुलिस वहां खड़ी हमारी प्रतीक्षा कर रही थी। स्टेशन स्टाफ के 4-5 कर्मचारी थे। इनके अतिरिक्त वहां कोई दिखाई न दे रहा था। गाड़ी खड़ी होते ही हमारी नींद खुल गई। पुलिस वालों ने भी आवाज दी। उठो भाई! अपना-अपना सामान संभालो। कुछ ही मिनटों में हम सब गाड़ी से बाहर आ गए। स्टेशन से बाहर जाने वाले दरवाजे की ओर देखा। ऊपर लिखा हुआ था—शाहपुर। यह जिला सरगोधा का एक छोटा सा कस्बा था। शायद तीन-चार हजार की जनसंख्या होगी। वहां एक पुरानी जेल बनी हुई थी। यह सम्भवतः इस क्षेत्र के खतरनाक अपराधियों के लिए बनी हुई थी। उसे फिर से चालू करके राजनैतिक बन्दियों के लिए सुरक्षित कर दिया गया।

हमने अपना-अपना सामान उठा लिया। हमारा बचाव इसमें हो गया कि गर्मी के दिन थे। जब हम लाहौर के थाने में बंद थे तो घर वालों ने बहुत से छोटे और हल्के बिस्तर भेज दिए थे। उनका विचार था कि एक-दो दिन में हमें लाहौर की किसी जेल में भेज दिया जाएगा। जरूरत के अनुसार वहां सामान भेज देंगे। उन्हें क्या पता था कि हमें पंजाब के उस काले पानी में भेज दिया जाएगा। शाहपुर था तो पंजाब में लेकिन काले पानी से कुछ कम न था। चूंकि हमारे पास सामान कम था इसलिए हम पुलिस की संगीनों के साए में चल पड़े। यहां लारी तो क्या कोई टूटा हुआ टांगा भी न था। चारों ओर कोई मनुष्य भी दिखाई न दे रहा था। अपना सामान उठाए हम भटकते भटकते जेल के द्वार भेद गए। ऊपर लिखा था— 'सब जेल शाहपुर'—जेल अधीक्षक और कुछ कर्मचारी हमारी प्रतीक्षा कर रहे थे। द्वार खुला और हम अंदर आ गए। हमारी हाजिरी लगाई गई। नाम और पते लिखे गए। आधे घंटे के बाद दूसरा दरवाजा खुला और हम उस स्थान पर पहुँच गए, जहां हमने अगला वर्ष गुजारना था।

मैंने इससे पूर्व लाहौर, मुलतान और रावल पिंडी के जेल खाने देखे थे। लेकिन यह एक नई प्रकार की जेल थी इसकी केवल ऊंची-ऊंची दीवारें खड़ी थी और कुछ न था। कैदियों के रहने के लिए छोलदारियां लगी थीं। नहाने के लिए नल लगाए जा

रहे थे, रसोई तैयार की जा रही थी। समझता था कि 1-2 दिन में तैयार हो जाएगा और वह हो भी गया। जब तक वे तैयार न हुई हमारा भोजन छोलदारी में ही बनता था।

10 बजे के लगभग जेल अधीक्षक श्री मजहर हुसैन पधारे। बड़े ही सज्जन और उच्च आचरण वाले व्यक्ति थे। आते ही उन्होंने क्षमा मांगी कि जिन हालात में हमें लाया गया और जेल में भी जो व्यवस्था है वह (उनके अपने कहने के अनुसार) बड़ी ही घटिया और अपूर्व थी। उन्होंने स्वयं ही कहा कि यह जेल आप जैसे लोगों के लिए तो नहीं बनी थी। यह तो जिला सरगोधा के चोरों और डाकुओं के लिए बनाई गई थी। पता नहीं सरकार ने आप लोगों को यहां क्यों भेज दिया। लेकिन वे भी विवश थे। अपनी सरकार के आदेश का पालन करना था। उन्होंने कहा कि हमें अधिक से अधिक आराम पहुंचाने के लिए जो कुछ कर सकेंगे करेंगे लेकिन वे क्या कर सकते थे, इसका भी हमें पता चल गया था।

हमने उनसे पहला प्रश्न किया था कि हमें समाचार पत्र कौन-सा और किस समय मिल सकता है? उन्होंने उत्तर दिया कि हमें कोई समाचार पत्र पढ़ने के लिए नहीं मिल सकता। फिर हमने पूछा कि हम अपने घरों को प्रति मास कितने पत्र लिख सकते हैं, वे हमें कब दिए जाएँगे? उनका उत्तर था कि हम अपने घरों को कोई पत्र नहीं लिख सकते। यदि आप में से किसी ने चोरी-छिपे पत्र लिखने का प्रयास किया तो इसका हमें दण्ड मिल सकता है। हमने उनसे तीसरा प्रश्न किया कि हम अपने घरवालों से कब मिल सकते हैं? उन्होंने उत्तर दिया कि फिलहाल आपको इसकी भी अनुमति नहीं है। जब सरकार अनुमति देगी आपको बता दिया जाएगा। हमने उनसे फिर पूछा कि हमें सोने के लिए चारपाई कब दी जाएगी। तो उन्होंने उत्तर दिया कि आपको चारपाईयां भी नहीं मिल सकती। जमीन पर सोने के लिए प्रत्येक को एक-एक चटाई मिल जाएगी। एक-एक छोलदारी में पानी का एक-एक घड़ा रख दिया जाएगा। यदि आवश्यकता पड़ी तो दो-दो घड़े भी रखे जा सकते थे। यह भी सबसे बड़ी सुविधा थी, जो वे प्रदान कर रहे थे।

हमने उनसे पूछा कि खाने की क्या व्यवस्था होगी? उन्होंने कहा कि आपको राशन दे दिया जाएगा। आप चाहें तो खाना स्वयं तैयार कर सकते हैं। यदि चाहें तो आपको इस जेल में जो अपराधी कैदी हैं उनमें से दो-चार दे दिए जाएंगे जो खाना बना देंगे या खाना बनाने में मदद कर देंगे। केवल एक सब्जी रोज मिला करेगी जो कि जेल के बगीचे में उत्पन्न होती है। उन दिनों टिण्डे या हरी तोरी दोनों में से एक मिल जाती थी। इनके अतिरिक्त वहां और कुछ पैदा नहीं होता था।

हमने जेल अधीक्षक से पूछा कि क्या हम अपने घरों से कुछ रूपए मंगवा सकते हैं ताकि अपनी आवश्यकता की वस्तुएं बाजार से मंगवा सकें। उन्होंने कहा कि आप

अब सब यह समझ कर यहां रहेंगे कि आपका आपके घरों से संबन्ध टूट चुका है। जब तक सरकार इसे फिर से जोड़ने को तैयार न हो उस समय तक बाहर की दुनिया से आप कोई सम्पर्क कायम नहीं कर सकते। जेल के अंदर आप मालिक हैं, जो करना चाहें कर सकते हैं। मैं आपसे कुछ नहीं कहूंगा लेकिन इस बात का ध्यान रखें कि ऐसी कोई हरकत न करें, जिससे कल को मुझे ही नौकरी से हाथ धोना पड़े।

जेल अधीक्षक ने जो कुछ कहना था, कह कर चले गए और हमने भी जो कुछ सुनना था सुन लिया। हमें अपनी हैसियत पता चल रही थी कि सरकार हमारे साथ क्या व्यवहार करना चाहती है। इसके बाद हमने जेल के चक्कर काटने शुरू कर दिए ताकि हमें पता चल जाए कि जिस स्थान पर हमें रहना है वह है कैसा? 10 मिनट में सारी जेल का चक्कर समाप्त हो गया। इसमें केवल दो ही वार्ड थे। इनके बीच एक दीवार थी। एक ओर कुछ नैतिक अपराध वाले कैदी रहते थे। शेष सारी जेल हमारे लिए खाली थी। इसका निरीक्षण करने के बाद हमने अपनी छोलदारियों में सामान टिकाना शुरू कर दिया। मेरे साथ चूंकि मेरा छोटा भाई नरेन्द्र भी था इसलिए हम दोनों ने एक छोलदारी सम्भाल ली। अपना सामान लगा कर हम वहां सो गए। दो दिन के थके हुए थे। नींद खूब आई। तीन-चार घंटे के बाद उठे तो प्रश्न उत्पन्न हुआ कि खाने की क्या व्यवस्था की जाए। जेल में हमें राशन मिल चुका था। कुछ लोगों ने मिल-मिलाकर उस दिन का राशन तैयार कर लिया। दोनों समय का खाना एक ही समय तैयार कर लिया।

दूसरे दिन कुछ और लोग भी आ गए, फिर इस जेल में रौनक होने लगी। डॉ॰ गोपीचन्द भार्गव, श्री भीमसेन सच्चर, चौधरी कृष्ण गोपाल दत्त, मौलाना दाऊद गजनवी, लाला अवतार नारायण गुजराल तथा प्रताप सिंह कैरो, ज्ञानी गुरुमुख सिंह मुसाफिर, सरदार दर्शनसिंह फेरुमान, तथा पंजाब के दूसरे नेता वहां पहुंच गए। चूंकि शाहपुर में गाड़ी प्रातः 6 बजे पहुंचती थी इसलिए हम भी प्रतिदिन प्रातः जेल के फाटक के निकट जा कर खड़े हो जाते थे ताकि यह पता चल सके कि कौन आया है। जो लोग बाहर से आते थे कुछ नये समाचार लाते। इनके द्वारा कुछ बाहर के संसार का भी पता चल जाता था। यह क्रम कुछ दिन चलता रहा और शेयर के कहने के अनुसार—

मैं अकेला ही चला था
जानवे मंजिल मगर।
लोग साथ आते गए
और कारवां बनता गया॥

लेकिन एक दिन जेल का फाटक खुला तो ऐसे व्यक्ति भी आ गए जिनकी मुझे कतई संभावना न थी।

52. बाप-बेटे पोता चारों जेल में

शाहपुर जेल में रहते हुए चार दिन गुजर गए। हम हर प्रातः उठ कर तैयार हो जाते, नए लोगों का स्वागत करने के लिए। प्रतिदिन एक नया काफिला और उसका सरदार आ जाता और हमारी जेल में रौनक बढ़ने लगी। धीरे-धीरे हम बाहर की दुनिया को भूलने लगे। शाहपुर जेल की चारदीवारी में एक नई दुनिया आबाद हो रही थी-बाहर की दुनिया से बिल्कुल भिन्न, बिल्कुल नई और बिल्कुल निराली।

चार दिन के बाद मैं और मेरा छोटा भाई नरेन्द्र घूमते हुए जेल के फाटक के पास आ पहुंचे। जेल के हर फाटक में एक छोटा सा छेद होता है जहां से दोनों ओर देखा जा सकता है। हमने बाहर की ओर देखा। जेल की ड्योढ़ी में भीड़ थी। इस विचार से कि ये सब लोग अब अन्दर आ ही जाएंगे, हम एक ओर खड़े होकर इनकी प्रतीक्षा करने लगे। इतने में फाटक खुला और लोग अन्दर आने शुरू हो गए। दो मिनट के बाद हमारे आश्चर्य का कोई ठिकाना न रहा, जब हमने देखा कि हमारे पिता जी अपना बिस्तर उठाए चले आ रहे हैं। मेरी गिरफ्तारी तो समझ आ सकती थी। मैं उन दिनों कांग्रेस में सक्रिय भाग लिया करता था इसलिए यह असम्भव था कि मेरी गिरफ्तारी न हो। नरेन्द्र की गिरफ्तारी सम्भावना के विरुद्ध थी क्योंकि उसने कांग्रेस में सक्रिय भाग नहीं लिया था। मगर उसे जिन हालात में धर लिया गया था वह भी समझ में आ सकता था।

किन्तु यह तो कभी हमारे स्वप्न में भी न आ सकता था कि पिताजी भी गिरफ्तार कर लिए जाएंगे। वे अखिल भारतीय कांग्रेस का अधिवेशन देखने बम्बई गए थे। कांग्रेस से उनका कोई सम्बन्ध न था किन्तु जिस उद्देश्य के लिए कांग्रेस लड़ रही थी उसमें उन्हें दिलचस्पी जरूर थी। इसलिए वे बम्बई चले गए। उनका ख्याल था कि बम्बई का अधिवेशन देखने के बाद वे महाराष्ट्र और गुजरात का दौरा करेंगे और फिर वापस आएंगे।

बम्बई में ही उन्हें तार मिल गया कि वीरेन्द्र और नरेन्द्र दोनों गिरफ्तार कर लिए गए हैं। मेरी गिरफ्तारी के लिए तो वे तैयार थे, नरेन्द्र की गिरफ्तारी की खबर सुनकर उन्हें भी आश्चर्य हुआ। इसके बाद उन्होंने गुजरात और महाराष्ट्र का दौरा मन्सूख कर

दिया और वापस चल पड़े। इसी गाड़ी से मियां इफ्तखारउद्दीन भी आ रहे थे, वे उन दिनों पंजाब प्रदेश कांग्रेस के प्रधान थे।

जब फ्रन्टियर मेल लाहौर स्टेशन पर पहुंची तो पिता जी ने देखा कि वहां पुलिस काफी संख्या में खड़ी है। उन्होंने समझा कि वह सम्भवत: मियां इफ्तखारउद्दीन को गिरफ्तार करने आई है। पिता जी गाड़ी से उतरे। अपना सामान कुली के हवाले किया और कुछ कदम ही गए होंगे कि एक पुलिस इंसपेक्टर ने आकर कहा, ''महाशय जी! आदाब अर्ज।'' पिता जी ने पूछा - ''क्या आदेश है।'' उसने कहा- ''आपको मेरे साथ चलना है।'' पिता जी ने कहा - ''चलिए''। वे बाहर निकल रहे थे कि पिता जी ने देखा कि मियां इफ्तखारउद्दीन भी एक इन्सपैक्टर के साथ जा रहे हैं।

पुलिस पिता जी को थाने ले गई। हमारे घर भी पिता जी की गिरफ्तारी की सूचना पहुंच गई। परन्तु वहां तो सिवाए तीन महिलाओं के और कोई न था। बाद में हमारे दफ्तर के स्टाफ के कुछ लोग और पिता जी के कुछ मित्र भी हमारे पास पहुंच गए। फिर थाने में भी जा पहुंचे और पिताजी को जिन चीजों की आवश्यकता थी उन्हें पहुंचा दी गईं। उसी रात पिताजी को गाड़ी में चढ़ा दिया गया और दूसरी सुबह वे शाहपुर पहुंच गए।

पिताजी के वहां पहुंचने पर हमारा आधा परिवार तो इस जेल में एकत्र हो गया। शेष लोग तो अकेले ही आए थे। हम एक ही परिवार के तीन व्यक्ति वहीं एकत्र हो गए— पिता और दोनों पुत्र। तीनों ने एक ही छोलदारी में डेरा लगा लिया। पढ़ने लिखने के लिए किसी के पास कुछ न था। पुस्तकें लाने की अनुमति न थी। जो लोग लाए थे उनकी पुस्तकें भी जेल के दफ्तर में रखवा ली गई थी।

मौलाना दाऊद गजनवी अपने साथ मौलाना आजाद की कुरान पर लिखी पुस्तक लाए थे। पहले तो जेल वालों ने उसे भी रख लिया इस पर मौलाना ने धमकी दी की यह उसके धार्मिक मामलों में अनुचित हस्तक्षेप है। यदि उसकी पुस्तक वापस नहीं की गई तो वे भूख हड़ताल कर देंगे। इस पर जेल अधिकारियों ने वह पुस्तक उन्हें दे दी थी। हमने इसका लाभ उठाते हुए कहा कि हमें हवन करने की अनुमति दी जाए, जो दे दी गई। परन्तु सामान बाहर से मंगवाने का कोई साधन न था। हम किसी को भी पत्र न लिख सकते थे। इसलिए अपनी इच्छा पूरी न कर सके। यद्यपि जिस दिन दिवाली थी हमने सबको एकत्र करके जेल में ऋषि निर्वाण उत्सव मनाया। मौलाना दाउद गजनवी ने उसकी अध्यक्षता की और महर्षि दयानन्द को श्रद्धांजली भेंट की। दूसरे कई नेताओं ने अपने-अपने विचार प्रकट किए।

धीरे-धीरे जेल की आजादी बढ़ने लगी और इसके साथ कुछ हलचल भी दिखाई देने लगी। जो लोग नए आते थे वे कोई न कोई बात सुना देते थे। हमारी छोलदारी

में दो-चार दिन खूब रौनक रहीं। पिता जी बम्बई से आए थे। वे कोई न कोई नई बात सुना देते थे। उन्होंने कांग्रेस का अधिवेशन भी देखा था और गांधी जी, पंडित नेहरू और सरदार पटेल के भाषण भी सुने थे। लोग उनसे वस्तुस्थिति के बारे में पूछते रहे और वे बताते रहे। बाद में भी जब तक वहां रहे उनके कारण हमारे कैम्प में हमेशा रौनक रहती। सभी लोग उन्हें सम्मान और आदर की दृष्टि से देखते थे। उनकी लेखनी का लोहा सभी मानते थे। इसलिए विभिन्न विषयों पर विचार-विमर्श के लिए उनके पास आ जाते और कई बार बड़े मजे की बात शुरू हो जाती और रात के 10-11 बजे तक चलती।

जिन्हें इस तरह की बहस में रुचि न थी, जेल वालों ने उनके मनोरंजन का साधन भी उपलब्ध कर दिया। बाहर से ताश मंगवाने की अनुमति दे दी गई। इसी के साथ एक फुटबाल भी आ गया। सरदार प्रताप सिंह कैरो को शतरंज बड़ी पसन्द थी। उनकी छोलदारी में घंटों शतरंज चलती रहती थी। वे तो यह भी भूल जाते थे कि भोजन का समय हो चुका है। उन्हें कठिनाई से उठाना पड़ता था। ज्ञानी गुरमुख सिंह मुसाफिर अपना कवि दरबार लगा लेते थे। अपनी कविताएं भी सुनाते और दूसरों की भी सुन लेते थे। कैरो, मुसाफिर और फेरूमान ये तीनों एक ही तम्बू में रहते थे। इस समय इन तीनों में इतनी घनिष्ट मित्रता थी कि कोई यह सोच नहीं सकता था कि कभी वे एक-दूसरे से दूर जा सकते हैं। परन्तु राजनीति बड़े-बड़े अनर्थ करती है। आगे चलकर उसने तीनों को एक दूसरे से अलग कर दिया।

शाहपुर जेल के सुपरिण्टैंडैंट डा. मजहर हुसैन—लाहौर हाईकोर्ट के जज जस्टिस मिस्टर दीन मुहम्मद के दामाद थे। जस्टिस दीन मुहम्मद गुजरांवाला के रहने वाले थे। मेरे चाचा लाला कृपा राम ने भी अपना अधिकांश जीवन गुजरांवाला में ही गुजारा था। उनके जस्टिस दीन मुहम्मद के साथ बड़े घनिष्ट और मैत्री सम्बन्ध थे। जब जेल सुपरिण्टैंडैंट डाक्टर मजहर हुसैन को पता चला कि पिता जी लाला कृपा राम के बड़े भाई हैं तो उन्होंने एक दिन पिता जी को अपने दफ्तर में बुला लिया और कहने लगे मैं आपकी कोई और सेवा तो नहीं कर सकता। हां, यदि आपको किसी वस्तु की आवश्यकता हो तो मैं आपको मंगवा दूंगा। परन्तु आप इसे अन्दर न ले जा सकेंगे। मेरे दफ्तर में बैठकर इसका जो भी प्रयोग करना चाहें कर लिया करें।

पिताजी ने उत्तर दिया उन्हें किसी चीज की आवश्यकता नहीं सिवाय समाचार पत्र के, यदि वह उन्हें मिल सके तो उनके दिन इस जेल में मजे से कट सकेंगे। इस पर डाक्टर मजहर हुसैन ने कहा कि वे दोपहर को उनके दफ्तर में आया करें। वे अपना पत्र साथ ले आया करेंगे और वे वहीं बैठ कर पढ़ लिया करें।

पिताजी ने यह व्यवस्था स्वीकार कर ली। इसका हम सबको यह लाभ हुआ

कि जो समाचार पत्र पिता जी पढ़ कर आते, वे आकर सबको सुना देते थे। जब वे वापस आते तो लोग उनके आस-पास एकत्र हो जाते और वे उस दिन का समाचार सुना देते। परन्तु एक कठिनाई यह उत्पन्न हुई की शाहपुर एक ऐसा महत्वहीन नगर था कि वहां कई बार समाचार पत्र पहुंचता ही न था। सारे शहर में ट्रिब्यून पढ़ने वाले दो या तीन व्यक्ति होंगे, जब समाचार पत्र न आता तो वे भी अधिक परवाह न करते थे। परन्तु डाक्टर मजहर हुसैन ने पिता जी को जो सुविधा दी, उसका जेल के बन्दियों को लाभ हो गया।

इस तरह वहां हमारे दिन सन्तोष से व्यतीत होने लगे और कुछ दिन के बाद वहां एक छोटा बच्चा भी आ गया। उसने सारी जेल में एक नई हलचल पैदा कर दी। सभी लोग अपनी शेष व्यवस्थाओं से विमुक्त होकर उसकी ओर आकर्षित हो गए।

एक दिन किसी ने आकर कहा कि जेल के बाहर दो महिलाएं और एक छोटा सा बच्चा खड़ा है। उनके साथ एक पुरुष भी है। किसी से भेंट के लिए आए हैं। अनुमति नहीं मिल रही, किन्तु वे प्रातः से जेल के फाटक पर खड़े हैं। पहले तो हमने उधर कोई ध्यान नहीं दिया क्योंकि हम किसी की प्रतीक्षा नहीं कर रहे थे। पिता जी अपने खेमे में बैठे चौधरी कृष्ण गोपाल दत्त से गप्पे लगा रहे थे। नरेन्द्र किसी दूसरे खेमे में ताश खेल रहा था। मैं सरदार प्रताप सिंह कैरो के पास बैठा उनके शतरंज के खेल देख रहा था।

इसी मध्य जेल का एक वार्डर हमारे कुछ सामान लेकर अन्दर आ गया। पिता जी ने उससे पूछा कहां से लाया है तो उसने कहा बाहर दो महिलाएं खडी हैं, वे यह सामान लाई हैं। इस पर पिता जी ने मुझे और नरेन्द्र को बुलाया और कहा ऐसा मालूम होता है कि बाहर कोई आया है। हम दोनों जेल के फाटक के पास गए और बने छेद से बाहर झांका तो मेरी बहन और मेरी पत्नी खड़ी थीं। उनके पास ही श्री अविनाशचन्द्र बाली खड़े थे और जरा दूर डेढ़ वर्ष का बच्चा, जो अब ललित मोहन बन गया है, पत्थरों से खेल रहा था। उसे क्या मालूम था कि वह वहां क्यों आया है और इन ऊंची-ऊंची दीवारों के पीछे कौन बैठा है।

हमने जाकर सारी बात पिताजी को बता दी किन्तु वे भी क्या कर सकते थे। उस समय उनके पास चौधरी कृष्णगोपाल दत्त और डाक्टर गोपीचन्द भार्गव बैठे थे। वे दोनों जेल सुपरिण्टैंडैंट के पास चले गए और कहा कि एक भले परिवार की दो महिलाएं प्रातः से फाटक पर खड़ी हैं। यदि आप उन्हें उनके सम्बन्धियों से मिलने की अनुमति नहीं दे सकते तो इतना तो कर दें कि वे दूर से एक दूसरे को देख लें, ताकि जो महिलाएं लाहौर से चलकर आई हैं उन्हें इतना सन्तोष तो हो कि सब सकुशल हैं किन्तु जेल सुपरिण्टैंडैंट ने अपनी विवशता प्रकट की और कहा कि सरकार के कठोर

आदेश हैं कि न कोई अपने रिश्तेदारों से मिल सकता है, न उन्हें देख सकता है।

इस पर डाक्टर गोपीचन्द भार्गव ने कहा कि छोटे से निरीह बालक ने क्या अपराध किया है जो आप उसे भी अपने चाचा-पिता और दादा से मिलने नहीं देते। सरकार के आदेशों में यह कहां लिखा है कि डेढ़ वर्ष का बच्चा भी किसी से नहीं मिल सकता। इसमें कौन-सी बाहर से खबरें लाकर किसी को देनी हैं।

डाक्टर गोपीचन्द की यह अपील काम कर गई। जेल सुपिरण्टैंडैंट को तरस आ गया उसने डाक्टर गोपीचन्द से कहा आप अन्दर जाएं मैं बच्चे को वहीं भिजवा दूंगा। महाशय जी और उनके दोनों लड़कों को मैं इस दफ्तर में नहीं बुला सकता। कहीं यह न समझा जाऊं कि मैं उन देवियों से भेंट करवा रहा हूं।

डाक्टर भार्गव और चौधरी कृष्ण गोपाल दत्त वापस आ गए। जेल सुपिरण्टैंडैंट के साथ जो उनकी बातचीत हुई, वह पिता जी को सुना रहे थे कि जेल का वार्डर ललित को अपनी गोद में बैठाए अन्दर आ गया। उस समय हमारे वार्ड का सींखचे का दरवाजा बन्द था, जिस वार्ड के पास चाबी थी उसे बुलाने के लिए आदमी भेजा गया। इस दरवाजे के एक ओर वह वार्डर बच्चे को लिए खड़ा था, दूसरी तरफ हम खड़े थे। पिता जी को देखते ही ललित उनकी ओर लपका किन्तु बीच में लोहे की सलाखें थी। पिता जी ने उसके हाथ पकड़ लिए किन्तु वे अन्दर जाने के लिए चीखने लगा। इतने में चाबी वाला वार्डर भी आ गया। दरवाजा खुला तो पिता जी ने आगे बढ़ कर बच्चे को गोद में उठा लिया, वह भी उनके साथ चिपक गया।

कुछ क्षणों में सारे जेल में खबर फैल गई कि महाशय जी का पोता उनके पास आया है। शेष सब कैदी भी हमारे खेमे में आ गए। मैं उनमें से कुछ के चेहरों की ओर देख रहा था। निश्चय ही उन्हें भी अपने बच्चे याद आ रहे थे किन्तु उस समय तो यह खिलौना सबके दिल को बहलाने के लिए मिल गया था। परिवार के सब पुरुष जेल में हैं। इसे कभी कोई अपने साथ ले जाता कभी कोई, और मैं सोच रहा था कि आज हमारे परिवार के सब पुरुष जेल में हैं। ललित हमारे पास कोई तीन घण्टे के लगभग रहा किन्तु अधिक समय वह जेल के चक्कर काटता रहा। उसे कभी कोई उठा ले जाता कभी कोई। उसने भी अपने आप को इस तरह पेश किया जैसे वे वहां देर से रह रहा हो। हमारे परिवार में उसका लगाव सबसे अधिक पिता जी के साथ था। इसलिए कभी उनके कन्धे पर चढ़ जाता कभी उनकी गोद में। दादा और पोता दोनों भूले हुए थे कि वे जेल में हैं किन्तु जेल तो अन्ततः जेल थी। तीन घण्टे बाद एक वार्डर उसे लेने आ गया। हम उसे फाटक तक छोड़ने गए वह पिता जी के गले में लिपटा हुआ था, उन्हें छोड़ना नहीं चाहता था किन्तु जेल वार्डर ने उन्हें जबरदस्ती खींच लिया और उसे चीखते-चीखते ही बाहर ले गया। मैंने उस दिन पहली बार पिता जी की आंखों में आंसू देखे थे।

जेल के बाहर उनकी बेटी और पुत्रवधू प्रातः से प्रतीक्षा में खड़ी थी, किन्तु उन्हें मिलने की अनुमति न थी। कुछ देर बाद वे वहां से चले गए और हम अपनी छोलदारी में आ गए।

शाहपुर जेल का प्रबन्ध कुछ बेहतर होने लगा किन्तु पत्र व्यवहार और रिश्तेदारों से मिलने की पाबन्दियां नर्म न की गईं। बाहर के संसार की कोई खबर न होने के कारण हम कई प्रकार की अटकलें लगा रहे थे। अन्ततः एक गलत अफवाह ने हम सबको पागल बना दिया। हमारी परेशानी की कोई हद न रही।

53. जेल से चिट्ठियां बाहर कैसे भेजी गईं

शाहपुर जेल में रहते हमें साढ़े तीन मास हो गए। बाहर की दुनिया से हमारा सम्बन्ध बिल्कुल कट चुका था। कुछ पता नहीं था कि देश में क्या हो रहा है। एक दिन हमें यह समाचार किसी ने लाकर दिया कि जयप्रकाश नारायण और उनके साथी हजारी बाग जेल से दीवार फांद कर भाग गए। लेकिन इसकी भी पुष्टी नहीं हो रही थी। अन्त में जब उस सप्ताह का इलैस्ट्रेटड वीकली आया तो उसमें एक छोटा सा समाचार था कि पुलिस जयप्रकाश नारायण को गिरफ्तार न कर सकी। इस समाचार ने सारी जेल में एक जबरदस्त जोश पैदा कर दिया। यह आज से 36 वर्ष पूर्व की घटना है। उस जमाने में जय प्रकाश नारायण समाजवादी दल के प्रमुख नेता थे। देश के युवकों पर इनका बड़ा ही प्रभाव था। कांग्रेस कार्यसमिति के भी वे सदस्य थे और अखिल भारतीय कांग्रेस समिति के भी। वे प्राय: अखिल भारतीय कांग्रेस समिति के प्रतिपक्ष के नेता समझे जाते थे। सरदार पटेल के साथ उनकी न बनती थी, अखिल भारतीय कांग्रेस समिति के अधिवेशन में इनमें और सरदार पटेल में झड़पें हो जाया करती थी, लेकिन गांधी जी और पंडित जवाहर लाल नेहरू उन्हें प्यार करते थे। गांधी जी उन्हें एक बार कांग्रेस का प्रधान बनाना चाहते थे और पंडित नेहरू तो उन्हें अपना उत्तराधिकारी समझा करते थे।

जय प्रकाश नारायण उस समय समाजवाद के सबसे बड़े प्रतीक थे। इसलिए पंडित नेहरू को बहुत प्रिय थे लेकिन जयप्रकाश नारायण की कम्युनिस्टों के साथ तनिक भी बनती न थी। विशेषकर जब से उन्होंने योरूप के युद्ध को 'जनता का युद्ध' का नाम देकर अंग्रेज सरकार का साथ देने का फैसला कर लिया था। उस समय सारा देश एक ओर था, कम्युनिस्ट पार्टी दूसरी तरफ और जो लोग उस समय अंग्रेजों के सबसे अधिक विरोधी और उनके साथ किसी प्रकार का समझौता करने के कट्टर विरोधी थे, जय प्रकाश नारायण उनमें सबसे अग्रणी थे। जब 8 अगस्त 1942 को सरकार ने महात्मा गांधी, पंडित जवाहर लाल नेहरू और सरदार पटेल को बम्बई में गिरफ्तार किया जय प्रकाश नारायण को भी उसी दिन गिरफ्तार कर लिया गया। कांग्रेस समिति के शेष सदस्यों को अहमदनगर के किले में बन्द कर दिया गया। जय प्रकाश नारायण को बिहार की हजारी बाग जेल में भेज दिया गया। यहां से वे दीवाली की रात को जेल की दीवार फांद कर भाग निकले।

जय प्रकाश नारायण के जेल से भागने के समाचार ने हमारी जेल में एक गति उत्पन्न कर दी। हम इस बारे में कुछ और घटनाएं प्राप्त करने में अधीर हो उठे। लेकिन कुछ समझ न आ रहा था कि क्या करें। अभी बाहर वालों से पत्र व्यवहार की अनुमति न मिली थी। न ही समाचार पढ़ने को मिलते थे इसलिए हम सभी के दिलों में बड़ी ही बेचैनी और क्रोध उत्पन्न हो रहा था। इन्हीं दिनों एक दिन जेल सुपरिण्टैंडैंट ने डा. गोपीचन्द भार्गव से बातचीत करते हुए अपनी कठिनाई उनके सामने रख दी। कहने लगे कि उनके कार्यालय में टाईपराइटर तो है लेकिन उनके पास टाईपिस्ट कोई नहीं जो चिट्ठियां टाइप कर सके। इसका यह परिणाम है कि यदि सरकार को कोई रिपोर्ट भेजनी है तो इसमें बड़ी देरी लग जाती है। उन दिनों डा. गोपीचन्द भार्गव के सचिव श्री मुलख राज अग्रवाल भी उसी जेल में थे। वे एक अच्छे टाइपिस्ट भी थे। डाक्टर साहब ने जेल के सुपरिण्टैंडैंट से कहा कि यदि आप को आपत्ति न हो तो मुलखराज आपकी चिट्ठियां टाइप कर देगा। जेल सुपरिण्टैंडैंट को यह बात पसन्द आ गई। लेकिन सरकार की ओर जो गुप्त पत्र आते थे वे न तो किसी को दिखाए जा सकते थे, और न ही उनका उत्तर किसी ऐसे व्यक्ति से टाइप कराया जा सकता था जो सरकारी कर्मचारी न हो और फिर वह कैदी हो। अन्त में यह निर्णय हुआ कि जो चिट्ठियां गुप्त न हों और जिनका सम्बन्ध सीधा कैदियों से न हो यदि उस प्रकार की चिट्ठियां टाइप करवाने की आवश्यकता होगी तो मुलखराज की सेवा का लाभ ले लिया जाएगा। इसका हमें यह लाभ हुआ कि मुलख राज का जेल के दफ्तर में आना-जाना शुरू हो गया और हमें कई समाचार भी मिलने शुरू हो गए।

एक दिन मुलख राज ने आकर बताया कि छोटे भाई नरेन्द्र को लाहौर भेजने की तैयारियां हो रही हैं। पहले तो हमें कुछ समझ न आया कि इसके क्या अर्थ हैं और अकेले नरेन्द्र को लाहौर क्यों भेजा जा रहा है। यदि उसे रिहा करना है तो शाहपुर में ही रिहा किया जा सकता है। लाहौर भेज कर रिहा करने की तो सरकार को आवश्यकता न थी लेकिन दूसरे दिन यह मामला स्पष्ट हो गया जब हमें पता चला हौ कि इसकी रिहाई के लिए हाईकोर्ट में याचिका दी गई है। उसे केवल इसलिए रिहा किया गया कि वे मेरी गिरफ्तारी के समय मुझे मिलने आ गया था अन्यथा कांग्रेस के साथ उसका कोई सम्बन्ध न था। न कभी उसने कांग्रेस की गतिविधियों में भाग लिया था। अंग्रेज सरकार जिन्हें गिरफ्तार करके जेल में डाल देती थी, उन्हें भी यह अधिकार देती थी कि यदि वे अपनी गिरफ्तारी के विरुद्ध हाईकोर्ट में अपील करना चाहें तो कर सकते हैं। यदि हाईकोर्ट अपील स्वीकार कर ले सरकार को उस व्यक्ति को रिहा करना पड़ता था। इस कानून से लाभ उठा कर हमारे घर वालों ने नरेन्द्र की रिहाई के लिए हाईकोर्ट में याचिका दे दी। मेरी रिहाई का तो प्रश्न ही उत्पन्न न होता था। यदि नरेन्द्र रिहा

हो जाता तो पिता जी की रिहाई के बारे में हाईकोर्ट में याचिका दी सकती थी। इसलिए जब हमें पता चला कि नरेन्द्र को हाईकोर्ट में पेश करने के लिए लाहौर भेजा जा रहा है तो हम सभी को बड़ी प्रसन्नता हुई।

अब प्रश्न उत्पन्न हुआ कि इसका हम क्या लाभ उठा सकते हैं। इस समय तक घर वालों से पत्र व्यवहार करने की अनुमति न मिली थी इसलिए यह सोचा गया कि किसी प्रकार नरेन्द्र के हाथ चिट्ठियां बाहर भेजी जाएं। कई लोगों ने अपने घर वालों को चिट्ठियां लिखनी शुरू कीं। कोई 40-50 चिट्ठियां जमा हो गई। लेकिन इतनी चिट्ठियां अपने साथ तो न ले सकता था। इसलिए नया ढंग सोचा गया। नरेन्द्र ने रात को गाड़ी में सफर करना था, इसलिए बिस्तर साथ ले जाना जरूरी था। इन दिनों सर्दी हुई करती थी इसलिए रजाई भी ले जा सकता था। पहले तो उसकी रजाई को उधेड़ा गया। रूईं की तरह चिट्ठियां दबा कर पुनः सी दिया गया। फिर उसका सराहना उधेड़ा गया। कुछ चिट्ठियां उसकी तह में दब गई। बाद में उसे भी सी दिया गया। जब हम यह सब कुछ कर रहे थे तो अपने कुछ साथियों को चारों और खड़ा कर दिया कि जेल का कोई अधिकारी न आ जाए। सौभाग्यवश आया भी कोई नहीं। हमने सभी चिट्ठियां उस बिस्तर में बन्द कर दी। नरेन्द्र ने यह कह दिया कि वे बिस्तर बन्द वही छोड़ आए और नया ले आए। अतः जब यह जेल से रवाना होने लगा तो पुलिस की मौजूदगी में मैंने उससे कह दिया कि रजाई ठीक नहीं यदि माता जी, बहन जी या मेरी पत्नी उन्हें मिल सकें तो उनसे कह दें कि रजाई बदल दे क्योंकि सर्दी शुरू हो गई है छोलदारी में रहने के लिए यह रजाई काफी नहीं। यह सभी कुछ मैंने पुलिस वालों को सुना कर कहा ताकि लाहौर में जब नरेन्द्र बिस्तर बदलने के लिए किसी को कहे तो पुलिस को कोई आपत्ति न हो।

पुलिस की हिरासत में रात की गाड़ी से नरेन्द्र लाहौर के लिए रवाना हो गया। मेरी बहन और पत्नी को पता चल चुका था कि नरेन्द्र को हाई कोर्ट में पेश होने के लिए लाहौर लाया जा रहा है। जब वे लाहौर पहुंचा तो वे स्टेशन पर खड़ी थीं। नरेन्द्र ने अपना बिस्तर उनके हवाले कर दिया और कह दिया कि रजाई और सिरहाना काफी नहीं, बदल दिए जाएं। पुलिस ने समझा कि चूंकि शाहपुर से चलते समय मैंने उसे कहा था कि बिस्तर बदल कर लाना है इसलिए अपना बिस्तर दे रहा है। उसने इस मामलें में कोई हस्तक्षेप न किया। बिस्तर मेरी बहन को सौंप दिया। लेकिन वे मामूली बिस्तर न था, उसमें 40-50 कैदियों ने अपने दिल भर कर दिए हुए थे। लिफाफा तो किसी के पास नहीं। प्रत्येक ने जो छोटा सा पत्र लिखा, उस पर अपने घर का पता लिख दिया था। यह सब कुछ हमारे घर में कुशलतापूर्वक पहुंच गया। लेकिन जिस प्रकार का बिस्तर गया था, वापस भी वैसा ही आना चाहिए था।

54. जब जापान 'शाहपुर' तक आ पहुंचा

सारी जेल में उन दिनों सबसे अधिक सक्रिय श्री प्रताप सिंह कैरो हुआ करते थे। प्रातः उठने के बाद वे एक-एक छोलदारी में जाते किसी को नमस्कार करते किसी को सतश्री अकाल, किसी से मजाक करते, किसी को मूर्ख बनाने का प्रयास करते। इस प्रयास में एक दिन वे स्वयं ही मूर्ख बन गए लेकिन उनकी चालाकी यह कि उन्होंने सारी जेल को ही इसकी लपेट में ले लिया। शाम तक हम सब कुछ ऐसे मूर्ख बने की आज तक सारी घटना याद करके हैरानी होती है कि मनुष्य किसी समय क्या से क्या बन जाता है।

बात इस प्रकार हुई कि जेल में एक इमारत बन रही थी। प्रातः प्रायः कई गधे वाले अपने गधों पर ईंटें लेकर आया करते थे। एक दिन स. प्रताप सिंह कैरो ने एक गधे वाले को पकड़ लिया। उससे बातें करते करते पूछने लगे "बताओ भाई! जापान अब कहां तक पहुंचा है।" उसने उत्तर दिया ठीक पता नहीं लेकिन कहते हैं कि वह आ गया है। सरदार प्रताप सिंह ने पूछा की कहां तक आ गया है, उसने कहा कि उस जगह का नाम पता नहीं लेकिन कहते हैं कि आ गया है। बाहर पुलिस भी फिर रही थी। सरदार कैरो ने पूछा कि क्या कलकत्ता तक पहुंच गया है? उसने कहा कि नाम तो कुछ ऐसा ही सुना है। इस पर सरदार प्रताप सिंह ने एक और गधे वाले को पकड़ लिया और उससे जिरहा करने लगे उसने भी कुछ ऐसे ही उत्तर दिए जिससे प्रताप सिंह को यह विश्वास हो गया कि दाल में कुछ काला जरूर है। जापान ने या तो भारत पर हमला कर दिया है या करने वाला है। अन्यथा इस गधे वाले को इसमें क्या रुचि हो सकती थी।

हमने प्रतापसिंह कैरो को बहुत समझाया कि यदि इतनी बड़ी घटना हो जाए कि जापान भारत पर हमला कर दे तो क्या यह बात छिपी रह सकती है। लेकिन सरदार प्रतापसिंह इस बात पर अड़े हुए थे कि कुछ न कुछ जरूर हुआ है। उन्होंने न कहीं से एटलस मंगवा ली और देखने बैठ गए कि किस मार्ग से जापान भारत आ सकता है। इसकी सेना किस-किस मार्ग से आगे बढ़ सकती है। अन्त में उन्होंने जेल अस्पताल के एक कम्पाउंडर को पकड़ लिया। उनसे पूछने लगे कि जापान ने कहीं हमला तो

नहीं किया। उसने बड़ी रुखाई से उत्तर दिया कि नहीं किया तो कर देगा। अर्थात् सरदार प्रतापसिंह कैरो ने जिससे भी पूछा उनमें से किसी ने भी इसका खण्डन नहीं किया कि अभी जापान ने हमला नहीं किया। शाम तक सरदार प्रतापसिंह कैरो ने अपने नक्शों द्वारा और तर्कों द्वारा सब को कायल कर दिया कि जापान का हमला हो चुका है और अब अंग्रेज सरकार हमें कदापि रिहा न करेगी। बल्कि हो सकता है कि अन्त में हमारे साथ ऐसा व्यवहार किया जाए कि जो युद्धबन्दियों से किया जाता है।

सरदार कैरो को बाहर की परिस्थितियों का जो जायजा पेश किया उसकी प्रतिक्रिया सुखद न हो सकती थी और न हुई। एक तो हमें अपना भविष्य अंधकारपूर्ण दिखाई देने लगा। पहले तो यह सोचा करते थे कि काफी देर तक जेल में रहना पड़ेगा। अब यह सोचने लग गए कि जेल से कभी बाहर जा भी सकेंगे या नहीं। इस अंधकार में केवल प्रकाश की एक ही किरण दिखाई दे रही थी। वह था श्री सुभाषचन्द्र बोस का व्यक्तित्व। हमें यह तो पता चल चुका था कि वे जर्मनी से जापान पहुंच चुके हैं लेकिन जापानी किस प्रकार के लोग हैं यह किसी को पता न था।

दूसरी बात जो चिन्ता का विषय बन रही थी, वह यह थी कि हम में से कुछ के संबन्धी कलकत्ता में ही रहते थे। मेरी बहन भी उन दिनों कलकत्ता में ही थी। इसलिए मैं इस बात के लिए चिन्तित था कि उन सबका क्या बनेगा। हमारे लिए सबसे अधिक चिन्ता की बात यह थी कि हमारा जो अनुमान था, न तो उसका खण्डन हो रहा था न पुष्टि। हम विचारों के संसार में अपना ही ताना-बाना बुन रहे थे।

दूसरे दिन जेल में एक ठेकेदार आ गया। सरदार प्रतापसिंह ने उसे घेर लिया और पूछने लगे। उसने भी कह दिया कि पुलिस नगर में गश्त लगा रही है। हमने उससे पूछा कि जापान शाहपुर तक आ पहुंचा है उसने कह दिया कि अब समझो कि आया कि आया।

पाठकगण अनुमान लगा सकते है कि उन दिनों हमारी हालत क्या थी। अंत में फैसला हुआ कि कोई व्यक्ति जेल सुपरिण्टेंडेंट से बात करे। उससे पूछे कि क्या बात है! मुझे आज ठीक तो याद नहीं कि कौन-कौन गए थे, लेकिन दो तीन व्यक्ति सुपरिंटेण्डेंट के पास अवश्य गए थे। उन्होंने पूछा कि इस अफवाह में कितनी सच्चाई है कि जापानी सेना कलकत्ता तक आ पहुंची है। पहले तो उसने प्रश्न किया कि आपको किसने बताया? वे जानना चाहता था कि कौन व्यक्ति कैदियों के साथ इस प्रकार की बातें कर रहा है। हमारे जो प्रतिनिधि गए थे उन्होंने समझा कि यदि नाम बताया तो गधे वाले कठिनाई में फंस जाएंगे। जेल का कम्पाउंडर और ठेकेदार दोनों की जवाब-तलबी हो जाएगी इसलिए वे टाल गए। जेल सुपरिंटेण्डेंट इस बात पर अड़ा रहा कि उसे बताया जाए कि कौन व्यक्ति इस प्रकार की बातें करता है। लेकिन बाद में उसने

कह दिया कि हमारी सूचना गलत है। कलकत्ता पर हमला करने का प्रश्न ही उत्पन्न नहीं होता। जापान की सेना अभी तक कलकत्ता के निकट नहीं आई लेकिन चूंकि वह आगे बढ़ रही है, इसलिए कलकत्ता में घबराहट बहुत है। कई लोग कलकत्ता छोड़ रहे हैं। इस स्पष्टीकरण से हमें कुछ संतोष हुआ। लेकिन फिर दो-चार दिन यह अवश्य सोचते रहे कि गधे वाले ने किस तरह हमें गधा बना दिया है। दो दिन तो हम काफी परेशान रहे लेकिन इसके बाद घटना आपस में मजाक का एक विषय बन गई। अधिक मुसीबत तो सरदार प्रतापसिंह कैरो की आई थी क्योंकि उन्होंने ही यह कहना शुरू किया था।

यद्यपि बाहर के संसार से हमारा सीधा कोई संपर्क न था और हम अपने घर वालों के साथ भी पत्र-व्यवहार न कर सकते थे फिर भी किसी न किसी ढंग से अंदर की खबरें बाहर पहुंचती रहती थी। समाचार पत्रों में इसका उल्लेख होता रहता था जो व्यवहार शाहपुर जेल में हमारे साथ हो रहा था। उस कारण सर सिकंदर हयात खां की बड़ी बदनामी हो रही थी। पंजाब कांग्रेस के सभी बड़े-बड़े नेता शाहपुर जेल में बंद थे। पिताजी जैसे गैर-कांग्रेसी भी इस जेल में बंद थे। इसलिए शाहपुर जेल काफी बदनाम हो गई थी। जिसका परिणाम यह निकला कि अंत में सरकार भी गति में आ आई। एक दिन पंजाब के दो मंत्री सर मनोहरलाल और सर बलदेव सिंह इस जेल को देखने के लिए आ गए । आने से एक दिन पूर्व जेल अधिकारियों को यह सूचना मिल गई कि वे दूसरे दिन आ रहे हैं। इसलिए सारी जेल की सफाई शुरू हो गई। एक मीटिंग में यह फैसला भी हो गया कि यदि वे जेल के दफ्तर में किसी को मिलने के लिए बुलाएं तो कोई न जाए। उन्होंने जिससे भी मिलना हो, जेल के अंदर आकर मिलें।

सर मनोहर लाल उन दिनों जेल के कानून मंत्री थे। सरदार बलदेव सिंह के डॉ॰ गोपीचंद भार्गव व अन्य नेताओं से निजी संबन्ध थे। शाहपुर जेल में पहुंचने के बाद पहले तो उन्होंने जेल सुपरिंटेण्डेंट के साथ बातचीत की फिर अंदर आ गए। उन्हें पता चल गया था कि उन्हें कोई मिलने न आएगा इसलिए उन्होंने सारी जेल का चक्कर काटा। एक-एक छोलदारी में गए। सभी की कुशलक्षेम पूछी। बाद में गोपीचन्द, मौलाना दाऊद, प्रतापसिंह कैरो, भीमसेन सच्चर उन्हें कार्यालय में मिले। उनके सामने अपनी सारी कठिनाईयां पेश कीं। इन दोनों ने कोई वायदा तो नहीं किया लेकिन आराम से सभी कुछ सुनते रहे। जाती बार केवल यह कह गए कि जेल में जो हालात हैं उनका अंदाजा तो हो गया है।

इनके जाने के 15 दिन बाद सर सिकंदर हयात खां का दिल का दौरा पड़ने से निधन हो गया। इसके साथ ही पंजाब की राजनीति ने एक नया रूप धारण कर लिया।

55. शाहपुर जेल से स्यालकोट जेल में

लाहौर, मुलतान, रावलपिण्डी और शाहपुर की जेलें तो देख चुका था, अब स्यालकोट जाने की बारी आई थी। हमें यह पता चल चुका था कि वहां पहले ही कई बड़े-बड़े नेता पहुंच चुके हैं। हमने भी सोचा कि चलो अब स्यालकोट चलें। एक तो 9 मास के बाद जेल से निकलने की खुशी थी। 9 मास जेल की ऊंची-ऊंची दीवारों के अतिरिक्त और कुछ दिखाई न दिया था। शाहपुर जेल से बाहर भी तो गैर-आबाद इलाका था वहां भी तो देखने को कुछ न था। लेकिन इस जेल से निकलने की खुशी इतनी अधिक थी कि बाहर कुछ हो या न हो, हम वहां से निकलना चाहते थे।

वहां से प्रतिदिन दो-दो चार-चार कैदी भेजे जाते थे। शाहपुर में इससे अधिक का प्रबंध ही न था। अन्त में एक दिन मेरी और श्री भीमसेन सच्चर की बारी आ गई। हम दोनों स्यालकोट जेल में भेजे जा रहे थे। शाहपुर से गाड़ी रात 10 बजे चलती थी। हम 8 बजे के लगभग स्टेशन पर पंहुचे। लेकिन हमारी हैरानी की सीमा न रही जब मैंने अपनी माताजी, बहन और पत्नी को वहां हमारी प्रतीक्षा में खड़े देखा। दो वर्ष का नन्हा ललित भी वहीं खेल रहा था उसे क्या मालूम कि क्या हो रहा है। उसके साथ स्वर्गीय श्री अविनाश चन्द्र बाली भी थे। श्री भीमसेन सच्चर की पत्नी और उनका छोटा लड़का भी वहीं थे। पुलिस वाले भी बहुत शरीफ थे। उन्होंने हमारी प्रार्थना मान ली और हम एक गाड़ी में बैठ गए। लेकिन शर्त यह लगा दी कि गाड़ी जब वज़ीराबाद पंहुचे तो शेष सब गाड़ी से उतर जाएं ताकि स्यालकोट पहुंचने पर किसी को यह पता न चले कि हम सब एक ही गाड़ी में सफर कर रहे थे। हम उनकी शर्त मान गए। अतः रात भर हम गाड़ी में आपस में बातें करते रहे। 9 मास के बाद दो परिवार मिले थे। उस अवधि में हमारे साथ जो गुजरी हमने बता दी जो उनके साथ गुजरी उन्होंने बता दी।

प्रातः 9-10 बजे के लगभग हमारी गाड़ी वजीराबाद पहुंची। पुनः बिछुड़ने की घड़ियां आ गई। पुलिस के साथ किया गया वायदा था उसके अनुसार मेरी पत्नी, माताजी और बहन जी को इस गाड़ी से उतरना था। उसी प्रकार सच्चर साहिब की पत्नी और बच्चे को। शेष अन्य किसी को अधिक कठिनाई उत्पन्न न हुई लेकिन नन्हे ललित को

लिए उतरना कठिन हो गया। उसे समझ नही आ रहा था कि सब लोग मुझे वहां छोड़ कर क्यों जा रहे थे वे किसी भी स्थिति में गाड़ी से उतरने को तैयार न था। मेरे साथ चिपके जा रहा था लेकिन अन्त में उसे चीखते-चिल्लाते उतार लिया गया। उसके बाद हमारा डिब्बा एक अन्य गाड़ी के साथ जोड़ दिया गया जो स्यालकोट को लिए रवाना हो रही थी।

शाम के समय हम स्यालकोट पहुंचे। एक पिंजरा गाड़ी में हमें सवार कर लिया गया। कुछ ही मिनटों में हमारी गाड़ी जेल के दरवाजे के बाहर आ कर खड़ी हो गई। ज्यों ही हम बाहर निकले, जेल की ड्योढी में खड़े कुछ लोगों ने हमें देख लिया। कुछ ही समय में सारी जेल में यह समाचार फैल गया कि श्री भीमसेन सच्चर और और श्री वीरेन्द्र आए हैं। सारी जेल फाटक पर आ खड़ी हो गई। उन दिनों रिवाज ही कुछ ऐसा था कि जब कोई नया कैदी आता था, उसके स्वागत के लिए सब लोग दरवाजे पर खड़े हो जाते थे। कई बड़े-बड़े नेता वहां पहले ही मौजूद थे। दीवान चमनलाल, दिल्ली के श्री रघुनन्दन सरन, श्री कवंरलाल शर्मा, सरदार प्रेमसिंह प्रेम। यह अभी मुझे आज याद नहीं कि सरदार प्रताप सिंह कैरो, ज्ञानी गुरमुख सिंह मुसाफिर और सरदार सिंह फेरुमान हमसे पहले आए थे या पीछे लेकिन वे भी वहीं आ गए थे। शेखुपुरा के सरदार आत्मासिंह भी वहीं थे। अर्थात् पंजाब कांग्रेस के सभी बड़े-बड़े नेता वहां पहुंचे हुए थे। शेष को देखकर तो हमें कोई हैरानी न हुई लेकिन दीवान चमनलाल को देखकर हम अवश्य चकित हुए। उनकी यह पहली जेल यात्रा थी। बड़ी-बड़ी भव्य कोठियों में रहने वाले दीवान साहिब एक छोटी सी कोठड़ी में बंद कर दिए गए जिसमें उनका खानसामा भी न रह सकता था। लेकिन जेल का वातावरण कुछ ऐसा ही था कि कोई किसी कमी को अनुभव ही न करता था। शाहपुर जेल एक नरक थी तो इसके मुकाबले में स्यालकोट जेल एक स्वर्ग थी। शाहपुर जेल में हम एक घुटन अनुभव करते थे। छोटी सी जेल, आधे घण्टे में सारी जेल का चक्कर लग जाता था। स्यालकोट की जेल इसके मुकाबले में बहुत बड़ी थी। इसकी चारदीवारी का चक्कर काटनें में आधा घंटा लगता था। यहां हमें सबसे बड़ा आराम था कि छोलदारियों की बजाए हमें रहने के लिए पक्की कोठड़ीयां मिल गई थी। जिस दिन मैं पहुंचा, दिल्ली के श्री रघुनन्दन सरन के साथ उनकी कोठड़ी में जा ठहरा। वे जालन्धर के रायजादा हंसराज के दामाद थे और मैं भी एक प्रकार से रायजादा साहिब का दामाद था क्योंकि उनकी भतीजी की लड़की के साथ मेरा विवाह हुआ था। इसलिए हमारी हालत तो यह थी कि—

खूब गुजरेगी जो मिल बैठेगें
दीवाने दो।

दीवान चमनलाल की कोठड़ी भी हमारी कोठड़ी के साथ थी और श्री रघुनन्दन सरन और दीवान चमनलाल का संबन्ध भी था। दोनों पंडित जवाहरलाल के घनिष्ट मित्र थे। दीवान साहिब तो इंग्लैंड में पंडित नेहरू के सहपाठी भी रह चुके थे। लेकिन श्री रघुनन्दन सरन के साथ पंडित जी अनेक बार अपने दिल की वह बात भी कह देते थे, जो वे अन्य किसी से न कहते थे। श्री रघुनन्दन सरन को शतरंज खेलने का भी शौक था। दीवान चमनलाल अंग्रेजी और फ्रांसीसी भाषा में शायरी भी किया करते थे लेकिन इनकी सबसे बड़ी कठिनाई यह थी कि इस जेल में न तो अंग्रेजी की शायरी का कद्रदान था न ही कोई फ्रेंच भाषा समझता था इसलिए दीवान साहिब की मेहनत बहुत बेकार जाती थी।

जैसे-जैसे समय गुजरता गया, सरकार ने हमें कुछ सुविधाएं देनी शुरू कर दीं। सबसे बड़ी सुविधा यह दी गई कि हम खाने-पीने के लिए घर से जो कुछ मंगवाना चाहते, मंगवा सकते थे। मैं तो मांस से कोसो दूर रहता था, परन्तु दीवान चमनलाल और श्री रघुनन्दन सरन दोनों मांसाहारी थे। दीवान चमनलाल रावलपिण्डी के रहने वाले थे। उनके पिता दीवान दौलतराय एक बहुत बड़े वकील थे। हमारे दो साथी दीवान श्री राम सूरी और लेखराज सूरी रावलपिण्डी के रहने वाले थे। इन्हें भी खाने-पीने का शौक था और उनके घर से बहुत कुछ आ जाता था। ये दोनों दीवान चमन लाल के दाएं-बाएं रहते थे। दीवान साहब भी इन पर बहुत भरोसा करते थे। इसका परिणाम यह हुआ कि दीवान चमनलाल का चूल्हा हर समय गर्म रहता था। उन्हें खाने का भी शौक था और खिलाने का भी।

शाहपुर की तरह स्यालकोट जेल में भी सरदार प्रतापसिंह कैरो, सरदार दर्शनसिंह फेरुमान और ज्ञानी गुरमुख सिंह एक ही कोठड़ी में रहते थे। इन तीनों में उस समय जो अपनत्व था उसे देख कर ईर्ष्या होती। सरदार दर्शनसिंह फेरुमान सम्भवत: इन तीनों में आयु की दृष्टि से बड़े थे, इसलिए वे प्रताप सिंह को हमेशा 'प्रताप' ही कहा करते थे और तीनों ज्ञानी गुरमुख को 'मुखिया' । सरदार कैरो को यदि शतरंज खेलने का शौक था तो सरदार दर्शन सिंह को तकली कातने का । ज्ञानी गुरमुख सिंह तो अपनी शायरी में ही मस्त रहते थे। सरदार प्रेम सिंह 'प्रेम' के साथ उनका बहुत प्यार था। सम्भवत: कुछ रिश्तेदारी भी थी।

जब हमें बाहर से चीजें मंगवाने की अनुमति मिल गई तो मेरी बहन ने कलकत्ता से रसगुल्लों के दो बंद डिब्बे भेज दिए परन्तु जेल वालों के लिए कठिनाई पैदा हो गई। मैंने उन्हें बहुत समझाने की कोशिश की सिवाय इसमें रसगुल्लों के और कुछ नहीं । परन्तु जेल वालों को विश्वास न आया। आखिर उन्हें खोलने का फैसला कर लिया गया। नासिर अली नाम के एक असिस्टैंट सुपरिंटेण्डेंट थे। उन्होंने उन डिब्बों

को खोलने की जिम्मेदारी अपने ऊपर ले ली। जब उन्होंने पहला डिब्बा ही खोला तो रसगुल्लों का सारा रस उनके कपड़ों पर आ गिरा। नई पतलून भी खराब हो गई और कमीज भी। बहुत ही शर्मिन्दा हुए। परन्तु अब क्या हो सकता था। इसका एक लाभ यह हुआ कि उन्होंने दूसरा डिब्बा खोलने का कष्ट न किया।

सरदार दर्शनसिंह और सरदार प्रतापसिंह कैरो के घर से सरसों का साग और मक्की का आटा बहुत आता था। जिसका भी हमने बहुत उपयोग किया।

56. जेल में 8 अगस्त का दिन

स्यालकोट जेल में आए आठ-नौ मास बीत चुके थे। कुछ लोग वहां से जा चुके थे और कुछ जाने की तैयारी कर रहे थे। कई लोगों को सरकार ने रिहा भी कर दिया था। इसलिए अब यह खबर गश्त लगा रही थी कि शायद निकट भविष्य में स्यालकोट जेल के सभी राजनैतिक बन्दी दूसरी जेलों में भेज दिए जाएं। इस तरह की खबरों ने एक अनिश्चित स्थिति पैदा कर दी थी। इस कारण अब स्यालकोट से भी दिल उचाट हो रहा था और हम चाहते थे कि किसी और जेल में भेज दिए जाएं, जहां दूसरे राजनीतिक बन्दी भी हों। नए-नए लोगों को मिलने और उनसे बातें करने का अवसर मिलेगा। कुछ नई परिस्थितियों का भी पता चलेगा। इसलिए अब यह प्रयास भी शुरू हो गया कि स्यालकोट जेल के राजनैतिक बन्दी दूसरी जेलों में भेज दिए जाएं। शेष किसी की इच्छा थी या नहीं मैं नहीं कह सकता परन्तु मेरी अवश्य थी कि मुझे लाहौर भेज दिया जाए। कम से कम इतना सन्तोष तो होगा कि यद्यपि मैं अपने घर में नहीं हूं मगर अपने शहर में तो हूं।

मैंने घरवालों को सन्देश भेजने शुरू कर दिए कि वे यदि प्रयास कर सकते हैं तो मुझे लाहौर भिजवाने का प्रयास करें। स्वर्गीय श्री अविनाशचन्द्र बाली की उस समय के गृह सचिव श्री मैकडानल्ड से काफी जान पहचान थी। उस समय बाली जी 'ट्रिब्यून' के विशेष प्रतिनिधि हुआ करते थे। इसलिए उन्हें सरकार के मन्त्रियों से भी मिलने का अवसर मिलता रहता था और बड़े-बड़े अफसरों से भी। उन्होंने किसी न किसी तरह श्री मैकडानल्ड को राजी कर लिया कि मुझे भी लाहौर सैन्ट्रल जेल भेज दिया जाए। यह निर्णय तो हो गया और आदेश भी जारी हो गया, परन्तु स्यालकोट जेल तक पहुंचने में कुछ समय लग गया। इसी मध्य मैंने मानवीय जीवन के एक नये पक्ष को देखने और समझने का प्रयास किया। जिन कोठरियों में हम कुछ कैदी रहते थे उनके निकट ही वह स्थान था, जहां फांसी दी जाती थी। जब कभी किसी को फांसी दी जानी होती तो उसे हमारी कोठरियों के सामने से लेकर जाते थे। अन्त में हमने एक दिन निर्णय किया क्यों न इन लोगों से मिलकर इनकी भावनाओं को समझने का प्रयास किया जाए। जिस व्यक्ति को यह पता हो कि अब उसके जीवन के कुछ दिन ही शेष रह गए हैं,

निश्चय ही उसके सोचने का ढंग भी कुछ और हो जाता है और उसका मस्तिष्क भी कुछ और ढंग से काम करने लगता है। इसलिए हमने जेल अधिकारियों से अनुमति लेकर उन लोगों को मिलना शुरू किया जिन्हें फांसी की सजा हो चुकी थी। उनमें कुछ ऐसे भी थे, जिनकी फांसी की तिथि भी निश्चित हो चुकी थी।

हमने ऐसे तीन व्यक्तियों से भेंट की। एक तो मौत से पहले ही मर चुका था। अर्थात् वह कोई बात करने को तैयार न था। जब हम ने उससे बार-बार प्रश्न किए कि उसे यह सज़ा क्यों मिली है तो उसने तंग आकर हमें कहा "आप लोग जाएं, अपना काम करें, जो कुछ होना था हो गया। मेरी दुनिया खत्म हो चुकी। आप अपनी दुनिया को बचा सकते हैं तो बचा लें।" फिर वह मौन होकर बैठ गया।

दूसरा व्यक्ति जिससे हम मिले वह एक मुसलमान नवयुवक था। उसका किसी लड़की के साथ प्रेम था। उसे यह सन्देह हो गया कि वही किसी और को प्रेम करने लग पड़ी है। उसने उस लड़की की भी हत्या कर दी और उसके दूसरे प्रेमी की भी। इसका उसे कदापि कोई खेद न था अपितु वह प्रसन्न था। जितने समय वह हमसे बातें करता रहा एक बार भी उसने खेद प्रकट न किया और कई बार तो मजाक में यह भी कह देता कि यदि दूसरी दुनिया में वह कम्बख्त फिर कहीं मिल गया तो वहां भी उसका पीछा न छोड़ेगा। उसने यह भी बताया कि उसकी प्रेमिका गर्भवती थी और उसे यह पता न चल रहा था कि वह गर्भवती उसके कारण हुई थी या दूसरे प्रेमी के कारण। इसलिए उसने पेट चीर करके बच्चा निकाल दिया और उसे भी खत्म कर दिया।

इतना निर्भीक था वह युवक और जब तीन दिन के बाद उसे फांसी पर ले जाने लगे तो वह खुशी-खुशी जा रहा था। जो भी सामने आता उसे वह सलाम कर देता और कहता फिर मिलेंगे और अन्त में वह हंसता-हंसता फांसी पर झूल गया।

तीसरी लड़का एक 24 वर्ष का नवयुवक था। उसकी मां अपने खेत में किसी काम के लिए गई थी। किसी व्यक्ति ने वहां उसका अपमान कर दिया। घर आकर वह रोने लग गई। जब लड़के ने पूछा कि क्या हुआ है और मां ने अपनी कहानी सुनाई तो उस लड़के ने आव देखा न ताव अपनी किरपाण से उस व्यक्ति का सिर धड़ से अलग कर दिया, जिसने उसकी मां का अपमान किया था। अन्त में मुकद्दमा चला और उसे फांसी की सज़ा हो गई। 24 वर्ष का लड़का था। दया की अपील की गई परन्तु वह भी अस्वीकार हो गई। अन्त में उसकी फांसी का दिन आ गया। एक दिन पूर्व उसके माता-पिता उसे मिलने आए थे। उन दोनों की बुरी हालत थी। यह उनकी अपने पुत्र के साथ आखिरी भेंट थी। मां-बाप रोते जा रहे थे। उनसे कोई बात न हो रही थी। लड़का उन्हें समझाने का प्रयास कर रहा था। उसने अभी तक अपना साहस न छोड़ा था। परन्तु अन्त में माता-पिता की स्थिति को देखकर उसका धैर्य भी टूट गया।

यह एक अत्यन्त दारुण दृश्य था, जो हमने उस समय देखा।

दूसरे दिन सुबह उसे भी फांसी दे दी गई। जब उसे फांसी के लिए ले जा रहे थे तो उसके चेहरे पर न तो पहले व्यक्ति की तरह शोक था न दूसरे की तरह चंचलता थी। वह मौन रहकर इधर-उधर देखता हुआ चल रहा था, जैसे इस संसार पर बहुत अपनी अन्तिम दृष्टि डाल रहा हो। उसे ज्ञात था कि और दस मिनट के बाद उसके जीवन की ज्योति बुझ जाएगी और फिर चारों ओर अन्धेरे के सिवाए उसे और कुछ भी नजर न आएगा। परन्तु एक बुत की तरह वह चल रहा था जैसे वह स्वयं न चल रहा हो अपितु कोई और शक्ति उसे चला रही हो।

इस तरह यह जीवन का एक नया अनुभव था। मेरी आठवीं या नौवीं जेल यात्रा थी। परन्तु जीवन और मृत्यु के बीच कितनी दूरी है, इसे कुछ समझने का पहली बार प्रयास किया गया था। जब मैं 1931 में लाहौर सैंट्रल जेल में बन्द था, सरदार भगत सिंह और उनके साथियों को फांसी हुई थी। उस समय उनकी अन्तिम घड़ियां कैसे गुजरीं उसका कुछ अनुमान दूसरों से सुनकर तो हो ही गया था, परन्तु अपनी आंखों से उस समय कुछ न देख सके थे। स्यालकोट जेल ने वह भी दिखा लिया और उसके साथ जीवन का एक नया अनुभव भी हो गया परन्तु इस परीक्षण की पूर्ति अन्त में लाहौर जेल में जाकर हुई, जब फांसी के तख्ते के सामने खड़े होकर एक व्यक्ति को फांसी पर चढ़ते हुए देखा था।

स्यालकोट जेल से चलने की तैयारियां हो रही थीं। अन्त में 8 अगस्त का दिन आया जब 1942 में बम्बई में भारतीय कांग्रेस का अधिवेशन हुआ था और उसके बाद सारे देश में गिरफ्तारियां शुरू हो गई थीं। कांग्रेस उस समय तक एक अवैध संस्था थी। फिर भी स्थान-स्थान पर लोग सभाएं करके 8 अगस्त का दिन मनाते थे। पुलिस ऐसी सभाओं को विघटित कर देती और कई स्थानों पर लाठीचार्ज भी हो जाता था। ये सब खबरें अब हम तक पहुंचनी शुरू हो गई थीं।

'ट्रिब्यून' सरकार की ओर से पढ़ने को मिल जाता था और 'प्रताप' हम गुप्त रूप से मंगवा लिया करते थे। इस तरह बाहर की दुनिया की कुछ खबरें हमें मिल जाया करती थीं। अन्त में हमने भी यह निर्णय किया कि जेल में हम भी 8 अगस्त मनाएंगे। परन्तु इसके लिए बहुत अधिक सतर्क होने की आवश्यकता थी ताकि जेल अधिकारियों को यह ज्ञान न हो सके। सर्वप्रथम तो एक वार्डर को कुछ दे दिला कर कांग्रेस का झंडा मंगवाया गया और फिर यह निर्णय हुआ कि प्रीतिभोज के बहाने सब राजनीति बन्दी एक स्थान पर एकत्र हो जाएं।

भोजन के बाद चार भाषण हो जाएं और कोई एक व्यक्ति अपनी जेब से झण्डा निकाल कर एक डंडे पर चढ़ा दे और इसके बाद हम सब अपने-अपने ठिकानों पर

पहुंच जाएं।

अपनी ओर से तो हमने यह बात बहुत गुप्त रखी थी परन्तु किसी न किसी तरह यह बात जेल अधिकारियों तक पहुंच गई। जैसा कि मैं पहले भी लिख चुका हूं जेल सुपरिण्टेंडैंट बहुत ही डरपोक था। उसने दो-चार नेताओं को दफ्तर में बुलाया और कहने लगे कि मैंने सुना है कि आप लोग 8 अगस्त का दिन मना रहे हैं। हमारी ओर से ज्ञानी गुरमुखसिंह मुसाफिर, सरदार प्रतापसिंह कैरो और एक और सज्जन थे जिनका नाम मुझे याद नहीं, तीन व्यक्ति गए थे। उन्होंने कहा कि हम तो केवल प्रीतिभोज कर रहे हैं। सब मिल कर भोजन कर लेंगे तो गपशप करेंगे। परन्तु जेलर साहब का कहना था कि यह सब कुछ किसी और दिन किया जा सकता है, 8अगस्त को ही क्यों? और जैसा कि उसका स्वभाव था कि उसने फिर हाथ जोड़ दिए कि यह बात किसी तरह बाहर निकल गई कि स्यालकोट जेल के कैदियों ने 8 अगस्त का दिन मनाया है न केवल उसकी जवाब-तलबी हो जाएगी अपितु हो सकता है कि नौकरी से भी छुट्टी मिल जाए। इसलिए उसने बार-बार प्रार्थना की कि हम अपना कार्यक्रम त्याग दें। जो कुछ करना है किसी और दिन करें। परन्तु हमारे साथी इसके लिए तैयार न हुए। उस समय के राजनीतिक बंदी भी कुछ अधिक जानदार होते थे इसलिए यह निर्णय हुआ कि प्रीतिभोज तो अवश्य होगा। यह हमारा अधिकार है, हम इसे छोड़ने का तैयार नहीं। हां, हम कोई लम्बे चौड़े भाषण नहीं देंगे।

प्रीतिभोज हो गया। इसके अन्त में ज्ञानी गुरमुख सिंह ने वहीं बैठे-बैठे अपनी कविता भी पढ़ दी। सरदार प्रतापसिंह कैरो ने अपनी जेब में से झंड़ा निकाल कर दिखा दिया और इस तरह से हमने 8 अगस्त का दिन मना लिया। जेल वालों के प्रीतिभोज का तो पता था। वे भी आशा कर रहे थे कि हम में से कोई भाषण भी दे देगा परन्तु उन्हें यह आशा न थी कि कांग्रेस का झंडा भी जेल में जा पहुँचेगा। परन्तु अब वे कर क्या सकते थे। उन्होंने बुद्धिमता इसी में समझी कि इस घटना को दबा दिया जाए जैसे कि वहाँ कुछ हुआ ही नहीं।

इस तरह कुछ और दिन स्यालकोट में गुजर गए और अन्त में एक दिन मेरा भी परवाना राहदारी आ पहुंचा। जेलर ने आकर बताया कि मुझे लाहौर सेन्ट्रल जेल में भेजने के आदेश प्राप्त हो गए हैं और एक-दो दिन में मुझे वहां भेज दिया जाएगा।

57. फिर लाहौर सैंट्रल जेल में

स्यालकोट से चले तो पुलिस के दो सिपाही मेरे साथ थे। एक हैड कांस्टेबल और एक सिपाही। मुझे फिर उसी गाड़ी में बैठा दिया जिसमें हम लाहौर से शाहपुर आए थे। यह कैदियों के लिए एक विशेष प्रकार की गाड़ी होती है, एक प्रकार की पिंजरा गाड़ी। खिड़कियों में सलाखें लगीं होती हैं। कोई शीशा नहीं होता। पुलिस वाले साथ बैठ जाते हैं। कोई दूसरा व्यक्ति साथ नहीं बैठ सकता। इस डिब्बे में भी हम तीन ही बैठे हुए थे।

लगभग एक वर्ष बाद बाहर का संसार देखने को मिला था। संसार तो वही था जो एक वर्ष पूर्व था लेकिन वातावरण कुछ भिन्न था। जब मैं शाहपुर से स्यालकोट आया तो भीमसेन सच्चर मेरे साथ थे। इस बार मैं अकेला ही था। पुलिस वालों के साथ मैं बात भी क्या करता, वे अपनी ही गप्पों में मस्त थे। उन्हें केवल एक ही बात की चिन्ता थी कि मैं ठीक-ठाक लाहौर सैंन्ट्रल जेल तक पहुंच जाऊं। मैं भी आराम से बैठा बाहर की दुनिया देख रहा था।

हमारी गाड़ी वजीराबाद स्टेशन पर पहुंची तो मेरी पत्नी और ललित वहां खड़े थे। उन्हें पता था कि इस गाड़ी से मैं लाहौर जा रहा हूं। उन्हें देख कर मैंने पुलिस वालों से कहा कि उन्हें भी इस गाड़ी में बैठने दो। पहले तो वे तैयार न हुए फिर उस कांस्टेबल को कुछ दया आ गई। जब गाड़ी चलने लगी तो उसने डिब्बे का दरवाजा खोल दिया। मेरी पत्नी और ललित अंदर आ गए। ललित के लिए गाड़ी की सवारी बहुत बड़ी बात थी। वे अधिक समय तो उन सिपाहियों के साथ खेलता रहा। हम दोनों पति पत्नी अपने घर की बातें करते रहे। लाहौर का पहला स्टेशन बादामी बाग था। गाड़ी वहां पहुंची तो हैड कांस्टेबल ने कहा कि अच्छा होगा कि अब ये दोनों किसी अन्य डिब्बे में चले जाएं क्योंकि लाहौर स्टेशन पर पुलिस और सी. आई. डी. खड़ी होगी यदि उन्हें पता चला कि ये हमारे साथ हैं तो कठिनाई उत्पन्न हो जाएगी। हमने उसकी बात मान ली। उसने तो पहले ही बहुत बड़ा खतरा मोल लिया था। हम उनके लिए कोई नई कठिनाई खड़ी करना नहीं चाहते थे।

गाड़ी लाहौर स्टेशन पर पहुंची तो पिताजी, माताजी, बाली जी तथा कुछ अन्य

लोग वहां खड़े थे। मैं गाड़ी से उतर कर उनके निकट चला गया। पिताजी ने प्यार से मेरी पीठ पर हाथ रखा। माताजी प्यार करने के लिए बढ़ी लेकिन पुलिस ने रोक दिया और वे मुझे वहां से तत्काल ले गए। बाद में मुझे पता चला कि जो पुलिस वाले मुझे लेकर आए थे उनकी जवाब-तलबी हो गई कि उन्होंने मुझे लाहौर रेलवे स्टेशन पर सम्बन्धियों के साथ क्यों मिलने दिया।

मेरे स्वागत के लिए पुलिस की पिंजरा गाड़ी स्टेशन के बाहर खड़ी थी। मुझे उसमें बैठा दिया गया, पुलिस साथ बैठ गई। हम सैंट्रल जेल की ओर चल पड़े। लगभग पौने दो वर्ष बाद मैं लाहौर आया था। शहर तो वैसे का वैसा ही था। जिन सड़कों से हमारी गाड़ी जा रही थी, मैं उन सड़कों से न जाने कितनी बार गुजरा हूंगा लेकिन उस दिन तो मैं कुछ ऐसी ललचाई आंखों से सब कुछ देख रहा था जिस तरह कोई देहाती पहली बार शहर में आया हो।

पुलिस की गाड़ी बंद होती है, सिवाय ऊपर लगी थोड़ी-सी जाली के। जहां से अंदर बैठे लोग बाहर देख सकते हैं। स्टेशन से चलकर 15-20 मिनट में हम सैंट्रल जेल पहुंच गए। इतने समय में मैं बाहर ही देखता रहा। जैसे किसी नए शहर में आया हूं और उसका हर मकान तथा हर दुकान मेरे लिए अचम्भा हो। लारेंस गार्डन से हमारी गाड़ी गुजरी तो मुझे 1931 के वे दिन याद आ गए जब मैं बी.ए. की परीक्षा देने के लिए प्रतिदिन प्रातः यहां से रेलवे पुलिस कार्यालय को जाया करता था।

उन दिनों मैं शाही कैदी था इसलिए पुलिस का एक उच्चाधिकारी मुझे हर रोज मोटर में बैठाकर ले जाता था। अब मैं एक साधारण नजरबन्द था इसलिए पुलिस की गाड़ी में जा रहा था। 1931 में पंजाब में केवल दो ही शाही कैदी थे। किन्तु अब 1944 था, पंजाब की जेलें राजनैतिक कैदियों से भरी पड़ी थीं। किन्तु पंजाब भी वही था, लाहौर वही था, लाहौर की सैंट्रल जेल वही थी। घूमते-घुमाते हमारी गाड़ी अन्ततः अपने निर्दिष्ट स्थान पर पहुंच गई। ऊंची-ऊंची दीवारें, एक बहुत बड़ा लोहे का फाटक और उसके ऊपर अंग्रेजी में लिखा था 'सैंट्रल जेल-लाहौर'।

पुलिस की पिंजरा गाड़ी से उतरकर जेल की ड्योढ़ी में दाखिल हुए। 13 वर्ष पूर्व मैं इसी जेल में रह चुका था जब मैं शाही कैदी था किन्तु अब सब पुराने अफसर बदल चुके थे। जेल के वार्डर भी नए थे। मैं उनके लिए नया कैदी था इसलिए नियमानुसार उन्होंने मेरे सामान की तलाशी लेनी शुरू कर दी। मैं एक जेल से आ रहा था और वह भी पुलिस के पहरे में, इसलिए कोई आपत्तिजनक चीज अपने साथ कैसे ला सकता था।

कायदा-कानून तो पूरा करना पड़ता था। साधारण तौर पर तलाशी ली गई और मुझे अन्दर भेज दिया गया, फिर उसी दीवानी अहाते में जहां मैं पहले भी रह चुका था किन्तु उस समय की और अब की स्थिति का बड़ा अन्तर था। उस समय हम पहले

3 और बाद में 2 व्यक्ति वहां रहते थे, मैं और अहसान इलाही। मैं बी.ए. की परीक्षा की तैयारी कर रहा था। अब उस दीवानी अहाते में लगभग 25 व्यक्ति रहते थे। इसका सारा रंग रूप ही बदल गया था। एक विधिवत रसोई और स्नान कक्ष बन गया था। इस वार्ड को और भी खुला कर दिया गया था ताकि कुछ और लोग भी इसमें रह सकें। इसके दो दरवाजे थे। दोनों को जाली लगा दी गई थी, ताकि कोई मक्खी भी अन्दर जाने की धृष्टता न करे। निष्कर्ष यह कि अब यह एक विधिवत् बंगला बना हुआ था, जिसके बाहर के आंगन में कुछ फूलपत्र भी लगे हुए थे।

दीवानी अहाते में पहुंचने पर भावभीना स्वागत हुआ। दिल्ली के लाला देशबंधु गुप्ता इसके इन्चार्ज थे वे इस बात का पूरा ध्यान रखते थे कि वहां रहने वालों की सब जरूरतें पूरी कर दी जाएं विशेषकर खाने के मामले में। जेल वाले भी उनकी बहुत इज्जत करते थे इसलिए वे जो कुछ चाहते हो जाता था। स्यालकोट जेल से श्री रघुनन्दन शरण को भी लाहौर भेज दिया गया था, वे भी यहीं थे। डा. गोपीचन्द भार्गव भी यहीं थे। बाद में फिरोजपुर जेल से श्री दुर्गादास खन्ना भी आ गए। उन्हीं के साथ श्री बीजू पटनायक भी।

श्री प्रबोधचन्द्र भी यहीं थे और भी कई साथी वहां थे आज उनके नाम मुझे याद नहीं किन्तु यहां तो देश के प्रेमियों की एक विधिवत् सभा जमी हुई थी। शाहपुर जेल से स्यालकोट जेल और अब सैन्ट्रल जेल लाहौर। कितना अन्तर था तीनों में। इससे आप अनुमान लगा सकते हैं कि उस समय हमारा स्वतन्त्रता आन्दोलन किस प्रकार अपनी मंजिले तय कर रहा था।

लाहौर सैंट्रल जेल एक शहर का शहर बसा हुआ था। कोई तीन हजार के लगभग कैदी उसमें थे। एक वार्ड में लाहौर षड्यन्त्र केस नं. 2 के वे चार कैदी भी थे, जिन्हें आजीवन कारावास दण्ड मिला हुआ था। सरदार गुलाबसिंह, पंडित रूपचन्द, मलिक कुन्दन लाल और पंडित किशोरीलाल। उस समय तक ये 14-14 वर्ष जेल में काट चुके थे। इन्हें मिलने का अवसर भी मिल गया, यद्यपि ये एक अन्य वार्ड में रहते थे किन्तु इन्हें मिलने की हमें अनुमति थी। ये ही हमारे पास आ जाया करते थे।

इन नौजवानों को देखकर प्रेरणा मिलती थी। यद्यपि ये आयु में मेरे समान ही थे फिर भी इनके बलिदान के लिए मान और आदर से मेरा सिर इनके आगे झुक जाता था। हमने तो अभी जेल में दो वर्ष ही काटे थे किन्तु यह नौजवान 14-14 वर्ष काट चुके थे। उन्होंने एक बार भी अपने इस बलिदान का उल्लेख नहीं किया। न कभी किसी प्रकार की शिकायत की। उस समय भी यह मालूम न था कि अभी और कितने समय उन्हें जेल में रहना पड़ेगा। कई बार हम जीवित शहीदों का उल्लेख करते हैं। ये चार जीवित शहीद उस समय मैंने उस जेल में पहली बार देखे। अद्वितीय बलिदान की एक जीवित मूर्ति थे, ये चारों।

58. तीन वर्ष के बाद — जेल से रिहाई

यह शायद मार्च या अप्रैल 1945 की बात है। मेरे पेट में धीमा-धीमा दर्द होना शुरू हुआ। खाना खाने के बाद कुछ कष्ट अनुभव करता था। जेल के डाक्टर को दिखाया, उसने दवाई दी, किन्तु कोई प्रभाव नहीं हुआ। उन दिनों लाहौर में एक प्रसिद्ध सर्जन हुआ करते थे, डाक्टर गणेशदास कपूर। 1933 में उन्होंने ही मेरे पेट का आप्रेशन किया था।

जेल के डाक्टर का ख्याल था कि शायद वही पुराना कष्ट है जो फिर से शुरू हो गया है। उन्होंने कह दिया कि डा. कपूर का मशवरा लिया जाए। इस पर मुझे उनके पास भेज दिया गया। उन्होंने निरीक्षण करने के बाद सरकार को लिख दिया कि मुझे मैयो अस्पताल में भेज दिया जाए क्योंकि वहां निरीक्षण करने का प्रबन्ध बेहतर है और जब तक पूरी तरह निदान न किया जाए उस समय तक कुछ कहना कठिन है।

अन्ततः मुझे मैयो अस्पताल भेज दिया गया। प्राइवेट वार्ड में एक कमरा सुरक्षित करा दिया गया। बाहर पुलिस का एक सिपाही हर समय संगीन लिए खड़ा रहता था। कुछ दिनों के बाद दुर्गादास खन्ना भी वहां आ गए। इन्हें रोज़ हल्का ज्वर हो जाता था। जेल के डाक्टर ने चिकित्सा की किन्तु कोई लाभ नहीं हुआ। अन्ततः उन्हें भी अस्पताल भेज दिया गया। कुछ दिनों के बाद बीजू पटनायक भी वहां आ गए। दैनिक 'मिलाप' के युद्धवीर भी अस्पताल में भर्ती कर दिए गए। उन्हें गुर्दे की तकलीफ थी। इसके कारण वे कई बार दर्द के मारे निढाल हो जाते थे। उनकी माता जी को उनके पास रहने की अनुमति दे दी गई किन्तु जब युद्धवीर को कष्ट अधिक हो जाता तो उनकी माता जी मुझे बुला कर ले जाती। मैं रात में कई-कई घण्टे उसके पास बैठा रहता।

अस्पताल में हमें हरेक को अलग-अलग कमरों में रखा गया। हर कमरे के बाहर पुलिस का पहरा रहता था। इस प्रकार मैयो अस्पताल भी एक पुलिस कैम्प बन गया। जो दूसरे रोगी वहां आते वे भी हमें वहां देख कर हैरान होते कि हम किस तरह के रोगी हैं कि हमारी निगरानी के लिए पुलिस नियुक्त करनी पड़ती है। हमें अपने कमरे के बरामदे में घूमने की अनुमति थी। इसके अतिरिक्त हम और कहीं न जा सकते थे। हमारे रिश्तेदार भी जेल के नियमों के अनुसार 15 दिन में एक बार हमें मिल सकते थे, किन्तु हम तीनों — मैं, दुर्गादास खन्ना और बीजू पटनायक प्रायः आपस में मिल लिया करते थे। कभी

किसी कमरे में इकट्ठे हो जाते, कभी किसी के कमरे में और जब हम एक कमरे में इकट्ठे होते तो तीनों की पुलिस बाहर खड़ी रहती। इसका एक तमाशा बन जाता किन्तु यह दिन में घंटे डेढ़ घंटे के लिए ही हो सकता था, इससे अधिक नहीं। शेष समय हम अपने-अपने कमरों में बंद रहते, या सामने के बरामदों में टहलते रहते। मेरा मकान अस्पताल से कोई आधा मील के फासले पर था। इसलिए खाने के लिए कुछ न कुछ आता रहता। मैं उसे कई बार पुलिस के सिपाहियों को दे देता, जिसके कारण वे मुझ से बहुत प्रसन्न रहते। कई बार कह भी देते कि हम बहुत लज्जित हैं कि आप लोगों को तंग कर रहे हैं, किन्तु पेट के लिए मनुष्य को बहुत कुछ करना पड़ता है।

मैं मैयो अस्पताल में कोई 15 दिन के लगभग रहा। उन दिनों लाहौर में दो बड़े विख्यात सर्जन हुआ करते थे, कर्नल मिराजकर और कर्नल भड़ूचा। दोनों ने बारी-बारी मेरा निरीक्षण किया। एक बार मिलकर भी किया। अस्पताल में कई दवाइयां दी गईं और कई टैस्ट लिए गए। अन्ततः वे इस परिणाम पर पहुंचे कि पेट की किसी नाड़ी में कुछ खराबी पैदा हो गई है, इसलिए पेट को खोलकर ही पता चलेगा कि असली खराबी क्या है। उन्होंने सरकार से मेरे आप्रेशन की अनुमति मांगी।

सरकार इसके लिए तैयार न हुई। यह एक बहुत बड़ा आप्रेशन था और सरकार कोई खतरा नहीं लेना चाहती थी। मुझे जेल में बन्द हुए अब तीन वर्ष होने लगे थे। बहुत से राजनैतिक कैदी रिहा हो चुके थे। सरकार ने समझा कि नई मुसीबत अपने गले क्यों डाले। यदि कहीं कुछ हो गया तो नई मुसीबत पड़ जाएगी। इसलिए एक दिन शाम के समय एक पुलिस इंस्पैक्टर आया और उसने कहा कि मुझे रिहा कर दिया गया है किन्तु लाहौर की चारदीवारी के अन्दर नजरबन्द रहूंगा, सुपरिण्टैंडेंट (सी.आई.डी.) की अुनमति के बिना लाहौर से बाहर न जा सकूंगा।

उसने मुझ पर उक्त आदेश की तामील कराई और जो पुलिस के सिपाही मेरे कमरे के बाहर खड़े थे उन्हें साथ लेकर चला गया। मैं आजाद हो गया और घर जाने की तैयारी करने लगा।

उन दिन मैयो अस्पताल के एक हाउस सर्जन डाक्टर रामजी दास हुआ करते थे जो अभी कुछ समय हुआ पटियाला मैडीकल कालेज के प्रिंसीपल पद से रिटायर हुए हैं। अत्यन्त शरीफ और भले व्यक्ति हैं। जो राजनैतिक कैदी उन दिनों मैयो अस्पताल जाया करते थे, डाक्टर रामजी दास उनका विशेष ध्यान रखते थे। उनकी हार्दिक सहानुभूति हमारे साथ थी।

यद्यपि सरकारी नौकरी के कारण वे बाहरी तौर पर वही कुछ कर सकते थे जिसकी अनुमति कानून देता था, किन्तु अन्दर से वे हर तरह हमारी सहायता करते थे। जब उन्हें पता चला कि मैं रिहा हो गया हूं तो कहने लगे कि मैं आपके पिता जी को सूचना

दिए देता हूं, वे आकर आपको ले जाएंगे। मैंने उन्हें मना कर दिया क्योंकि मैं अकस्मात घर पहुंचना चाहता था किन्तु जाने से पूर्व कुछ समय दुर्गादास खन्ना, बीजू पटनायक और युद्धवीर के साथ भी गुजारना चाहता था। मुझे इस बात का कुछ खेद भी था कि वे अभी जेल में ही थे और मैं रिहा हो रहा था।

मैं यह अवश्य अनुभव करता था कि रिहाइयों का क्रम शुरू हो गया है इसलिए ये लोग भी अब शीघ्र ही बाहर आ जाएंगे। मेरा ख्याल ठीक प्रमाणित हुआ। एक महीने के अन्दर-अन्दर सब रिहा कर दिए गए किन्तु जो-जो रिहा होता उसे शहर की चार-दीवारी में बन्द कर दिया जाता। केवल बीजू पटनायक को पंजाब से निकल जाने का आदेश दे दिया गया। वे उड़ीसा चले गए। यद्यपि वे कुछ दिन अपनी ससुराल में रहना चाहते थे, किन्तु सरकार ने उन्हें अनुमति न दी।

कुछ देर बाद मैंने अपना सामान बांधा। एक टांगा मंगवाया। उसमें सामान रखकर घर पहुंच गया। किसी को भी मालूम न था कि मैं आ रहा हूं। मुझे देखकर सब हैरान हो गए। पहले तो उन्हें यह विश्वास ही न हुआ कि मैं रिहा हो गया हूं। अभी कुछ सप्ताह पूर्व तो सरकार मुझे मेरे भाई के विवाह पर पैरोल पर रिहा करने को भी तैयार न थी और अन्ततः केवल तीन दिन के लिए रिहा किया गया। अब अकस्मात बिल्कुल ही रिहा कर दिया गया।

यह सब कुछ कैसे हुआ किसी को भी मालूम न था किन्तु बाद में पता चला कि कर्नल मिराजकर ने रिपोर्ट दी थी कि पेट का आप्रेशन करना पड़ेगा, सरकार इसके लिए तैयार न हुई और मेरा छुटकारा हो गया।

पौने तीन वर्ष पश्चात् मैं घर वापस आया था। दो-चार दिन तो लोगों से मिलने-जुलने में लग गए। फिर सोचने बैठा कि अब आगे क्या करना चाहिए। सरकार और कांग्रेस के बीच समझौते की बातचीत अन्दर ही अन्दर चल रही थी। प्रतिदिन पत्रों में कोई न कोई नई खबर आ जाती थी। कभी उत्साहवर्द्धक कभी निराशाजनक। इन हालात में कोई अन्तिम फैसला करना कठिन हो रहा था। एक बात स्पष्ट थी कि देर सवेर सरकार विधान मण्डलों के चुनाव कराएगी और कांग्रेस भी इसकी तैयारियों में लग गई।

जून 1945 में कांग्रेस कार्यकारिणी के सदस्य रिहा कर दिए गए। इसी के साथ सारे देश में एक नई राजनैतिक गर्मी पैदा हो गई। तीन वर्ष के बाद देश के नेता जेलों से बाहर आए थे। जगह-जगह उनका स्वागत हो रहा था। ऐसा प्रतीत होता था कि सोया हुआ राष्ट्र फिर जाग उठा है। तत्कालीन वायसराय लार्ड वेवल ने शिमला में सब राजनैतिक दलों के नेताओं की एक कान्फ्रेंस बुलाई ताकि देश की राजनैतिक उलझन को सुलझाया जा सके। मैं भी वह कांफ्रेंस देखने के लिए शिमला रवाना हो गया।

59. शिमला की वेवल कान्फ्रेंस

मेरी रिहाई मई या जून 1945 में हो गई थी। कुछ समय पश्चात् कांग्रेस कार्यकारिणी के सब सदस्य भी रिहा कर दिए गए। अंग्रेज और अमेरिका हिटलर के विरुद्ध युद्ध जीत चुके थे। जापान के विरुद्ध जो लड़ाई चल रही थी वह अब अपने अंतिम चरण में प्रविष्ट हो चुकी थी और खत्म होने वाली थी।

ऐसी स्थिति में ब्रिटिश सरकार के सामने यह प्रश्न पैदा हुआ कि भारत की राजनैतिक उलझन को कैसे सुलझाया जाए। यह भी उस समय की परिस्थिति का दिलचस्प पहलू था कि जब तक अंग्रेज लड़ाई में व्यस्त रहे और उन्हें भारत की ओर से सहायता की बेहद जरूरत थी उस समय तो उन्होंने कांग्रेस के साथ कोई समझौता नहीं किया, बल्कि हजारों कांग्रेसियों को गिरफ्तार करके जेलों में डाल दिया गया किन्तु जब अंग्रेज जीत गए तो उसने कांग्रेस के साथ समझौता करने का फैसला कर लिया। इस का एक कारण सम्भवत: यह था कि अंग्रेजों को यह विश्वास हो गया था कि भारत में उनके विरुद्ध रोष भावना इस प्रकार बढ़ गई है कि शासन चलाना इसके लिए आसान न होगा। इन सारी परिस्थितियों के दृष्टिगत ब्रिटिश सरकार के तत्कालीन वायसराय लार्ड वेवल को लंदन बुलाया गया ताकि उसके साथ मशवरा कर सके कि भारत की समस्या कैसे सुलझाई जा सकती है। लार्ड वेवल ने लंदन से वापस आकर शिमले में राजनैतिक नेताओं का एक सम्मेलन बुलाने की घोषणा कर दी। साथ ही यह भी कह दिया कि इस सम्मेलन का परिणाम चाहे कुछ हो उसके बाद केन्द्रीय विधानसभा और राज्य विधानसभाओं के चुनाव कराए जाएंगे ताकि शासन की बागडोर जनता के चुने हुए प्रतिनिधियों के हाथ में दी जा सके।

किन्तु जो सरकारें कायम होंगी उनके अधिकार क्या होंगे इस विषय में कांग्रेस और ब्रिटिश सरकार के मध्य भारी मतभेद था। इसके बावजूद कांग्रेस ने लार्ड वेवल द्वारा बुलाई गई कान्फ्रेंस में शामिल होना स्वीकार कर लिया। शुरू में एक अड़चन यह भी पैदा हो गई कि लार्ड वेवल ने महात्मा गांधी को तो इस सम्मेलन में भाग लेने के लिए आमन्त्रित कर लिया किन्तु कांग्रेस प्रधान मौलाना आजाद को नहीं किया। मौलाना आजाद के नाम से श्री जिन्ना को बड़ी चिढ़ थी। वे कहते थे कि इस कान्फ्रेंस में कोई

गैर मुस्लिम लीगी मुसलमान न बुलाया जाए क्योंकि मुसलमानों का प्रतिनिधित्व करने का अधिकार केवल मुस्लिम लीग को है। दूसरी ओर गांधी जी का कहना था कि वे तो कांग्रेस के चार आना के सदस्य भी नहीं इसलिए यदि वे इस कान्फ्रैंस में शामिल हो भी जाएं तो वे कांग्रेस का प्रतिनिधित्व न कर सकेंगे। कांग्रेस की ओर से कुछ कहने का अधिकार केवल कांग्रेस कार्यकारिणी को है।

चूंकि मौलान आजाद उन दिनों कांग्रेस के प्रधान थे, इसलिए कांग्रेस की ओर से कुछ कहने का अधिकार केवल मौलाना आजाद को ही है। लार्ड वेवल यह बात मान गए। उन्होंने मौलाना आजाद को कान्फ्रैंस में शामिल होने का निमन्त्रण दे दिया। साथ ही गाँधी जी से भी कह दिया कि वे भी कान्फ्रैंस में जरूर शामिल हों क्योंकि उनके बिना कोई समस्या नहीं सुलझ सकती।

गांधी जी ने कहा कि यदि उनके आने से देश की राजनैतिक उलझन को सुलझाने में कोई सहायता मिल सकती है तो वे आने को तैयार हैं और वे शिमला पहुंच गए। 25 जून, 1945 को यह कांफ्रैंस शिमला में शुरू हुई। उस समय गांधी जी के अतिरिक्त देश के सारे बड़े-बड़े नेता शिमला पहुंच गए थे। पंडित जवाहरलाल नेहरू, मौलाना आजाद, सरदार पटेल, जिन्ना, मास्टर तारा सिंह, अम्बेडकर तथा विभिन्न राज्यों के तत्कालीन मुख्यमन्त्री तथा कांग्रेस के भूतपूर्व मुख्यमन्त्री सब वहां पहुंचे हुए थे। सरकार ने सब के ठहरने की व्यवस्था कर रखी थी। महात्मा गांधी राजकुमारी अमृतकौर की कोठी में ठहरे थे। पण्डित जवाहरलाल और मौलाना आजाद एक ही कोठी में ठहराए गए थे। सरदार पटेल भी गांधी जी के साथ ही ठहरे थे। श्री जिन्ना शिमला के विख्यात होटल में ठहरे थे। नवाबजादा लियाकत अली खां और दूसरे मुस्लिम लीगी नेता भी वहीं ठहराए गए। शेष नेताओं को ठहराने के लिए विभिन्न होटलों और कोठियों में व्यवस्था की गई थी।

उन दिनों देश के सारे नेताओं से मिलने और कुछ को देखने का अवसर मिला। अधिक जोर उन दिनों कांग्रेस और मुस्लिम लीग का ही था। ब्रिटिश सरकार के लिए यह कठिनाई पैदा हो रही थी कि दोनों को कैसे सन्तुष्ट करे। ऐसा कोई फार्मूला नहीं बन रहा था जो दोनों को स्वीकार हो। श्री जिन्ना पाकिस्तान चाहते थे और जब तक वे नहीं बन जाता उस समय तक एक ऐसी केन्द्रीय सरकार में किसी गैर मुस्लिम लीगी मुसलमान को मन्त्री न लिया जाए किन्तु कांग्रेस इसके लिए तैयार न थी। उसका कहना था कि मुस्लिम लीगी को कांग्रेस के बराबर प्रतिनिधित्व नहीं दिया जा सकता और कांग्रेस उन मुसलमानों की उपेक्षा करने को तैयार नहीं जिन्होंने उसका साथ दिया था। इसलिए वह भी इस बात पर अड़ी हुई थी कि उसके जो प्रतिनिधि होंगे उनमें एक मुसलमान भी होगा क्योंकि कांग्रेस केवल हिन्दुओं की ही संस्था नहीं, इसमें सब

समुदायों के लोग हैं और मुस्लिम लीग केवल मुसलमानों का ही प्रतिनिधित्व करती है।

श्री जिन्ना ने जो मांगें पेश कीं उन्हें न तो लार्ड वेवल स्वीकार करने को तैयार थे न कांग्रेस, अन्ततः एक गतिरोध पैदा हो गया और सम्मेलन कुछ दिनों के बाद खत्म हो गया। उन दिनों शिमला में साम्प्रदायिक तनाव बहुत बढ़ गया था। सिसल होटल के बाहर जहां मुस्लिम लीग के प्रतिनिधि ठहरे हुए थे मुस्लिम लीग के स्वयंसेवक हर समय प्रदर्शन करते रहते थे। इसमें वे महात्मा गांधी, पंडित जवाहर लाल नेहरू और विशेषतः मौलाना आजाद के विरुद्ध बहुत बेहुदा नारे लगाते थे।

मौलाना आजाद विशेषरूप से मुस्लिम लीग की आंखों में खटकते थे इसलिए कई बार हिन्दू नौजवानों और मुस्लिम नौजवानों में टकराव होते-होते रह गया।

दूसरी ओर जहां कांग्रेस के नेता ठहरे हुए थे, विशेषतः जहां पंडित नेहरू और मौलाना आजाद ठहरे हुए थे, वहां का माहौल इससे सर्वथा विरुद्ध था। ये लोग अभी नये-नये जेलों से आए थे, तीन वर्ष से तो किसी ने इनकी शक्ल तक न देखी थी, न किसी ने इनके विचार सुने थे। इसलिए जहां ये लोग ठहरे हुए थे, वह स्थान लोगों के लिए एक प्रकार से तीर्थ स्थान बन गया था। सारा दिन वहां भीड़ लगी रहती। लोग घंटों इस प्रतीक्षा में रहते कि कब पंडित जवाहरलाल के दर्शन हों और कब वे मौलाना आजाद को देख सकें। कई बार ये दोनों कुछ क्षणों के लिए अपने कमरों की खिड़कियों में आ जाते तो लोग जोर-जोर से नारे लगाने लग जाते।

गांधी जी बहुत दूर रहते थे। वहां लोग कम पहुंच सकते थे। सरदार पटेल भी उनके साथ ही रहते थे किन्तु जब गांधी जी वायसराय से मिलने के लिए रिक्शे में जाते तो सड़क पर भीड़ जमा हो जाती। श्री जिन्ना अपने होटल से बहुत कम निकलते थे। वे आम लोगों से मिलना पसन्द नहीं करते थे। उनका दिमाग उस समय भी सातवें आकाश पर रहता था। चूंकि वे अपने आपको भारत के मुसलमानों के एकमात्र नेता समझते थे इसलिए वे दूसरे मुसलमानों से भी बड़े तकल्लुफ के साथ पेश आते थे।

कांफ्रेंस किसी परिणाम पर नहीं पहुंच रही थी और इस कारण साम्प्रदायिक तनाव भी बढ़ रहा था इसलिए लार्ड वेवल ने यही उचित समझा कि इसे खत्म कर दिया जाए। किन्तु जब उन्होंने यह सम्मेलन बुलाने की घोषणा की थी उस समय उन्होंने यह भी कहा था कि शीघ्र ही राज्य विधानसभाओं और केन्द्रीय विधानसभा के चुनाव कराए जाएंगे। जब वेवल द्वारा आयोजित सम्मेलन विफल हो गया तो राजनैतिक दल चुनाव की तैयारी में जुट गए। कांग्रेस के सामने भी उस समय और कोई कार्यक्रम न था। उसने भी यही बेहतर समझा कि चुनाव के माध्यम से देश की जनता तक पहुंचा जाए और नेताओं की नजरबन्दी के कारण जनता के साथ जो सम्पर्क खत्म हो गया था उसे फिर से कायम किया जाए।

60. जब मास्टर तारासिंह ने अपनी कृपाण निकाली

इस मध्य देश के हालात उत्तरोत्तर बिगड़ते जा रहे थे। जगह-जगह दंगे हो रहे थे। कई स्थानों पर तो नरसंहार हो रहा था। पूर्वी बंगाल में स्थिति विशेष रूप से बिगड़ रही थी। नोआखली में हजारों हिन्दुओं की हत्या कर दी गई थी। असंख्य लोग बेघर कर दिए गए थे। इससे बिहार और उत्तर प्रदेश में मुसलमानों पर भी जगह-जगह हमले हो रहे थे। पंजाब में कई शहरों में हिन्दुओं और सिखों का स्वतन्त्र रूप से बाहर निकलना असंभव बना दिया गया था।

ऐसे हालात में लार्ड माउण्टबेटन ने सोचा कि इस समस्या को निपटाने का एक ही तरीका है कि देश का बंटवारा कर दिया जाए और सत्ता जनता के प्रतिनिधियों को सौंप दी जाए किन्तु इसके लिए ब्रिटिश सरकार की स्वीकृति जरूरी थी इसलिए 18 मई 1947 को लार्ड माउण्टबेटन लंदन के लिए रवाना हो गए ताकि वहां अपनी सरकार से सलाह-मशवरा करके कोई ऐसी योजना बनाए जिससे भारत की राजनैतिक समस्या निपट सके। यहां यह विश्वास हो चुका था कि कांग्रेस और मुस्लिम लीग मिलकर काम नहीं कर सकती, जिसके यह अर्थ थे कि इस देश के हिन्दू और मुसलमान भी अब आपस में नहीं मिल सकते।

लार्ड माउण्टबेटन 31 मई को वापस आ गए और अपने साथ वह योजना भी लाए जिसके अनुसार सत्ता हस्तांतरित की जानी थी किन्तु इसका जरूरी आधार यह था कि भारत का बँटवारा हो जाएगा। मुस्लिम बहुमत के क्षेत्र मुस्लिम लीग को सौंप दिए जाएंगे और हिन्दू बहुमत के कांग्रेस को। इसीके साथ यह शर्त भी थी कि पंजाब और बंगाल का भी बंटवारा होगा। पंजाब का वह क्षेत्र जिसमें हिन्दू सिख बहुमत में हैं भारत के साथ रहेगा और बंगाल का वह क्षेत्र जिसमें मुसलमान बहुमत में हैं पाक के साथ मिला दिया जाएगा।

2 जून, 1947 को वायसराय ने कांग्रेस और मुस्लिम लीग के नेताओं को बुलाया और उनके सामने अपनी यह योजना रखी। 3 जून को इसकी विधिवत् घोषणा की

गई। कांग्रेस ने तुरन्त इसकी स्वीकृति दे दी। कांग्रेस के नेता कुछ महीने केन्द्रीय मंत्रिमण्डल में मुस्लिम लीग के साथ काम करते रहे थे। वे इस परिणाम पर पहुंचे थे कि अब हालात ऐसे हो गए हैं कि मुस्लिम लीग के साथ मिलकर काम करना असम्भव है। केन्द्रीय मंत्रिमंडल में मुस्लिम लीग के जो मंत्री थे वे इतनी दायित्वहीन बातें कर रहे थे कि इनके कारण स्थान-स्थान पर आग लग रही थी। कांग्रेसी नेता इस परिणाम पर पहुंचे कि यदि इस समय मुस्लिम लीग के साथ कोई समझौता कर भी लिया जाए तो यह एक रिसता हुआ नासूर बन रहेगा, और अंग्रेजों के चले जाने के बाद तो परिस्थितियां और भी बिगड़ सकती हैं। इसलिए कांग्रेस कार्यसमिति ने यही निर्णय किया कि देश का विभाजन स्वीकार कर लिया जाए, ताकि रोज की चख-चख समाप्त हो जाए। पहले तो जिन्ना साहिब चूं-चरां करते रहे लेकिन अंत में मान गए।

इससे पूर्व दो ऐसी घटनाएं हुईं थीं जिनका उल्लेख करना भी ज़रूरी समझता हूं। जिन्ना को यह पता चल गया कि ब्रिटिश सरकार देश का विभाजन करने को तैयार है इसलिए अब पाकिस्तान बन जाएगा, लेकिन इसके भी दो भाग होंगे। एक पश्चिमी पाकिस्तान और दूसरा पूर्वी पाकिस्तान। इस पर इसने अपनी एक नई मांग पेश कर दी। वह यह कि पश्चिमी पाक और पूर्वी पाक के मध्य एक आठ सौ मील का कोरिडोर (मार्ग) रख दिया जाए। अर्थात् एक ऐसा मार्ग हो जो न भारत के अधीन हो और न पाकिस्तान के, लेकिन यह पाकिस्तान को दोनों भागों को मिला सकता हो। जिन्ना साहिब को इस बात का आभास था कि उन्हें एक पाकिस्तान नहीं मिल रहा बल्कि दो पाकिस्तान मिल रहे हैं। यदि दोनों को मिलाने का मार्ग न मिला तो किसी दिन ये दोनों हमेशा के लिए एक-दूसरे से पृथक हो जाएंगे। इसलिए उसने यह नई मांग पेश कर दी कि दोनों को मिलाने के लिए एक कोरिडोर बना दिया जाए। लेकिन यह एक ऐसी हास्यास्पद मांग थी कि जिसे न अंग्रेज स्वीकार कर सकता था, न कांग्रेस। कांग्रेस के नेता तो इसका नाम तक सुनने को तैयार न थे इसलिए उन्होंने इस पर विचार करने से भी इंकार कर दिया। ऐसी स्थिति में जब जिन्ना ने देखा कि यदि उन्होंने इस मांग पर बल दिया तो सम्भव है कि सब कुछ उनके हाथ से निकल जाए, इसलिए उन्होंने अपनी यह मांग छोड़ दी। उन्होंने एक के स्थान पर दो पाकिस्तान, एक पूर्वी और दूसरा पश्चिमी पाकिस्तान स्वीकार कर लिया।

जिस समय तक यह फैसला हुआ कि अंग्रेज राजनैतिक सत्ता इस देश के प्रतिनिधियों के हाथ में सौंप कर चले जाएंगे, उस समय मुस्लिम बहुमत से प्रान्तों में मुस्लिम लीग की गतिविधियां और भी अधिक तेज़ हो गईं। पंजाब और बंगाल में परिस्थितियां अधिक बिगड़ती जा रही थीं। मुसलमान समझ बैठे थे कि अब चूंकि पाकिस्तान बनने वाला है इसलिए गैर-मुसलमानों को पाकिस्तान में रहने की अनुमति

नहीं होनी चाहिए। उन्होंने पंजाब और बंगाल में ऐसी परिस्थितियां उत्पन्न करनी शुरू कर दीं कि इन दोनों राज्यों में हिन्दुओं के लिए रहना कठिन हो जाए। लेकिन वे यह भूल गए थे कि दोनों प्रांतों के कुछ भागों में मुस्लिम बहुमत था और कुछ में हिन्दुओं का। पंजाब में हिन्दुओं के अतिरिक्त सिख भी एक भारी संख्या में रहते थे। जो कुछ पंजाब और बंगाल में होता था उसकी प्रतिक्रिया हिन्दू बहुमत के प्रांतों में भी होती थी। इस प्रकार मुस्लिम लीग के कारण सारे देश में साम्प्रदायिक फसाद शुरू हो गए।

पंजाब में मुस्लिम लीग का दबाव बढ़ता जा रहा था, इसलिए उस समय के पंजाब के मुख्यमन्त्री सर खिजर हयात के लिए सरकार चलाना कठिन हो गया था। वह भी देख रहा था कि अंग्रेज जा रहे हैं। उसके बाद इसका वास्ता मुस्लिम लीग या इसके नेताओं विशेषकर जिन्ना से पड़ेगा। वह उन्हें रुष्ट करना न चाहता था। इसलिए उसने 2 मार्च, 1946 को अपने पद से त्यागपत्र दे दिया ताकि पंजाब में मुस्लिम लीग का मंत्रिमंडल बन सके। उसके त्यागपत्र ने परिस्थितियों को एकदम बदल दिया। मुसलमान जो उस समय तक उसे 'गद्दार ए मिल्लत' पुकारते थे, उसके 'जिन्दाबाद' के नारे लगने लग पड़े। लाहौर की गलियों और बाजारों में नारे लगने लगे कि 'खिजर भाई हमारा है'। मुसलमानों का साहस एकदम बढ़ गया, जबकि हिन्दुओं और सिखों का हौसला गिर गया।

इस नई स्थिति पर विचार करने के लिए पंजाब असेम्बली के हिन्दू और सिख सदस्यों की एक बैठक 3 मार्च, 1946 को लाहौर में पंजाब असेम्बली के एक हाल में हुई। मास्टर तारा सिंह भी इसमें शामिल हुए। मास्टर जी ने इसमें बड़ा उत्तेजनापूर्ण भाषण दिया। उन्होंने कहा कि हम पाकिस्तान कदापि स्वीकार नहीं करेंगे। बैठक की समाप्ति पर जब हम सब बाहर निकले तो सड़कों पर मुसलमानों की एक भीड़ खड़ी थी। यह 'पाकिस्तान जिन्दाबाद' के नारे लगा रही थी। इसके उत्तर में हमने 'पाकिस्तान मुर्दाबाद' के नारे लगाने शुरू कर दिए। मास्टर तारा सिंह ने अपनी कृपाण निकाल ली और उसे घुमाते हुए कहने लगे कि 'मर जाएंगे, कट जाएंगे, नहीं देंगे पाकिस्तान।' इसके उत्तर में मुस्लिम भीड़ ने भी नारे लगाने शुरू कर दिए। उस समय ऐसा प्रतीत होता था कि फसाद हुआ कि हुआ। यदि उस समय कहीं टकराव हो जाता तो न जाने कितने शव जमीन पर पड़े दिखाई देते। उस समय पुलिस बीच में आ गई। सेना को भी तैयार रहने का आदेश दे दिया गया।

उसी शाम हिन्दुओं और सिखों की एक बड़ी विशाल सभा हुई। इतनी भीड़ इससे पूर्व कहीं देखने में न आई थी। हिन्दुओं और सिख नेताओं ने बड़े जोशीले भाषण किए। उन्होंने लोगों को प्रत्येक प्रकार का बलिदान करने के लिए तैयार रहने को कहा। इस जलसे के कारण सारे शहर में तनाव उत्पन्न हो गया। जिन इलाकों में हिन्दुओं

का बहुमत था वहां परिस्थितियां इतनी खराब न थीं, जितनी कि उन इलाकों में जहां कि मुसलमानों का बहुमत था। 4 मार्च को हिन्दुओं और सिखों ने एक संयुक्त जलूस निकाला। एक स्थान पर मुसलमानों से टकराव हो गया। पुलिस को गोली चलानी पड़ी और जैसा कि इन दिनों होता था—मुस्लिम पुलिस हिंदुओं की ओर अपनी बन्दूकें कर दिया करती थी। इसका परिणाम यह हुआ कि 13 व्यक्ति मौत के घाट उतार दिए गए और सौ से अधिक घायल हुए। इसका प्रभाव सारे राज्य पर पड़ा। स्थान-स्थान पर फसाद शुरू हो गए। ऐसी स्थिति में गवर्नर ने सोचा कि मंत्रिमंडल नहीं चल सकता इसलिए उसने सरकार बनाने के लिए किसी और को निमंत्रण देने का विचार त्याग दिया। उन्होंने राज्य का शासन स्वयं सम्भाल लिया। मुस्लिम लीग के लिए यह असहनीय था। वह तो पंजाब पर शासन करने का स्वप्न ले रही थी। जब गवर्नर ने इसके नेता नवाब ममदोट को सरकार बनाने का निमंत्रण दिया तो मुस्लिम लीग की दशा एक बे-लगाम घोड़े की तरह हो गई। इसके संकेत पर सारे राज्य में फसाद शुरू हो गए। यह कोई मामूली फसाद न थे। हिन्दुओं और सिखों का नरसंहार था।

61. गुलाम भारत से आजाद भारत में

15 अगस्त, 1947! जिस दिन की हम काफी समय से प्रतीक्षा कर रहे थे और जिसके लिए जेलों के कष्ट सहन किए थे, अन्ततः वह दिन आ गया। कुछ लोगों के लिए यह एक शुभ दिन था, कुछ के लिए अत्यन्त अशुभ। उस दिन मैं लाहौर में ही था। मेरा सारा परिवार कुछ समय के लिए दिल्ली जा चुका था। पत्नी और बच्चे पहाड़ पर गए हुए थे। घर में केवल मैं और एक हमारा सेवक था। चारों ओर के मकान भी लगभग खाली हो गए थे। वैसे तो गत दो-तीन मास से लोग पंजाब से निकल कर दिल्ली, यू.पी. और दूसरे राज्यों में जा रहे थे, परन्तु लाहौर में अब भी हिन्दुओं और सिक्खों की आबादी थी। आज मुझे ठीक तिथि याद नहीं परन्तु अगस्त के शुरू में शाहालमी दरवाजे में हिन्दुओं और सिक्खों के मकानों और दुकानों का आग लगा दी गई। इस आग की लपटें दूर-दूर से नजर आ रही थीं और ऐसा लग रहा था कि सारा लाहौर इस आग की लपेट में आ जाएगा। हिन्दू नवयुवकों ने इस आग को बुझाने का प्रयास किया, परन्तु जो भी आग बुझाने वहां पहुंचता, उसे गोली का निशाना बना दिया जाता। फिर भी हिन्दू और सिख नवयुवकों ने अत्यन्त साहस और वीरता से स्थिति का मुकाबला किया और कई घरों और दुकानों को बचा लिया।

परन्तु शाहालमी दरवाजे की आग अन्तिम चेतावनी थी हिन्दुओं और सिक्खों को कि वे लाहौर छोड़ जाएं, वरना उनका दुःखद अन्त होगा और उनका कुछ भी सुरक्षित न रहेगा। इस आग के बाद लोग और भी अधिक लाहौर से निकलने शुरू हो गए। परन्तु उन्हें निकलने भी न दिया जाता था। अनेकों को रेलवे स्टेशन पर जाते हुए मार्ग में घेर लिया जाता और छुरा घोंप कर कत्ल कर दिया जाता। कभी-कभी इस भयानक दृश्य को देखकर दिल कांप उठता था। एक दिन मैं अपनी कोठी के बाहर खड़ा था कि रेलवे स्टेशन की ओर से लाशों का भरा एक ट्रक आया और हमारी कोठी के सामने से गुजरा। इसे देखकर मैं कांप उठा। उस दृश्य को मैं आज तक नहीं भूल सका।

14 अगस्त को पाकिस्तान विधिवत अस्तित्व में आ गया। उस समय अभी यह निर्णय न हुआ था कि लाहौर किधर जाएगा इसलिए मुझ जैसे लोग लाहौर में बैठे थे कि लाहौर के भाग्य का क्या निर्णय होता है। परन्तु उस दिन लाहौर में कर्फ्यू लगा

हुआ था। जगह-जगह गोलियां चल रही थीं और आग लग रही थी। लाहौर एक नर्क का दृश्य पेश कर रहा था।

15 अगस्त को भारत स्वतन्त्र हो गया। जो लाहौर में बैठे हुए थे, उन्हें इस बात की खुशी थी कि हमारा देश स्वतन्त्र हो गया है, पाकिस्तान में रहते हुए भी हम भारत की स्वतन्त्रता के लिए प्रार्थना कर रहे थे। किसी न किसी कारण हम पाकिस्तान को अपना देश न समझ सके।

डाक्टर गोपीचन्द भार्गव उस समय तक पूर्वी पंजाब के मुख्यमंत्री निर्वाचित हो चुके थे। उन्होंने भी 15 अगस्त को शिमला में अपने पद का चार्ज लेना था। वे 14 अगस्त की सुबह लाहौर से रवाना हो गए। हम उन्हें मिलने के लिए गए। वे भी कुछ उदास थे और हम भी उदास थे। जिन परिस्थितियों में उन्हें लाहौर छोड़ना पड़ रहा था वे सुखद न थीं। जब वे चलने लगे तो कुछ लोगों ने उन्हें घेर लिया और उनसे पूछने लगे कि हमें किसके हवाले करके जा रहे हो। डाक्टर साहब के पास इसका कोई उत्तर न था। कुछ लोग उनकी मोटर के आगे खड़े हो गए। हमने बड़ी कठिनाई से उन्हें हटाया और डाक्टर साहिब शिमला के लिए रवाना हो गए।

14 अगस्त को लाहौर में पूर्ण सन्नाटा था। रात के समय सिवाए कुत्तों के भौंकने के और कोई आवाज न आती थी। परन्तु कहीं-कहीं आग की लपटें उठतीं अवश्य नजर आती थीं। उस दिन रात के बारह बजे भारत की स्वतन्त्रता की घोषणा होनी थी। हम अपने आप पर गर्व करने लगे कि हम स्वतन्त्र हो गए हैं। परन्तु हमारे चारों ओर का वातावरण बड़ा निराशाजनक और भयावह था। ऐसा लगता था कि सारे नगर में पूर्ण निस्तब्धता है। परन्तु यह श्मशान की खामोशी थी और हमें इस बात का पूरा आभास था कि हम किसी खतरे में घिरे हुए हैं।

अब हमारे समक्ष प्रश्न यह था कि हम क्या करें? वहीं रहें या चले जाएं? 17 अगस्त को हमें पता चला कि कुछ लोग अमृतसर जा रहे हैं। हम भी उनमें शामिल हो गए। रात के समय अमृतसर पहुंचे। शहर के बाहर एक कारखाने में रहे। वहां पहुंच कर पता चला कि अमृतसर की स्थिति लाहौर से भी खराब है और अमृतसर से आगे जाना भी खतरे से खाली न था। इसलिए सारी स्थिति पर विचार करने के बाद हम 18 अगस्त को लाहौर वापस आ गए।

परन्तु वापस आकर यह न समझ सके कि क्या करें। शहर में कर्फ्यू लगा हुआ था। बाहर न जा सकते थे और यह भी ज्ञात न था कि इस शहर में उन दिनों हमारा कोई परिचित है भी या नहीं। आधे से अधिक लाहौर खाली हो चुका था। हमारे चारों ओर जो लोग रहते थे, वे भी जा चुके थे इसलिए किसी से मिलने-मिलाने का प्रश्न ही न उठता था। दिन में दो-चार बार आग बुझाने वाला इंजन इधर से उधर जाता दिखाई

देता था और रात को कहीं-कहीं आग की लपटें उठती नजर आ जाती थी।

इसी मध्य हमें कुछ टेलीफोन आने लगे। प्राय: लोग अपना नाम न बताते थे। यही धमकी दी जाती थी कि यदि हम लाहौर से चले न गए तो हमारा अन्त बुरा होगा। एक-दो मुसलमान मित्रों को फोन किया तो उन्होंने भी यह परामर्श दिया कि हम कुछ दिनों के लिए कहीं चले जाएं। जब स्थिति जरा सुधरे तो वापस आ सकते हैं।

उन्हीं दिनों सरकारी तौर पर यह घोषणा भी हो गई कि लाहौर पाकिस्तान के पास रहेगा और कलकत्ता भारत के पास। इस घोषणा के बाद लाहौर में रहना और भी खतरनाक हो गया। अन्तत: निर्णय किया कि कुछ दिनों के लिए वहां से चले जाएं जब स्थिति कुछ बेहतर होगी तो वापस आ जाएंगे।

इसी के साथ यह भी प्रश्न उठा कि अपना मकान किसके हवाले करके जाएं? सारा समान वहां पड़ा था। जब माता जी और पिता जी वहां से गए थे तो यह समझ कर कि कुछ दिनों के बाद वापस आ जाएंगे इसलिए वे अपना सामान वहीं छोड़ गए थे। भरा पूरा घर अब किसके हवाले किया जाए यह प्रश्न परेशानी का कारण बना हुआ था, परन्तु स्थिति बिगड़ती जा रही थी और घर को बचाने का प्रश्न था। मेरी मोटर मेरे पास थी। ड्राइवर भी था इसलिए हम लाहौर से निकल सकते थे। परन्तु यह डर अवश्य था कि वाघा पहुंचने से पूर्व यदि किसी ने हम पर हमला कर दिया तो क्या होगा और उधर यह परेशानी थी कि यदि किसी समय मुसलमानों को किसी भीड़ ने हमारे मकान को लूटने के लिए धावा बोल दिया तो हम क्या करेंगे। लूटमार तो बाद में होगी पहले हमारा सफाया हो जाएगा।

इसी चिन्ता में हम बैठे थे कि पता चला कि ट्रिब्यून के स्टाफ के कुछ लोग जा रहे हैं और उन्होंने सेना की सहायता का प्रबन्ध कर लिया है। ये सैनिक उन्हें वाघा सीमा तक छोड़ आएंगे। हमने उनसे सम्पर्क स्थापित किया और उनसे प्रार्थना की कि वे हमें भी साथ ले चलें। वे मान गए और हम सब मिलकर 21 अगस्त को एक काफिले के रूप में लाहौर से रवाना हुए।

वाघा पहुंचने तक जो दृश्य देखा, वह अत्यन्त भयानक था। जगह-जगह मकानों को आग लग रही थी। कई स्थानों पर सड़कों पर शव पड़े हुए थे। हम भी ईश्वर को याद करते हुए वाघा की ओर जा रहे थे। मैं अपना घर बन्द करके ईश्वर के हवाले कर आया था। केवल तीन-चार कपड़े लिए और कुछ आवश्यक कागज उठाकर चल पड़ा था। विचार तो यह था कि 15-20 दिनों के बाद वापस आ जाएंगे परन्तु यह ज्ञात न था कि हमारे वापस आने तक हमारे घर में कुछ बचेगा भी या नहीं।

अन्तत: 21 अगस्त, 1947 की दोपहर को हमारा काफिला लाहौर से रवाना हुआ और शाम को हम अमृतसर पहुंच गए। ज्यों ही हमने वाघा पार किया हमारे दम में

दम आया। कितनी भिन्न थी यह दुनिया उस दुनिया से जो हम पीछे छोड़ आए थे और जहां हमने फिर कभी वापस न जाना था। वाघा पार करते ही हम अपनी-अपनी गाड़ियों से उतर पड़े। हम स्वतन्त्र देश की धरती पर खड़े थे। ऐसा लगता था कि चारों ओर का वातावरण ही स्वतन्त्र हो। अब हमें किसी का डर न था। हम गुलाम भारत से स्वतन्त्र भारत में आ गए थे। इतिहास का एक नया दौर शुरू हो रहा था और मेरे जीवन का एक नया अध्याय।

●●●

www.ingramcontent.com/pod-product-compliance
Ingram Content Group UK Ltd.
Pitfield, Milton Keynes, MK11 3LW, UK
UKHW041842190726
13854UKWH00002B/676